基于核心素养的
高中历史教学问题研究

李军　主编

中国出版集团公司
華文出版社

图书在版编目（CIP）数据

基于核心素养的高中历史教学问题研究 / 李军主编. -- 北京：华文出版社，2022.1

ISBN 978-7-5075-5510-3

Ⅰ. ①基… Ⅱ. ①李… Ⅲ. ①中学历史课-教学研究-高中 Ⅳ. ①G633.512

中国版本图书馆CIP数据核字（2021）第225400号

基于核心素养的高中历史教学问题研究

主　　编： 李　军
策　　划： 刘超平
责任编辑： 寇　宁
出版发行： 华文出版社
地　　址： 北京市西城区广外大街 305 号 8 区 2 号楼
邮政编码： 100055
网　　址： http://www.hwcbs.com.cn
投稿邮箱： hwcbs@126.com
电　　话： 总编室 010-58336239　责任编辑 010-58336195
发行部 010-58336267
经　　销： 新华书店
印　　刷： 北京建宏印刷有限公司
开　　本： 710mm×1000mm　1/16
印　　张： 22.25
字　　数： 350 千字
版　　次： 2022 年 1 月第 1 版
印　　次： 2022 年 1 月第 1 次印刷
标准书号： ISBN 978-7-5075-5510-3
定　　价： 58.00元

前　言

2018年1月，教育部印发了《普通高中历史课程标准》（2017年版）。与2003年制订的《普通高中历史课程标准》（实验）相比，新修订的课程标准在深刻总结2003年以来国内高中历史课程改革经验与问题和充分借鉴国际优秀成果的基础上，对文本结构、课程结构、课程内容及实施要求做了重大修订。从完善与修订之处可以看出，2017年版课程标准浓缩了历史学科核心素养，更新了历史教学内容，制定了学业质量标准，增强了历史课程标准的可操作性，其中着重强调高中历史教师要以历史学科核心素养为主线进行教学改革。

什么是历史学科核心素养？为什么课程目标要由三维目标发展到培养学科核心素养？如何认识和理解历史学科核心素养？一般来说，课程目标是学习一门课程的总体要求，它反映了党和国家及社会发展水平对这门课程的基本要求。由三维目标发展到培养学科核心素养，是课程目标的一个重要变化，是基础教育领域落实党的立德树人根本任务的具体表现。课程目标将有效地实现从学科本位、知识本位到育人本位和学生素养发展本位的根本转型。所谓历史学科核心素养，是指学生学习历史之后形成的具有历史学科特点的关键特性，即具有历史学科特征的正确价值观念、必备品格和关键能力。历史学科核心素养是历史课程标准修订组立足20年来我国中学历史课程改革的经验与教训，比较和借鉴了世界发达国家和地区历史课程改革的先进理念和做法，经过反复研究最终确定的具有历史学科特征的正确价值观念、必备品格和关键能力，它包括唯物史观、时空观念、史料实证、历史解释和家国情怀五个要素。

很多中学老师都能说出历史学科核心素养的五个基本要素，但是要深刻理解这五个要素，并在历史课程设计与教学中真正培养学生的正确价值观念、必备品格和关键能力，实现“立德树人”的教育目标，对于当前一些高中历史教师来说无疑是一个艰巨的任务。本书基于目前高中历史学科核心素养的培养现状和困境，意图在理论方面探讨历史学科核心素养的基本观点，在实践方面尝试呈现一系列与历史学科核心素养教学问题相关的案例，在理论与实践相结合的基础上，结合一线教师在历史学科核心素养培育过程中遇到的教学问题，提出解决历史教学中核心素养方面教学困惑的策略。

全书包括前言、正文、参考文献三部分，遵循从理论探讨到实践探索的逻辑路径，以理论阐释、实践论证和策略探析的思路构建章节框架。每章分章前栏目、章内栏目和章后栏目三部分。章前栏目中有关键术语、结构图解、学习要点、教师困惑四部分。章内栏目每节有本节要点及内容两部分。章后栏目主要有案例体验、本章小结和拓展读物三部分。第一章主要介绍《普通高中历史课程标准》（2017年版）的修订内容、如何正确理解历史学科核心素养和如何确立基于历史学科核心素养的教学问题，由北京教育学院历史系李军博士编写；第二章主要讨论与唯物史观核心素养有关的教学问题，由通州区高中历史名师工作室刘雪利、周杰南和张启凤老师编写；第三章主要讨论与时空观念核心素养有关的教学问题，由通州区高中历史名师工作室杨玉红、茅沫和李鹏老师编写；第四章主要讨论与史料实证核心素养有关的教学问题，由通州区高中历史名师工作室刘述远、张华和刘明昊老师编写；第五章主要讨论与历史解释核心素养有关的教学问题，由通州区高中历史名师工作室金晓洲、刘艳萍和梁然老师编写；第六章主要讨论与家国情怀核心素养有关的教学问题，由通州区高中历史名师工作室李晓泉、杨滨、温静和张红杰老师编写。在写作过程中我们注重研究的前沿性，突出理论上的指导性和实践上的可操作性，使本书既可以成为高中历史教师培训的学习资料，也可以成为教师培育历史学科核心素养的参考书籍。书中参阅和借鉴了国内外研究者的诸多资料和相关成果，谨在此致以最诚挚的感谢！

此外，感谢以下各方在本书创作过程中的奉献与支持。感谢通州区高中历史名师工作室团队所有成员和“基于提高高中生史学核心素养的教学策略研究”课题组部分成员在本书写作中付出的智慧和汗水，感谢通州区教师研修中心历史教研员张启凤老师和北京教育科学研究院基础教育教学研究中心历史教研室主任王耘老师给予我们的悉心指导，感谢北京教育学院资助本书出版，同时也感谢华文出版社的编辑为本书面世所付出的辛勤劳动。尽管我们投入了极大的热情，也付出了最大的努力，但受研究视野及学习能力的局限，本书难免存在疏漏与不妥之处，盼各位读者和专家批评指正！

李军

2020年5月

目 录

第一章　新时代的历史学科育人导向——核心素养培育

关键术语

所谓历史学科核心素养，是学生在学习历史的过程中逐步形成的具有历史学科特征的、在解决真实情境中的问题时所表现出来的正确价值观念、必备品格和关键能力。历史学科核心素养包括唯物史观、时空观念、史料实证、历史解释和家国情怀五个要素。其中，唯物史观是诸素养得以形成的理论保证；时空观念是诸素养中对学科本质的体现；史料实证是诸素养得以形成的必要途径；历史解释是诸素养中对历史思维方式与表达能力的要求；家国情怀是诸素养中价值追求的目标。中学历史课程承载着历史教育的功能，要通过对历史学科核心素养的培育实现立德树人的教育目标。

结构图解

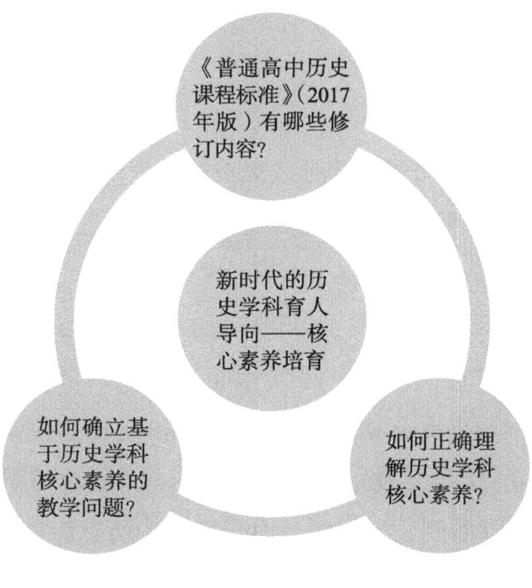

学习要点

看完本章，应该能够了解以下几点。

第一，《普通高中历史课程标准》（2017年版）的修订内容。

第二，历史学科核心素养的五个组成部分。

第三，如何确立基于历史学科核心素养的教学问题？

教师困惑

当前，高中历史教师对新修订的《普通高中历史课程标准》（2017年版）并不陌生，但是在基于历史学科核心素养进行历史教学时却常常力不从心。在阅读本章之前，请您想一想，作为一名高中历史教师，您对《普通高中历史课程标准》（2017年版）的修订内容了解多少呢？想一想，您能否结合自己的理解系统全面地表述历史学科核心素养的内涵和基本特征？您能否理解不同历史学科核心素养之间的关系？想一想，为什么对历史学科核心素养的培养会面临诸多困境？

问题一
《普通高中历史课程标准》（2017 年版）有哪些修订内容？

本节要点

☆ 高中历史课程标准的修订有什么现实依据？

☆ 高中历史课程标准有哪些内容被修订了？

2018年1月，教育部正式印发了《普通高中历史课程标准》（2017年版）（以下简称新课标），与《普通高中历史课程标准》（实验）相比，新课标在深刻总结2003年以来国内高中历史课程改革经验与问题和充分借鉴国际优秀成果的基础上，主要对文本结构、课程结构、课程内容及实施要求做了重大修订。从这些完善后的修订内容中可以看到，新课标努力凸显高中历史课程的政治性、思想性和时代性，浓缩了历史学科核心素养，更新了历史教学内容，制定了学业质量标准，增强了历史课程标准的可操作性，着重强调高中历史教师要以历史学科核心素养为主线进行课程和教学体系改革，帮助高中生在高中历史课程学习过程中逐步形成具有历史学科特征的正确价值观念、必备品格和关键能力，这些变化有益于完成新时代背景下立德树人的教育任务。

一、修订高中历史课程标准的现实依据

中国特色社会主义进入新时代，这是我国新的历史发展定位。“为谁培养人、培养什么人、如何培养人”是新时代下修订承担“认同社会主义核心价值观和中华优秀传统文化，认识并弘扬以爱国主义为核心的民族精神”任务的高中历史课程标准时亟须解决的现实问题。

（一）把准政治方向，发挥历史课程立德树人的教育功能

中国特色社会主义进入新时代后，培养新一代中国特色社会主义建设者和接班人，必须把立德树人的教育任务放在首位。高中历史课程有着教育功能，是全面贯彻党和国家的教育方针，切实落实立德树人教育任务的一门关键性基础课程，其最基本和最重要的教育理念是以唯物史观为指导，在学生了解人类历史演进的基本过程及所创造的文明成果的过程中，将正确的思想导向和价值判断融入对历史的叙述和评判里，引领学生认清历史发展规律，能够从历史的角度考察国家的命运和世界的发展，形成现代中国公民应具有的历史素养和历史认同感。高中历史教育是帮助学生形成和发展社会主义核心价值观的重要途径。

（二）改革课程结构，保证高中历史课程的基础性和选择性

高中教育改革的定位与“两个一百年”奋斗目标密切相连。要实现在21世纪中叶“建设富强民主文明和谐美丽的社会主义现代化强国”的目标，需要教育、培养一大批创新型人才，需要形成满足学生发展、民族复兴和国家战略需求的课程方案。高中历史课程“必修课程、选择性必修课程和选修课程”的课程结构为发展方向不同的学生提供了选择，既与初中、大学相关专业相衔接，也有助于学生的个性发展和专业发展，符合高中课程改革中基础性、多样性、选择性的课程结构功能定位。

（三）立足现实问题，发动历史教育改革创新的引擎

高中历史课程的教育现状存在表面和深层问题，从表面来看，《普通高中历史课程标准》（实验）存在目标表述笼统，政治、经济、文化三个必修模块课程与义务教育历史课程之间差别大，时序性弱，内容较深，必修与选修内容有重复等问题；从深层次来看，是没有从根本上解决历史学科“通过知识获得教育”的问题，帮助学生形成正确的价值观念、必备品格和关键能力，需要重新思考和寻找深度推进高中历史学科教学改革的出发点和落脚点。

二、高中历史课程标准的修订变化

相较《普通高中历史课程标准》（实验），新课标在文本结构、课程结构、课程内容和实施建议方面主要有“4+4”型两类变化。第一个“4”指课程标准内容的新增变化，第二个“4”指课程标准内容的修订变化，所有变化都指向培养高中生的历史学科核心素养，使其在历史课程学习中逐步形成具有历史学科特征的正确价值观念、必备品格和关键能力。

（一）文本结构的调整

《普通高中历史课程标准》（实验）主要分为前言、课程目标、内容标准和实施建议四部分，新课标则由前言、课程性质与基本理念、学科核心素养与课程目标、课程结构、课程内容、学业质量、实施建议和附录八部分组成，从新课标文本结构上看，它增加了学科核心素养、课程结构、学业质量和附录四部分，对课程性质与基本理念、课程目标、课程内容和实施建议，则根据前言中的修订原则和历史学科核心素养进行了修订。

（二）标准内容的新增变化

1. 历史学科核心素养的提出、内涵与功能

正式提出历史学科核心素养、界定其内涵和说明其教育功能是新课标的第一个重大新增变化。

（1）历史学科核心素养的提出

作为历史学科本质和历史教育价值观的反映，历史学科核心素养是历史学科育人价值的集中体现。学生要在历史课程的学习中逐步形成具有历史学科特征的正确价值观念、必备品格和关键能力。其中，正确的价值观念主要指社会主义

建设者和接班人应具备的社会主义核心价值观念。必备品格主要指在政治思想上对伟大祖国、中华民族、中华优秀文化、中国共产党和中国特色社会主义的认同感、做人做事的人文道德素养及求真、求实的史学品格。历史学科核心素养的提出，克服了割裂知识学习与学科育人功能的缺陷，是对历史课程目标的明确整合与提炼，是对历史学科育人价值的高度概括性和专业化表述，有利于历史教育实现从学科本位和知识本位到育人本位和学生素养发展本位的根本转型。

（2）历史学科核心素养的内涵

历史学科核心素养包括唯物史观、时空观念、史料实证、历史解释、家国情怀五项关键要素。这五项要素是一个整体，既有各自的地位和作用，也作为整体引领学生形成学习历史课程后所应具备的正确价值观念、必备品格和关键能力。其中，唯物史观是揭示人类历史客观基础及发展规律的科学历史观和方法论，是历史学科诸素养得以形成的理论保证；时空观念是在特定的时间联系和空间联系中对事物进行观察、分析的意识和思维方法，是诸素养中学科本质的体现；史料实证是指对获取的史料进行辨析，并运用可信的史料努力重现历史真实的态度与方法，是诸素养得以形成的途径；历史解释是指以史料为依据、以历史理解为基础，对历史事物进行理性分析和客观评判的态度、能力与方法，是诸素养中对历史思维方式与表达能力的要求；家国情怀是学习和探究历史应具有的社会责任与人文追求，体现了诸素养中价值追求的目标。

（3）历史学科核心素养的功能

从功能来看，普通高中历史教育要通过诸素养的培育实现历史学科立德树人的教育目标。新课标中再三提及的“正确价值观念、必备品格和关键能力”是高中生修完历史课程后在历史学科核心素养方面所应获得的价值观念、品格和能力成就，唯物史观、时空观念、史料实证、历史解释、家国情怀五项关键要素则是培养学生的有效方法与途径。因此，在当前及以后的历史课程教学中，课程结构的设计、课程内容的选择、课程的实施等环节都要始终贯穿培养学生历史学科核心素养这一任务。

2. 课程结构的调整及特点

《普通高中历史课程标准》（实验）在前言中对课程结构有相关说明，而新课标则把《普通高中历史课程标准》（实验）中的“课程设计思路”调整为文本主体结构中的“课程结构”。“课程结构”是新课标修订后的第二个重大变化。

（1）课程结构的调整变化

根据《普通高中历史课程标准》（实验），普通高中历史课程由必修课和选修课构成。在新课标中则是必修、选择性必修和选修三类课程共同构成了高中历史课程的整体结构。

新版必修课程由原本的历史（Ⅰ）、历史（Ⅱ）、历史（Ⅲ）（分政治、经济和思想文化等学习模块，25个学习专题），改为通史叙事框架下的中外历史纲要。中外历史纲要必修课以24个专题来展示中国历史和世界历史上的重要事件、历史人物和历史现象，展现人类社会从古至今、从分散到整体、从落后到先进的发展历程，使学生在义务教育历史课程学习的基础上进一步了解和认识人类历史演变的基本脉络和丰富多样的历史文化遗产。新版选修课程由原本的历史上重大改革回眸、近代社会的民主思想与实践、20世纪的战争与和平、中外历史人物评说、探索历史的奥秘、世界文化遗产荟萃调整为两类课程，其中国家制度与社会治理、经济与社会生活和文化交流与传播为选择性必修模块课程，这三个模块由依照时序的发展表述的19个学习专题构成，目的在于引领学生以中外历史纲要为基础，从政治、经济与社会生活、文化等不同视角更加深入地认识中外历史的发展规律。史学入门和史料研读两个模块的14个专题为选修课程，主要作为学校开发校本课程的参考依据，目的在于使学生了解史学的基本理论、知识与技能，并通过综合实践探究活动来进一步增强学生深入学习历史的能力。

（2）课程结构的变化特点

新课标必修、选择性必修和选修课的课程结构设计特点主要表现在三个方面。其一，三类课程的课程类型符合普通高中课程方案的要求，有益于在历史学科核心素养的培养中体现高中历史课程的育人价值。其二，三类课程的课程结构设计和内容编排采用通史与专题史相结合的方式，注意在与义务教育历史课程相衔接和区别的基础上凸显高中历史课程与义务教育历史课程的学习梯度。同时，三类课程的课程类型之间也具有关联性和递进性，其中，历史必修课程中有益于学生基本形成对历史的整体认识的中国史和世界史重要历史事实及发展脉络是全体学生必须学习的内容。引领学生从多角度认识历史的发展与变迁的选择性必修课程是必修课程的拓展与深化，由学生根据个人兴趣和升学需求选择学习。强化学生历史学专业基础的选修课程是必修课程和选择性必修课程的进一步延伸，由学校和学生自主选择。其三，课程学分在新课标中得到重构，必修课程由原来的6学分减为4学分，是全体高中生必须共同修习的基础课。选择性必修课程每个模块2学分，共6学分。选修课程由学校自主设置，新课标未规定其学分，学生可学而不考或学而备考。历史课程结构和学分的修订保证了课程的基础性，也兼顾了其选择性。

3. 学业质量标准的确定与评价

规定各学科的学业质量标准是此次普通高中课程标准修订的重要内容，在历史学科课程标准中也不例外。历史学科学业质量标准指的是高中生在完成历史学科学习以后所获得的历史学科核心素养的规范性成就标准和表现性标准，是在整合历史学科核心素养的基础上分水平呈现的可测评性学习结果。这种量和质上的变化，是比较历史教育质量的关键指标，也是历史教材编写和历史教学实施的重要依据。

（1）历史学科核心素养的水平划分

历史学科核心素养的水平划分是历史学业质量水平层级划分的依据。唯物史观、时空观念、史料实证、历史解释、家国情怀作为历史学科核心素养的五项关键要素，每项都按照新课标划分为四个层次，分别在纵向上界定了高中生在修习历史课程后在这五个方面所发生的量与质的变化程度。以“历史解释”为例（表1–1），辨别和初步分析、提出自己的解释、说明原因并进行评析、提出新的解释是学生历史解释核心素养成就的四个水平，后一级水平涵盖前一级，也就是说只有经过前一阶段才能达到后一阶段的水平，“历史解释”四个水平的划分不仅具有连续性，也具有递进性特点。这种水平划分的方式，不仅可以帮助教师指导学生在历史解释核心素养方面展开学习，也可以用于检测和评价学生通过学习历史在“历史解释”方面所达到的水平。

表1–1　历史学科核心素养的水平划分：以“历史解释”为例

水平	素养4　历史解释
水平1	能够辨别教科书和教学中的历史解释；能够发现这些历史解释与以往所知历史解释的异同；能够对所学内容中的历史结论加以分析

续表

水平	素养 4　历史解释
水平 2	能够选择、组织和运用相关材料并使用相关历史术语，对个别或系列史事提出自己的解释；能够在历史叙述中将史实描述与历史解释结合起来；能够尝试从历史的角度解释现实问题
水平 3	能够分辨不同的历史解释；尝试从来源、性质和目的等多方面，说明导致这些不同解释的原因并加以评析
水平 4	在独立探究历史问题时，能够在尽可能占有史料的基础上，尝试验证以往的说法或提出新的解释

（2）历史学业质量水平的整体划分

尽管新课标对五项关键要素都做了四个水平的评价标准划分，但是检测单项要素并不足以对学生的历史学业质量水平做出整体评价，因此需要对五项关键要素的实现状况进行综合性评价，描述学生学习结果的不同水平的具体表现，这样就形成了历史学业质量水平的四级划分。以水平1的质量描述为例（表1–2），这一级学业质量水平描述包含五个方面，新课标按唯物史观、时空观念、史料实证、历史解释、家国情怀的顺序，来描述这五项要素应达到的第一级水平，例如，“能够知道史料分为文献史料、图像史料、实物史料、口述史料等多种类型；能够在解答某一历史问题时，尝试从多种渠道获取与其有关的材料；能够从所获得的史料中提取有关的信息”，就是对史料实证（素养3）的水平1“能够区分史料的不同类型；在解答某一历史问题时，能够尝试从多种渠道获取与该问题相关的史料；能够从所获得的材料中提取有关的信息”的进一步描述。这样，从横向上来看，每级历史学业质量水平都包含以上五项要求。

表 1–2　历史学科学业质量水平的具体表现：以“水平 1”为例

水平	质量描述
水平 1	1–1 能够知道人类物质生活资料的生产是社会生活的基础，知道生产力是历史发展的决定因素，知道经济基础与上层建筑之间的辩证关系，了解人类社会形态从低级到高级发展的规律；能够理解唯物史观是科学的历史观
	1–2 能够了解所学内容的历史分期方式，理解历史时期是按时序划分的；能够知道认识史事要考虑到历史地理的状况；能够识别历史地图中的相关信息，知道古今地名的区别

续表

水平	质量描述
水平1	1–3 能够知道史料分为文献史料、图像史料、实物史料、口述史料等多种类型；能够在解答某一历史问题时，尝试从多种渠道获取与其有关的材料；能够从所获得的史料中提取有关的信息
	1–4 能够有条理地讲述历史上的事情，概述历史发展的基本进程；能够说出重要历史事件的经过及结果、重要历史人物的事略、重要历史现象的基本状况
	1–5 能够发现历史上认同家乡、民族、国家的事例，知道中外优秀文化遗产的主要内容，认识社会主义核心价值观的历史依据，具有对祖国和人民的深情大爱

（3）历史学业质量水平的评价

新课标规定了学业质量水平与考试评价的关系，“高中学业质量是阶段性评价、学业水平合格性考试和等级性考试命题的重要依据。学业质量水平2是高中毕业生在本学科应该达到的合格要求。学业质量水平4是学业水平等级性考试的命题依据”。也就是说，学业质量水平2是全体学生学习必修课程（中外历史纲要）并通过学业水平合格性考试，可以毕业的水平。学业质量水平3—4是学生在必修课的基础上，学习选择性必修课程（国家制度与社会治理、经济与社会生活、文化交流与传播）和选修课程（史学入门、史料研读）后的水平，是高等学校考试招生录取的参考依据。

4. 新增教学示例、评价案例和命题建议

（1）教学示例与评价案例

新课标页数较《普通高中历史课程标准》（实验）大幅度增加，其中新增了教学示例、评价案例和命题建议，大约用了30页为一线高中历史教师进行教学示范（表1–3）。

表 1–3　新课标新增教学示例、评价案例和命题建议

标准内容模块		案例或示例名称（活动主题）	案例或示例所在页码
课程内容	必修	世界视野下的中国航海活动与海上贸易（专题 1.6）	第 18 页

续表

标准内容模块		案例或示例名称（活动主题）	案例或示例所在页码
课程内容	必修	“老兵”的故事（专题 1.10、1.11）	第 19 页
		20 世纪 80 年代以来社区居民生活变迁（专题 1.14）	第 19—20 页
		探寻资本主义制度确立的思想文化渊源（专题 1.18）	第 21 页
	选择性必修	探讨中国古代历史上中央与地方的关系（专题 1.1）	第 25—26 页
		考察中国历史上的外来农作物（专题 2.1）	第 29 页
		严复、商务印书馆与中国近代文化的变革（专题 3.6）	第 32—33 页
	选修	编制历史人物年表（专题 1.4）	第 36 页
		《资治通鉴》为何以“三家分晋”为其开篇（专题 2.2）	第 39—40 页
实施建议	教学与评价建议	秦汉大一统国家的建立与巩固	第 46 页
		人民解放战争	第 47 页
		春秋战国时期的政治、社会及思想变动	第 48 页
		石器时代中国境内有代表性的文化遗存 早期人类文明的产生	第 48 页
		中华民族的抗日战争 第二次世界大战	第 48—49 页
		中国历代疆域的变迁	第 49—50 页
		马克思主义的诞生	第 51 页
		明至清中叶中国版图的奠定、封建专制的发展与社会变动	第 51—52 页，第 55 页
		冷战与 20 世纪下半期世界的新变化	第 52 页
		早期中华文明	第 53 页
		改变世界面貌的工业革命	第 57 页
	学业水平考试与命题建议	典型试题及说明　试题 1	第 60—61 页
		典型试题及说明　试题 2	第 62—63 页
附录	附录 2	从唐长安和北宋东京认识唐宋社会及变化	第 73—83 页

从表1-3可以看到，新课标在课程内容和实施建议部分分别设计了9个和12个教学提示和教学活动示例。“学业水平考试与命题建议”中提供了2个典型

试题及说明。附录2中提供了1个具体的教学与评价示例。从特点和意义来看，一方面，增加的这24个例子既有教学案例也有评价示例，分属于课程标准的不同组成部分，选取的是不同的教学内容，力争做到覆盖面广；另一方面，这些案例或示例中的历史学科核心素养培育要求与教学活动目标和内容密切关联，避免了空泛地将历史学科核心素养列为教学与评价目标，为中学历史教师提供了很好的教学思路和评价示范。

（2）新增命题建议

除学业水平考试的性质外，实施建议中也增加了学业水平考试的命题原则和框架。这部分强调学业水平考试命题要以课程标准为依据，要以考查学生历史学科核心素养水平为目的，要以学生能否应对和解决陌生、复杂、开放性的真实问题为重心，同时对研制命题框架的目标做了说明。

（三）标准内容的修订变化

除上述四大新增内容外，相较《普通高中历史课程标准》（实验），新课标对“前言、课程目标、课程内容和实施建议”四部分的文本内容做了相当大的修订。

1.“前言”的统一性

新课标前言与其他所有学科课程标准前言的文字内容完全一致，对修订课程标准的缘由、指导思想、基本原则、修订后的主要变化做了总体说明，着重强调了课程方案及课程标准的思想性、整体性、创新性和可操作性。

2. 课程性质、理念与目标的思想性和政治性

与《普通高中历史课程标准》（实验）相比，新课标在课程性质、理念和目标上的修订变化主要表现在两个方面。首先，在课程性质和理念方面，强调要发展中国特色社会主义文化。历史教育要成为“形成和发展社会主义核心价值观的重要途径”，要强化社会主义核心价值观、中华优秀传统文化、革命文化和社会主义先进文化教育等，学生在学习历史课程时要不断增强“五个认同”（对伟大祖国的认同、对中华民族的认同、对中华文化的认同、对中国共产党的认同、对中国特色社会主义道路的认同），要系统学习新民主主义革命，社会主义革命、建设和改革开放历程，“认识并弘扬以爱国主义为核心的民族精神和以改革创新为核心的时代精神”。其次，在课程目标方面，新课标强调要“以培养和提高学生的历史学科核心素养为目标”，要求学生在修习历史课程中形成基于历史学科特征

的正确价值观念、必备品格和关键能力。

3. 课程内容变化的整体性、阶段性和时代性

（1）强化对相关史事的整体认识

中外历史纲要作为必修课程，以大时序、小专题的呈现方式，精选了24个专题，引导高中生进一步通过整体认识相关史事，深化对人类历史发展基本脉络的认识和对人类社会从低级到高级的发展规律的理解。以世界史部分的内容为例，它包括古代文明的产生与发展，中古世界的多元面貌，全球联系的建立，西方人文主义的发展与资本主义制度的确立，改变世界面貌的工业革命，马克思主义的诞生，世界殖民体系的形成与亚非拉民族独立运动，世界大战、十月革命与国际秩序的演变，冷战与20世纪下半期世界的新变化，当代世界的发展特点和主要趋势。从时序上来看，这十个专题符合通常意义上从世界古代史、世界近代史到世界现当代史的世界史学习时序。从内容上来看，这十个专题凸显了世界历史不同发展阶段的特点，能展现世界历史发展从分散到整体的基本线索，能帮助学生认识世界历史发展的总体趋势。

（2）注重专题内容的阶段性

课程专题内容在重视基础性和整体性的同时，也注意与义务教育阶段历史课程内容相区别。以专题1.3中的“秦汉大一统国家的建立与巩固”为例，初中阶段课程标准对此部分的内容要求是“知道”和“了解”，而高中阶段要求要在“了解”的基础上，整合秦始皇统一中国、秦朝的中央集权制度、西汉的建立、“文景之治”等知识内容，以便实现“认识统一多民族封建国家的建立及巩固在中国历史上的意义”和“认识秦朝崩溃和两汉衰亡的原因”的学业要求，在知识的整合能力和认知能力方面的要求比初中阶段要高许多。同时，课程内容也注意与《普通高中历史课程标准》（实验）的内容相衔接。以选择性必修课程国家制度与社会治理为例，此专题从政治体制、官员选拔与管理、法律与教化、民族关系与国家关系、基层治理与社会保障、货币与税收六个方面来说明人事管理、法律、外交、财政等是国家制度不可缺失的重要组成部分，说明在统治过程中，政府要通过建立组织、制定规则、设置机构、分配权力等来合理地运行体制，这有益于帮助学生建构关于国家制度的基本知识框架，引导学生在时空框架下形成对历史上政治文明演进过程的正确认识并能进行解释。

（3）凸显专题内容的时代性

中外历史纲要专题14“改革开放新时期与中国特色社会主义进入新时代”，增加了“认识中国特色社会主义进入新时代的重大意义，认清我国发展新的历史方位；认识习近平新时代中国特色社会主义思想是全党全国人民为实现中华民族伟大复兴而奋斗的行动指南；形成对中国特色社会主义道路、理论体系、制度、文化的形成过程及意义的系统认识”。专题24“当代世界的发展特点和主要趋势”增加了“牢固树立构建人类命运共同体意识”，这是新课标修订后落实十九大精神进课堂、进教材的重要表现。专题10“中华民族的抗日战争”要求学生“理解十四年抗战胜利在中华民族伟大复兴中的历史意义”，这是新的学术成果不断充实课程标准的表现，也凸显了专题内容的时代性。

4. 课程实施建议的修订

新课标的实施建议主要包括教学与评价建议、学业水平考试与命题建议、教材编写建议、地方和学校实施本课程建议四部分，其变化主要表现出以下两个特点。

（1）从知识本位变为素养本位

从知识本位转变为素养本位，力图将学生学习知识的过程转化为发展核心素养的过程是实施建议四部分内容的总主题，因此，所有实施建议的内容皆以学生历史学科核心素养的整体发展为着眼点和落脚点。以教学实践为例，新课标以大篇幅详细地给教师解释了如何在教学目标、教学内容、教学过程及教学评价中聚焦于培养和发展学生的历史学科核心素养。

（2）从笼统模糊变为具体细致

相较于《普通高中历史课程标准》（实验），新课标的实施建议更细致、更具体、更具有针对性。以“如何整合”为例，新课标提出了“一是加强历史横向联系的整合”和“二是凸显历史纵向联系的整合”的方法和示例，方便教师在教学中理解整合各类教学主题的方式。以高考命题建议为例，新课标在详细说明命题原则和命题框架的基础上，突出解释了什么是“新情境下的问题解决”，对“新情境”做了详细的解释。此外，新课标中的教材编写建议说明既有编写原则，也有内容选择和编排的要求，不是泛泛之谈。

三、正确理解和落实《普通高中历史课程标准》(2017 年版)的修订内容

《普通高中历史课程标准》(2017年版)的新宗旨和内容能不能有效落实涉及多方面的因素,其中最关键的因素是人的因素。广大高中历史教师肩负着培养学生历史学科核心素养的重担,这是教师面临的新挑战,也是推动教学改革的新机遇。教师要正确理解和落实《普通高中历史课程标准》(2017年版)的诸多修订内容。

(一)理解《普通高中历史课程标准》(2017 年版)的变化,确立新的认知观

在高中阶段历史课程的学习过程中帮助学生养成基于历史核心素养的正确价值观念、必备品格和关键能力是《普通高中历史课程标准》(2017年版)修订的中心主题。什么是历史学科核心素养?其具体表现是什么?如何认识历史学科核心素养要素的整体逻辑?什么是历史学业质量标准?如何对历史学科核心素养要素进行评价?这些问题都是当前高中历史教师的认知难点。新课标对这些问题进行了解答,所有高中历史教师皆需确立新的认知观,认真研读新课标,明确新课标的修订内容和修订要旨,做到落实课程标准前心中有数。

(二)落实历史学科核心素养,确立新的教学观

在历史教学中,要想帮助学生从知识本位转变为素养本位,把学习知识的过程转化为发展核心素养的过程,教师必须确立新的教学观。在教学实践中,教师要全面理解历史学科核心素养,科学制定教学目标;深入分析课程结构,合理整合教学内容;树立指向学生历史学科核心素养的教学理念,有效设计教学过程;准确把握学业质量水平,多维度进行学习评价。这是新课标的新要求,在教学目标制定、教学内容整合和教学评价实施中,教师要根据新课标所给的教学示例和评价案例多琢磨、多实践、多反思。

(三)遵循学业质量要求,确立新的评价观

学业质量水平评价主要指对学生运用所学的历史知识与技能解决具体问题时所体现出的核心素养水平的评价。因此,教师确立评价目标时要以课程内容标准和历史学科核心素养水平为依据,准确把握不同学业质量水平的特征。教师要确立新的评价观,不但要注重对学生的五个核心素养要素的发展状况进行综合评

价，而且要围绕学生学习情况，综合运用检测、诊断、激励、引导、调解、反馈等多种方法进行多维度评价，在教、学、评的相互促进中培养学生历史学科核心素养。

问题二
如何正确理解历史学科核心素养？

本节要点

☆　如何阐释历史学科核心素养的内涵？

历史课程标准修订组立足20年来我国中学历史课程改革，比较和借鉴世界发达国家和地区历史课程改革的先进理念和做法，经过反复研究，最终构建了我国中学历史学科核心素养体系，其包括唯物史观、时空观念、史料实证、历史解释、家国情怀五个方面。

一、唯物史观

唯物史观是马克思主义哲学的重要组成部分。作为博大精深的马克思主义理论体系的一部分，其基本内容概述如下。

（一）社会存在决定社会意识

唯物史观“与唯心主义历史观不同……始终站在现实历史的基础上，不是从观念出发来解释实践，而是从物质实践出发来解释各种观念形态”[①]。由此，历史才有可能成为“关于现实的人及其历史发展的科学”。

（二）人类社会的演进

第一，生产关系的总和构成社会的经济基础；经济基础决定上层建筑，经济基础的变革决定上层建筑相应地发生变革，由此整个社会会发生全面的根本性变化。上层建筑既是经济基础的反映，又反作用于经济基础。第二，生产力和生产关系的矛盾是生产方式的内部矛盾。生产力是内容，是最活跃、最革命的因素；

① 中共中央马克思、恩格斯、列宁、斯大林著作编译局：《马克思恩格斯选集》第1卷，人民出版社，1995，第92页。

生产关系是形式，是相对稳定的因素，由此产生了生产方式内部生产力和生产关系的现实矛盾。生产方式的变化会先从生产力的变化开始。当生产关系适应生产力状况时，其会对生产力的发展起促进作用，二者的矛盾不具有对抗性。当生产关系不适应生产力发展，变成它的桎梏时，新的生产力与旧的生产关系发生尖锐冲突，其结果必然是生产关系发生根本变化，社会发展由量变转化为质变。生产力和生产关系的矛盾是社会革命的物质根源。

（三）人类历史的发展是有规律的

人类社会形态由低级向高级纵向发展，由分散向整体横向发展。

（四）人民群众是历史的创造者

唯物史观承认“历史活动是群众的活动”，且不否定个人在历史上的作用，任何个人都不能改变历史发展的总趋势，但能够对历史的发展起加速或延缓、促进或阻碍的作用。

唯物史观是揭示人类社会历史客观基础及其发展规律的科学的历史观和方法论，其基本方法论主要包括以下四点：第一，采取实事求是的态度，从历史实际出发。第二，坚持历史观点和历史主义原则。第三，运用历史辩证法，用发展的眼光看待历史，运用辩证法具体问题具体分析，从而准确把握对象的本质与联系。第四，整体研究和局部研究结合，进行比较研究。唯物史观的基本原理可以用于解释人类社会的现代化进程和从分散到整体的世界历史发展进程。

二、时空观念

时空观念包括历史时序观念和历史地理观念，主要指在特定的时间联系和空间联系中对事物进行观察、分析的意识和思维方式，具体有两方面的含义：其一，将历史事物放在历史发展的长河中考察，认识和观察历史发展的全过程，辨明历史发展的阶段特征，注重纵向联系，寻找因果逻辑；其二，了解历史事件发生的地点、区域、范围等，注重横向联系，通过具体的空间定位，观察历史发展过程中政治、经济、社会、文化等各方面的相互关系和总特征。历史认识中的史事认知（狭义）和史事评价（广义），都与时空观念有关，都需要准确的时空定位。

基于史事认知的历史时空观念大致包括三种类型：第一种是指某一历史事件发生的特定时间和空间。第二种是指一定时段、一定空间范围内发生或存在的普遍现象而非单一、特定的史事或现象所处的时空环境。此处的时空，时间上指的是一个时段或时代，空间上指的是一片区域，指的并不是某个时空节点。第三种是指跨越时空定位的历史时空观念。基于史事评价的历史时空观念大致也有两种类型，即“过去的价值”和“现实的价值”。所谓“过去的价值”是指史事评价对当时人的价值或意义，陈述的是历史当事人的感受与意见，而“现实的价值”则是指史事评价对当下人的价值或意义，即当下人依据自己所处的环境和自身需要对史事做出的评价，是当下的“时代意见”。

将时空观念列入历史学科核心素养，是历史学的本质特征和历史学科的课程特征决定的。首先，时空观念是历史学的本质特征。历史是发生在过去的事情，对历史的了解、理解、解释和评判都离不开时空观念，我们应当能够在不同的时空框架中理解历史的变化与延续、统一与多样、局部与整体。其次，时空观念是由历史学科的课程特征决定的。以纵横交错的时间和空间为坐标轴，在构建课程体系的过程中撷取对历史进程产生重大影响的事件和人物，串联人类从古至今的发展历程，勾连不同地区的特色文明，有利于学生把握人类历史发展的规律，形成历史的逻辑意识和宏观视野。最后，时空观念是学习和研究历史的基本思维方法。特定的史事总是与特定的时间和空间联系在一起，我们要运用多种划分历史时间与空间的方式叙述历史，按照时间顺序和空间地理位置建构历史事件、历史人物和历史现象之间的关联，在不同的时空框架下对史事做出合理解释。因此，基于时空观念辩证、联系、发展地研究、认识、叙述历史，既是基础性的史学研究方法之一，又能起到培养学生历史思维品质的作用。

三、史料实证

史料实证是指对获取的史料进行辨析，并运用可信的史料努力重现历史真相的态度与方法。历史具有不可逆性，认识历史只能通过现存的史料，因此必须重视史料的搜集、整理和辨析。只有去伪存真，将符合史实的材料作为证据，才能形成正确客观的对历史的认识。史料实证是治史必备的素养之一，学生除了要初步掌握史料实证技能，更要养成实证精神，以之对待历史和现实问题。

史料是记录或反映过去的文字记录和一切物品，过去遗留下来的所有文献和物品都可以成为用于了解、认识历史的史料。史料按内容和形式划分主要有以下几种类型。

（一）文字史料

文字史料主要指一切以文字形式记录的历史资料，包括官方史书、私人修撰史书、文书档案、传记谱牒、报纸杂志、文集日记、回忆文稿、日常生活中的文字遗留（账簿、地契、私人来往书信等）、碑刻、墓志等。文字史料相对比较真实地保存了历史情况，但受材料、视角、方法、情感、撰写者素养等主观因素的限制，也会存在偏差或错误。基于这些可能出现的问题，我们需要综合分析、比较各种类型、各种来源的文字史料，才能探索和发现真实的历史。

（二）实物史料

实物史料指在人类发展过程中保存或遗留下来的前人活动场所和前人创造发明的有形物品，如遗迹、遗址、遗物等，属于人们在具体时空范围内的“行为痕迹”。实物史料的价值在于它是历史的直接见证者和历史知识的可靠来源，是能够使我们直面过去的存在。需要注意的是，实物史料并不能反映历史的全貌，遗存的保存情况既受所在环境的制约，也取决于其本身的质量。此外，由于实物史料本身不会“开口说话”，将其用作历史研究的材料时，研究者需进行阐述、解读，这样难免掺入研究者的主观认知。因此我们需要综合利用实物史料、文字史料及其他类型的史料，相互补充，以求最大限度地复原历史，尽可能接近真实的历史。

（三）口述史料

口述史料指被记录下来的人们口头讲述的对过去的回忆，包括神话传说、民歌、俗话、童谣、谚语、族谱，以及亲历者和知情人的回忆录等。口述史料具有鲜活性，但由于受当事人的记忆、学识、情感、价值取向等因素制约，又具有不确定性。

此外，史料按证史价值还可以区分为原始史料（第一手史料）和转引史料（第二手史料）、有意史料和无意史料等；史料用作说理的证据，还可以分为直接证据和间接证据。

将史料实证列入历史学科核心素养，是由历史教育独特的教化功能决定的。历史教育本质上是人文素养教育。历史知识作为人类对以往实践的集体记忆，能够全面、综合地为人们提供文明发展和社会进步的经验，其最大的功能就是以对历史经验的关照确立人类社会认同的价值观，矫正社会发展的失衡和人性的悖谬。将史料实证列入历史学科核心素养，也是历史学特有的学习研究方法决定的，由于人们对历史的叙述、理解、解释和评判都建立在史料的基础上，实证是历史研究的基本方法之一。我们需要运用科学手段收集、整理史料，逻辑严密地辨析史料的真伪和价值，使用可靠的史料作为证据论证自己对问题的看法，并合理构建对历史的叙述，以揭示史事之间的逻辑关系，形成对历史正确、客观的认识。

四、历史解释

历史解释指对历史事物进行理性分析和客观评判的态度、能力和方法。具体包括能够区分历史叙述中的史实与解释，知道对同一历史事件、历史人物和历史现象会有不同的解释，能对各种历史解释加以评析、做出价值判断；能够客观论述历史事件、历史人物和历史现象，有理有据地表达自己的看法，形成叙述历史的能力；学会从历史现象中发现问题，解释历史事物之间的因果关系；对现实社会与生活中的问题，能够以全面、客观、辩证、发展的眼光来看待和评判。

所谓“解释”大致有三种含义，即分析缘由、原因，说明词语含义，评论和诠释事物。结合历史学习和历史研究，以文字史料为对象，“历史解释”又可以分为两种类型：史料解释和史事解释。前者包括解释文本的字面意义和探求文本的引申意义，后者着重探讨历史原因、评价历史影响，或用某种理论来阐释历史、评判历史。“史事解释”可分为两种类型：演绎式的史事解释和叙事式的史事解释。前者一般由结论（理论、常识、假设）而推至个别、特殊的历史事件，后者则用叙述方式解释历史事件的因果关系。中学历史教学常使用演绎式史事解释，如从背景和原因到过程再到结果（影响、作用、性质）的教学程序，就是对史事的演绎解释。叙事式的史事解释常利用归纳法，需借助对前事的叙述来充分说明后事“如何发生”，由此不仅要对史事进行整理、整合和描述，还要揭示其背后的深层因果关系，并进行史事评价，这必然会体现叙述者的研究方法、立场和观念等。所有的历史叙述在本质上都是历史解释，区分历史叙述中的史实与解释，知道对同一历史事件、历史人物和历史现象会有不同的解释，进而能对各种历史解释做出评析和价值判断，这是历史学习与研究中应该具有的态度和能力。必须指出的是，“解释”有时会与“理解”混用，但在历史学习和研究中，历史理解指的是将对史事的叙述提升为对其意义的理性认识和情感取向，历史解释则是历史认识论的体现。在历史认识的过程中，历史理解与历史解释往往是交互进行的。通过对历史解释的释义，以及对历史理解和历史解释的辨析，可以看出将历史解释列入历史学科核心素养的缘由。以时空观念、史料实证，尤其是以历史理解为支撑和基础的历史解释，是认识和学习历史的关键，是学生形成对历史看法的主要表现。

五、家国情怀

家国情怀是学习和研究历史应具有的社会责任感与人文追求。一般来说，家国情怀是指个人对自己国家持有的高度认同感、归属感、责任感和使命感，是对实现国家富强、人民幸福理想的持久追求。家国情怀随着历史的演变呈现出不同的内涵与特征。随着时代的发展和社会的变迁，当代的家国情怀应该是中华优秀传统文化的一部分，是作为个体的中国人对价值共同体持有的高度认同，以及促使认知共同体朝着积极、正面方向发展的一种思想和理念。

在当代中国历史课程中，家国情怀核心素养应包括以下五大基本内容，即亲情仁爱、民族精神、爱国主义、文化认同及融通视野。[①]第一，亲情仁爱。关于在家国情怀核心素养中包含“亲情”这一要素的当代意义，我们可以在习近平总书记在2019年春节团拜会上的讲话中初步体会，即爱家爱国是统一的。第二，民族精神。民族精神是民族文化中经过历史筛选留下来的精华，经代代相传，在世界观、道德观、价值观上具有超越时代的稳定性。现代社会的家国情怀由民族精神萌发，又是对狭隘的民族主义的超越。第三，爱国主义。现代意义上的爱国主义是建立在文化认同和源于悠久传统文化的身份认同基础上的情感体验和理性认识。第四，文化认同。文化认同指了解并认同中华优秀传统文化、革命文化、社会主义先进文化，认识中华文明的历史价值和现实意义。第五，融通视野。融通视野主要指在了解人类文明进程和世界发展趋势基础上，尊重世界文明的多样性和差异性，关注人类面临的全球性挑战，理解人类命运共同体的内涵与价值等。

---

① 周靖、罗明：《核心素养：中学历史学科育人机制研究》，复旦大学出版社，2018，第46页。

将家国情怀列入历史学科核心素养，是历史学科的人文特质决定的。学习历史，就是为了知道自己来自何方，何处是自己的故乡。从国家的角度而言，人们应当知道自己的民族和国家的文化精神是什么，今天民族和国家的状貌是如何形成的，民族和国家的未来将走向何方。学习历史，是为了了解人们彼此认同的基础，寻找凝聚成命运共同体的文化心理密码。将家国情怀列入历史学科核心素养，也是历史学科的育人价值决定的。对促进中学生成长而言，学生通过学习历史，能够以正确的历史观认识中国国情，形成对祖国的认同感和正确的国家观；能够认识中华民族多元一体的历史发展趋势，形成对中华民族的认同感和正确的民族观，产生民族自信心和自豪感；能够了解并认同中华优秀传统文化、革命文化、社会主义先进文化，认识中华文明的历史价值和现实意义；能够了解世界历史发展的多样性，理解和尊重世界各国、各民族的文化传统，具备广阔的国际视野，树立正确的文化观；能够认同社会主义核心价值观，认同走中国特色社会主义道路是历史的必然，树立道路自信、理论自信、制度自信和文化自信；能够确立积极进取的人生态度，塑造健全的人格，树立正确的世界观、人生观和价值观。这些都与家国情怀的具体指向相吻合。因此，家国情怀体现了学习、研究历史的最终价值，是历史学科“立德树人”育人价值的集中表现。将家国情怀列入历史学科核心素养，体现了对历史课程培育和涵养正确价值观功能的高度重视和深切期望。

问题三
如何确立基于历史学科核心素养的教学问题？

本节要点

☆ 历史学科核心素养之间有什么逻辑关系？

☆ 历史学科核心素养有什么重要特征？

☆ 如何确立基于历史学科核心素养的教学问题？

五个历史学科核心素养之间具有引领、递进、渗透、支撑等密切联系，它们是一个相辅相成的、互相关联的整体。

一、历史学科核心素养的逻辑关系

（一）唯物史观是灵魂

唯物史观是学习和研究历史的世界观和方法论。人类对历史的认识经历了一个由表及里、从感性到理性的过程。要想透过纷繁复杂的历史表象认识历史的本质，拥有科学的历史观和方法论尤为重要。唯物史观科学地揭示了人类社会历史的发展规律，为我们正确认识历史奠定了理论基础。运用唯物史观的基本立场、观点和方法学习和研究历史，有利于全面、辩证、客观、公正地认识历史。因此，唯物史观是历史学科核心素养体系的灵魂。

（二）时空观念是基础

将时空观念置于史料实证、历史解释和家国情怀之前，是由于时空观念是历史学科本质的体现，是历史学科有别于其他学科的重要特征。将历史事件、历史人物、历史现象置于特定的、具体的时空框架下考察，是理解历史和解释历史的基本方法。同时，时空意识既是感悟唯物史观基本原理的基础，又有助于史料实证和历史解释。家国情怀的内涵中也镌刻着时空印记。因此，时空观念是历史学科核心素养体系的基础。

（三）史料实证是载体和方法

史料实证是使历史学科诸素养得以成立的关键能力和基本方法。史料实证是透过历史表象认同唯物史观、把握历史规律的基本途径，既为基于时空观念总结历史发展阶段性特征和区域性特征提供了史事支撑，又为历史解释提供了可靠证据，还为培育学生的社会责任感和人文追求提供了丰富养料。因此，史料实证是培养历史学科核心素养的有效载体和基本方法。

（四）历史解释是关键能力

历史解释是历史学科诸素养中对历史思维能力与表达能力的要求，能否进行历史解释是学生能否形成正确历史见识的主要评判标准。进行历史解释需要有时空意识，明确史事的时空定位；需要经过史料实证，获得确实可靠的史实；需要阐明史事的因果关系，形成对历史的看法。因此，历史解释是唯物史观、时空观念和史料实证的外在表现，是涵养家国情怀、滋润学生心灵的途径。

（五）家国情怀是价值归宿

家国情怀体现了历史学科诸素养中的基本价值观，是学习和研究历史时应形成的思维品质及情感、态度、价值观，体现了历史学科的育人目标。家国情怀在历史学科核心素养体系中属于历史课程的价值归宿。历史课程旨在通过对这些素养的培育，实现立德树人的目标。

二、历史学科核心素养的基本特征

（一）求真

求真是历史学习的第一特征。在历史学习中为何要求真？

首先，“历史”是指已经发生了的事情，时间的一维性决定了历史事件在一定意义上仅在发生的那一刻是绝对客观的，在以后被回忆、理解、叙述、引用和反思时，它总是不可避免地被注入主观成分。即使像年代纪和编年史这样极少体现作者主观认知的历史记述，也会因回忆和编纂而失去其绝对客观性。基于此，历史学的任务是发现埋藏于过去的真实，求真是历史学永恒的主题。

如何“求真”？可以从以下三个维度来探索。其一，基于唯物史观求真。唯物史观是揭示人类社会历史客观基础及发展规律的科学历史观，是历史学中用以“求真”的重要理论。其二，基于时空观念求真。这指的是在特定的时空架构中理解唯物史观，培养实证精神，形成历史解释的正确态度、能力，滋育家国情怀。其三，基于史料实证和历史解释求真。以史料实证为基础的求真注重考证的方法，指运用史学发展过程中形成的研究方法，借助考古学、人类学等学科成果和方法对文字史料、实物史料、口述史料等各类史料进行考证和推测，力求发现真实的历史。相较而言，基于历史解释的求真要复杂得多。因为历史是过去发生的事情，今人要想对历史有正确的认知，需要从历史的、多维的视角尽可能客观、全面、辩证地理解史事、描述历史过程、理性评判，从而不断接近真实的历史。这样做历史解释，其严谨性类似于自然科学范畴的学科研究和论证。综上，“求真”是源自本体的认识，是历史学习的出发点，是历史学科核心素养的关键特征，是历史学科实现育人价值的基石。

（二）求实

求实是历史学习的基本要求，是求真的基石。一般而言，在史学认知的思维进程中，有三个相互关联且交叉递进的概念：史事、史实、史是。史学研究先要构建的是史事。史事是一定客观内容的反映，以具体的、特殊的、纷杂的、偶然的形态表现出来。史事多数靠文字、口述等载体存留于世，其描述难免会掺杂撰写、叙述者的主观意识，甚至出现夸大、缩小、臆测乃至歪曲的现象。因此，对历史学习者和研究者而言，如果不能立足整体的视野、联系的视角，运用逻辑的方法，就不能概览历史的全貌。从廓清史事的角度而言，需要“求实”。史实则是历史发展的客观本质，展示的是历史发展进程中诸多要素之间的相互作用和相互关系。史实出自史事，人们可以通过辨伪、考证、诠释等思维方法和学术技巧，剥离或纠正主观意识，描述历史的客观发展轨迹，得出概念性的认识。当然，此过程中又不可避免地会有新的主观意识介入。从辨析史实的角度而言，需要“求实”。史是是指人类社会历史的发展趋势和规律，体现为多样性与综合性的统一、普遍性与特殊性的统一、必然性与偶然性的统一。史事、史实、史是三者虽是递进关系，但彼此并非泾渭分明，三者之间还有交叉。对于史是的认识，要通过分析史事、确定史实而获得，此外还需要进行科学的、理性的思辨，此过程就是实事求是地认识历史的过程。

如何“求实”？可以从以下五个角度来实践。其一，从运用唯物史观的角度来实践。唯物史观既是世界观，也是方法论，这是因为唯物史观坚持从实际出发、实事求是，反对脱离具体条件认识历史，强调主观认知和客观历史的统一。唯物史观的本质就在于以联系与发展的基本观点辩证地认识历史，这属于基本的史学方法。其二，从树立历史时空观念的角度来实践。如果缺乏历史时空观念，面对浩繁的历史，也就无从准确把握史事、考辨史实、提炼史是，不能落实基于时空观念的“实”。因此，要遵循历史纵向发展与横向发展的逻辑，了解历史事件、历史人物和历史现象发生、存在的时间和空间，进而探究历史事件、历史人物与历史现象之间的联系、发展和变化。时空是建构历史场域和创设历史情境以“求实”的基本条件。其三，从育成史料实证精神的角度来实践。实证的“实”可从四个方面来操作：一是选择史料；二是发掘史料的证史价值；三是依据史料做结论；四是以实证精神处理历史与现实问题，即尽量少下否定的历史断语，避免出现断章取义和让史学服务于个人或群体利益以成曲说的现象。这些可资借鉴的方法是史料实证之“实”的体现。其四，从运用历史解释的角度来实践。无论是史料解释还是史事解释，都是历史认识论的体现，其认识的行为和内容是多元的，包括区分事实陈述与主观认知、诠释认知相异的原因、进行评价、表达看法、叙述历史、解释逻辑、建立历史与现实之间的关联等。同时，历史解释的认知过程既可以反映历史学习和研究者的能力，也可以体现其情感、态度和价值观。因此，历史解释必须遵循“全面、客观、理性、辩证、发展”的基本原则，如此，它也就落到了“实”处。其五，从建设课程体系的角度来实践。中学历史课程结构的设计、课程内容的选择、课程的实施、课程的评价标准等，都一以贯之地将培育学科核心素养作为宗旨，从创设课程主题、开发教学资源、组织学习活动、优化教学方法、完善评价方式等方面入手，着力提升教学的针对性和实效性。当然，这样的“求实”过程是一个不懈探索、不断创新的过程。

（三）求思

思维是学习历史需要的基本能力。历史为何要求思？在目的上，研究历史学的目的是认识人类社会发展中的现象及其本质，理解历史是什么。在对象上，历史学主要是以已经过去的人类活动为认识的客体。在方式上，历史学主要通过史料认识历史的本质。在特征上，历史学要从全面的和辩证的、发展的和联系的、具体的和抽象的视角来考察人类社会的问题。在运用上，历史学要求我们既要认识过往的历史，也要将知识应用于现实社会。所有这些都离不开历史的思维活动。

如何求思？我们可以从以下四个方面进行。

其一，在原则上求思。要拥有历史思维，应当从史实出发，依照具体问题具体分析的唯物辩证法，以科学的世界观和方法论分析、解释历史，发现规律，进行价值判断。这是历史思维活动的基础。其二，从时空上求思。时空观是展开历史学习、进行历史推理的基础。只有建立对过去、现在和未来的清晰认识，才能有条理地认识历史现象、解决历史问题。只有建立一个空间格局，才能基于地缘了解历史从分散走向整体的发展过程。缺乏时间上的敏感度和空间上的格局观，也就缺乏认识和思考历史的基点，进而无从考证史事和解释史实。其三，从发展上求思。历史研究的能力以史料实证为基础，史料能够直接促进历史思维的发展。只有接触大量的史料，面对多元化的信息和不同的见解，才能进行有价值的可行性研究。同时，在研究史料的基础上运用反思的方法查证史料的真实性、可靠性，检验思维逻辑的合理性，辨别结论的准确性，对有明显缺陷、问题的历史叙述、解释、评价提出质疑或反驳，沟通史料与证据、史料与史实、史料与史论间的内在关联，有助于确立“史由证来，证史一致，史论结合，论从史出”的历史思维。其四，从品质上求思。历史解释是提升历史思维品质的重要途径。它包括从政治、经济、文化、社会地位、思想认识的视角解释和评价历史人物的作用和影响；从自然环境、经济状况、政治形态、文化传统、社会生活、时代特征的视角有重点地解释与评价历史事件的联系、特征、作用与影响；从基本特征、主要贡献、创新意义的视角由表及里、由此及彼地解释与评价优秀文明成果的主要特点与影响；以时间与空间、相同与不同、联系与区别、量变与质变、背景与条件、原因与结果、动机与效果的概念和范畴分析、综合、比较、归纳基本史实和相关问题，养成思考的能力和独立性，学会创设历史情境和在情境中开拓新维度、表达新观点，进而成为具有批判意识、善于分析的思考者。历史学科核心素养的培养以提高思维品质、提高解决问题的能力为基本目标。历史思维是架设在历史基础知识与历史教育终极目标之间的桥梁。要培养成为合格公民所必需的健全人格、责任感、世界意识、国际视野和家国情怀等，需要注重培养言必有据、理性思辨、多元视角和宽广包容的思维品质。

（四）求本

求本意指中学历史教育要以学生为本。历史教育为何要求本？

首先，这是由历史学科本质观决定的。学科本质观是指在哲学层面上对学科根本性质和核心特征的认识。历史学究其本质而言，是在一定的历史观指导下对人类历史的建构和阐释。历史学是人文社会科学中的基础学科，其发展与其他人文社会科学及自然科学的发展有着密切的联系。历史学是人类文化的重要组成部分，在传承人类文明遗产、提高社会公民素养等方面起着重要作用。从历史中汲取经验教训，鉴往知来，顺应历史发展的趋势，是历史学所承载的社会功能的体现。

其次，这是由历史学科教育观决定的：中学历史课通过呈现重大历史事件、历史人物和历史现象来展现人类历史演变的基本过程和丰富的历史文化遗产，反映人类社会的发展趋势。由此，学生通过历史课程的学习，可以拓宽历史视野，培养历史意识，发展历史思维，提高历史素养，增强历史使命感。这就是中学历史教育的育人价值，它回答了在当前中国政治、经济、社会状况和发展趋势中，在立德树人的教育任务下，“培养什么人、怎么培养人”的问题。

如何“求本”？我们可以从以下四个环节着力。

其一，融历史学科核心素养于课程目标中。这指的是以中国学生发展核心素养为参照，界定历史学科核心素养的育人价值，构建以核心素养为主轴、与基础教育阶段学生身心发展水平相契合的课程目标体系和学科育人机制，逐步降低应试教育和学科教学传统的负面影响，真正立足学生的人格发展，充分发挥历史学科“育人为本、素养为纲”的教化功能。其二，转变学习方式和教学模式。长期以来，历史教学重知识传授，轻能力培养；重教师灌输，轻学生参与。要改变这一现状，教师就要以历史学科核心素养为出发点，准确把握唯物史观、时空观念、史料实证、历史解释和家国情怀的育人特征，发挥教学智慧，通过创设学习情境，改变学生的学习行为。其三，构建新的学业质量标准。通过构建新的学业质量标准，我们可以清楚地了解学生素养不同层次的表现，并据此设计教学方案、调整教学策略、选择课程资源，这也为学科教学法的实践与变革提供了理论依据。其四，完善学业评价体系。一是将对历史学科核心素养的考查融入学业水平考试命题中。二是将学生的心理活动融入学业水平考试命题中，以便观察学生的历史理解与历史解释能力，检验其素养水平。三是建立历史学科核心素养与评价标准的有机联系，即历史学科核心素养与课程目标之间的关联、历史学科核心素养与评价目标之间的关联、历史学科核心素养水平与评价标准之间的关联、历史学科核心素养与作业等之间的关联。

三、确定根据历史学科核心素养立意的教学问题

明确历史教学问题的内涵至关重要，我们必须基于新课标，站在立德树人的高度，对历史教学问题的本质进行界定。

（一）高中历史教学问题的指向

本书中的教学问题指对培养学科核心素养有重要影响的问题。这与一般意义上所说的琐碎的、零散的、关于具体知识点的教学问题有着本质区别。我们可以从四个方面来理解教学问题的指向：一是如何选取对学生发展最有价值、最有意义的核心学习内容；二是如何引导学生获得学科核心思想方法、核心能力及重要价值观；三是如何进行有效的教学活动设计，有力支持教学目标的实现；四是如何对教学进行全过程、持续性的发展性评价。教学问题的提炼与有效解决，

可以为中学历史教师深入理解新课标，高质量开展基于新课标的教学活动提供具体的切入点。其对深化课程改革、整体提高教学效益、显著提升育人水平和促进教师专业发展也具有重要的现实意义。

（二）高中历史教学问题的界定原则

所谓“问题”，就是需要通过研究讨论来解决的矛盾、疑难，或者关键、重要问题。所谓问题，是指为了实现某一目标，需要研究讨论并加以解决的“最关紧要的”矛盾、疑难或是重要之处。教学问题是指对培养学科核心素养有重要影响的教学问题。本书中的“高中历史教学问题”是指在高中历史课程实施（教学）过程中，发展学生的历史学科核心素养需要研究的学科重点、学习难点。这就涉及三个关键词：历史学科核心素养、学科重点、学习难点。

1. 历史学科核心素养

学科核心素养是学科育人价值的集中体现，是学生通过学科学习逐步形成的正确价值观念、必备品格和关键能力。那么，学生学习历史后应树立什么样的价值观念，具有什么样的必备品格和关键能力呢？

第一，我们今天的高中历史教育，必须服务于新时代中国特色社会主义建设事业。我们要培养社会主义事业的建设者和接班人，必须践行社会主义核心价值观。社会主义核心价值观就是我们高中历史教育要培养的价值观念。

第二，必备品格包含政治思想品质、道德人格和史学品格三方面。高中历史是一门意识形态鲜明的课程，它必须贯彻党和国家的主流意识形态。我们要求高中生通过历史课程学习，在政治思想上认同中华民族，认同中华优秀传统文化，认同中国共产党的领导，认同中国特色社会主义。高中历史是一门人文学科，培养学生的人文道德素养是其应有的教育目标。因此，在道德人格上，历史学习必须让学生学会做人做事的道德准则。高中历史作为一门历史学课程，也必须让学生培养具有历史学特征的学术品格，它包含历史学中求真、求实、求思和求本的品质。

第三，对于历史学科的关键能力是什么，学术界还存在不同的看法，本书所谓的关键能力指运用科学的史学理论和方法来认识和解释历史的能力，主要包括运用唯物史观的基本观点认识并说明历史现象等的能力，准确构建时空概念的能力，收集、辨析并运用史料的能力，运用归纳、概括、比较等思维方法分析历史现象的能力，科学、全面、客观评价历史人物、历史事件及历史现象的能力，发现和论证历史问题并独立提出正确观点的能力。

2. 学科重点

学科只有与学生发展核心素养相结合，才有意义和价值。换言之，学生发展核心素养在特定学科或学习领域的具体化构成了学科核心素养。学科核心素养是学生在学习了一门学科之后形成的具有学科本质特征的关键成就，是学科育人价值的集中体现。所谓的学科重点包括学科本质和育人价值两个方面，涵盖核心概念、核心思想方法、核心能力等。学科本质指学科在哲学层面上的根本性质和核心特征；育人价值指对学生发展的意义和价值，即为了实现教育总目标，该学科到底能够培养学生的哪些素养。

3. 学习难点

有的历史教学目标或问题既体现了学科本质，又有育人价值，属于学科重点，但对于学生来说不是难点，因而不是关键的教学问题。既是学科重点又是学习难点的才是关键的教学问题。所谓学习难点，就是学生难以掌握的学科重点。有的教学目标或问题是学生难以理解的，但只要不是学科重点，也就不是我们这里所说的学习难点。需要说明的是，学科重点和学习难点都不是知识点，而是为发展学科核心素养必须要实现的目标或解决的问题。历史学科核心素养是学生学习历史的发展目标，教学关键问题则是实现上述发展目标必须解决的问题。

（三）高中历史教学问题的初步确定

高中历史教学问题，就是在高中历史课堂教学过程中，为培养学生发展核心素养、实现教学目标而必须解决的、不可回避或越过的最基本、最重要的问题。这类问题往往在历史学科中居于核心地位，是教学中面临的一些很难突破的重点、难点，能引发学生认知冲突，有助于学生建立正确的历史认知体系。能帮助学生建构时空观念的教学问题、有利于培养学生唯物史观的教学问题、令学生能正确对史料进行辨析的教学问题、使学生能对历史事件进行理性分析和客观评判的教学问题、能提升学生人文素养的教学问题等，都属于高中历史教学问题。总之，这些问题对于培养历史学科核心素养具有重要作用，是学生学习历史知识、建构历史思维框架的基础。

确定高中历史教学问题在《普通高中历史课程标准》（2017年版）刚刚修订

完成、教材正在编纂的现实背景下是一项难度很大的工作。我们借助有关高中历史教学的学术成果及项目组成员的教学实践经验，通过理论研究与实践研讨相结合等方式，初步确定了15个高中历史教学问题。这些问题根据历史学科核心素养确定，是演绎出来的“理论问题”，需要接受实践的检验。同时，历史学科教学和教研实践中存在的许多问题也需要归纳总结。这些教学问题着眼于课程目标，既是重点也是难点。我们希望这些问题的解决能进一步推进高中历史教学实践的发展。在近三年的研究中，我们尝试利用已有研究成果开展研究，收集了与高中历史教学关键问题相配套的课堂教学案例和微课案例。高中历史学科核心素养理论和高中历史必修课程、选择性必修课程、选修课程体系复杂，本书主要以五个历史学科核心素养为指向，选取高中历史课程部分主要内容和优秀案例，对如何将历史学科核心素养与历史课程知识有效融合提出建议。必须承认，本书所列的问题并未包纳所有历史教学问题，提出的问题未必都是公认的关键问题，解决这些问题的策略也不尽有效，但我们衷心希望我们的尝试能起到抛砖引玉的作用，引发历史教师对如何开展有益于培养正确价值观、必备品质和关键能力的历史教学进行深度思考和讨论。

案例体验

教学案例一　以“疫病与人类社会”教学片段为例

（北京市通州区永乐店中学，杨滨）

【案例说明】

疫病的流行使人类饱受痛苦，不仅会带来人口死亡与社会动荡，也会给政治、经济的发展带来消极影响，它考验着国家治理体系的健全程度和治理能力，也会在客观上促进公共卫生事业与医疗手段的进步，使人们提升健康意识。本课通过提供史料，帮助学生了解古今中外疫病的情况及其对人类社会发展的影响，让学生了解古代重大疫病的暴发与传播轨迹，培养学生的时空观念。课上讨论：“疫病是人类社会发展中的灾难还是助推器？”引导学生从不同角度说明疫病的影响，让学生理解全球性抗疫的利与弊，形成应进行国际合作、共同防治疫情的意识和行动自觉。

【案例内容】

【环节一】核对导学案

教师：今天我们上“疫病与人类社会”这节活动课，我们要讨论的议题是“疫病是人类社会发展中的灾难还是助推器？”。在此之前，就该议题进行过资料收集和整理的同学请举手。（全班40人，39人举手）

教师：非常好，接下来我们核对一下“疫病与人类社会”导学案，巩固预习相关内容，为后续讨论做准备（导学案中介绍影响人类社会的疫病的情况、发生原因以及影响）。

针对导学案中“影响人类社会发展的疫病有哪些？”这一问题，同学们得出了两种答案，分别是：

①人类历史上有多次瘟疫，如黑死病、查士丁尼瘟疫、伦敦大瘟疫、美洲瘟疫、米兰大瘟疫、雅典鼠疫、古罗马“安东尼瘟疫”、马赛大瘟疫、莫斯科黑死病。

②人类流行的疫病有麻疹、肺结核、天花、流行性感冒、百日咳、恶性疟疾、鼠疫、重症急性呼吸综合征等。

教师：对于这两种答案你有什么看法？

学生：都是正确的，这是对疫病的不同分类方式，一种是按照不同时期的典型事件来分的，一种是按照疫病的主要种类来分的。

设计意图：该环节针对导学案中的问题设计，为学生解惑。教师了解学生前期的资料查找情况，以便初步了解之后该如何开展活动课。

【环节二】罗列思考角度

教师：我们已经对本节课的基本内容有所了解了。接下来，我们探讨“疫病是人类社会发展中的灾难还是助推器？”属于哪方面问题。要想解决这一问题，我们需要从哪些角度思考？

学生1：疫病主要是医疗与公共卫生方面的问题。

学生2：疫病与每个人都有关系，可以从个人的角度去思考。

学生3：疫病的防治不仅与个人有关，与国家的政策措施更有关系。

学生4：在经济全球化的大背景下，当疫情发生时，任何一个国家都难以躲避，可以从全球视角探讨这一问题。

学生5：我认为之前的同学说得都有道理，但是单从一个角度去分析不够全面，可以考虑个人、国家、世界等多个层面。

…………

教师：现在，根据大家的建议，我们可以这样来确定思考范围：疫病是医疗与公共卫生方面困扰人们日常生活的大问题，我们可以从个人与他人、中国与他国、人类命运共同体这三个维度来分析讨论这个问题。那么，我们这节课要从哪一个维度分析探讨这一问题呢？

学生：可以从人类命运共同体的维度出发来分析讨论。

设计意图：基于对课时及学生认知局限的考虑，在该环节中，教师让学生对“疫病是人类社会发展中的灾难还是助推器？”所涉及的领域进行罗列，并结合导学案知识确定最相关的讨论范围。

【环节三】分析疫病与人类社会的关系

教师：好的，这节课我们重点从人类命运共同体的维度来探讨“疫病是人类社会发展的灾难还是助推器？”这一议题。为了让同学们可以更好地理解疫病与人类社会的关系，我们先思考以下几个问题。现今社会，疫病受关注的原因是什么？疫病给我们带来了什么影响？

学生1：受关注的原因是现今新型冠状病毒在全球肆虐，从我们个人角度来讲，我们都居家隔离，会影响上学、户外娱乐等。

学生2：受关注的原因是疫病影响范围特别大，死亡率很高，对于个人、国家、世界都是威胁，会带来恐慌、不安。

学生3：疫病带来了很多社会问题，让人们开始重新审视人与自然的关系、人与人的关系、国与国之间的关系，如野生动物的食用、社区工作人员与被隔离者之间的关系，各国对待疫情的不同举措等都成了新的话题，这也许是一件好事。

学生4：疫病被关注是因为其打破了原来的某种生活、生产模式。没有疫情我们可以自由出入，但是现在我们只能在家里上网课。这让我们想到，疫病的发生也会带动一些新兴技术的发展，比如5G技术、线上办公技术等。

学生5：疫病还会推动医疗卫生事业的发展，比如疫苗的研发，同时也会让我们发现，在面临重大灾难的时候实际上还有很多问题我们没有做好准备，面对突发事件时各方的协调也还是有很大不足的。

教师：大家说得都很有道理，那么，在历史上疫病发生的原因有哪些？疫病带来过怎样的影响呢？

学生1：原因有很多，根据我查找的资料，疫病流行的原因主要有战争和灾荒两种。战争会导致疫病流行，疫病也会导致战争。灾荒增加了疫病流行的机会，如水灾后常出现霍乱，而这些会带来社会动荡、经济衰退、人口锐减。

学生2：人口的流动也会带来疫病，如欧洲人把一些疾病带去了美洲大陆。

学生3：生态环境的破坏及不良生活习俗都会导致疫病的流行，如古代的停葬习俗，在疫病发生的时候会导致大面积的传染。如此会带来更大规模的自然灾害，影响人类发展。

学生4：大家说的影响大多是消极影响，实际上疫病客观上也会带来积极的影响。

学生5：乱吃东西也会导致疫病，现在有的人会乱吃，以前有的人更是如此。

设计意图：确定了思考问题的主要方向后，还需要引导学生去分析疫病与人类社会的关系。通过对现今疫病被关注的原因和其影响，以及古代疫病发生的原因和其影响的探讨，学生可以认识到疫病对人类社会的影响不容忽视。

【环节四】各抒己见

教师：从大家的发言来看，导致疫病发生的原因有战争、灾荒、人口问题、环境问题及不良习俗等，大家对此没有太多异议，但对疫病的影响有不同的看法。现在就请同学们自由表达对“疫病是人类社会发展中的灾难还是助推器？”的态度。请注意，我们今天重点从人类命运共同体的维度来讨论这个问题。

学生1：我认为疫病是人类社会发展中的灾难，从人类命运共同体的维度来看，无论是穷人还是富人，每一个人在疫病面前都是脆弱的。在已知的50多种危害极大的传染病中，至今只有天花一种被消灭，其他如鼠疫、流行性感冒、肺结核等都没有办法根除。种种事实说明，无论是过去还是现在，疫病的肆虐从未停止，它对人类的生存和发展构成了严重威胁，在人类社会中扮演着一个恶魔的角色。

教师：你对于疫病是灾难的阐述很精彩，那么，你怎么理解“人类命运共同体”？

学生1：人类的命运是息息相关的。

教师：“人类命运共同体”这个词被写入了在2018年3月第十三届全国人民代表大会第一次会议中通过的宪法修正案，主要是指在追求本国利益时兼顾他国合理关切，在谋求本国发展中促进各国共同发展。人类只有一个地球，各国共处一个世界，因此要倡导“人类命运共同体”意识。“人类命运共同体”这一全球价值观包含相互依存的国际权力观、共同利益观、可持续发展观和全球治理观。从“人类命运共同体”的意义上来看，你是否可以对你的发言进行适当的修改呢？

学生1：疫病是人类社会发展中的灾难，是人类社会需要共同面对的问题，防治疫病符合人类共同的利益。只有全世界各个国家都能认识到疫病的重大危害，才能更有效地在全球防治疫病。

学生2：我认为疫病既是灾难也是助推器。历史唯物主义告诉我们，看待问题要一分为二。疫病确实是灾难，我赞同上一位同学的意见，只有清楚地认识疫病的危害，才能重视它，并对它进行有效的防治。但疫病也是助推器，因为它可以促使人们重新思考一些问题，比如黑死病在欧洲社会的肆虐，让欧洲人重新认识了教会，之后发生了文艺复兴、宗教改革，人们的思想得到解放，欧洲社会从思想层面上迈向近代。

教师：疫病仅仅会在思想领域推动人类社会发展吗？

学生1：应该还有其他领域，例如，在19世纪中期，伦敦霍乱流行。约翰·斯诺发现霍乱与饮用不洁水有关。在他的呼吁下，政府及时关闭了不洁水源，有效制止了霍乱的流行。在防治霍乱等疾病的同时，近代城市公共治理，尤其是公共卫生治理进一步发展。英国在那时建立了公共卫生组织体系，公共卫生方面正式立法、国际卫生合作等行动也纷纷开展。因此，政治领域、公共卫生领域和城市治理的其他领域都有可能被疫病推动发展。

设计意图：引导学生表达观点，对其观点进行追问，实现价值澄清。

【环节五】预测结果

教师：现在同学们整体来说有三种观点，有人认为疫病是灾难，有人认为疫病是助推器，有人认为疫病既是灾难也是助推器。认可这三种观点会产生怎样的结果？

学生1：认可疫病是灾难，人们会非常重视疫病，会积极防治，各国之间会互相汲取经验，共同抗击疫情。但这样也可能会带来恐慌，进而带来社会动荡。

学生2：认可疫病是助推器，人们会以更加积极的状态应对疫情，从新的视角审视世界，重新定位各国的关系。

学生3：认可疫病是灾难也是助推器，人们会重视疫病，同时各国之间也会加强相互依存的关系，在防治疫情这个共同利益面前进行全球治理和防控。

学生4：无论认同哪一种观点，大家都需要积极正面地面对疫病，全人类应通力合作，使全世界的医疗卫生系统更为健全、发达，使自身的心态和做法更加趋于理性和科学。

设计意图：该环节主要明确各种观点，预测认同各种观点的结果，使学生更深层次地认识讨论这个问题的意义。

【环节六】做出结论

教师：现在大家都有了自己的立场，不论认可哪一种观点，我们所做的决定都会带来相应的结果。我们应该如何应对这些结果？请同学们告诉大家自己的最终看法。

学生1：我认为疫病是把双刃剑，它是世界从分散走向整体之后的必然结果，确实会给人类发展带来诸多不利，但也会促使全人类走向共同发展的最终结局。

学生2：我认为疫病是灾难，我们需要对疫病有正确的态度，它会带来恐慌，乃至人类的灭亡。要采取有效的措施和方法去解决它、根除它，使它不再影响人类社会发展。

设计意图：根据前面同学间的分析讨论，提出自己的结论。在这个过程中，学生通过观点的交流与碰撞形成正确的价值观，认同在疫情面前开展国际合作与交流的重要性。

【环节七】回顾反思

教师：由于时间关系，讨论到此结束，大家都做了自己的决定。对于这个问题，可能大家的观点有所不同，但是我们在这个过程中达成了一个共识，那就是疫病面前，国际合作共同防治疫情是必要的。现在请同学们对自己做决定的过程进行回顾，绘制思维导图。

（自主回顾，绘制思维导图）

设计意图：该环节宣布了讨论结果，学生通过思维导图的形式回顾思考历程，反思自己的观点。

【环节八】课后作业

结合自身所学及查找相关资料，谈谈你对疫情期间各国使用口罩情况的看法。

设计意图：将问题进一步延伸到课后，给学生更多深入思考的空间。

【案例点评】

2020年，突如其来的新型冠状病毒肺炎疫情，成为全国乃至全人类共同面对的巨大挑战。中外历史上，大灾大疫往往会导致生命逝去、心理动荡和社会失序，但人类战胜瘟疫的艰辛过程也会推动国家与社会的发展，因此，面对这场关乎人类生存和社会稳定的战“疫”行动，如何以有意义的社会灾难性议题（Social Disastrous Issues，SDI）开发具有创新性的历史课程，帮助青少年学生在正确认识疫病与人类社会发展的关系的过程中激发爱国情感和责任意识，增进国际理解与世界意识，是历史教师科学设计“抗疫”课程的关键。本教学案例结合新课标、疫情防控现状，以及学生的认知水平，通过七个教学环节，设计了“疫病是人类社会发展中的灾难还是助推器？”的讨论议题，从人类命运共同体的视角，帮助学生深层次地认识疫病对人类社会的影响，经过对比、分析和反思，意识到面对疫病开展国际合作、共同防治的重要性。最后，教师通过绘制思维导图的教学任务使学生再一次梳理自己的思路。这样既帮助学生形成了正确的历史思维，又培养了学生的国际视野价值观，实现了课程教学的意义创生。

教学案例二　以“秦汉时期的长城与丝路”教学片段为例

（北京市通州区潞河中学，金晓洲）

【案例说明】

文化符号是经过漫长的时间沉淀下来的。其载体是物质的，但核心是源远流长的精神文化，是某个地区、国家、社会或民族的文化底蕴与内涵。中国拥有五千年的文明历史，同时也拥有多种优秀的传统文化符号，它们彰显着中华民族的民族风貌和民族特质，凝聚了几千年的历史智慧。在历史教学中，利用典型的传统文化符号整合教学，创设新的问题情境，有助于拓宽学生历史认识的广度，增加其认识的深度。下面，笔者将以一节古代史拓展课为例，探讨中国传统文化符号在历史教学中的应用策略。

笔者所教学生为区一类校B层学生，历史基础知识与能力较弱，学习习惯偏差，历史视野较狭窄。此前，师生已系统完成对秦汉时期的探究学习，对这一时期基本政治、经济、思想文化概况有一定的认知，多数学生能够说出秦汉时期历史的基本特征是“统一多民族国家形成与初步发展”；但他们对此结论的认识仅停留在死记硬背层面上，当面对涉及秦汉时期较陌生历史现象的新材料时，难以对所学内容进行迁移与运用。因此，笔者将以“秦汉时期的长城与丝路”为切入点，整合教学内容，引导学生多角度分析，深化学生对秦汉时代特征的理解，由此让学生体会长城与丝路所反映的秦汉先民爱好和平、守护家园、主动发展、奋进开拓的民族精神。

【案例内容】

【环节一】万里长城因何始，开通西域为哪般？

教师出示：

材料一　秦已并天下，乃使蒙恬将三十万众北逐戎狄，收河南。筑长城，因地形，用制险塞，起临洮，至辽东，延袤万余里。

——司马迁《史记·蒙恬列传》

材料二　中国农牧分界图（图略）。

教师：依据材料，结合所学，分析修筑长城的必然性与可行性。

学生：修筑万里长城的历史前提是秦已经统一六国，建立大一统中央王朝；从秦始皇个人角度而言，修长城则是为了抵御匈奴、保护小农经济的稳定、巩固统一。

对比长城分布图与中国农牧分界图，秦长城基本上是沿农牧分界线修筑的。由此可知，修筑万里长城是为抵御侵扰，长城是守护农耕区的“堡垒”。长城的出现是由两种生产方式的对立决定的。

教师出示：

材料三　战国长城分布图、秦长城示意图、汉长城示意图（图略）。

教师：依据地图，概述从春秋到汉朝长城的变化情况，结合所学分析变化的历史意义。

学生：秦朝拆除了之前战国时期一些地区用以互相防卫的长城、关隘，把原秦、赵、燕三国北部的长城连接起来。到汉朝时，长城向东西延伸，较秦时更长——东至碣石（在今辽宁省境内）、西至盐泽（新疆维吾尔自治区罗布泊）。可见，长城在空间上的演变实际上体现着中国历史的重大转折与发展。秦汉长城是中国从分裂走向大一统的时代见证，也体现了统一多民族国家巩固与开拓的历程。

教师出示：

材料四　（汉朝）开始沿路建立屯戍，并把秦始皇所建以防匈奴的万里长城向西边延长出去。古长城之向西延长最初的用意自然是保护新开通的中亚大道。

——摘编自斯坦因《斯坦因西域考古记》

教师：在英国探险家斯坦因眼中，万里长城不仅使边境各族百姓和睦相处、安居乐业，还是陆上丝绸之路的伴侣、守护者。那么，这条通往中亚的新大道因何开通？

教师出示：

材料五　西汉前期疆域图（图略）。

材料六　时匈奴降者言匈奴破月氏王，以其头为饮器，月氏遁而怨匈奴，无与共击之。汉方欲事灭胡，闻此言，欲通使。

——《汉书·张骞传》

教师：汉武帝遣使西域的直接意图是什么？自汉武帝起，西汉政府经略西域的历史条件是什么？其目的为何？

学生：丝路的开通与汉武帝的治国政策密切相关。结合图文材料可知，联合月氏、夹击匈奴是汉武帝遣使西域的直接意图。在这之后，西汉政府经略西域，则是以当时社会的稳定发展为基础的。西汉经济实力日渐强大、中央集权得到强化、大一统思想流行等因素都是其加强对西域的管理的重要条件。而其背后的根本目的仍是维护、发展统一大业。

设计意图：在上述探究环节中，笔者选取有关长城、丝路产生、发展原因的典型史料，以问题串的形式创设真实的历史情境。问题串既反映了学科本质（重大历史事件、历史人物的关键节点），又处在学生的最近发展区。问题串的设计体现了阶段内涵，是连接阶段特征与本课所选的文化符号的重要桥梁。在破解问题串的过程中，学生在运用图文资料时提取有效信息，运用所学知识对新问题进行解释。由此，学生完成了对秦汉"统一与发展"阶段特征的理解与应用，逐渐养成从阶段特征出发审视具体史实，阐释同类历史现象的思维习惯。

【环节二】边塞何以守朔方——分析秦汉长城作为军事防御工程的特点

教师出示：

材料一　敦煌周边烽燧分布图（图略）。

材料二　西汉敦煌地区马圈湾烽燧复原图（图略）。

材料三　苣火、积薪图片（图略）。

材料四　据东汉《塞上烽火品约》简牍载，一共有5种烽火信号：烽、表、烟、苣火、积薪，分别承担了不同功能。燧长，必须要以身作则，熟读烽火品约。不能做到这一点，则随时撤换。

——摘编自贻芥《烽燧——不能没有它》

教师：结合上述材料，总结长城作为军事防御工程的特点。

学生：长城在建筑上有结构复杂、分布成网的特点，在运作上有制度严格、分工明确、管理规范的特点。

【环节三】斧钺干戈化玉帛——分析和平时期长城所起的社会作用

教师：在中国漫长的历史中，长城很像一条极长的"拉链"，由东向西，横卧在中国北部广袤的疆域上。当它拉开时，会把两边的人撕裂开来；当它闭合时，则会把两边的人黏合在一起。

教师出示：

材料一　汉武帝……筑长城，再徙民，置郡县，兴修水利，实施一定的农业优惠政策，并推广先进的农业技术。

——摘编自张南《论西汉长城边区的经济开发》

材料二　（关市，在汉代以来多指设于长城附近与少数民族进行贸易的集市）两汉之际，武威郡“通货羌、胡，市日四合。每居县者，不盈数月辄致丰积”。

——摘编自《后汉书》

材料三　东汉时期长城沿线的南匈奴墓葬……随葬器物中有大量模型明器和“汉式”陶器组合等，而这些特点是早期匈奴墓葬及同时期漠北归属北匈奴的考古遗迹所没有的。同南匈奴一样，乌桓、鲜卑、羌人等居于长城地带的少数民族汉化程度日益加深，又彼此融合。

——摘编自任宝磊《秦汉长城防御体系与民族关系研究》

教师：请从多角度分析，和平时期长城起到了哪些社会作用？

学生：长城在和平时期在经济发展、改善民族关系上有重大意义。它为中原王朝推广农耕、开发边区提供了有力保障；为边境各族民众互通有无、交易物资搭建了平台；对两汉时期汉族与北方少数民族的交往、交流、交融发挥了作用。

【环节四】经营西域代相传——分析汉代民族政策与边疆管理制度的特点

教师出示：

材料一　西汉同匈奴的战争和张骞出使西域示意图（图略）。

材料二　西域都护府示意图（图略）。

材料三　都护之起……僮仆都尉（匈奴的一种官名，僮仆即奴隶之义）由此罢，匈奴益弱，不得近西域。于是徙屯田……都护督察乌孙、康居诸外国，动静有变以闻。可安辑（安抚），安辑之；可击，击之……自敦煌西至盐泽往往起亭（古代驻在边境上的烽火台），而轮台、渠犁皆有田卒数百人，置使者、校尉领护，以给使外国者。

——班固《汉书·西域传》(节选)

教师:依据材料,分析西汉政府先后采取了哪些步骤以实现对西域的统治。与匈奴的相关政策相比,汉政府的政策有哪些可取之处?

学生:西汉政府分步逐渐实现了对西域的统治。汉武帝时派遣使节联络西域,并且调兵遣将西征北伐,在取得军事胜利后建关设郡,汉宣帝时最终设置西域都护府,宣告西域正式归属于中央政权。在西域都护府建立后,为巩固中央王朝在西域的统治,西汉政府吸取匈奴人的教训,采取多种手段经营西域。一是开发长城沿线,保障补给;二是加强卫戍,怀柔抚远。与匈奴人的高压统治相比,西汉政府在处理西域民族关系时注重经济、政治、军事"多管齐下",政策灵活多变。这体现了西汉政府在管理边疆地区时文武兼修、稳扎稳打的战略智慧。

【环节五】海陆并进连欧亚,东去西来通有无——探究丝路在历史上的多重角色

教师出示:

材料一　丝绸之路示意图(图略)。

材料二　东西方物质、文化交流传播示意图(图略)。

材料三　丝绸之路上的四大文明圈示意图(图略)。

教师:丝绸之路在地域分布上有何特点?它仅是一条连接欧亚的商道吗?

学生:陆上丝绸之路呈网状,分东西两段,辐射欧亚,最远到达地中海东岸。海上丝绸之路分两条主线,沟通太平洋、印度洋海域。丝路上的贸易活动在文化交流中扮演着重要角色。穿行于丝绸之路的人们将各自的文化像种子一样沿途播撒,其中既有物质技术,也包含观念信仰。此外,丝绸之路是东西方文明的双向交流之路,在这里,欧洲文明、西亚文明、南亚文明和东亚文明交汇碰撞。它对中古世界多元并存、互鉴共生文化格局的形成具有深远影响。总之,丝绸之路是人类生活的舞台,它促进了文明的双向馈赠;丝绸之路也是区域文明的纽带,在空间上沟通彼此、打破隔阂。

设计意图：价值观念在历史教学中具有统领地位，也是历史学科育人功能的归宿。有学者指出，具有历史学科特征的正确价值观，是"确立积极进取的人生态度、塑造健全的人格，树立正确的世界观、人生观和价值感"，其中包括正确的历史观、国家观、民族观、文化观。因此，在历史教学中，除了引导学生认识中华民族多元一体的历史发展趋势，从历史的角度认识中国国情外，更要通过探究活动，深化学生对祖国的认同感、"对中华民族的认同感"以及"民族自信心、自豪感"。从探究环节二到环节五，学生不仅对秦汉长城、丝路的发展及作用有了较为全面的认识，而且能够透过这两个文化符号，进一步体会秦汉先民渴求统一、维护统一的良苦决心及面对外部世界、异质文化所呈现出的积极开放、兼收并蓄的时代风貌。长城沿线的民族交往、丝绸之路上的文明交汇，谱写了中华民族在碰撞中融为一体的精彩华章，展现了中华民族主动发展、连通中西的博大胸襟。

【环节六】长城丝路显风貌——解读文化符号里的历史意蕴

教师讲述：从李希霍芬（19世纪德国地理和地质学家）命名"丝绸之路"到《义勇军进行曲》歌唱"新的长城"，近代以来，长城与丝路作为贯通中西的文化符号，被无数文艺工作者解读和诠释。

教师：有学者将"长城""丝路"比作"城墙"与"通道"，如何理解这一比喻？长城、丝路与秦汉社会发展有着怎样的内在联系？如何看待统一与发展的关系？运用唯物史观，结合所学，阐明理由。

学生1："长城"不是闭关锁国的"城墙"，而是秦汉时期保境安民、促进北疆各族民众交往、交流、交融的平台；"丝路"不仅是互通物资的商业"通道"，也是中原王朝巩固统一、开拓发展空间、实现战略安全的"基地"，更是联结内外、交流文化的"纽带"。

学生2：秦汉时期长城与丝路的产生和发展都是由秦汉社会发展的总趋势、总要求决定的。长城与丝路源自对抗与危机，却由于国家的统一与强大得到升华——长城南北的民族交往、丝路东西的文明交汇，都仰赖于国家的统一与繁荣。

学生3：春秋战国以来，经济的发展使得人民渴望统一，因此统一是历史发展的大趋势。在此大趋势中，产生了如长城与丝路这样的超级工程与重要商路，二者在各自的发展过程中促进了统一的趋势和秦汉社会经济的发展。在小农经济下，民众渴望国家统一、强大，能够保障生产生活的正常发展。统一是发展的前提，发展能促进或维护统一。

设计意图：在这个环节中，笔者通过追问的方式引导学生对“长城”“丝路”背后的历史意蕴进行解读，进而围绕“统一”“发展”这两个概念的关系完成意义建构。笔者利用文化符号创设问题情境，组织学生从复习运用知识到深化分析史实，再到领悟核心概念，最终形成正确的国家观与人生观。相信通过本课的学习，学生不仅会对中国作为统一多民族国家这一点产生理解与认同，还能在现实生活中自觉维护祖国统一，用积极进取、奋发向上的态度承担时代使命。

【案例点评】

纵观本课，教师以提高课堂教学效率、探索复习课教学新模式为目标，尝试采用典型文化符号创设情境，引导学生完成对已有知识的内化、运用及对意义的建构。在教学设计之初，教师围绕“秦汉时期阶段特征”这一核心概念对学生的初始知识和相关经验进行预判，从知识、技能、价值观等方面分析学生在深化理解核心概念时可能遇到的问题，并制定了相应的教学目标。教师对学情的分析越充分，在课堂上成功引导学生剖析文化符号，领会其背后的核心概念的把握就越大。

在确定学习专题中的关键问题后，教师在教学中还注重方法引领，即微观视角与宏观视角的结合。整堂课上，教师引导学生运用宏观的时代特征去剖析微观的“长城”“丝路”，在大时代背景下解析文化符号的历史意蕴，由此重新审视秦汉社会的历史地位。其一，秦汉时期是中国作为统一多民族国家的建立和初步发展时期；其二，秦汉时期在政策上体现出文武兼修、双管齐下、一脉相承、持续建设等特点，为后世王朝维护统一、实现发展留下了宝贵经验；其三，两汉时期丝绸之路的开通与发展，显示了当时中华文明在世界上的领先地位及中华民族开放自信的姿态，对当代中国的发展有重要借鉴意义。

最后，教师用富有逻辑层次的“历史解释”活动，深化了学生的史识，在教学中渗透了对家国情怀的培育。众所周知，历史解释是历史教学的关键，家国情怀则是历史教学的灵魂。本课中，教师以“长城”“丝路”为显性线索，以“秦汉时代特征”为核心立意，带领学生跳上云端探讨文化符号与历史阶段的内在联系。教师通过由表及里、由浅入深的问题串，引导学生展开分析，使其学会从就事论事到就事悟道。由此，学生不仅在知识上完成了脉络化梳理、体系化建构，形成了整体性的历史认知，更在历史与现实世界、历史与自身世界间建立起情感联系。

教学案例三　以“影响世界的工业革命”教学片段为例

（中国人民大学附属中学通州校区，刘明昊）

【案例说明】

新课标要求“通过了解工业革命带来的社会生产力的极大发展以及所引起的生产关系的深刻变化，理解工业革命对资本主义世界体系的形成及对人类社会生活的深远影响”。本课的学习要点即引导学生认识两次工业革命发生的历史条件、重要成就和影响。课上教师运用史料，通过对史实的解读，引导学生对工业革命的影响进行理性分析和客观评判。

通过对工业革命影响的层层剖析，教师引导学生认识生产力和生产关系之间的辩证关系、经济基础和上层建筑之间的相互作用，将唯物史观运用于对历史的学习与探究中。

【案例内容】

【环节一】认识工业革命带来的生产力大发展——理解社会发展的生产力标准

教师出示：

材料一　人类在原始社会生产力发展平均速度是每百万年提高1%—2%；农业社会是每百年提高4%；而到工业社会每一年提高3%。在缓慢爬行了上百万年，步行了上万年后，从那一瞬间起，人类突然加快脚步向前奔跑了。

——摘编自刘笑盈《精粹世界史：推动历史进程的工业革命》

教师：工业革命是人类从农业社会演进到工业社会的转折点。从这一段材料中，你能看出工业革命有怎样的影响？

学生：工业革命促进了生产力的发展，大大加快了人类生产力提升的速度。

教师：生产力大发展，听起来似乎有点抽象。生产力的发展对我们的生活意味着什么？

教师出示：

材料二　1831年，英国出版了一本名叫《机器的成绩》的书。这本书中有一段话，对工业革命前后的情况做了既简单又有趣的对比："以前，一千个人当中没有一个人穿袜子……现在，一千个人当中没有一个人不穿袜子。"

——摘编自许永璋《世界近代工业革命》

教师：这段材料说明工业革命有什么影响？

学生：工业革命中，机器得到广泛应用，使得袜子的产量大幅度增加，不穿袜子的人大量减少。

教师：穿不穿袜子，你觉得有那么重要吗？

学生：我觉得穿不穿袜子，可以从一个侧面反映人们的生活水平。

教师：说得很好。也就是说，工业革命带来的生产力发展让我们每个人有了丰衣足食的可能。那我又要问了，工业革命对每个人生活水平的改变有那么重要吗？

教师出示：

材料三　自从19世纪50年代以后，欧洲极少因为作物歉收遭受粮食危机，而在此之前这种情况频繁发生。长远看来，这是两个方面的直接作用：首先，是欧洲的整体繁荣，使得欧洲可以从外国进口食品；其次，是运输网络的优化，使不易保存的物品能迅速运到远方。即使在人口激增的时代，欧洲人民依旧衣食无忧，这便是工业革命带来长远利益的明证。

——摘编自查尔斯·布鲁尼格、马修·莱温格《现代欧洲史04：革命的年代（1789—1850）》

教师：这段材料说明工业革命有什么影响？

学生：说明工业革命后，人类社会的饥荒大大减少了。

教师：这也就是说，每个人都有了更好的生活水平，整个人类社会才可能告别饥饿与贫穷。工业革命可能正是这“万里长征”中的一步。说到这里，你觉得生产力发展对人们究竟意味着什么？

学生：唯有社会生产力发展，社会才会获得长足进步。

教师：没错。所以，社会发展有多面性、多层次性。评价社会的标准可能有许多，但是，正如唯物史观所指出的那样，在众多的标准中，生产力的发展是“社会进步的最高标准”。

【环节二】工业革命造成的生产组织变革——了解生产力和生产关系之间的辩证关系

教师：工业革命中，机器纷纷投入使用，使得生产组织与管理方式发生了重大变革，资本主义大工厂制度建立起来。就拿纺织来说吧，之前都是一家一户用手摇纺车进行纺织，生产是分散的。可是纺纱机、蒸汽机的使用，使得资本家可以把机器集中在一起，把工人也集中在一起，如此生产就越发集中了。在这个过程中，生产组织由工场（workshop）过渡为工厂（factory）。

教师出示：

材料一　过去，一个家里如果母亲不会做衣服，就得去找裁缝做。先去买一块布料，到裁缝那里量身材，然后裁剪，一件衣服都是一个裁缝从头到尾给你做好的。

但现在工厂出现了，招来三四十个女工，她们实行分工，有的锁边，有的缝袖子，有的开扣眼，有的钉扣子，每道工序都是一做就做一辈子。

于是，劳动生产力就大大提高了，并且产品也规格化了，做出来的衣服都一个样儿，批量生产，这也和机器生产一样。

——摘编自钱乘旦《西方那一块土：钱乘旦讲西方文化通论》

教师：依据老师刚刚讲的内容和上述材料，你觉得工厂制度有哪些特征？

学生：第一，使用机器生产；第二，把工人集中起来；第三，实行分工。

教师：从中我们可以看到，以生产组织为代表的生产关系的改变是由生产力的提高带来的。唯物史观的提出者曾有过生动的比喻：“手推磨产生的是封建主为首的社会，蒸汽磨产生的是工业资本家为首的社会。”这说明了什么规律？

学生：生产力决定生产关系。

教师：依据材料来看，生产关系变革还有着怎样的影响？

学生：生产关系的变革又进一步提高了生产力。

教师：以上的材料体现的是第一次工业革命后的情况，伴随着第二次工业革命的迅猛推进，生产组织又有了新的变化。福特率先在新兴汽车行业推广“流水线作业”，这又促进了生产力的发展。

教师出示：

材料二　（福特）汽车厂，1913—1914年生产了24.83万辆汽车，每天生产近800辆，平均每36秒生产1辆汽车，10年之后达到了每15秒生产1辆。

——摘编自马克垚《世界文明史》（上）

学生：这生产速度太快了！

教师：我们可以做个小结。你觉得生产力和生产关系的关系是怎样的？

学生：生产力决定生产关系，生产关系又反作用于生产力。

教师：这正是唯物史观的一个基本原理——生产力与生产关系的辩证关系。它可以成为我们认知历史现象的一把钥匙。

【环节三】工业革命塑造的社会关系——认识阶级状况的变化

教师：学历史，我们还是要关注人。我们之前提到过发明水力纺纱机的阿克莱特，他原来是一个理发师，之后摇身一变成了工厂主、资本家。他的日常生活发生了怎样的变化呢？

教师出示：

材料一　阿克莱特和他的合股人在德比郡建了一座工厂。……到1782年，他们雇用的工人已经有五千多名，资金不少于二十万英镑……

阿克莱特通常从早晨五点操劳到晚上九点……他感觉文化程度低，处理函件有很大困难，就挤掉睡觉的时间，每天抽一小时学习英语语法，再用一小时提高书法和拼写。

凡是对他心爱的事业有妨碍的，他都忍受不了。他结婚不到几年，就和他的妻子脱离关系。因为她认为他应该储蓄，而从事机器设计就会使一家人挨饿，于是砸坏了他的一些实验用的机器模型。

阿克莱特严格节约时间，为了不浪费一寸光阴，一般坐四驾马车，疾来疾往。

——摘编自罗伊斯顿·派克《被遗忘的苦难：英国工业革命的人文实录》

教师：你觉得阿克莱特一天的生活状态怎么样？

学生：很疲劳，很忙碌。

教师：读完这一整段材料，你觉得阿克莱特这一生中什么最重要？

学生：时间。

教师：为什么他觉得时间这么重要？

学生：因为他要办工厂，办工厂是他的事业。

教师：那他办工厂是为了什么？

学生：挣钱。

教师：所以你把这个逻辑线，掐掉所有中间环节，就留个头和尾的话，你觉得对阿克莱特而言……

学生：时间就是金钱。

教师：那么大家再回想一下之前我们分析过的服装厂、汽车厂不断改进生产技术的例子。你觉得对于一个工厂而言……

学生：效率就是生命。

教师：说到这儿，大家有没有觉得这句话很耳熟啊？这句话是我们经常挂在嘴边的。重视时间和金钱的观念是由什么带来的呢？

学生：工业革命。

教师：这意味着工业革命有怎样的影响？

学生：工业革命也改变了人们的思想观念。

教师：而这正是唯物史观的又一原理——社会存在决定社会意识的一个明证。如果说，阿克莱特重视时间是主动的，那他雇用的那些工人呢？

教师出示：

材料二　阿克莱特在工厂中实行12小时的工作时间制，并制定了严格的规章制度。

工人进厂、出厂和饮食都是在钟声所指示的一定的时间内进行的。

——摘编自保尔·芒图《18世纪产业革命》

教师：一读到这儿，我看到有些同学会心一笑，觉得自己的生活不也是以钟为号吗？每天听铃声上课、下课、去食堂吃饭……从这段材料中可以看到，工人们的工作状态是怎么样的？

学生：忙碌、疲劳。

教师：工人工作这么长时间——12个小时。那他们的工资报酬怎么样呢？

教师出示：

材料三　1810年英国纺织工人每周的平均工资为42先令6便士，1825年下降到了25先令6便士。

——摘编自吴于廑、齐世荣《世界史　近代史编》（下）

教师：当时工人工资情况怎么样？

学生：低，而且还下降了。

教师：这不奇怪吗？谁能帮我解释一下？为什么生产出来的产品越来越多，工人的工资反而下降了呢？

学生：因为对于一个工厂主而言，最重要的是机器，所以在工厂里人就成了机器的附属品。

教师：说得很对。挣这么少的钱，工人的生活状况怎样？

教师出示：

材料四　在英国，有的工人家庭祖孙三辈人挤在一间矮小的房屋里。兰开夏有的工人家“是一间又湿又低的地下室，家具里就只有两把旧椅子、一张三条腿的圆桌，一只箱子，没有床，只是墙角有一堆陈麦秸，上面盖有两条脏床单”。

——摘编自吴于廑、齐世荣《世界史　近代史编》（下）

教师：你觉得工人的生活状况怎么样？

学生：贫穷。

教师：联系前面像阿克莱特那样的工厂主能挣那么多钱，看看工人生活这么贫苦，你觉得资本家的财富是从哪里来的？

学生：从剥削工人来的。

教师：在工业革命的进程中，一小部分人上升为资产阶级，更多人跌落到无产阶级的队伍中。资产阶级与无产阶级逐渐成为社会的两大阶级，而这两大阶级的关系是对立的。

【案例点评】

唯物史观是中学历史教学的重要内容。作为最上位的历史观，它揭示了人类社会历史的客观基础及发展规律，也为学生提供了认识历史、看待历史的正确立场、观点和方法。唯物史观渗透在中学历史教材每一课的字里行间。但也许正是由于唯物史观无处不在，要把理论性较强的原理、方法直接教给学生，难度很大。本教学案例从工业革命这一实实在在的历史情境切入，通过对史料的解读与剖析，将唯物史观的相关原理一点点传递给学生，让学生真正理解唯物史观是从对历史现象的分析与把握中抽象出来的。通过本课的学习，学生能够达到唯物史观学业质量水平1、水平2的要求，即“能够了解和掌握唯物史观的基本观点和方法，理解唯物史观是科学的历史观”。本课面向的学生群体为高一学生。他们在初中阶段已经初步了解了工业革命的相关内容。所以在高中阶段的教学中，他们面临的问题就是将历史认识再上升一步，能够从具体的史事认识进阶到一般性的规律把握。教师接下来的工作，便是在学生理解唯物史观是从史事中来的前提下，进一步引导学生认识到唯物史观可应用于认识史事中，帮助学生达到该素养学业质量水平3、水平4的要求，“能够将唯物史观运用于历史学习、探究中，并将其作为认识和解决现实问题的指导思想”。

本章小结

本章共包含三个内容。第一，《普通高中历史课程标准》（2017年版）的修订变化；第二，历史学科核心素养的五个组成部分；第三，如何确立基于历史学科核心素养的教学问题。第一节主要对《普通高中历史课程标准》（2017年版）的修订变化做了阐释；第二节对广大教师关注的学科核心素养内涵做了初步解释；第三节对于历史学科核心素养五个要素之间的关系及本书中提及的教学问题确定原则做了说明。三部分内容主要为本书后五章做了初步铺垫。在本章中，从"中外历史纲要"和"选择性必修课程"部分选取了三个案例，帮助读者直观体验新课标和人民教育出版社版（以下简称部编版）历史教材给高中教师的教学带来的变化。

拓展读物

1. 周靖，罗明. 核心素养：中学历史学科育人机制研究［M］. 上海：复旦大学出版社，2018.

本书以核心素养为导向，从社会、教育、历史学和学科四个层面，从理论上寻求突破；立足课程内容、教学方法、学习活动、教学资源和评价体系五项维度，从实践上追求创新，展开对中学历史学科育人机制的研究、探索与建构，给当前中学教育改革与创新提供重要的启示和参考。

2. 林崇德. 21世纪学生发展核心素养研究［M］. 北京：北京师范大学出版社，2016.

本书主要从基础理论研究、国际比较研究、传统文化研究、实证调查研究、现行课标研究、教育实践探索等角度系统化地展开对核心素养的探索与分析，对于全方位理解和把握中国学生核心素养的内涵具有重要参考价值。

第二章　以唯物史观核心素养立意的教学问题

关键术语

所谓“唯物史观”，是揭示人类社会历史客观基础及发展规律的科学的历史观和方法论。其基本原理包括人类社会形态从低级到高级发展、生产力和生产关系之间的辩证关系、经济基础和上层建筑之间的相互作用、人民群众在社会发展中的重要作用等。将唯物史观作为历史学科核心素养体系的核心，既与历史的认知特征相关，也是落实历史学科立德树人教育目标的需要，更是对历史进行科学认识的需要。运用唯物史观的立场、观点和方法认识历史，有助于帮助广大青年学生透过历史的纷繁表象认识历史的本质，继承与弘扬中华民族的优秀传统，树立正确的世界观、价值观和人生观。

结构图解

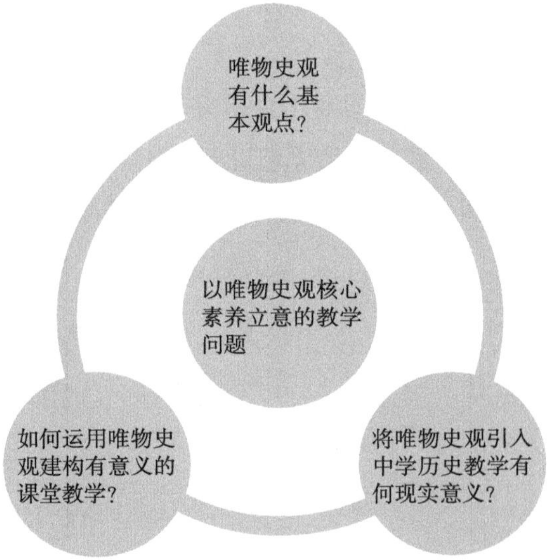

学习要点

看完本章，应该能够了解以下几点。

第一，唯物史观内涵的演变。

第二，唯物史观的基本内涵及内在逻辑。

第三，将唯物史观引入历史课堂教学的现实意义。

第四，将唯物史观引入历史课堂教学的策略。

教师困惑

当前，高中历史教师对于唯物史观的重要性有着一定的了解，但是对其具体的内涵和演变过程却有些陌生，对于如何恰当而自然地落实唯物史观还有些力不从心。在阅读本章之前，请想一想，作为一名高中历史教师，您能否结合自己的理解全面系统地表述唯物史观的基本内涵和内在逻辑关系？您是否能全面系统地表述唯物史观对于历史教学的重要意义？您能否构建起比较系统的唯物史观教育策略？

问题一
唯物史观有什么基本观点？

本节要点

☆ 唯物史观的内涵是如何演变的？

☆ 如何对马克思主义唯物史观进行文本解读？

☆ 如何理解马克思主义唯物史观的逻辑结构？

☆ 马克思主义唯物史观的主要原理有哪些？

一、唯物史观内涵的演变

19世纪末期，马克思主义就开始传入中国，但它在中国思想界引起普遍关注，是在十月革命之后，尤其是五四时期。马克思主义传入中国后，首先被传播并为人们所普遍熟知的是唯物史观。唯物史观的内涵在传播过程中，经历了一个不断演变的过程。

（一）五四时期：对唯物史观的理解多偏向经济史观

在李大钊看来："历史的唯物论者观察社会现象，以经济现象为最重要……故经济的要件是历史上唯一的物质的要件。"[①]陈独秀认为，"我们相信只有客观的物质原因可以变动社会，可以解释历史，可以支配人生观，这便是唯物的历史观""而唯物史观所谓客观的物质原因，在人类社会，自然以经济（即生产方法）为骨干"[②]。这说明当时的中国知识分子已经能够抓住马克思主义理论的重要论断——经济活动对于人类历史有重大作用，只是当时李大钊、陈独秀对于马克思主义唯物史观的认识还是比较片面的。

（二）20 世纪二三十年代：辩证法派生的历史唯物主义

1. 辩证唯物主义的引进

20世纪20年代，随着瞿秋白等留苏知识分子归国，国内介绍、传播马克思主义的重心发生了转移，唯物史观在马克思主义理论体系中的地位与此前不同了。受苏联影响，唯物辩证法、辩证唯物论作为根本的世界观、方法论居于基础性地位，唯物史观是辩证唯物论在社会历史领域的推广和应用，退居派生地位。虽然唯物史观的地位有所下降，但人们对唯物史观的理解、认知更加全面、准确。"以往唯物史观被理解为经济史观，注重从经济角度把握历史变迁，引入唯物辩证法之后，政治、文化因素对经济基础的反作用也受到重视。"[③]

2. 中国史学研究的发展和争论

这一时期的史学改变了传统史学以王朝更迭及政治变迁为中心的模式，又区别于晚清以来进化史观主导的文明史。例如，郭沫若的《中国古代社会研究》，运用唯物史观深入研究中国历史，突破了以往只使用历史文献的局限，将其研究范围拓展到地下出土文物上，把《诗经》《尚书》《易经》里面的传世史料，

---

① 李大钊：《我的马克思主义观》，载《李大钊全集》第3卷，人民出版社，2006，第20页。

② 陈独秀：《〈科学与人生观〉序》，载张君劢等《科学与人生观》，山东人民出版社，1997，第30页。

③ 陈锋：《"唯物史观"在近代中国的流变》，《近代史研究》2018年第5期。

与甲骨卜辞、周代金文这些出土史料熔于一炉。一些学者自觉运用经济分析、社会结构分析来考察中国社会，尤其是运用生产力决定生产关系和社会制度的理论探究中国古代史，形成以“社会形态”为研究对象的史学范式。

在此背景下，马克思在《〈政治经济学批判〉序言》中关于社会形态的经典论述——“大体说来，亚细亚的、古代的、封建的和现代资产阶级的生产方式可以看作是经济的社会形态演进的几个时代”[①]成为人们争论的焦点。围绕亚细亚生产方式、奴隶社会、封建社会、资本主义社会等问题，各方学者展开激烈论辩。如此一来，唯物史观在很大程度上被等同于社会形态理论，社会形态理论又被等同于历史规律本身。

3. 唯物史观的官方界定

1938年出版的《联共（布）党史简明教程》为唯物史观做了官方界定：“历史唯物主义就是把辩证唯物主义的原理推广去研究社会生活，把辩证唯物主义的原理应用于社会生活现象，应用于研究社会，应用于研究社会历史。”[②]书中推导出的五种生产方式理论在中国更是影响甚巨。是否信守五种生产方式理论成为是否遵循唯物史观的重要标志，如何将五种生产方式套用于中国历史成为中国马克思主义史学的中心论题。

中国的马克思主义史学家迅速响应，致力于将唯物史观、辩证唯物论与中国历史结合。其中侯外庐对亚细亚生产方式的“理论延长工作”最具开拓性。1941年范文澜的《中国通史简编》则成为唯物史观的中国历史体系走向成熟的标志。[③]

（三）20 世纪 40 年代：唯物史观蜕变为阶级斗争史观

随着国内政治形势的转变，强调对立统一的辩证法最终将唯物史观推向阶级斗争学说。毛泽东在1949年发表的《丢掉幻想，准备斗争》中指出：“阶级斗争，一些阶级胜利了，一些阶级消灭了。这就是历史，这就是几千年的文明史。拿这个观点解释历史的就叫做历史的唯物主义，站在这个观点的反面的是历史的唯心主义。”此后，唯物史观逐渐被归为阶级观点。阶级观点是唯物史观的本质和

① 中共中央马克思、恩格斯、列宁、斯大林著作编译局：《马克思恩格斯选集》第2卷，人民出版社，1995，第33页。

② 中共中央马克思、恩格斯、列宁、斯大林著作编译局：《斯大林选集》下卷，人民出版社，1979，第424页。

③ 张越：《20世纪中国史学中的唯物史观史学》，《史学理论研究》2015年第1期。

核心，是唯物史观与唯心史观的分野所在。阶级斗争史观主导了中华人民共和国成立后的马克思主义史学，中国历史遂被书写为一部阶级斗争的历史，这对中国社会思想文化产生了不可忽视的影响，持续达数十年之久。①

近代以来，唯物史观传入中国，其内涵从“经济史观”发展到辩证法派生的“历史唯物主义”再发展到阶级斗争史观，这种演变既与思想资源从来自日本、欧美改为来自苏联相关，更与中国社会的变迁息息相关。唯物史观在中国的传播和应用经过了一定的选择、过滤和加工，其中既有积极的创造发展，也有特殊历史时期一定程度上的误读乃至背离。

到目前为止，唯物史观是历史学科核心素养的灵魂，是迄今为止最为思辨、最具科学性的历史哲学体系，还没有哪种历史观和方法论在研究和解释历史方面比它更周密、更全面、更辩证。②为了更正历史上对唯物史观的误读和背离，也为了我们的历史研究和历史教学，我们首先要重温马克思和恩格斯的原典，厘清马克思主义唯物史观的历史脉络，在准确把握唯物史观内涵的基础上以之指导历史研究和教学。

二、对马克思主义唯物史观的文本解读

唯物史观并非只存在于马克思、恩格斯的某一本著作中，或者用马克思主义思想的某一个发展阶段就可以涵盖。马克思和恩格斯是在批判性地借鉴和发展了人类思想文化领域一切优秀文化成果，尤其是在研究了德国古典哲学、英国古典政治经济学和英法空想社会主义，以及19世纪上半叶自然科学成果的基础上，才逐渐形成了唯物史观。《神圣家族》《德意志意识形态》《〈政治经济学批判〉序言》在马克思主义发展史上具有重要的历史地位。

（一）《神圣家族》完成了对思辨唯心主义的批判

1843年12月，布鲁诺·鲍威尔及其伙伴创办了《文学总汇报》，鼓吹以自我意识为基础的主观唯心主义，宣称世界历史进程中唯一的积极因素是他们的理论活动，并称这种活动为“批判的批判”。他们把改造社会的事业归为批判的大脑

---

① 陈锋：《“唯物史观”在近代中国的流变》，《近代史研究》2018年第5期。

② 徐蓝、朱汉国等：《普通高中历史课程标准（2017年版）解读》，高等教育出版社，2018，第63页。

活动，认为纯粹的思想是社会进步的动力；他们坚持敌视人民群众的唯心史观，称群众为“精神的敌人”，把群众说成“非批判的”、消极被动的“群氓”。

《神圣家族》就是为从理论上彻底批判这种思辨唯心主义思潮而写的。书中的“神圣家族”是对鲍威尔及其伙伴的谑称，讽喻鲍威尔像耶稣，他的伙伴们像耶稣的门徒，这个神圣家族自以为超乎群众之上，专门从事主观唯心主义的说教。马克思和恩格斯阐述了物质生产在社会发展中起决定作用的思想，批判了鲍威尔等人把精神和群众绝对对立起来的错误观点。他们认为，决定历史发展的是物质生产，不是自我意识。不去认识某一历史时期工业和生活本身的直接生产方式，就不可能真正地认识这个历史时期。他们还对思想的作用做了唯物主义的说明，认为思想的能动的实际作用是受物质的社会关系、需要和利益所制约的。鲍威尔等则宣扬自我意识的活动是一切历史行动的积极因素，只能用自我意识去捏造历史行动，这正好暴露了他们世界观的主观唯心主义实质。马克思、恩格斯指出：思想只有反映了社会的现实需要，反映广大群众的利益，才能成为有助于社会发展的力量，同时还提出了人民群众在历史中起决定作用这一重要的历史唯物主义原理。

马克思和恩格斯在《神圣家族》中是通过揭露和批判唯心主义关于谁来创造历史的论述，确立了群众通过物质财富的生产创造了历史的观点，但此时他们还深受费尔巴哈的影响，还未从根本上形成历史唯物主义的整体理论框架。在《德意志意识形态》中，马克思和恩格斯建立了整个历史唯物主义的理论大厦。①

（二）唯物史观在《德意志意识形态》中的理论框架

1. 人类的物质生产是整个历史发展的出发点

人类社会是一个极其复杂的有机体，其历史发展的出发点在哪里呢？唯物史观和唯心史观的看法是截然不同的。唯心史观把从头脑中产生出来的范畴、观念作为历史发展的出发点，唯物史观则把人类的物质生产作为历史发展的出发点。如何确定历史发展的出发点，直接影响能否正确认识极其复杂的人类社会有机体，能否客观揭示人类社会发展的规律及推动社会发展的根本动力是什么。唯心史观是一种对社会历史的错误想象，对人类社会及社会发展规律的认识是根本错误的，而唯物史观是科学的历史观，是社会有机体普遍本质的理论再现，两

---

① 任帅军、杨寄荣：《〈神圣家族〉与〈德意志意识形态〉中的历史唯物主义》，《华南理工大学学报》（社会科学版）2019年第6期。

者的不同，就在于对历史发展的出发点的理解不同。由此，马克思、恩格斯特别重视并在对唯物史观的表述中首先明确指出，人类考察社会历史要“从直接生活的物质生产出发”。

2. 物质关系是整个社会历史的基础

人们在生产中结成的物质关系是整个社会历史的基础，它决定了整个社会的基本结构和基本矛盾。马克思主义的历史唯物主义基本理论告诉我们，社会现象是复杂的，人们在社会交往中所结成的关系是多种多样的，而人们在生产中所产生的交往形式，即生产关系，则是人类一切社会关系的基础，它决定了人与人之间的一切社会关系，决定了整个社会历史的发展，决定了历史发展各个不同阶段的性质。只有以这样一种物质关系、经济关系作为整个历史的基础，才能再现社会有机体的普遍本质，才能揭示生产力和生产关系、经济基础和上层建筑之间的矛盾运动，才能把握人类社会发展的客观规律。对这一内容，马克思、恩格斯在上述表述中阐述得非常清楚。马克思、恩格斯在指出整个历史的基础的同时，还把“与该生产方式相联系的，它所产生的交往形式”和“各个不同阶段上的市民社会”理解为同等意义上的概念，这样不仅说明了生产关系和经济基础这两个历史唯物主义基本范畴之间的联系，而且揭示了唯物史观关于社会基本结构和基本矛盾的原理。

3. 社会存在决定社会意识

社会存在决定社会意识，物质实践是社会历史发展及社会意识诸形式产生、发展的动力。历史观的基本问题是社会存在和社会意识的关系问题。如何回答这个问题，是划分唯物史观和唯心史观的唯一标准。在上述表述中，马克思、恩格斯“从市民社会出发来阐明各种不同的理论产物和意识形式，如宗教、哲学、道德等等，并在这个基础上追溯它们产生的过程”，这就直接指出了历史观的基本问题，即社会存在决定社会意识。马克思、恩格斯还明确指出，只有坚持社会存在决定社会意识这一原理，才能够完整地描述其全部过程及这个过程中各个不同方面之间的相互作用。在具体说明社会存在决定社会意识的原理时，马克思、恩格斯向我们指出了物质实践是社会历史发展及社会意识诸形式产生、发展的动力，不能从范畴、观念出发来解释实践，而是要始终站在现实历史的基础上，从实践出发来解释观念。这也就是说，任何一种观念的东西，只要把它放在社会实践中加以考察，就能弄清楚它的来龙去脉和真实面目；错误的观念及一切唯心史观的谬论，都有其产生的社会基础，只有通过实践，才能推翻这一社会基础，最终消灭由之产生的错误的观念和唯心史观的谬论。马克思、恩格斯科学地解决了社会意识和社会存在的辩证关系，说明了社会意识对社会存在的依赖关系，以及社会存在对社会意识的决定作用。

4. 物质资料的生产方式决定历史

马克思、恩格斯明确指出，人类的物质生产是历史发展的出发点，生产关系是整个历史的基础，而这一切，都和物质资料的生产方式相联系。同时，马克思、恩格斯还指出，生产方式规定了历史的每一阶段的生活条件，决定了其发展和其特殊的性质。“人创造环境，同样环境也创造人。”[①]这里的环境指“一定的物质结果，一定数量的生产力总和，人和自然以及人与人之间在历史上形成的关系”，即生产方式。一定历史阶段的生产方式都是由前一代传给后一代的，它当然会被新一代改变，但是，它“也预先规定新的一代的生活条件，使它得到一定的发展和具有特殊的性质”[②]。生产方式是社会生存的基础和发展的源泉，决定并制约着人的全部活动，以及社会生活的全部领域和发展过程。作为社会实践主体的人，只有在一定的生产方式中才能发挥作用，自身才会发展。马克思、恩格斯明确指出，生产方式作为人的本质的现实基础对人们的发展所起的作用和影响，绝不会因为遭到历史唯心主义者的反抗而有丝毫削弱。

5. 人民群众创造历史

一定的生产力和积极参与反抗旧社会活动的革命群众是社会革命的物质因素。唯物史观在说明历史发展的规律时，必然要论及社会革命。在这里，马克思、恩格斯从生产力和革命群众两方面阐明了发生社会革命不可缺少的物质因素。一方面，生产力的发展，致使生产力和生产关系矛盾激化，导致社会革命的爆发，因此，一定的生产力是社会革命的物质前提，生产力和生产关系的矛盾是社会革命的根源；另一方面，革命群众是推动历史发展的决定力量，作为社会革命的主体，革命群众起着任何其他因素所无法取代的作用。没有革命群众的积极参与，

---

① 中共中央马克思、恩格斯、列宁、斯大林著作编译局：《马克思恩格斯选集》第1卷，人民出版社，1995，第92页。

② 同上。

任何变革的思想都没有意义，因为革命群众“不仅反抗旧社会的某种个别方面，而且反抗旧的生活生产本身、反抗旧社会所依据的总和活动”[①]，是社会变革的决定力量。很显然，历史唯物主义中人民群众创造历史的基本原理在上述表述中阐释得非常明确和清楚。

（三）《〈政治经济学批判〉序言》对唯物史观基本原理的经典表述

1. 生产力和生产关系、经济基础和上层建筑之间的辩证关系

人类社会是一个很复杂的有机体，是由许多要素和领域构成的，存在着错综繁杂的社会现象和关系，要科学地阐述人类社会发展规律，就要从中找出社会发展的基本关系。马克思指出：“人们在自己生活的社会生产中发生一定的、必然的、不以他们的意志为转移的关系，即同他们的物质生产力的一定发展阶段相适合的生产关系。这些生产关系的总和构成社会的经济结构，即有法律的和政治的上层建筑竖立其上并有一定的社会意识形式与之相适应的现实基础。”[②]

2. 人类社会发展的决定力量是物质生活的生产方式

人类的社会活动是多方面的，包括物质生活和精神生活等。决定人类社会发展的力量究竟是什么呢？马克思指出：“物质生活的生产方式制约着整个社会生活、政治生活和精神生活的过程。”这是因为人们必须首先解决吃、喝、穿、住等问题，而后才能从事政治、艺术、科学、宗教等其他一些活动。正如马克思所讲：“不是人们的意识决定人们的存在，相反，是人们的社会存在决定人们的意识。”[③]

3. 社会历史发展的动力是生产力和生产关系的矛盾

列宁说：“社会的物质生产力发展到一定阶段，便同它们一直在其中运动的现存生产关系或财产关系（这只是生产关系的法律用语）发生矛盾。于是这些关系便由生产力的发展形式变成生产力的桎梏。那时社会革命的时代就到来了。”[④]马克思在此指明推动人类社会发展的根本原因是生产力与生产关系之间的内在矛盾运动。其中，生产力是矛盾的主要方面，生产力的不断发展是整个社会存在和发展的最终决定力量，马克思、恩格斯科学揭示了人类社会发展的普遍

① 中共中央马克思、恩格斯、列宁、斯大林著作编译局：《马克思恩格斯选集》第1卷，人民出版社，1995，第32页。
② 同上。
③ 同上书，第33页。
④ 同上。

规律——生产关系一定要适应生产力的发展状况。

4. 人类社会形态发展从低级到高级的自然历史规律

马克思指出，决定人类社会从低级到高级自然演进的最终决定性力量是生产力和生产关系之间的矛盾运动。从人类社会具体的形态来看，“大体说来，亚细亚的、古代的、封建的和现代资产阶级的生产方式可以看作是经济的社会形态演进的几个时代”[①]。马克思同时强调人类社会的发展是一个自然历史过程，是不以人的意志为转移的，“无论哪一个社会形态，在它们所能容纳的全部生产力发挥出来以前，是决不会灭亡的；而新的更高的生产关系，在它存在的物质条件在旧社会的胎胞里成熟以前，是决不会出现的”。社会革命的任务，“只有在解决它的物质条件已经存在或者至少是在生成过程中的时候，才会产生”。具体到资本主义社会，马克思指出，资本主义生产关系是人类社会生产过程的最后一个对抗形式，然而，随着生产力的发展，资本主义社会本身“又创造着解决这种对抗的物质条件”，资本主义社会必然被社会主义社会取代。

三、马克思主义唯物史观的逻辑结构

马克思、恩格斯用他们超人的智慧，构建起唯物史观这座大厦，这座大厦由于过于庞大和巍峨，一时使人难以看清。下面我们就试着解构这座大厦。

唯物史观大厦的基石就是“现实的人”，马克思、恩格斯指出，“全部人类历史的第一个前提无疑是有生命的个人的存在”[②]。这里所说的“有生命的个人”，就是“现实的人”，是指处于一定的、具体的历史发展阶段，在具体的生产关系之中，进行着具体的生产劳动的个人，是受到凭个人意志无法摆脱的各种社会关系约束的个人。

古今中外的思想家，在对人的本质、人性的认识方面，无一例外地把人理解为一成不变的人，而看不到人是不断生成的人；他们总是把人理解为独立于社会之外的单个人，而看不到人是生活于一定社会关系中的社会人；他们把人视为不

① 中共中央马克思、恩格斯、列宁、斯大林著作编译局：《马克思恩格斯选集》第2卷，人民出版社，1995，第33页。

② 英格·陶伯特等：《MEGA：陶伯特版〈德意志意识形态·费尔巴哈〉》，南京大学出版社，2014，第7页。

食人间烟火的抽象人，而看不到人是在特定生产关系下劳动和生活的具体人。而马克思认为："现实的个人"是人类社会历史发展的第一基础和根本条件，也是研究人类社会发展的起点。这就意味着，第一，人类历史是人类自己存在于其中的客观过程，没有人类就无所谓人类历史；第二，人类历史是人类自己创造的；第三，"现实的个人"的集合体是人民，而人民是历史的创造者。[①]

马克思主义把探索人类的解放、一切人自由而全面发展作为自身的最高宗旨，这是马克思主义哲学不同于以往一切哲学最基本的特征和价值取向。[②]马克思主义创始人正是顺着"现实的人"的生活轨迹顺藤摸瓜、抽丝剥茧，最终拨开了笼罩在人类历史上几千年的神秘面纱，使人们对社会历史的解释第一次成为科学。[③]

确定了"现实的人"这一正确的出发点之后，马克思主义创始人循着"现实的人"的生活足迹，精妙地指出生产劳动是人类第一个实践活动，也是人类生存发展最基本、最重要的实践活动，人类所有实践活动的直接目标是实现自身利益。人类的一切活动，包括生产活动和非生产活动，都直接或者间接地指向自身生存和发展利益这个轴心。人们奋斗所争取的一切，都与他们的利益有关。

人类一旦开始进行生产劳动，生产力与生产关系这一对社会基本矛盾便如影随形地产生了。人类所有复杂的社会关系都是在生产劳动实践的基础上发展起来的。"现实的人"的一个重要特点是具有社会属性，他们只有结成一定的社会关系才能开始他们的生产劳动。类人猿就有很强的社会性，原始人类依靠血缘结成氏族、部落，形成一定的社会关系，他们集体捕猎、采集、集体居住，共同分配食物，如果离开部落，单个的人是很难生存的。进入阶级社会后，人类结成了更为复杂的社会生产关系。人类基于生产劳动而形成的这种经济利益关系就是生产关系。生产关系构成人类最重要、最基本的社会关系。人类社会所有其他关系都是在生产关系的基础上衍生、发展起来的。这也就是说，只要人类仍在进行生产劳动，这对社会基本矛盾就永远存在。马克思在此指明，人类社会发展的根本

---

① 彭高：《以人为本：论〈德意志意识形态〉的一条内在线索》，《思想政治教育研究》2019年第5期。

② 赵绥生、王潇：《论唯物史观创立的独特思想逻辑》，《湖南第一师范学院学报》2019年第5期。

③ 赵绥生、高凤香：《以"现实的人"为逻辑起点重构历史唯物主义理论体系》，《重庆邮电大学学报》（社会科学版）2010年第5期。

动力是生产力与生产关系之间的内在矛盾运动。其中，生产力是矛盾的主要方面，生产力的不断发展构成了整个社会存在和发展的最终决定力量。马克思由此科学揭示了人类社会发展的普遍规律——生产关系一定要适应生产力的发展状况。

顺着第一对社会矛盾，马克思进而发掘出第二对社会基本矛盾——经济基础与上层建筑的矛盾。马克思深入研究这两对社会基本矛盾，由此，一个重要的历史规律被发现了：每个时代人们结成怎样的生产关系（经济制度）、建立什么样的上层建筑（政治制度），不是由人们的主观意志、情感、观念决定的。任何社会有怎样的生产力水平就会产生怎样的生产关系，有什么性质的经济基础就会产生相应性质的上层建筑。

例如，春秋战国时期，以铁制农具和牛耕技术为标志，社会生产力水平大幅度提高，在此基础之上生产关系发生了重大变化，井田制瓦解，土地私有制产生，集体劳动的方式被小农经济所取代。这个变化是不以人的意志为转移的，商鞅变法只是适应了这个趋势而已。在春秋战国时期封建经济基础上，秦国产生了严苛的法律、中央集权制度、统一的度量衡、勇猛的军队，法家思想成为统治思想，以上这些都是为维护地主阶级的利益、巩固封建统治和国家统一而形成的上层建筑的内容，这些上层建筑的内容都是和当时的封建经济基础相适应的，不以人的意志为转移的。

通过这些原理，人们发现，原来被视为由无数偶然历史事件堆积而成的人类历史，有着不以人的意志为转移的客观发展规律。生产力决定生产关系，经济基础决定上层建筑，两对社会基本矛盾中的双方由基本适应到不适应，再通过社会变革而达到新的基本适应的辩证运动，构成了人类历史由低级到高级发展的过程。马克思认为大体有五种社会形态。

至此，马克思主义的唯物史观还没有被完整论述，还有一个问题没有得到完美解答：历史是否是由杰出历史人物主导的过程？人们发现，人类任何实践都会由主观意识主导，即具有自觉、自主的特点，人们的社会实践活动总是会深深地打上自身愿望与动机的烙印。人既是一切历史事件的“编剧”，又是这些“历史剧”的导演、演员和观众。因此，每一个历史事件、每一次社会变革总是会实现某部分历史参与者的动机或愿望，不可避免地打上历史参与者的印记。由此，唯心主义者认为，历史是由个人的意志决定的。

马克思、恩格斯深刻地洞察到，旧的历史观形成的认识论原因就在于，人们在考察、研究历史过程中，只停留在历史主体参与历史活动的思想动机这个表面现象上，而不懂得继续追问这些思想动机产生的物质原因。要做到这一点，就需要去揭示制约所有时代、所有人、各种社会活动五花八门的目的与动机背后的“动机的动机”，即恩格斯所说的“历史人物的动机背后并且构成历史的真正的最后动力”[①]。马克思主义唯物史观是如何揭示“动机的动机”的呢？

马克思、恩格斯的思路是，动机是一种精神现象，既然要研究社会的精神现象，那就应该把社会的精神现象从社会生活中抽象出来，以便观察、思考其性质与变化的制约性根源和相关规律。遵循这一研究思路，他们把繁杂的人类社会生活高度归纳为物质生活与精神生活两大领域，并将其上升为两个重要范畴：社会存在与社会意识。通过对物质生活与精神生活两大领域、社会存在与社会意识两大范畴辩证关系的深入研究，他们破译了人类精神现象的密码，石破天惊地提出了唯物史观的又一个重大论断：“物质生活的生产方式制约着整个社会生活、政治生活和精神生活的过程。不是人们的意识决定人们的存在，相反，是人们的社会存在决定人们的意识。”[②]由此，马克思主义在人类思想史上第一次令人信服地阐明，每一时代人们的思想意识，包括动机、理想、政治目标等都不是随心所欲提出来的，任何历史主体的表面思想动机背后都存在着“动机的动机”。的确是人类创造了自己的历史，但是他们不能够按照自己的欲望随意创造历史。每一时代历史参与者的思想动机是由他们所处的现实历史环境、现实物质生活条件决定的，根本上是由物质资料的生产方式决定的。任何一个历史事件、任何一次社会变革的根源，一定存在着物质动因。

社会存在决定社会意识，这一重要原理第一次科学地揭示了人类物质生活与精神生活两者之间的关系，解释了人类精神属性的本质及其变化规律。“而发展着自己的物质生产和物质交往的人们，在改变自己的这个现实的同时也改变着自己的思维和思维的产物。不是意识决定生活，而是生活决定意识。”[③]

---

① 中共中央马克思、恩格斯、列宁、斯大林著作编译局：《马克思恩格斯选集》第4卷，人民出版社，2012，第255—256页。

② 同上书，第475页。

③ 中共中央马克思、恩格斯、列宁、斯大林著作编译局：《马克思恩格斯文集》第3卷，人民出版社，2009，第591页。

马克思和恩格斯利用严密的思维逻辑和非凡才思，创立了唯物史观。唯物史观这座大厦的基本框架是从“现实的人”出发，指出“全部人类历史的第一个前提无疑是有生命的个人的存在”，生产劳动是人类第一个实践活动，人类通过劳动自己创造了人类历史，因此，人民是历史的创造者；纷繁复杂的历史是有规律的，存在生产力和生产关系、经济基础和上层建筑两大矛盾；人类的所有活动都要受社会存在和社会意识的辩证规律影响。在这些因素的共同作用下，人类社会形态由低级向高级纵向发展，由分散到整体横向发展。

四、马克思主义唯物史观的主要原理

结合唯物史观传入中国的简单历程、对马克思主义唯物史观的文本解读和唯物史观的逻辑结构，对唯物史观原理的表述应该如下。

第一，人民群众是历史的创造者，同时要重视杰出历史人物和领袖人物在历史上的作用。

第二，生产力决定生产关系。生产力是人类在生产实践中形成的改造和影响自然以使其适合社会需要的物质力量。生产关系是人们在物质生产过程中结成的社会关系，主要指人们在生产过程中形成的生产资料所有制关系、劳动和活动的分工与交换关系，以及与之相适应的生产成果（包括由劳动创造的生产资料和最终产品）的分配关系、消费关系。生产是衡量一切社会进步的尺度，社会生产力的发展水平决定人类社会的进程。与生产力发展相适应的生产关系，构成了一定的社会形态和经济结构的现实基础，它规定着社会形态的主要特征。

第三，经济基础决定上层建筑。经济基础是指由社会一定发展阶段的生产力所决定的生产关系的总和，包括生产分工关系、交换和分配关系、消费关系、所有制关系，是构成一定社会的基础；上层建筑是建立在经济基础上的诸如政治、法律、哲学、艺术、宗教等意识形态及与其相适应的制度、组织和设施。经济基础决定上层建筑，上层建筑又服务和反作用于经济基础。生产力的发展引起生产关系即经济基础的变化，随着经济基础的改变，上层建筑也会或慢或快地发生变革。

第四，社会存在决定社会意识。人类历史中的一切历史事件和历史现象都是人的行为造成的，而人们的行为是由他们的动机、目的和意志支配的。支配人们行动的意识、动机、目的和意志受社会存在支配和决定。

第五，人类社会形态由低级向高级纵向发展，人类社会由分散向整体横向发展。从纵向看，人类历史经历了不同生产方式的演变和由此引起的不同社会形态的更迭，即从原始社会、奴隶社会、封建社会、资本主义社会发展到共产主义社会。但人类社会并不是完全按照这五种社会形态的顺序来发展的，人类社会只是存在一个从低级到高级的发展趋势。从横向看，人类的历史是从原始、孤立、分散的状态发展为全世界成为一个密切联系、息息相关的整体的过程。总体来说，纵向发展所达到的阶段与水平规定着横向发展的规模与广度，而横向发展既受纵向发展的制约，又对纵向发展具有反作用。横向发展与一定阶段的纵向发展相适应，则往往能促进和深化纵向发展；反之，如果一个地区缺少与其他地区的横向联系，其纵向发展也必然迟滞。①

问题二
将唯物史观引入中学历史教学有何现实意义？

本节要点

☆ 唯物史观是构建历史教学体系的理论基础。

☆ 唯物史观是实现立德树人根本任务的必然要求。

☆ 唯物史观是提高教师思维能力和研究品质的科学指导思想。

“唯物史观是揭示人类社会历史客观基础及发展规律的科学的历史观和方法论。”其基本原理包括人类社会形态从低级到高级发展、生产力和生产关系的辩证关系、经济基础和上层建筑的相互作用、人民群众在社会发展中的重要作用等。在当前新课标、新教材、新高考的改革形势下，深入研究唯物史观，对于明确历史课程内在的逻辑关系、落实立德树人根本任务、提升历史教师研究品质等具有极其重要的现实意义。

---

① 徐蓝、朱汉国等：《普通高中历史课程标准（2017年版）解读》，高等教育出版社，2018，第54页。

一、唯物史观是构建历史教学体系的理论基础

历史教育实践充分证明了在历史教学过程中坚持唯物史观的重要性，《普通高中历史课程标准》的编制、历史教材内容的编写以及历史教学评价的开展等需要唯物史观的指导。

（一）唯物史观与新课标要求

《普通高中历史课程标准》（2017年版）是历史教材编写、历史教学及学习评价的标准，透过历史课程标准可以看出历史教育的目标、内容和方向，也能够看出党和国家对历史教育的要求。新课标强调："历史课程要以唯物史观为指导，对人类历史发展进行科学的阐释，将正确的思想导向和价值判断融入对历史的叙述和评判中；要引领学生通过历史学习，认清历史发展规律，对历史与现实有全面、正确的认识，形成实事求是的科学态度以及正确的世界观、人生观、价值观和历史观；要增强学生的历史使命感，不断增强学生对伟大祖国的认同，对中华民族的认同，对中华文化的认同，对中国共产党的认同，对中国特色社会主义道路的认同；增强学生的世界意识，拓宽国际视野。"就新课标全文内容来看，其中对于唯物史观的叙述出现了30余处，有在理论方面明确说明和阐释的（表2-1），有在教学提示、学业质量水平描述（表2-2）等方面进行明确要求的。新课标要求教师在日常的历史教学过程中时刻关注唯物史观的渗透和讲解，帮助学生逐渐树立正确的唯物史观，并努力将其运用到日后的学习生活中去。

表 2-1　新课标中关于唯物史观的部分论述

序号	一级目录	二级目录	三级目录	内容
1	一、课程性质与基本理念	（二）基本理念	2. 坚持正确的思想导向和价值判断	历史课程要以唯物史观为指导，对人类历史发展进行科学的阐释，将正确的思想导向和价值判断融入对历史的叙述和评判中
2	二、学科核心素养与课程目标	（一）学科核心素养	1. 唯物史观	唯物史观是诸素养得以达成的理论保证 唯物史观是揭示人类社会历史客观基础及发展规律的科学的历史观和方法论 唯物史观使历史学成为一门科学，只有运用唯物史观的立场、观点和方法，才能对历史有全面、客观的认识

续表

序号	一级目录	二级目录	三级目录	内容
3	二、学科核心素养与课程目标	（二）课程目标	1. 了解唯物史观的基本观点和方法 ……	了解唯物史观的基本观点和方法，包括人类社会形态从低级到高级的发展、生产力和生产关系之间的辩证关系、经济基础和上层建筑之间的相互作用、人民群众在社会发展中的重要作用等，理解唯物史观是科学的历史观；能够正确认识人类历史发展的总趋势；能够将唯物史观运用于历史的学习与探究中，并将唯物史观作为认识和解决现实问题的指导思想
4	四、课程内容	（一）必修课程	中外历史纲要	本课程以马克思主义为指导，通过对中外重大历史事件、历史人物和历史现象的叙述，展现人类发展进程中丰富的历史文化遗产，以及人类社会从古至今、从分散到整体、社会形态从低级到高级的发展历程。通过学习，学生应了解和掌握唯物史观的基本观点，体会唯物史观的科学性……
5		（二）选择性必修课程	模块 1　国家制度与社会治理	学习这些内容，加深学生运用唯物史观的阶级分析方法，对上层建筑的各领域的实质进行深入分析，认识国家治理体系和治理能力现代化的重要性
6		（三）选修课程	模块 1　史学入门	知道历史观对于史学研究和史学发展的重要性；知道唯物史观的基本观点及认识历史的基本原则；理解唯物史观是科学的历史观，对历史研究具有重要意义；尝试运用唯物史观的观点对历史问题进行分析和解释

表 2–2　学业质量水平中唯物史观的质量描述

水平	质量描述
1	能够知道人类物质生活资料的生产是社会生活的基础，知道生产力是历史发展的决定因素，知道经济基础与上层建筑之间的辩证关系，了解人类社会形态从低级到高级发展的规律；能够理解唯物史观是科学的历史观
2	能够知道人类物质生活资料的生产是社会生活的基础，知道生产力是历史发展的决定因素，知道经济基础与上层建筑之间的辩证关系，了解人类社会形态从低级到高级发展的规律；能够理解唯物史观是科学的历史观
3	能够从生产力与生产关系、经济基础与上层建筑的辩证关系来理解历史上的发展变化和社会形态的演变过程，理解阶级斗争是推动阶级社会发展的直接动力；理解人民群众在历史发展中的重要作用；能够史论结合、实事求是地论述历史与现实问题
4	能够从生产力与生产关系、经济基础与上层建筑的辩证关系来理解历史上的发展变化和社会形态的演变过程，理解阶级斗争是推动阶级社会发展的直接动力；理解人民群众在历史发展中的重要作用；能够史论结合、实事求是地论述历史与现实问题

（二）唯物史观与历史教材

课程改革以来，中学历史教材的编写体系和史观发生了较大变化，最明显的变化是，最新版本的高中历史教科书包含四种教材，即必修教材《中外历史纲要》上下两册，选择性必修教材《国家制度与社会治理》、《经济与社会生活》和《文化交流与传播》三册。新版教材以唯物史观为指导思想，通过选取大量中外历史上重要的事件、人物和现象，按照时空顺序，纵向地展现出人类社会从古至今、从低级到高级的发展历程。同时，新版教材也十分注重呈现人类社会发展的横向联系，即人类社会是从分散的、封闭的古代世界向开放的、整体的现代世界演进的。在世界历史形成的过程中，物质生产的发展是推动力，这是普遍规律。当然，人类历史的纵向发展与横向发展互为条件、相辅相成。唯物史观关于人类历史纵向和横向发展普遍性规律的解释，契合了历史时间序列和空间序列的基本特征，而时空特性也是设置历史课程、编排历史教材、开展历史学习活动的基点。可见，新教材突出彰显了唯物史观的统领作用，体系更加严密规范，专业性更强。唯物史观对于中学历史学科课程内容的统筹，对教师的教学具有很好的推动作用。

（三）唯物史观与历史学科核心素养

《普通高中历史课程标准》（2017年版）提出了唯物史观、时空观念、史料实证、历史解释和家国情怀五大历史学科核心素养，这五大历史学科核心素养是一个相辅相成、互相联系、不可分割的统一体。唯物史观是五大历史学科核心素养的理论基础，是探寻历史本质和发展规律、总结历史发展经验、评价历史人物和事件的指导思想。把握好唯物史观与历史学科核心素养的关系、把握好唯物史观与课程标准的关系、把握好唯物史观与历史教材的关系，才能为培养历史学科核心素养提供理论支撑和方向保证。教师按照唯物史观核心素养不同层级的要求（表2–3）进行课堂教学，可以帮助学生在学习历史的过程中，在重重的历史迷雾中深入探寻历史的真相，对历史拥有更为清醒的认识。

表 2–3　历史学科核心素养（唯物史观）水平划分表

水平	质量描述
1、2	能够了解和掌握唯物史观的基本观点和方法，理解唯物史观是科学的历史观
3、4	能够将唯物史观运用于历史学习、探究中，并将其作为认识和解决现实问题的指导思想

二、唯物史观是实现立德树人根本任务的必然要求

党的十九大明确提出：“要全面贯彻党的教育方针，落实立德树人根本任务，发展素质教育，推进教育公平，培养德智体美全面发展的社会主义建设者和接班人。”这是党和国家在新时代对我国教育提出的新要求。在高中阶段，学生的认知程度和理解水平比之前都有了较大程度的提高，学生可以通过高中历史课产生对国家与民族的文化认同，所以充分发挥历史课程的育人价值显得尤为重要。落实立德树人根本任务，就是要解决人的发展问题，尤其是学生个体的发展问题，而重视个人发展可以说是唯物史观的逻辑起点和归宿。在历史课堂教学中，教师必须坚持唯物史观的方向，充分挖掘唯物史观与具体历史知识之间的关联，将深厚宽广的历史课程内容内化为学生的学习和感悟，引导学生加深对中华民族和中华文明的认同，最终落实立德树人的根本任务。

（一）唯物史观与世界观、人生观、价值观的培养

马克思主义唯物史观教育对于学生形成正确的世界观、人生观和价值观有着非常重要的作用。所谓世界观，是人们在社会历史发展进程中总结的基本观

点与认识，体现了人类社会历史发展的根本观点。唯物史观认为，人类社会的发展是一个自然历史和社会历史不断前进的过程，社会历史发展有其特有的客观规律，生产力与生产关系、经济基础与上层建筑构成的社会基本矛盾是推动历史发展的根本动力。所谓人生观，是指人对自身的基本观点和看法。人生观涵盖人生理想、人生目的、人生态度和人生道路等方面。人生观的具体表现形式为生活观、事业观、爱情观、家庭观、幸福观、生命观等。每个人因为处于不同的生活环境、拥有不同的人生经历，所以对待事物的看法也不尽相同，正因为不同的人拥有不同于他人的价值认知和个人追求，每个人都拥有不同的人生观。在正确的人生观指引下，人能够认识到自身所承载的社会责任，这种责任是获得人生价值的动力。只有处理好人生观与唯物史观之间的关系，人们才能在人生道路、个人追求等方面做出正确的选择，进而影响一个民族乃至一个国家的兴衰。所谓价值观，是指经过人类社会实践检验形成的有关判断事物优劣标准的思想观念。历史的变迁和时代的变化，使得人们对价值取向的观点和立场不尽相同，形成了不同的价值观，以唯物史观为基础构建的马克思主义价值观是迄今为止人类历史上最进步、最科学的价值观。总之，唯物史观是人们建立世界观、人生观和价值观的重要基础，只有学会运用马克思主义历史观看待事物、分析事物，才能掌握社会和历史的发展规律。

历史教学以唯物史观为主要指导思想，可以使学生逐渐认识人的本质是什么、人生目的是什么，以及人生意义是什么、人该具有怎样的人生态度、人需要承担的社会责任有哪些等。如此能够帮助学生形成正确的人生价值取向，做出正确的价值判断和价值选择；有助于学生在以后的学习或工作中运用唯物史观的观点和方法认识、理解、分析和处理遇到的各类问题；能够促进学生形成健康的人格、陶冶他们的情操、坚定他们的理想信念、营造和谐的人际关系，最终实现人的全面发展，使学生的人生目的和人生价值在真正意义上得到实现。

（二）唯物史观与社会主义核心价值观的践行

面对日益变化的新形势，党的十八大报告创造性地提出“富强、民主、文明、和谐，自由、平等、公正、法治，爱国、敬业、诚信、友善”24字社会主义核心价值观，昂然树起了中华民族新时期的精神旗帜。社会主义核心价值观植根于中华民族传统文化的土壤之中，为弘扬中华优秀传统文化和实现中华民族伟大复兴的中国梦提供着力量和精神支撑。历史教育是践行社会主义核心价值观的重要阵地，唯物史观更是践行社会主义核心价值观的精神引领。社会主义核心价值观中所倡导的“富强”“民主”“文明”等理念，与中国近代、现代有着紧密的联系。教师在讲述这些历史内容时，要以唯物史观为精神导向，将具体的历史事件、历史人物和社会主义核心价值观科学地联系起来。例如，在学习中国近代史的时候，教师应运用马克思主义唯物史观，帮助学生深入理解中国先进的知识分子和仁人志士在民族危机不断加深的背景下，围绕“经济富强”“政治民主”“社会文明”所进行的探索；在学习洋务运动、新文化运动、五四运动等重大历史事件的时候，教师也要做好衔接，帮助学生提升对“自由”“平等”“爱国”等社会主义核心价值观的认识和理解。总之，在日常的历史课堂教学中，教师应该纵横联系，善于构建历史时空坐标，将国家维度、社会维度、个人维度紧密联系起来，将历史人物的个人命运与特定时代的阶段特征联系起来，将个人和国家的发展诉求联系起来，进一步将社会主义核心价值观的精神主旨内化于心、外化于行。

对学生进行唯物史观教育对于学生形成科学的世界观、人生观和价值观有着极其重要的意义，关系着学生能否肩负起社会主义事业建设者和接班人的重任，关系着“立德树人”根本任务的实现，关系着中华民族伟大复兴，关系着中国梦的实现。因此，对学生开展唯物史观教育，使其运用马克思主义基本原理认识世界、改造世界，坚持理论联系实际，以科学的态度面对快速发展的时代是历史学科教育的重点与使命。

三、唯物史观是提高教师思维能力和研究品质的科学指导思想

唯物史观是高中历史教学的重要原则和导向性方法，教师在课堂教学中应该把握好这一点。普通高中历史课程以历史唯物主义为核心，旨在培养学生的历史意识、人文素养，通过对人类历史发展的基本过程、重大历史事件、历史人物和历史现象的教学，引导学生对人类社会发展进程和规律进行更深入的探究，助推高中学生拓宽历史视野，发展历史思维，提高历史素养。

（一）唯物史观与历史思维的培养

当今世界发生着急剧的变化，自媒体时代网络传播和交流日益便捷，加之社会越来越复杂，多种史学观点不断地在碰撞中冲击着人们的头脑。部分反动思想

借助于网络等手段以更加隐蔽的方式不断迷惑学生的思想，借助历史事件和社会热点问题，用片面、歪曲的观点扭曲马克思主义唯物史观，这就对历史教师提出了更高的要求。就目前的实际情况而言，高中历史教学中普遍存在不够重视唯物史观的现象，对唯物史观的深刻内涵领会不到位，应用得不够灵活、科学和全面。因此，在处理不少历史问题时，教师对于历史问题背后的深刻矛盾和根源、对历史规律的发展变化趋势的把握还相对不足。

例如，在学习中国抗日战争时期的“大生产运动”这一内容时，有学生认为开发南泥湾会破坏生态环境，这属于用生态史观分析历史问题和历史事件，而从唯物史观的角度去思考这个问题，就必须将其置于当时特殊的时代背景——战争环境下去评价，正如习近平总书记所说：“不能用今天的时代条件、发展水平、认识水平去衡量和要求前人，不能苛求前人干出只有后人才能干出的业绩来。”[①] 教师应注意引导学生综合运用各种史观看问题，不能忽略唯物史观的视角。

唯物史观为历史教学提供了重要的科学支撑和方法基石。将唯物史观贯穿于高中历史教学，进行宽视角、长时段的研究和运用，需要广大历史教师转变研究视角、整合历史素材，系统学习唯物史观的主要观点和重要的历史研究方法，这将是一个长期的、系统的学习过程。不过，只要教师以积极认真的心态进行研究和积累，对提升高中历史教师的历史思维水平就大有裨益。

（二）唯物史观与研究品质的提升

唯物史观围绕一系列重大现象和重要原理展开，说明了很多根本性的问题，是历史教学工作的理论指导体系。它有利于广大历史教师站在新的理论高度，坚持科学的精神，用更高水平的理论来研究和解决当今历史教学中存在的一些问题。

作为新时代的高中历史教师，我们需要通过唯物史观，认识历史教学的当下着眼点，把握历史教学的精神引领和时代意义。同时，我们在学习和研究广大马克思主义史学家时，耳濡目染其研究风范和学术精神，也可以增强求真和致用的研究品质。梁启超指出：“要想做一个史家，必须具备此四种资格（史才、史学、

---

① 习近平：《在纪念毛泽东同志诞辰120周年座谈会上的讲话》，《人民日报》（海外版）2013年12月27日第2版。

史识、史德）。”[①]白寿彝先生指出，我国的历史工作者应继承这几个方面的素养，发扬这些优良传统。他说，讲史德，根本一条是要实事求是，尊重历史，反对主观主义，反对形而上学。[②]这些主张反映了马克思主义史学的研究素养，是高中历史教师急需学习的。教师应实事求是、客观地反映历史，反对歪曲和随意地篡改、编造历史，尊重历史，追求真实，并将这种研究品质和时代的要求联系起来。在当前新课标、新教材、新高考的全新形势和挑战下，历史教师更应以唯物史观为宗旨，力争在高中历史教学中将历史研究的价值和意义深度挖掘出来。总之，新形势、新任务要求历史教师必须以唯物史观作为教学的科学指导。利用唯物史观教学，可以让学生更加全面、客观地对待历史和现实，更好地认识未来的道路，从而使自己做出正确的人生选择与价值选择。秉持唯物史观，可以更好地认识历史问题的本质与内涵，也可以更加公正、客观地看待历史。

问题三
如何运用唯物史观建构有意义的课堂教学？

本节要点

☆ 明晰唯物史观在新课标中的地位。

☆ 进行以唯物史观下核心素养为中心思想的教学设计。

☆ 运用唯物史观下的教学策略。

唯物史观是揭示人类社会历史客观基础及发展规律的科学历史观和方法论。运用唯物史观建构有意义的课堂教学，除了要谙熟唯物史观的基本观点和丰富内涵，更重要的是运用唯物史观的观点和方法，去解决教学中和日常生活中的实际问题。历史教师要在教学中通过有效的教学设计，帮助学生理解唯物史观的丰富内容，掌握运用唯物史观分析问题和解决问题的策略和方法。

---

① 白寿彝：《史学概论》，中国友谊出版公司，2012，第266页。

② 同上。

一、明晰唯物史观在新课标中的地位

新课标指出："人类对历史的认识是由表及里、逐渐深化的，要透过历史的纷杂表象认识历史的本质，科学的历史观和方法论是非常重要的。唯物史观使历史学成为一门科学，只有运用唯物史观的立场、观点和方法，才能对历史有全面、客观的认识。"

1. 明白课程目标对唯物史观的要求

为了实现立德树人的根本任务，学生通过对历史课程的学习，形成历史学科核心素养，实现全面发展、个性发展和可持续发展。新课标对于唯物史观核心素养的要求如下。

"了解唯物史观的基本观点和方法，包括人类社会形态从低级到高级的发展、生产力和生产关系之间的辩证关系、经济基础和上层建筑之间的相互作用、人民群众在社会发展中的重要作用等，理解唯物史观是科学的历史观；能够正确认识人类历史发展的总趋势；能够将唯物史观运用于历史的学习与探究中，并将唯物史观作为认识和解决现实问题的指导思想。"新课标的要求明显分为三个层次：第一，了解唯物史观的基本观点和方法；第二，通过历史课程的学习，认识唯物史观对认识历史和人类社会的重要作用；第三，运用唯物史观解决历史和现实问题。

2. 明确唯物史观在历史学科核心素养中的地位

历史学科核心素养的五个方面是一个整体，五个方面有着各自不同的内涵和表现，在培养学生的正确价值观、必备品格和关键能力中有着各自的作用和意义。唯物史观揭示了人类社会历史的发展规律，为正确认识历史、认识现实社会奠定了理论基础，是科学的历史观和方法论，所以"唯物史观是学习和探究历史的核心理论和指导思想，是学生应该具备的立场、观点和方法，是历史学科核心素养体系的灵魂"[①]，在历史学科核心素养中发挥着理论指导的作用，如下图：

① 徐蓝、朱汉国等：《普通高中历史课程标准（2017年版）解读》，高等教育出版社，2018，第67页。

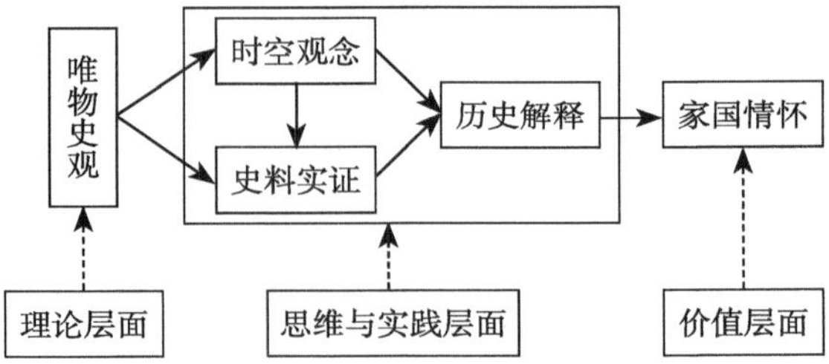

图 2-1　核心素养五个方面关系示意图

明确唯物史观在核心素养中的地位，是为了让我们知道，虽然课程目标中有了解唯物史观的基本观点和方法的要求，但了解不是目的，是为运用唯物史观解决问题提供条件，只有深刻理解唯物史观才可能运用其处理问题；同时也应认识到，处于理论层面的唯物史观，对思维、实践和价值观都有指导作用，历史学科核心素养的五个方面是综合作用于一个人观察、思考、认识、解决问题的过程中的。“马克思的整个世界观不是教义，而是方法。它提供的不是现成的教条，而是进一步研究的出发点和供这种研究使用的方法。”①

3. 明了唯物史观学业质量水平的层级划分

本次课程改革的创新之一是实现教、学、评、考一体化，为此，新课标增加了“学业质量”，这是以前的教学大纲和课程标准没有的。“学业质量是学生在完成本学科课程学习后的学业成就表现。学业质量标准是以本学科核心素养及其表现水平为主要维度，结合课程内容，对学生学业成就表现的总体刻画。依据不同水平学业成就表现的关键特征，学业质量标准明确将学业质量划分为不同水平，并描述了不同水平学习结果的具体表现。”这种不同水平的划分，体现了学生通过学习历史课程，在认知、技能、情感等方面发生的变化和发展状态，对教学难易度的把控有重要的指导意义。“高中学业质量是阶段性评价、学业水平合格性考试和等级性考试命题的重要依据。”因此，明了唯物史观在学业质量水平中的层级划分，对于分阶段、精准落实核心素养是十分必要的。

在学业质量水平中，唯物史观素养的划分和其他核心素养的划分不太相同，它被划分为两个层级，水平1、水平2为：“能够知道人类物质生活资料的生产

---

① 中共中央马克思、恩格斯、列宁、斯大林著作编译局：《马克思恩格斯全集》第39卷，人民出版社，1974，第406页。

是社会生活的基础，知道生产力是历史发展的决定因素，知道经济基础与上层建筑之间的辩证关系，了解人类社会形态从低级到高级发展的规律；能够理解唯物史观是科学的历史观。”水平3、水平4为：“能够从生产力与生产关系、经济基础与上层建筑的辩证关系来理解历史上的发展变化和社会形态的演变过程，理解阶级斗争是推动阶级社会发展的直接动力；理解人民群众在历史发展中的重要作用；能够史论结合、实事求是地论述历史与现实问题。”水平1、水平2可以概括为知道唯物史观的主要观点，理解唯物史观是科学的历史观。水平3、水平4可以概括为理解唯物史观的主要原理，运用唯物史观论述历史和现实问题。

二、确定以唯物史观核心素养立意的教学设计

教学设计是教师为实现一定的教学目标对教学活动进行的系统规划。它是教师上好一节课的前提。在教学设计中，教学目标的制定、教学内容的选择、教学过程的组织、教学评价的实施等尤其重要。

1. 制定以落实唯物史观为立意的教学目标

教学目标是关于教学将使学生发生何种变化的明确表述，是指在教学活动中所期待得到的学生的学习结果。作为历史学科核心素养体系灵魂的唯物史观，在教学目标中必须有明确的体现，并且具有可操作性，能够在教学过程中贯彻落实。如关于“早期中华文明”，新课标是这样规定的：“通过了解石器时代中国境内有代表性的文化遗存，认识它们与中华文明起源以及私有制、阶级和国家产生的关系；通过甲骨文、青铜铭文及其他文献记载，了解私有制、阶级和早期国家的特征。”在研究新课标、教学内容，分析学情和教学环境的基础上，可以制定如下教学目标：通过对石器时代我国境内文化遗存的研习，认识中华文明源远流长、生生不息、起源多元的特征；通过对有代表性的文化遗存的比较分析和古史传说的综合探究，认识生产力的发展是私有制、阶级和国家产生的根本原因；通过对夏、商、周主要制度和统治方式的学习，概括中国早期国家的基本特征，认识到西周时期形成了天下一体的文化心理认同，为中华民族的形成奠定了最初基础；纵向梳理石器时代到金石并用时代的史事，认识中华文明从低级到高级发展的基本规律与趋势。

2. 围绕唯物史观核心素养的培养，合理整合教学内容

“教学目标是教学的一种理想诉求，是历史教师借助历史教学对学生身心变化的一种期望。教学内容的选择与整合，必须是在教学目标统摄之下的一种合理取舍和有机合成。”[①]我们仍以“早期中华文明”为例。这一课有两个学习要点：一是认识中华文明起源的多元性特点，二是了解中国早期国家特征。在这两个学习要点中，了解中国早期国家特征是本专题的学习重点，围绕这一重点问题，对教材内容需要进行大胆的取舍和补充。中国早期国家是相对于秦汉以后的成熟国家而言的，主要包括夏、商、周三朝。由于夏朝的历史缺少文字记载，考古资料也不如商朝和周朝丰富，所以早期国家特征主要通过商、周来体现，而商、周的历史中，能够反映其特征的主要是两个朝代的制度，尤其是周朝的制度。有了这样的认识，夏、商、周三代的建立过程，商纣的腐朽统治等，都可以简单带过，不做重点学习；而对商朝的内外服制度，以及西周的分封制、宗法制、礼乐制等，则要补充一些材料，如张帆《中国古代简史》中关于内外服的资料，《史记·周本纪》中有关分封制的资料，克盉、克罍的铭文，西周初期分封形势图，分封制与宗法制关系示意图，等等。通过研习材料，学生概括出中国早期国家的特征，如国家性质是国家政权与家族组织结合的部族国家（血缘国家）；继承方式以嫡长子继承为主；政权分配采取基于血缘关系的世卿世禄制度；管理方式是由天下共主管理，比较松散；经济上实行千耦其耘的方式与井田制等。早期国家的出现，特别是相对成熟的分封制、宗法制、井田制等早期国家的制度的出现，是中华文明发展的表现。

三、运用唯物史观的学习策略

1. 以唯物史观为指导有效阅读教材

“中学历史教材是依据历史课程标准，从已有史学研究成果中选择内容，按教学规律编写，供中学历史教学使用”的材料，它具有“中学历史课堂教学专用、内容选择受《历史课程标准》制约、内容根据教育教学原理组织编排”等

① 徐蓝、朱汉国等：《普通高中历史课程标准（2017年版）解读》，高等教育出版社，2018，第190页。

特点。[①]

2019年版的高中历史统编教材编写的基本宗旨是："以马克思主义唯物史观为指导，通过中外重大历史事件、人物和现象的叙述，展现人类社会从古至今、从分散到整体、从低级到高级的发展历程，使学生进一步了解和认识人类历史演变的基本脉络、发展趋势、发展规律，以及丰富多样的历史文化遗产。"其基本任务是贯彻唯物史观和其他历史学科核心素养的要求。

历史教科书要达到的总目标是："将历史教育立德树人落到实处，即学生通过历史教科书学习，能够掌握必备的史事，并通过这些史事之间的相互关系，潜移默化地理解唯物史观所阐释的人类历史发展的规律；进一步了解和认识人类社会的发展进程，拓宽历史视野，发展历史思维，提高历史学科核心素养，从历史发展的角度理解并认同社会主义核心价值观和中华民族优秀传统文化，认识并弘扬以爱国主义为核心的民族精神和以改革创新为核心的时代精神，具有广泛的国际视野，树立正确的世界观、人生观、价值观和历史观，形成历史发展的进步观和积极向上的人生态度，为未来的学习、工作与生活打下基础。"

教材的亮点主要表现为以下几点。第一，"明确以马克思主义唯物史观为指导，渗透唯物史观教育"。第二，"通过编写体例的创新，重建高中历史知识体系，给学生历史发展大趋势的直观认识"。第三，"通过功能性栏目的设计创新，紧扣综合提升学生历史核心素养的目标"。第四，"进一步渗透七大主题教育"。[②]

历史教学在很大程度上是通过对教学文本的解读来实现的，解读教学文本的过程就是认识历史、建立历史与现实联系的过程。自主阅读是解读文本的重要方法，指导学生通过阅读教材感悟唯物史观，是学生自我发展的重要手段。阅读教材可以多种形式并举，如课前预习、课中导读、课后巩固相结合，我们可以把课前预习、课上解决重点难点问题、课下巩固练习相结合，形成学习链；把目录、单元导语、课题导入、正文、思考点、学思之窗等的全面阅读和重点阅读相结合，发挥不同栏目的不同功能，如此对学生全面把握教材内容，将教材上的信息内化为自己的知识很有帮助；将文字、图表相结合，接收不同文本的信息，掌握不同文本

① 郑林：《中学历史教材分析》，光明日报出版社，2013，第11—12页。
② 徐蓝、方美玲：《核心素养统领教材的编写和使用——徐蓝先生访谈录》，《历史教学》2019年第10期。

的阅读方法，避免阅读疲劳；将阅读、思考、解决问题相结合，实现学用结合。总之，我们可以通过阅读将教师传授知识变为学生自主学习、自主建构，将教材的信息内化为学生的知识、感悟、思考。

2. 以唯物史观为指导建构知识体系

任何历史知识的建构都是在一定的史观指导下进行的。“唯物史观在历史知识建构、主题梳理、内容选择、历史叙述方式等方面都有指导作用。根据唯物史观，人类的物质生产是历史的起点，随着生产力的发展，生产关系也会发生相应的变化，上层建筑的变化反过来又促进生产力的发展和经济的繁荣。这实际上就是一种设计知识体系的思路。按照这种思路，需要把反映生产力发展、生产关系变革、上层建筑变化的内容作为重点，大致按照生产力—生产关系—上层建筑的顺序编排。”[①]按照这样一种编排思路，对春秋战国时期的历史可以做如下的建构。

春秋战国时期，冶铁技术的改进使铁制农具逐渐代替了石制、骨制等笨重易损的农具，也促进了铁犁与牛耕的结合，从而提高了生产力。铁器的出现，提高了人们征服自然和改造自然的能力，人们开垦荒地的数量不断增加，私田不断增多。当时，私田尚不纳税。铁制工具的使用使国家有能力进行大规模的水利工程建设，促进了农业的发展；在农业、手工业发展的基础上，商品经济不断发展，涌现了一批新兴城市。政治上，王室衰微，分封制逐渐瓦解，周天子天下共主的地位已名存实亡；诸侯国之间战争不断，而战争需要更多的人力、物力、财力支持。经济的发展、社会对人才的需求，使私人办学兴起，出现百家争鸣的局面。为了增加税收，各国纷纷变法或改革，按土地的实有数量征税，在法律上承认土地私有，井田制瓦解，封建生产关系确立。为了保证税源，各国纷纷以户定籍，形成编户齐民制度，一家一户的小农经济开始形成。在这个过程中，一种新的中央集权制度逐渐在各国确立。战国中期，秦国的商鞅变法最为彻底，对秦国以后一百多年的发展影响深远，公元前221年秦能够统一中国，与商鞅变法有直接关系，这体现了上层建筑对经济基础的反作用。

以上知识建构，也可以通过示意图来展示，如图2-2、图2-3所示。

---

① 郑林：《唯物史观与历史知识的建构——历史观与历史知识的建构（一）》，《中学历史教学参考》2013年第5期。

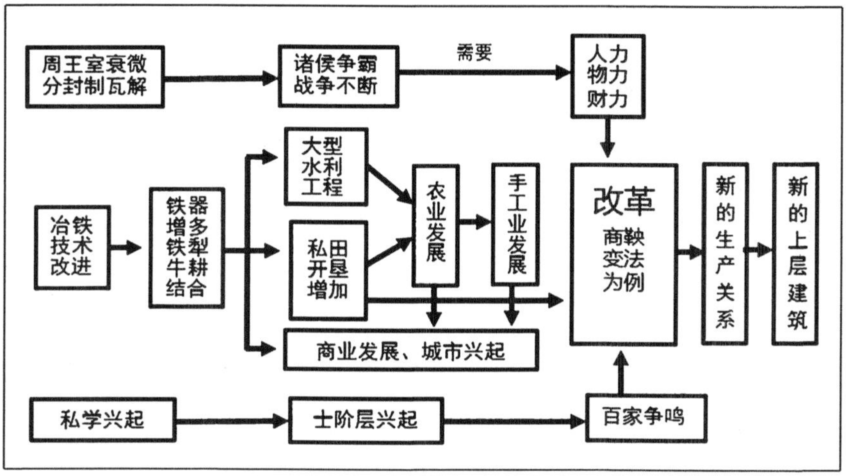

图 2-2 春秋战国时期生产力、生产关系、上层建筑关系示意图

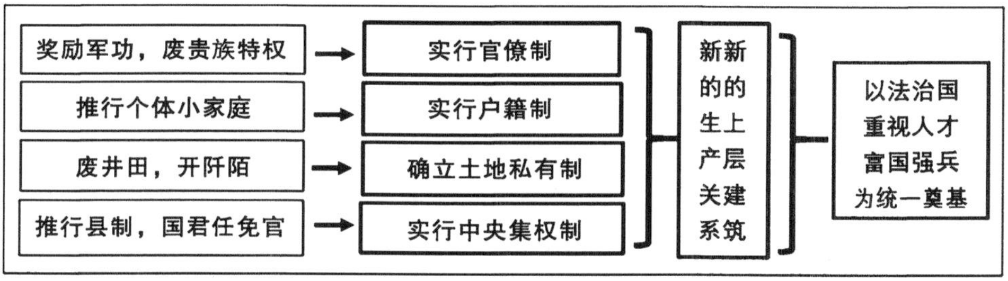

图 2-3 商鞅变法作用示意图

3. 以唯物史观为指导形成历史认识

（1）以唯物史观为指导形成对历史发展规律的认识

唯物史观认为历史发展存在着不以人的意志为转移的客观规律，历史发展规律是可以被认识的。“从纵向看，马克思主义根据人类社会生产力与生产关系基本矛盾的不同性质，把人类历史发展分为原始社会、奴隶社会、封建社会、资本主义社会和共产主义社会几种社会形态。它们构成了一个从低级到高级发展的序列。不是所有民族、国家的历史都完整地经历了这五个阶段，但是这个发展总趋势具有普遍性、规律性的意义。从横向看，人类的历史是从原始、孤立、分散的人群逐渐发展为全世界成为一个密切联系的、息息相关的整体的过程。这也就是世界历史的形成过程。在历史的横向发展方面，物质生产的发展仍然是其推

动力量。”[①]人类社会的两种发展趋势是辩证统一的：纵向发展是横向发展的基础和前提，没有纵向发展，横向发展就缺少动力；横向发展又会推动纵向发展，使其形成质的飞跃。因此，人类历史的进程是一个纵横交错，既一体又多样的辩证统一的过程。

人类社会的纵向发展主要表现为一种时间上的前进和上升，其内在动因是生产力发展在历史上的继承和延续，以及生产方式内部的矛盾运动。社会发展可以体现在政治（如政治制度的完善、法律的健全、国家政权的巩固、民族国家疆域的扩大稳定等）、经济（如社会经济发展水平的提高、人们生活水平的提高、城市发展等）、思想文化（如近代中国民主思想的发展、西方人文主义的发展、科技的进步等）方方面面。要反映人类社会的发展，可以循着以下的路径进行。

第一，确定主题和立意；第二，围绕主题收集和整理史料；第三，解读史料，梳理史料中蕴含的史事；第四，将史事放在主题中，分析其在主题中的地位，赋予史料和史事意义。如统一多民族国家的发展是中国古代史的主线，这条主线可以分解为国家疆域的拓展与定型、多民族国家的形成过程（民族交融的不断深化）、国家治理能力的不断提高。以“国家疆域的拓展与定型”主题为例，可以通过夏、商、周三朝的地图来反映华夏族统治区域的不断扩大；秦朝疆域图可以反映中国出现了第一个统一的多民族国家；汉朝疆域图可以反映今天的新疆地区首次纳入中国版图；唐朝疆域图可以反映中国在西部和北部的疆域进一步扩大；元朝疆域图可以反映云南行省、宣政院辖地、岭北行省、辽阳行省使中国在南部、西南部、北部、东北部的领土进一步扩大；清朝疆域图可以反映中国的版图最终奠定。在通过疆域图梳理中国版图不断发展到最终奠定的过程时，通过解读图中信息，如地方行政区划的变化、不同时期边疆少数民族地区的管理机构等，还可以看到国家治理能力的不断提高。统一多民族国家发展的过程，就是古代中国从低级到高级的发展过程。

阅读教材目录，梳理单元主题，在单元主题的对比中，也能体会人类社会的发展过程。以《中外历史纲要（下）》为例，其前四单元目录如下：

---

① 徐蓝、方美玲：《核心素养统领教材的编写和使用——徐蓝先生访谈录》，《历史教学》2019年第10期。

第一单元　古代文明的产生与发展

第1课　文明的产生与早期发展

第2课　古代世界的帝国与文明的交流

第二单元　中古时期的世界

第3课　中古时期的欧洲

第4课　中古时期的亚洲

第5课　古代非洲与美洲

第三单元　走向整体的世界

第6课　全球航路的开辟

第7课　全球联系的初步建立与世界格局的演变

第四单元　资本主义制度的确立

第8课　欧洲的思想解放运动

第9课　资产阶级革命与资本主义制度的确立

阅读单元目录，我们可以看出，纵向看，人类社会经历了“古代文明的产生与发展”（原始社会）到“中古时期的世界”（封建社会）再到“资本主义制度的确立”（资本主义社会）的发展，这一过程体现了人类社会从低级到高级的发展过程。横向看，在原始社会，人类文明经历了由点到面的产生与发展过程、由彼此孤立到亚欧非初步联系的过程；在封建社会，人类文明经历了亚欧非联系逐渐加强的过程；在新航路开辟以后，人类文明经历了世界市场初步建立、人类社会初步走向整体的过程，这一过程也是世界历史的形成过程。

此外，利用时间轴，在时间的前进中感受社会的发展和上升也是一种很好的教学策略。选择某个区域，收集不同时期该区域的历史资料，就可以感受到这个区域的发展。

（2）以唯物史观为指导形成对历史发展动力的认识

唯物史观认为物质生产是整个社会历史的起点，是社会发展的根本动力。恩格斯在《在马克思墓前的讲话》一文中指出：“正像达尔文发现有机界的发展规律一样，马克思发现了人类历史的发展规律，即历来为繁芜丛杂的意识形态所掩盖着的一个简单事实：人们首先必须吃、喝、住、穿，然后才能从事政治、科学、艺术、宗教等等；所以，直接的物质的生活资料的生产，从而一个民族或一个时代的一定的经济发展阶段，便构成基础，人们的国家设施、法的观点、艺术以至宗教观念，就是从这个基础上发展起来的，因而，也必须由这个基础来解释，而不是像过去那样做得相反。”[①]以《中外历史纲要（下）》“文明的产生与早期发展”为例，教材阐明了农业和畜牧业的产生是人类迈向文明的重要前提，劳动创造文明。教材通过文字叙述，说明了文明产生的一般过程：农业、畜牧业提供稳定的食物来源，促进了社会分工，由此手工业与农业分工，商业出现。社会分工使一部分人能够脱离社会生产而专门从事管理和文化创造工作。农耕生产需要人们定居生活，一些较大的居住点逐渐发展为早期城市。社会分工促进生产力进一步发展，出现剩余产品，部落首领把部分公共产品据为己有，私有制产生，社会分化，阶级出现。在阶级矛盾和部落战争的双重作用下，政府、军队和监狱等强制机关出现，国家开始形成。原来的部落首领演变为统治者，人类进入奴隶社会。专门从事国家管理的官员成为最初的官僚。出于记事和管理的需要，文字产生了。为避免文字叙述的枯燥，教师可以利用教材的导入插图——绘制于5000至6000年之前的阿尔及利亚塔西利-恩-阿耶洞穴壁画，让学生描绘原始农业和畜牧业的生产情景，还可以将叙述文字绘制成示意图，帮助学生理解文明产生的过程，如图2-4。

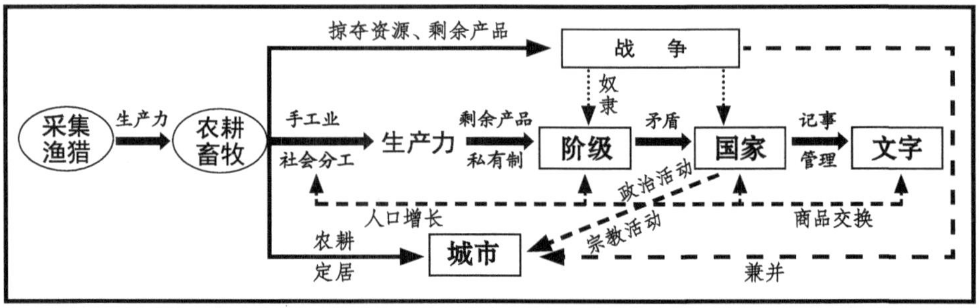

图 2-4　人类文明产生过程示意图

4. 以唯物史观为指导客观评价历史事物

学历史不仅是为了掌握历史知识，更是为了明白道理，学会看人看事的方

① 中共中央马克思、恩格斯、列宁、斯大林著作编译局：《马克思恩格斯选集》第3卷，人民出版社，1995，第1002页。

法，形成自己的观点，即历史评价。关于如何评价历史人物和历史事件，唯物史观也为我们提供了历史观和方法论，如实事求是的原则，即求真、客观；主流支流原则，即全面和重点相结合；适应时代需求的原则，即是否回应了时代需要；长时段考察原则，即把历史事件或历史人物放在较宏大的时空框架下进行考察；阶级分析原则；等等。

以评价历史人物为例，唯物史观主张人民群众是历史的创造者，但并不否认杰出人物和领袖在历史中的作用。历史人物是加快还是延缓历史进程，在当代和后世留下的是长久的怀念还是千古骂名，归根到底，取决于他是否适应时代的需要，在多大程度上回应了时代的要求。随着历史的发展、身份和地位的变化，历史人物也会发生变化。因此，评价历史人物时，不能非黑即白，而是应该把时空流变的因素考虑进去。例如，评价唐太宗李世民时，首先要看他作为执政者做了什么，他的所作所为是否促进了当时社会的发展，是否符合国家和人民的利益。为了达到客观评价唐太宗的目的，我们可以搜集唐太宗在位时期的典型事例，以及其推行的一系列革新措施，如任用魏征，接受魏征进谏；释放三百余名犯人；推行三省六部制、均田制、租庸调制；实行开明的民族政策和开放的对外政策；晚年轻信方士之言，既沉迷占卜，又迷恋丹药；等等。教师应将史料呈现给学生，由学生自己做出评价。这样，就可以全面、客观地评价唐太宗。

案例体验

教学案例一　以“哥伦布与新航路开辟”教学片段为例

（北京市通州区运河中学，周杰南）

【案例说明】

从本课的具体内容来看，新航路的开辟意义深远，欧洲的崛起，非洲、美洲的灾难，东方的短暂繁荣和世界市场的开始形成，所有这一切都促使各地传统经济和政治结构逐步瓦解，也促进了各地逐步走向社会转型。这一部分是世界发展的转折点，其间充斥着血腥与暴力，我们应该以唯物史观为指导，正确认识新航路的开辟引发了全球性流动，是人类历史从分散走向整体过程中的重要节点。

【案例内容】

【环节一】追随步伐，探讨开航原因

教师：克里斯托弗·哥伦布约1452年出生在热那亚共和国，很早就走出了学校的大门，成为富有智慧的年轻水手，一路向前。他传奇的人生中最大的成就莫过于开辟了美洲航线，他是当时最伟大的航海家之一。下面我们跟着哥伦布的步伐，去分析和探讨新航路开辟的原因。

请大家快速阅读第一组材料，然后告诉大家哥伦布开辟新航线的原因有哪些。

材料一　我尽力留意每个细节，想知道那儿有没有黄金。于是我发现他们中有些人鼻子上挂着金环。通过手势我得知在南部或者绕岛向南的地方有个国王，他有一艘装有黄金的大船，里面的黄金非常多。我试着劝他们到那里去，后来我知道他们没明白去的意思。……所以最好去西南方寻找黄金和宝石。（注：《哥伦布航海日记》中十月十三日日记也提到相同内容，此外，类似的内容在哥伦布第一次航海的日记中有几十次。）

——摘编自爱德华·埃弗雷特·霍尔《哥伦布传：我犯过的错误绝非出于恶意》

材料二　虽然吾相信此岛盛产香料，无奈吾并不识货，实系吾终生之憾事。吾见到千姿百态的树木，挂满形态各异的果实，整个海角一片郁郁葱葱，酷似五六月间之西班牙，吾还看到百草丰茂，群芳斗艳，可惜吾一概不识。

——摘编自哥伦布《哥伦布航海日记》

材料三　哥伦布呈给西班牙国王与王后之奏书：

臣于同月向陛下呈递关于印度大陆和一个叫作大可汗的君主的奏书。“大可汗”一词在吾人罗马语言中乃“众王之王”之意。他及其先辈曾多次遣人前往罗马请求派遣精通吾人神圣宗教之士前去为其传教，然教皇始终未允所请，致使如此众多人口信奉了堕落之异教……为此，作为炽爱神圣基督教并努力推动其发展的天主教徒，作为穆罕默德教（伊斯兰教）及所有偶像和异教之敌人，国王与王后二陛下决意派臣……前往上述印度各地……

——摘编自哥伦布《哥伦布航海日记》

材料四　船员们抱怨旅途太长，他们不想去更远的地方。海军上将尽力鼓舞他们的士气，提醒他们坚持下去会得到巨大的利益。此外他还坚定地表示，任何抱怨都动摇不了他的决心，他已经出发，在上帝的保佑下他会一直坚持到登陆那天。

——摘编自爱德华·埃弗雷特·霍尔《哥伦布传：我犯过的错误绝非出于恶意》

学生：黄金诱惑；寻找香料；王室支持；传播宗教；冒险精神（人文主义）。

教师：同学们概括得非常好，我们追随哥伦布的步伐了解了他为什么要去开辟新航线。下面我们再补充几则材料，大家看看除了以上原因外，新航路的开辟还有哪些原因？（展示材料）

材料五　几年后土耳其人就占领了君士坦丁堡，而他们对欧洲的入侵更是殃及地中海地区男女老少每个人的生活。

——摘编自爱德华·埃弗雷特·霍尔《哥伦布传：我犯过的错误绝非出于恶意》

材料六　那时，人们对印度地区的全部知识几乎都来自马可·波罗的探险记。马可·波罗是13世纪的一名威尼斯探险家，他的书……很适合推荐给喜欢探险故事的年轻人。马可·波罗参观过忽必烈大汗在北京的皇宫，忽必烈是奠定今中国版图的重要君主。

——摘编自爱德华·埃弗雷特·霍尔《哥伦布传：我犯过的错误绝非出于恶意》

材料七　当达·伽马向印度出发的时候，他向南航行至佛得角群岛，顺着信风向西南方驶入大西洋，直接接近巴西海岸。在那里，他乘上盛行的西风扬帆东行，绕过好望角进入印度洋。熟悉了世界海洋的风向系统后，欧洲水手把海上迂回策略加以变化，以确保他们能够沿着海岸线在海上遨游。

——摘编自杰里·本特利、赫伯特·齐格勒《新全球史：文明的传承与交流（1000—1800年）》

材料八　出示马丁·贝海姆地球仪（图略）。

德国地理学家、航海家马丁·贝海姆1492年制成世界上第一个地球仪。地球仪上的题注为：“世界是圆的，可以航行到任何地方。”

学生：商路受阻；游记影响；技术支持；地圆说。

设计意图：针对教师的设问，学生总结回答哥伦布开辟新航线的原因。教师帮助学生体会论从史出的学习方法，提升获取和解读信息的能力。

教师：同学们提取的信息很充足。对于哥伦布为什么要开辟新航线，在课堂前测中同学们已有了自己的答案，情况如下表所示。

学生前测统计表一

内容	比率	内容	比率	内容	比率
技术支持	62%	黄金诱惑	44%	王室支持	38%
地圆说	36%	商路受阻	32%	游记影响	30%
寻找香料	26%	冒险精神	16%	传播宗教	14%

教师：请同学们回忆自己的答案，查找自己没有答出来的有哪些内容？加深记忆！

教师：以上，我们跟随着哥伦布的脚步，一起分析了哥伦布为什么要去发现新大陆、为什么能够发现新大陆，下面请同学们进一步思考一个问题——哥伦布开辟新航线的深层次原因是什么？（展示材料）

材料九　由于西欧各国政府需要以发展工商业来维护统治权力，就必然要赋予工商业者相对独立的地位，使他们充分发挥自己的积极性，从而在西欧社会的各阶级和各阶层间，尤其是在贵族与商人或资产阶级之间形成一定的利益分配关系。它对内表现为利益互相制衡，对外则表现为具有扩张和掠夺的共同欲望，从而形成特殊的扩张利益分配体制，促成了向外全面扩张的地理大发现。

——摘编自李军《追求黄金是新航路开辟的内在动因吗——兼谈PCK在初中历史教学中的重要性》

材料十　西班牙的国家建设（中央集权）过程最为引人注目，1469年，阿拉贡的斐迪南与卡斯提尔的伊莎贝拉的婚姻把伊比利亚两个最富庶和最重要的王国合并在一起。……在斐迪南和伊莎贝拉——通常被称为天主教国王——的统治下，基督教的军队完成了“收复失地”运动……天主教国王还将权威扩大到伊比利亚半岛以外的地区……斐迪南和伊莎贝拉还通过赞助克里斯托弗·哥伦布寻找一条通向中国的西部航线，试图在亚洲市场为西班牙谋得一席之地。

——摘编自杰里·本特利、赫伯特·齐格勒《新全球史：文明的传承与交流（1000—1800年）》

学生（讨论后，陆续回答出）：商品经济发展需求；特殊利益分配制度；国家权力不断加强；神学普世性、扩张性；人文主义解放思想；自然科学发展。

教师：同学们概括得非常好，在前测中，同学们有自己最初的认识，希望大家打开思路，丰富和加深自己的理解。

学生前测统计表二

内容	比率
资本主义萌芽与商品经济发展	38%
拓展海外市场	14%
人文主义	2%

设计意图：依据前测，对比分析新航路开辟的深层次原因，既能提高学生的学习兴趣，也能增强学习效果；教学中，通过对新航路开辟深层次原因的分析和认识，提升学生透过历史现象看清事物发展本质的能力，落实唯物史观核心素养。

教师：基于以上的分析，请同学们思考这个问题——哥伦布开辟到美洲的新航线是偶然还是必然？

概念解析：历史必然性是历史发展的一般规律和客观趋势，历史偶然性是由历史主体对历史发展可能性的自主选择引起的或然现象（多种可能、难以确定的趋势），历史正是在必然性与偶然性的辩证统一中不断演进的。

学生1：误打误撞，纯属偶然，哥伦布并不是想去美洲，而是想去印度。

学生2：发现美洲是必然的。因为没有哥伦布，也会有其他人去发现美洲。

教师：同学们说的都有道理。对于这个问题老师是这样看的。哥伦布1492年发现美洲这一历史事件，它是一个偶然事件，但也是历史发展的必然。在这一历史事件上起决定作用的是当时欧洲经济、政治、社会、思想等方面存在的各种趋势：西方商品经济发展产生需求，中央集权趋势带来政治保障，人文主义思潮浸润下的航海家有冒险与进取精神，科学进步，等等。所有这些因素都使得具有进取心的航海家必然能够开辟前往美洲的新航路，这是历史的必然性，是欧洲生产力发展的必然结果。只不过，具体由谁来发现美洲，什么时间发现美洲，这是历史的偶然性。因此，偶然是必然中的偶然，必然是偶然中的必然。

设计意图：学生对哥伦布开辟美洲新航线是偶然还是必然进行评论，可以提升描述和阐释事物的能力，同时落实唯物史观核心素养。

【环节二】明确过程，体会时代波澜

教师：对于新航路开辟的过程大家是比较熟悉的。下面我们跟随一个动画，明确新航路开辟的过程，体会那个时代的波澜壮阔，同时完成表格。（展示动画并介绍）

学生：迪亚士于1487年出发抵达好望角；哥伦布于1492年初抵达美洲；达·伽马于1497—1498年出发到达印度；麦哲伦于1519年出发，完成了人类历史上第一次环球航行。

教师：概括得非常好，不过有一个小疑问，麦哲伦真的完成了环球航行了吗？

学生：没有，他在环球途中在菲律宾死于部落冲突中，是他的船员们完成了最后的航程。

教师：很好，下面我们再来看一则材料，这个材料告诉了我们什么？

总而言之，哥伦布现在（1500年）只是出色的领航员与探险者中的一员，他的提议要与其他人的方案一同被参考。那垄断的探索计划几乎每天都会被提出，有的采取已被瓦斯科·达·伽马证实可行的东航路线，有的是他本人首次尝试的西行路线。

——摘编自爱德华·埃弗雷特·霍尔《哥伦布传：我犯过的错误绝非出于恶意》

学生：15—16世纪出现了很多航海家，那是一个大航海时代。

设计意图：让学生通过阅读材料、提取信息，认识到15—16世纪的欧洲已经进入大航海时代。

【环节三】分析影响，评价海军上将

教师：以哥伦布为代表的一代航海人历经波折，勇往直前，开创了一个大航海的时代，那么，这些行为给世界、给各大洲分别带来了怎样的影响呢？下面我们分组进行探讨。左边四个竖列为第一组，分析前五个材料，右边四个竖列为第二组，分析后三个材料，下面开始。

第一组材料展示（学生手中有学案）：

材料一　可是美洲，谁做梦想过竟有这个地方？新世界的独特，令基督教的宇宙源起说整个出了问题。如果神在一周之内，在一个地方创造出世界上所有生命形式，然后从那里将他们散布全球，那么为什么东西两半球的生命形式如此不同？

——摘编自艾尔弗雷德·W. 克罗斯比《哥伦布大交换：1492年以后的生物影响和文化冲击》

材料二　被带到西半球的驯养动物中，对美洲土地耕耘方式影响最大者莫过于耕牛，这种温驯却力气很大的动物，可以犁开印第安人那根挖土棍子一向都挖不动的杂草纠结的土壤。

——摘编自艾尔弗雷德·W. 克罗斯比《哥伦布大交换：1492年以后的生物影响和文化冲击》

材料三　西班牙人大征服后，一位尤卡坦半岛的印第安人写下欧洲人到来之前的幸福时光：那时没有疾病；那时他们的骨头没有酸疼；那时他们没有发烧；那时他们没有天花；那时他们没有胸疼；那时他们没有腹痛；那时他们没有肺痨……可是那些外来者来了，令一切全然改变。

——摘编自艾尔弗雷德·W. 克罗斯比《哥伦布大交换：1492年以后的生物影响和文化冲击》

材料四　达尔文1830年代发现，乌拉圭有数十甚至数百平方英里完全无法进入，因为地面长满了多刺的旧世界的刺菜蓟。他说："像这般外来植物大规模侵占原生植物的状况，我怀疑世上还找得出第二桩事例记录。"

——摘编自艾尔弗雷德·W. 克罗斯比《哥伦布大交换：1492年以后的生物影响和文化冲击》

材料五

西班牙1503—1600年从美洲输入金银数目

时间	金银价值（比索）
1503—1510	286932.5
1511—1520	437749.9
1521—1530	234521.2

续表

时间	金银价值（比索）
1531—1540	1117624.9
1541—1550	2092534.2
1551—1560	3572905.9
1561—1570	5069.750.2
1571—1580	5831710.0
1581—1590	10641448.5
1591—1600	13922672.6

第二组材料展示（学生手中有学案）：

材料六　16世纪，欧洲的黄金从55万公斤增加到119万多公斤……物价上涨使靠工资为生的工人实际工资下降，日趋贫困。按传统方式征收定额货币地租的封建主，收入减少了。新兴的资产阶级靠使用廉价的劳动力和高价出售产品而得到好处。

——摘编自孔祥民《世界中古史》

材料七　1400年到1800年间……中国不仅是亚洲纳贡贸易体系的中心，而且在整个世界经济中即使不是中心，也占据支配地位……它吸引和吞噬了大约世界生产的白银货币的一半。

——摘编自贡德·弗兰克《白银资本：重视经济全球化中的东方》

材料八　所谓的商业革命，欧洲的商人和殖民者在欧亚非美之间建立了直接的商业联系……初步形成了一个广阔的世界市场；欧洲的商路和贸易中心随之由地中海转移到大西洋沿岸，意大利的商业垄断地位逐渐被葡萄牙、西班牙、尼德兰、英国所取代。

——摘编自孔祥民《世界中古史》

教师：哪一位第一组的同学来进行概括？

学生：对欧洲来说，它促进了欧洲经济的发展，打击了基督教；对美洲来说，既有好处也带去了疾病，还带来了生态问题；对世界来说，加强了沟通与交流。

教师：非常好，其他同学有什么要补充的？

学生：对美洲来说客观上促进了生产力的发展。

教师：同学们说得非常好，对欧洲来说，它打击了基督教神学，促进了人文主义发展；对美洲来说，印第安人大量死亡，生态发生重大变化，客观上促进了社会转型；对世界来说，物种实现了世界范围内的交换，世界日益连成一个整体，世界市场初步形成。分析材料时同学们一定要注意方法，要把每一个材料中的关键词找出来，然后进行分类，要学会多角度看待问题。

教师：哪位第二组的同学来概括你们的观点？

学生：对欧洲来说，黄金、白银流入欧洲，物价上涨了，引发了商业革命，促进了欧洲经济的发展。

教师：我们再联想一下明清时期中国经济的新变化和初中知识，看看还有没有要补充的？

学生：给中国带来了玉米等高产作物，非洲失去了大量的劳动力。

教师：补充得非常好！综上所述，新航路开辟的影响如下。

对欧洲来说，商品经济发展，产生价格革命、商业革命，促进了资本原始积累，打击了基督教神学，促进了人文主义发展；对美洲来说，印第安人大量死亡，生态发生重大变化，客观上促进了社会转型；对亚洲来说，带来了短暂繁荣；对非洲来说，带去了深重灾难；对世界来说，物种实现了世界范围内的交换，世界日益连成一个整体，世界市场初步形成。

我们再来看看前测中同学们的回答：答出给美洲、非洲带来灾难的占80%，答出欧洲发展的占76%，亚洲短暂繁荣的占40%，世界市场初步形成的占30%，希望同学们完善自己的笔记，理解新航路开辟的影响。下面，让我们一起来谈谈对哥伦布这位海军上将的看法，在进行评价之前，我们先要了解评价人物的标准和原则。

（1）标准：四个“是否”

是否有利于生产力的发展；是否顺应历史发展潮流；是否符合广大人民利益；是否有利于社会的发展。

（2）原则：三大原则（方法）

历史性原则：评价历史人物时，要将历史人物放在他们所处的社会历史环境中。

全面性原则：根据历史人物的所作所为，分若干方面逐一评说。

辩证性原则：坚持辩证的观点，一分为二地评价历史人物。

教师：此外，我们评价一个人物，需要观点明确、史论结合，逻辑关系要清晰。下面给大家3分钟时间组织语言，一定要结合本节课所学的知识回答。哪位同学来表达一下自己对哥伦布的认识?

学生的答案内容较多、较杂，不复赘述。

教师：同学们说得都非常好，对于这位海军上将，老师是这样认为的。哥伦布开辟新航路、探索新大陆的成功，是人类对自然界和人类社会规律性认识积淀的结果，适应了时代的要求。（标准）这一创举建立了新旧大陆之间的沟通和联系，对于资本主义世界市场的形成和世界经济中心的转移，对于加速资本主义原始积累，对于两个大陆不同文化的交融和民族的融合，都起了促进作用，客观上也为美洲带去了先进的生产方式，促进了美洲经济的发展和社会的转型。（历史性原则和全面性原则）

同时，哥伦布和他的部下在探险和征服过程中也有着杀害印第安人的罪行（辩证性原则）。哥伦布的后继者通过殖民征服，把美洲变成了欧洲殖民地，对拉美地区实行残暴的殖民统治。

总之，哥伦布发现新大陆是充分发挥了自己的胆略和才智，从而把自己的名字与新大陆联系在一起，他是一位卓越的航海家。

设计意图：通过对不同类型史料的分析，帮助学生体会论从史出的学习方法，提升获取和解读信息的能力，明确历史人物评价的标准和方法，学会用唯物史观去评价历史人物和历史事件，提升描述和阐释事物的能力。

【案例点评】

本课的授课对象为高二学生，学生学习历史的兴趣和积极性还是比较高的，通过初中和高一的学习，学生对新航路开辟的相关知识有了一定了解。本案例具有以下两个特点。

一是尊重学生兴趣点，精准选取史料，探求有效落实唯物史观的突破口，通过典型的材料提升学生的抽象思维能力、多角度认识问题能力和客观评价历史人物能力。

二是遵循学生认知规律，通过丰富的史料，培养学生有效落实唯物史观的途径。历史人物的典型事迹虽然能够调动学生的兴趣，使其产生思想共鸣，但其行为毕竟是一种社会的现象。唯物史观告诉我们："人类对历史的认识是由表及里、逐渐深化的，要透过历史的纷杂表象认识历史的本质。"本案例多维度、多角度地展示相关材料，既有助于学生透过哥伦布个人行为，深刻地体会时代的发展脉络，也有助于学生"理解新航路开辟是人类历史从分散走向整体过程中的重要节点"。

教学案例二　以"中国近代民族资本主义的产生和发展"教学片段为例

（北京市通州区教师研修中心，张启凤）

【案例说明】

本课从近代民族资本主义初步发展的史实入手，循着"是什么""为什么""怎么样"的思路，来呈现民族资本主义初步发展的历史脉络，探究原因，分析影响。在梳理史实的过程中，教师先让学生结合民族资本主义产生的史实，自己推理应该从哪些角度寻找材料论证甲午战争后民族资本主义的发展状况，并通过数据得出结论，这是学生运用已有经验学会学习的过程，也是其积极主动地构建知识的过程。本课重在帮助学生打开思路，找到与经济发展有关的因素，运用唯物史观的观点和方法对各种因素进行分析，落实学生的主体地位，将唯物史观科学的认识论和方法论落实。在分析影响时，教师给出分析的视角，重在引领学生从长时段、宽视野的角度认识民族资本主义初步发展的影响，打通经济发展和政治运动之间的关系，也就是在近代中国社会的两个核心问题——救亡和求富的关系中，明确民族资本主义的地位和作用，既有方法的演练，更有价值观的引领。

【案例内容】

【环节一】梳理民族资本主义初步发展的史实

教师：随着时间的推移，民族资本主义企业是发展了，还是萎缩了？我们可以搜集哪些方面的资料来探究这个问题呢？

学生：工厂的数量、工人的人数、资本家的人数、企业的投资额、行业分布、地域分布等。

教师：这些数据确实可以说明民族资本主义企业的经营情况，但工人的人数并不能完全说明其情况，因为外商在华企业和洋务企业也要雇用工人。收集工厂的数量资料等也要先分清是不是民族资本主义企业，同时，最好能综合利用这些数据。

设计意图：通过教师设问，学生思考回答，总结影响经济发展的一般因素，从而得出规律，学会分析经济发展的路径；同时，通过教师提示，学生明白，经济数字比较复杂，要综合考察多种信息才能明白民族资本主义企业的发展情况。

教师出示：

材料一　1894年至1913年新增工矿企业706家，新增资本11775.2万元，分别比甲午战争前增加了535家和10549.4万元。出现了卷烟工业、自来水厂、水泥厂、玻璃厂、酿酒公司、造纸公司、民办铁路等新兴行业。

——摘编自许涤新、吴承明《中国资本主义发展史》

材料二

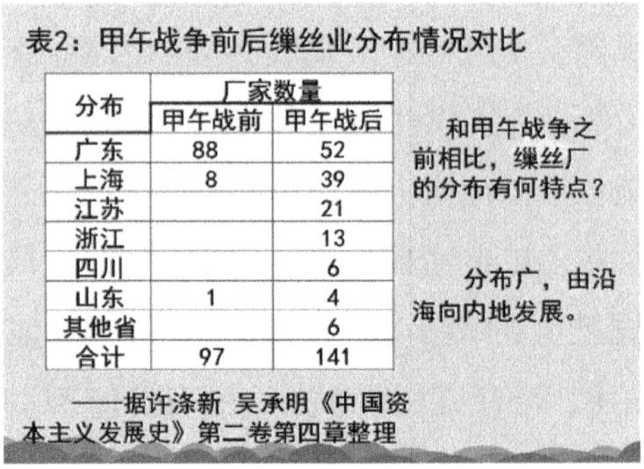

表2：甲午战争前后缫丝业分布情况对比

分布	厂家数量	
	甲午战前	甲午战后
广东	88	52
上海	8	39
江苏		21
浙江		13
四川		6
山东	1	4
其他省		6
合计	97	141

和甲午战争之前相比，缫丝厂的分布有何特点？

分布广，由沿海向内地发展。

——据许涤新 吴承明《中国资本主义发展史》第二卷第四章整理

甲午战争前后缫丝业分布情况对比

表3：甲午战争后民族资本主义发展情况

时间	纱厂（纱锭数：枚）	面粉投资（万元）	修筑铁路（条）
1895	180,540 ↑		
1896	197,588		
1897	246,320		
1898	318,196		
1899	348,788 ↑		
1900	348,788 —	41.7	
1901	348,788 —		
1902	324,876 ↓		
1903	353,144 ↑	23	2
1904	353,144 —	70.9	2
1905	367,704 ↑	130.2	6
1906	392,896 ↑	103.2	4
1907	429,432 ↑	40	2
1908	451,352 ↑	37	1
1909	481,704 ↑	80.6	0
1910	509,564 ↑	50.9	1
1911	509,564 —	44.7	
1912	509,564 —	25.6	
1913	509,564 —	196.3	

材料反映此时期经济发展的什么特点？

形成两个高潮

甲午战争前后民族资本主义发展

教师：和甲午战争之前相比，此时期民族资本主义经济状况如何？

学生：企业数量增加，规模扩大；行业增加；分布广，由沿海向内地发展；形成两个高潮。民族资本主义得到初步发展。

设计意图：通过阅读材料、提取信息，认识民族资本主义初步发展的状况；

掌握阅读统计图表的方法，认识统计数据在经济史学习中的重要价值。

【环节二】探究民族资本主义初步发展的原因

教师：经济发展具有继承性和延续性，在来势汹汹的资本主义侵略面前，中国的国门一旦打开，自然经济一旦开始瓦解，其发展就只能顺流而行，很难逆转。民族资本主义产生之后，有利于其发展的因素会继续起作用，但这些还不够。那么，甲午战争之后，有利于民族资本主义发展的新因素有哪些呢？请大家利用已有的知识和经验，推测一下。

学生：国家政策、资金是否充足、市场购买力、机器的引进、技术的更新、管理水平等。

教师：大家的分析都有道理，具体到本节课，我们还要通过搜集和研读史料来分析。

教师出示：

材料三　1895年7月，清政府表示要“以筹饷练兵为急务，以恤商惠工为本源”。

——摘编自彭明主编，虞和平著《20世纪的中国——走向现代化的历程（经济卷1900—1949）》

材料四　从1902年到1911年制定各种工商业法规60个，其中主要有：《商部章程》《商会简明章程》《奖励华商公司章程》《重订铁路简明章程》《商人通律》……

——摘编自彭明主编，虞和平著《20世纪的中国——走向现代化的历程（经济卷1900—1949）》

教师：以上两则材料说明了什么问题？

学生：材料三说明清政府重视工商业，其以农立国的思想正在发生变化；材料四表明清政府开始以立法的形式提倡、奖励发展工商业。

设计意图：进一步总结影响经济发展的一般因素，使学生认识国家政策、法律法规对经济发展的作用，拓宽思路，认识分析经济发展的途径。同时学生也可以看到，面对近代中国的一系列变化，清政府也不得不顺应形势的需要，制定法律法规，为社会经济的发展提供保障，这对于客观评价清政府也十分有利。

教师出示：

材料五　山西保晋公司股票影印件

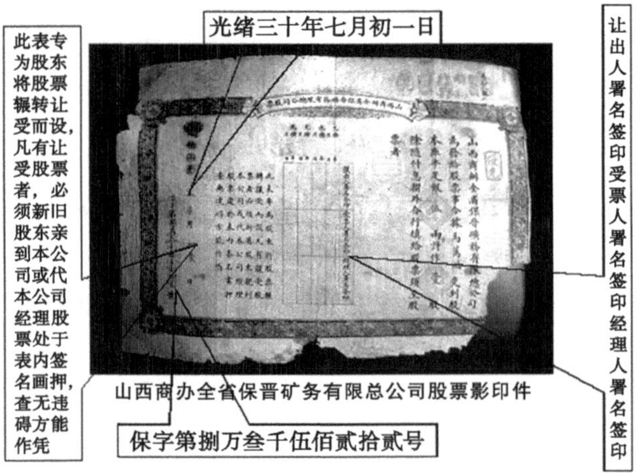

山西商办全省保晋矿务有限总公司股票影印件

“山西商办全省保晋矿务有限总公司”是在保晋活动中由山西民众集资创办的，在这张股票的最右边，有“优先”二字红色印章，接着是“山西商办全省保晋矿务有限总公司为发给股票事今据马万福交到股本库平足银五两计作壹股……”的字样，这家公司将每股股票的金额定得很低，是为了从尽可能大的范围内尽快筹集资金，而“优先”的字样表明这是优先股，股票背面的文字规定“如在第一期将股交足，谓之优先股，每股少交银四钱，作为一年提前支付之股息”。在收取这每股五两的股金时，为照顾广大一般民众，股票的股金定为分三次收取。但如果能够一次交足，就可以作为优先股，每股少交银四钱，“作为一年提前支付之股息”，有奖励和优惠的性质在内，目的在于尽快收取兴办公司的资金。

股票正中有一个表，上端有光绪年月日的字样，另分“让出人署名签印、受票人署名签印、经理人署名签印”三栏，左边是对这三栏的文字说明：“此表专为股东将股票辗转让受而设，凡有让受股票者，必须新旧股东亲到本公司或代本公司经理股票处于表内签名画押，查无违碍方能作凭。”显然，这是为股票转让买卖而预留的地方。“保晋矿务总公司简章”的第五条明确规定：“本公司唯收华股不收洋股，附股者如私将股票售与外人，经本公司查知或经他人转告，立将所入之股注销不认。”可见，该股票对股东的转让和身份十分注重，就是为了保证股东中不出现外国人。

教师：从这张股票中我们能否挖掘出有利于民族资本主义发展的信息？

学生：股票说明山西商办全省保晋矿务有限总公司为了收回矿权，想方设法扩大集资范围，也得到了人民群众的广泛支持。20世纪初掀起的收回矿权运动对民族资本主义的发展起了促进作用。

教师：结合我们初中学过的内容，想一想这个时候出现了哪些著名的实业家？

学生：张謇、荣德生、荣宗敬等。

教师：我们以张謇为例，看看这些实业家是如何创办和经营企业的。

教师出示：

材料六　救国为目前之急……譬之树然，教育犹花，海陆军犹果也，而其根本则在实业。

——张謇

材料七　张謇以大生企业为核心，先后创办了大小企业60多家，涉及冶铁、机器、日用品、食品、银行、交通、贸易、采盐、垦殖等许多行业。

材料八　张謇和大生纱厂照片（图略）。

学生：民族资本主义的发展需要政府的扶植、法律法规的保护；需要人民群众的广泛参与和支持；需要实业家的爱国情怀、奋发精神和经营策略等。

学生得出认识的过程正是运用唯物史观中上层建筑对经济基础的反作用、生产关系对生产力的反作用、人民群众和伟大人物推动历史发展等基本观点分析历史事件的过程。

设计意图：通过分析具体案例，评论史事，帮助学生学会在主题框架下分析具体史事、形成历史解释的方法；同时感受企业家的爱国情怀，达成历史教育目标。

【环节三】分析资本主义在中国近代历史发展进程中的地位和作用

教师：民族资本主义的初步发展是新课标中“近代中国经济结构的变动与

资本主义的曲折发展”中的一部分，其要求是“探讨在半殖民地半封建社会条件下，资本主义在中国近代历史发展进程中的地位和作用”。我们应该从哪些视角来分析呢？我国近代史学家刘大年先生指出，中国近代110年的历史基本问题是两个。一是民族不能独立，要求在外国侵略压迫下解放出来；二是社会生产落后，要求工业化、近代化。[①]民族资本主义是一种经济现象，我们先从经济角度进行分析。近代中国经济结构的变动是个缓慢的过程，民族资本主义既是近代中国经济结构变动的结果，又是近代中国经济结构变动的表现。在近代中国经济结构变动的过程中，它处于怎样的地位呢？

教师出示：

材料一　马克思主义政治经济学认为，经济结构就是国民经济的构成要素相互联系、相互作用的关系和方式，主要包括所有制结构、产业结构、技术结构、企业组织结构、需求结构。

教师出示：

材料二

近代以来中国经济结构的变化

项　目	近代化的特点	鸦片战争前	洋务运动	民族资本主义经济
所有制结构	民有	—	国有	民有（质变）
产业结构	工业	农业为主、手工业和商业为辅	近代工业产生	近代工业发展（量变）
技术结构	大机器生产	手工生产	机器生产	机器生产
企业组织结构	大工厂、大公司	家庭经营、手工作坊、手工工场	工厂	工厂
需求结构	市场经济	自然经济为主	部分面向市场	全部面向市场（量变）

（注：表格中“民族资本主义经济”一栏师生共同填出；质变、量变是相对于洋务运动而言。）

① 刘大年：《当前近代史研究中的几个理论问题》，《人民日报》1997年1月11日第6版。

学生：与洋务工业相比，民族资本主义是一种新的经济成分，改变了中国近代的经济结构，在近代化的道路上又向前迈进了一步；通过对机器生产、工厂制度、产品全部面向市场等特点的分析，可以看出民族资本主义在一定程度上抵制了西方列强的经济侵略。而且可以看出，民族资本主义的产生和发展与当时的政治事件、政治因素是相互影响的。

设计意图：阅读材料，理解经济结构的内涵；比较民族资本主义企业和洋务企业，体会近代中国经济结构的变化，认识近代经济的发展过程。

教师：中国近代民族资本主义企业的发展对近代中国有何影响呢？

教师出示：

材料三　随着中国民族资本主义的发展，中国民族资产阶级的力量有了明显增长，1911年全国民族资产阶级总数达到5万余人。此时期，民族资本的中小企业大量涌现，使中国民族资产阶级中下层的力量明显壮大。与此同时，中国工人阶级的队伍也增长到辛亥革命前的66万多人。

材料四

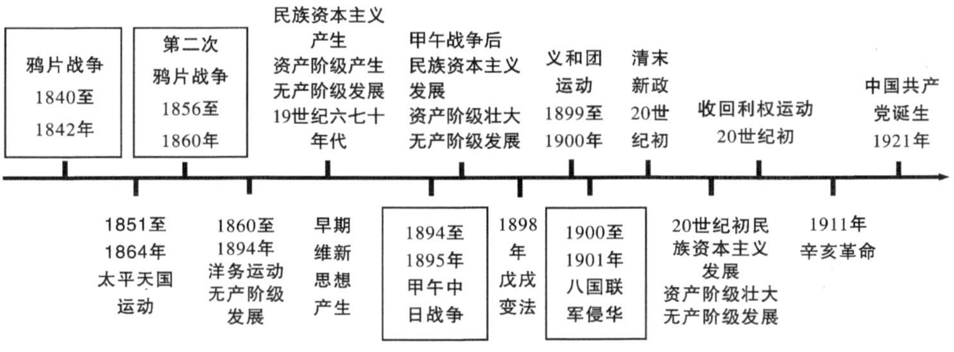

近代中国大事记

学生：随着民族资本主义的发展，民族资产阶级的力量有了明显增长，且其中下层的力量明显壮大；同时，工人阶级的队伍也明显壮大了。民族资本主义的产生，促进了早期维新思想的产生；民族资本主义的发展则促进了戊戌变法和辛亥革命的发生。民族资产阶级产生并得到初步发展，为维新思想的产生、为资产阶级政治运动的开展奠定了基础；无产阶级队伍发展壮大，为无产阶级革命运动的到来准备了阶级条件。总之，民族资本主义的发展为中国思想和政治的近代化奠定了基础。

设计意图：通过材料四，学生认识到随着民族资本主义的发展，资产阶级和无产阶级队伍也在发展壮大，二者是共生的关系，而资产阶级和无产阶级都是近代中国先进生产力的代表，随着这两个阶级的发展壮大，二者自然会提出各自阶级的要求，从而推动中国政治革命和政治领域的近代化。

【案例点评】

本案例特点有三：第一，整体结构循着“是什么？”“为什么？”“怎么样？”的思路架构，符合学生的认知逻辑，容易激发学生的学习兴趣。第二，较好地发挥了教师的引领作用和学生的主体作用，教学过程多是教师引导学生自己提出解决问题的方案，教师带领学生解决问题。第三，注重落实历史学科核心素养，教学过程中，以唯物史观为指导，通过经典史料梳理史实，将史料、史实放在特定的时空框架下进行解读，得出历史解释和认识，同时实业家张謇的爱国情怀、奋发精神也得到彰显。可以说，本案例符合新课标的精神，把历史学科核心素养的培养落到了实处。

教学案例三　以“新文化运动”教学片段为例

（北京市通州区运河中学，刘雪利）

【案例说明】

新文化运动是中国历史发展过程中的重大历史事件，从中国近代思想解放历程来看，新文化运动处于传统思想向现代思想转变的历史关键点；从向西方学习的角度来看，新文化运动已经深入思想文化层面；从对历史发展的影响上看，新文化运动为马克思主义在中国的传播创造了有利条件，进而使中国的知识分子走上了一条新的改造中国的道路。

本课紧紧抓住新旧交替这一时代特征，引领学生去探讨新文化运动对中国思想解放的巨大作用。从唯物史观的角度来看新文化运动，无疑属于从上层建筑和社会意识层面研究该运动。授课时只要抓住唯物史观这把钥匙，关于新文化运动的问题就会迎刃而解。

【案例内容】

【环节一】背景介绍

1. 导入方式

对比胡适身穿西装与辜鸿铭身穿长袍、留着辫子的照片（图片略）。

教师：胡适曾经留学美国，后在北大任教，一生获得了35个博士学位，他积极宣传西学，倡导自由与民主，是当时许多青年学生的偶像。

辜鸿铭是一位留着长辫的北大教授，虽然精通九门外语，但思想比较守旧，极力为女人缠足和一夫多妻制辩解，这两位文化名人的对比正是那个时代的鲜明写照——新旧更替。

设计意图：利用两位文化名人的学识成就吸引学生，再通过两位文化名人在思想上的鲜明对比，引出新文化运动的时代特征——新旧交替，使学生产生探究这到底是怎样一个时代的愿望，同时希望把学生“带回”20世纪初的中国。

2. 新旧冲突下的中国

材料一　1903—1908年，中国平均每年注册的工厂只有21.1家。1913—1915年，平均每年注册工厂增加到41.3家，1916—1919年更达到年均124.6家。

材料二　以纺织和采煤为例，一直到1919年，中国75.6%的机械采煤工业、46.7%的纺锭和59.2%的织布机，还是操纵在帝国主义手里。

教师：结合两段材料分析中国在辛亥革命后的经济状况有什么特点？

学生：中国在20世纪初，民族工业有所发展，但自然经济还很强大，中国经济仍然受列强控制。

设计意图：理解经济基础与思想文化之间的关系。使学生认识到当时中国经济虽然有所发展，但生产力水平并没有发生根本性变化，新文化运动正是在这样的经济基础上产生出来的。这体现了那个时代的特点——新旧激烈交锋，也决定了民国初年的政治局面和思想状况。

3. 民国初年的政治局面

学生观看视频，思考问题。

教师：辛亥革命后，中国在政治方面是一种什么状况？

学生：假民主真专制。

教师：民国初年政治方面有没有进步的地方？

学生：推翻了两千多年的君主专制制度，民主共和的政治框架建立了起来。

设计意图：使学生理解中国当时在政治制度方面处于新旧交替。中国正经历着民主与专制激烈的交锋。

4. 民国初年的思想状况

材料三　（袁世凯）命令全国“尊崇孔圣”。在这种情况下，各地相继出现了诸如孔教会、孔道会、宗圣会等尊孔复古组织。这些组织与北洋军阀相唱和，攻击辛亥革命，谩骂民主共和，鼓吹非孔教、非复辟不能救中国。

——摘编自龚书铎《正确评价五四新文化运动》

材料四　近代欧洲之所以优越他族者，科学之兴，其功不在人权说下，若舟车之有两轮焉……国人而欲脱蒙昧时代，羞为浅化之民也，则急起直追，当以科学与人权并重。

——陈独秀《敬告青年》

教师：结合所学概括分析辛亥革命后，中国的思想文化领域是什么状况？

学生：西方思想不断传播，同时也出现了尊孔复古逆流，旧思想、旧道德卷土重来。

设计意图：中国的思想界当时正在经历着中西文化的激烈冲突，中国历史、中国文化将走向何方是当时思想界遇到的重大历史课题。让学生体会新旧冲突，为后面的学习奠定基础。

教师：请同学们思考，导致民国初年社会状况的决定性因素是什么？

学生：经济发展水平。

设计意图：落实唯物史观中的“经济基础决定上层建筑，社会存在决定社会意识”。学生虽然不能准确回答，但这种意识可以在课堂中逐渐培养出来。

【环节二】新文化运动的主要内容

在处理这部分内容时，教师没有直接讲解分析教科书中的内容，而是采用了一种新的方式。新文化运动的主要内容如下。

1.“一枝独秀”创“新方”

材料一　青年之于社会，犹新鲜活泼细胞之在人身。……予所欲涕泣陈词者，惟属望于新鲜活泼之青年，有以自觉而奋斗耳！

——陈独秀《敬告青年》

材料二　近代欧洲之所以优越他族者，科学之兴，其功不在人权说下，若舟车之有两轮焉。国人而欲脱蒙昧时代，羞为浅化之民也，则急起直追，当以科学与人权并重。

——陈独秀《敬告青年》

1915年，陈独秀在上海创办《青年杂志》。

教师：陈独秀的救国新方就是把国家和社会未来的希望寄托在青年身上，希望青年具有民主和科学的精神，这也是新文化运动的精髓所在。

2. 无人喝彩与反对

教师：陈独秀发表了《敬告青年》以后，是否在社会上产生了重大影响？

材料三　他们（注：陈独秀、钱玄同等）正办《新青年》，然而那时仿佛不特没有人来赞同，并且也还没有人来反对。

——鲁迅《〈呐喊〉自序》

教师：《新青年》创办以后在社会上产生了什么影响？

设计意图：还原历史本来的面目，让学生理解新思想的传播是很困难的，历史的发展是很复杂的。使学生形成正确的历史观。

3. 大洋彼岸现知音

胡适从美国寄回书稿《文学改良刍议》。

材料四　吾以为今日而言文学改良，须从八事入手。八事者何？一曰，须言之有物。二曰，不摹仿古人。三曰，须讲求文法。四曰，不作无病之呻吟。五曰，务去滥调套语。六曰，不用典。七曰，不讲对仗。八曰，不避俗字俗语。

——胡适《文学改良刍议》

教师讲解分析白话文运动（具体内容略）。

4. 登上文化新舞台

陈独秀等受蔡元培先生邀请到北大任教，北京大学为新文化运动提供了舞台。

5. 众将“打倒孔家店”

陈独秀、鲁迅批判封建礼教的言论。（材料略）

教师：陈独秀和鲁迅等为什么要反对孔子和儒家礼教？他们当时的说法又存在什么问题？有什么意义？

学生：提倡民主、反对专制就要批判专制的精神支柱——儒家思想。要具有科学精神就要摆脱旧思想的束缚。

教师：陈独秀等当时对儒家思想的绝对否定其实是不对的。但这场批判是知识分子对中国传统文化的一场反思，动摇了中国人心中的思想权威和偶像——孔子，为中国人的思想解放创造了条件，有利于形成新的道德观念。

设计意图：使学生理解新文化运动为什么会提出“打倒孔家店”，并对此做出正确评价，培养学生正确评价历史问题的能力。

6. 新旧文化大论战

材料五　守旧派文人攻击新文化运动“功利倡而廉耻丧，科学尊而礼仪亡，以放荡为自由，以攘夺为责任”，“直与猩红热、梅毒等之输入无异”。

设计意图：突出主题，新思想的传播不是一帆风顺的，人类历史中始终存在着新与旧、进步与落后的交锋与对决，但人类历史总是要前进和发展的。

7.“两位先生”救中国

材料六　要拥护那德先生，便不得不反对孔教、礼法、贞节、旧伦理、旧政治。

要拥护那赛先生，便不得不反对旧艺术、旧宗教。要拥护德先生又要拥护赛先生，便不得不反对国粹和旧文学。……我们现在认定，只有这两位先生可以救治中国政治上、道德上、学术上、思想上一切的黑暗。

——陈独秀《本志罪案之答辩书》

教师：陈独秀先生在与守旧派的论战中发表了《本志罪案之答辩书》，系统、明确地提出了民主和科学的理论，使新文化运动达到顶峰。

8. 学生总结新文化运动的主要内容（略）

设计意图：符合历史逻辑的教学才是有生命力的教学。

【环节三】课堂探究

希　望

胡适

我从山中来，带得兰花草。
种在小园中，希望开花好。
一日望三回，望到花时过。
急坏看花人，苞也无一个。
眼见秋天到，移花供在家。
明年春风回，祝汝满盆花。

教师：请你结合时代背景，简单分析胡适先生这首写于1921年的诗歌。

略去学生回答。

设计意图：首尾呼应，突出新旧交替的时代主题。

【案例点评】

本课紧紧抓住唯物史观这把钥匙，用它的一些基本原理分析复杂的历史问题。本节课的教学特色如下。

第一，教学“灵魂”选择准确，即紧紧把握新旧交替、新旧斗争的时代特征展开教学。

第二，由胡适与辜鸿铭导入，形成新旧对比，在吸引学生的同时点出时代主题，最后组织学生分析《希望》，强化时代主题，首尾呼应。

第三，选用材料数量比较适当，同时注意新材料的处理和使用，如胡适的“新三从四德”、《希望》小诗。

第四，对于新文化内容的把握准确，突出了新文化的“新”及新文化的影响。

第五，对于新课标大胆解读，认真落实。

第六，突出了学生的主体地位和教师的引领作用，由学生自主生成对于新文化运动影响的认识。

本章小结

人类对历史的认识是由表及里、逐渐深化的，要透过历史的纷杂表象认识历史的本质。只有运用唯物史观的立场、观点和方法，才能对历史有全面、客观的认识。马克思主义唯物史观的产生，是人类历史上一场伟大的革命，是马克思和恩格斯在批判性地借鉴和发展了人类思想文化领域的一切优秀文化成果的基础上，尤其是在对德国古典哲学、英国古典政治经济学、英法空想社会主义的吸收和对19世纪上半叶自然科学成果的研究的基础上完成的。唯物史观是历史学科核心素养体系的核心，是完成历史学科立德树人教育任务的需要，更是科学认识历史的需要。利用唯物史观教学，可以让学生更加全面、客观地对待历史和现实，更好地认识未来的道路，从而使自己做出正确的人生选择与价值选择；秉持唯物史观，可以更好地认识历史问题的本质与内涵，也可以更加公正、客观地看待历史人物。唯物史观是科学的历史观和方法论，运用“唯物史观”建构有意义的课堂教学，除了要谙熟唯物史观的基本观点和丰富内涵，更重要的是运用唯物史观的观点和方法去解决教学中和日常生活中所遇到的问题。作为历史教师，就是要在教学中通过有效的教学设计，帮助学生理解唯物史观的丰富内容，掌握运用唯物史观分析问题和解决问题的策略和方法，努力提升中学历史教学质量。

拓展读物

1. 郑林，等. 基于学生核心素养的历史学科能力研究［M］. 北京：北京师范大学出版社，2017.

本书综述国内外已有研究成果，构建历史学科能力层级结构，描述学生在某个历史知识专题上的学科能力表现，根据历史学科能力表现指标开发测试题，进行大规模区域测试，利用测试结果对各区域初高中学段学生的历史学科能力做了水平等级划分，描述了不同水平等级学生的历史学科能力表现，对影响学生历史学科能力表现的主要因素做了比较系统的分析，并提出了有针对性的教学改进策略，系统阐述了促进学生历史学科能力发展的教学设计理论、方法、操作要领。

2. 凤光宇，邵清. 中学历史学科核心素养教学实践研究［M］. 上海：上海教育出版社，2019.

本书是编者系统研究历史学科核心素养后编写的教学指导书。全书分为五章：第一章，唯物史观——历史学科核心素养达成的理论保证；第二章，时空观念——历史学科核心素养的本质体现；第三章，史料实证——历史学科核心素养达成的必要途径；第四章，历史解释——历史学科核心素养中对历史思维与表达的要求；第五章，家国情怀——历史学科核心素养价值追求的目标。书中既有理论阐述，更注重实践研究，从教学实践的角度阐述了历史学科核心素养落实的策略和方法。

第三章　以时空观念核心素养立意的教学问题

关键术语

所谓时空观念，是在特定的时间联系和空间联系中对事物进行观察、分析的意识和思维方式。历史学科的时空观念包括历史时序的观念和历史地理的观念，这两者都是用于了解、认识、研究客观历史的基本意识，因此，在历史学科核心素养体系中居于基础地位。时空观念既是认识历史的标尺，又是对客观历史进行定位的框架，任何对历史的认识都要将历史置于特定的时间和空间之下。同时，时空观念也是阐释历史的角度，只有从历史的时间演进和空间范围的角度进行说明和解释，才能看出历史的发展与变化，对历史进行客观的评述。

结构图解

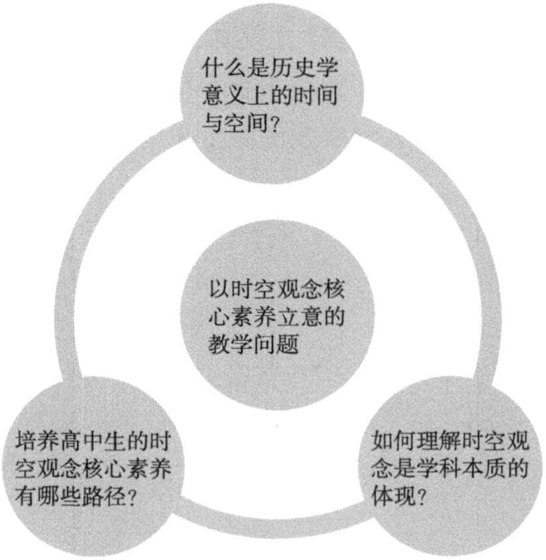

学习要点

看完本章，应该能够了解以下几点。

第一，历史学意义上的时间与空间。

第二，历史教学中时空观念培养的具体内容。

第三，高中生时空观念核心素养提升路径。

教师困惑

当前，高中历史教师对2017年修订的《普通高中历史课程标准》并不陌生，但是对时空观念的内涵和培养路径还存在疑问。在阅读本章之前，请您想一想，作为一名高中历史教师，您对时空观念了解多少呢？您能否结合自己的理解系统全面地表述时空观念的本质？您是否知晓时空观念的具体内容？历史教学中提升学生时空观念的路径有哪些？

问题一
什么是历史学意义上的时间与空间？

本节要点

☆ 历史学意义上的时间和空间。

☆ 历史学意义上时间与空间的联系。

“为谁培养人、培养什么人、如何培养人”是新时代承担“认同社会主义核心价值观和中华优秀传统文化，认识并弘扬以爱国主义为核心的民族精神”任务的高中历史课程亟须解决的现实问题。要正确认识人类历史产生、发展、延续的轨迹离不开“时间与空间”的概念，时空观念是诸素养中学科本质的体现，是其他素养的基础，明确时空观念概念有益于对历史的理解与认识。

一、历史学意义上的时间与空间

“读史使人明智”，可对于普通读者来讲，想读懂历史却不是一件容易的事情。每一件历史事件的发生，每一个历史现象的出现，每一位历史人物的活动，都不可能脱离时间与空间这两个必要因素。时间与空间是构成历史事件的最基本要素，是每个人学习历史永远躲不掉的问题。《普通高中历史课程标准》（2017年版）把时空观念的含义界定为：“时空观念是在特定的时间联系和空间联系中对事物进行观察、分析的意识和思维方式。”同时，对于对时空观念的理解和把握，课程目标又做了如下要求：“知道特定的史事是与特定的时间和空间相联系的；知道划分历史时间与空间的多种方式，并能够运用这些方式叙述过去；能够按照时间顺序和空间要素，建构历史事件、历史人物、历史现象之间的相互关联；能够在不同的时空框架下对史事作出合理解释；在认识现实社会时，能够将认识的对象置于具体的时空条件下进行考察。”这五点内容可以划分成三个层次：首先，必须掌握各种历史时空标尺，如划分历史时间与空间的多种方法，历史地图、数据表格中的时空信息等；其次，将历史事件定位在一个特定的时空框架下进行阐述和概括；最后，选择恰当的时空标尺对历史或现实问题加以分析和探究。由此可见，正确清晰的时空观念对于理解、阐释、探究历史至关重要。新版高中历史教材《中外历史纲要》等的投入使用更加证明了这一点。

（一）历史学意义上的时间内涵

何为时间？《现代汉语词典》对“时间”一词做了解释。其指“物质运动中的一种存在方式，由过去、现在、将来构成的连绵不断的系统，是物质的运动、变化的持续性、顺序性的表现”[①]等。这说明时间是人类用来描述物质运动过程或事件发生过程的一个参数，它是客观存在的，不以人的主观意识而改变。例如，自然界中春夏秋冬一年四季周期性的轮回、地球自转周期等，不会因人而改变。

在探究历史发展进程的过程中，我们经常提到“历史时间”这个概念。历史时间不仅是常用的工具，也是客观存在的，更是历史的一部分。每位学者因为史学眼光不同，所以在看待历史时间上会形成不同的认识。这就要求我们必须明确历史学意义上的时间概念。

---

① 中国社会科学院语言研究所词典编辑室：《现代汉语词典》，商务印书馆，2019，第1184页。

德国古典哲学创始人康德在其代表作《纯粹理性批判》中指出，世界在时间上是有开端的，在空间上是有限的。就历史现象而言，社会经济形态的更替，历史事件的发生与演变以及历史人物的活动都有一定的联系性，总是后承于前，不断地更新并按一定的时间顺序进行着，这就是历史的时间性。从中可看出康德所谓的历史时间概念是要寻找历史时间的源头，他明确指出，人类历史的发展是按照时间顺序一往直前的，不能倒回原点。历史时间就是一条内在的轴线，要想走进历史，必须以时间为引路标。

法国年鉴学派的创始人之一马克·布洛赫（又译布洛克）认为“我们已把历史学称为‘人类的科学’，那还是太含糊，有必要加上‘时间中的’定语”[①]。从中不难看出，历史时间具有隐藏性的特点，同时具有一定的方向性。这就体现了历史时间的第一层含义，历史时间是定位历史事件的重要因素，时间点的准确定位对历史学具有重要的作用。纵观古今中外重大历史事件，都需要用时间定位。克洛德·列维–斯特劳斯曾说：“没有日期，就没有历史学，这是因为，历史学的所有原创性和特殊性便在于理解前后之间的联系，假如不能至少是潜在地确定各个部分日期的话，那么这种联系也就必定要解除了。”[②]列维–斯特劳斯的话体现了历史时间的第二层内涵，即历史时间中隐藏着联系。历史时间不是孤立存在的，而是前后相互联系，历史时间是联系历史事件的重要桥梁。物理学和其他社会学科也会提时间的概念，但历史时间的概念不同于这些学科中的时间概念，历史时间是指过去的时间，过去的时间有多种考量的标尺。费尔南·布罗代尔，作为法国历史学家、年鉴学派第二代代表，对历史时间进行了分类别阐释。第一类是从状态的角度阐释的历史时间，这类历史时间以世纪为单位，所以描述的历史运动的状态是漫长的、平缓的，是长时段；第二类是从政治、经济、社会、人口等角度阐释的历史时间，指的是描述“具有一种缓慢的节奏的历史和一种社会的历史群体和集团的历史”的时间，是中时段；第三类是从历史对象的角度阐释的历史时间，这指的不是用于描述普遍意义上的人类发展史的时间，而是用于具体明确地描述个人史的时间，是短时段。这三种分类着眼点各异，共同点是可以体现在时间的长短上。由此，历史时间可以理解为长时段与短时段的综合，长时段展示出

① 马克·布洛赫：《历史学家的技艺》，张和声、程郁译，上海社会科学院出版社，1992，第24页。
② 克洛德·列维–斯特劳斯：《野性的思维》，李幼蒸译，商务印书馆，1997，第295—296页。

历史发展的共性，而短时段则呈现出历史发展的特性。李宪桂在《谈历史教学中的时间概念和空间概念》中提出，历史是在时间与空间的基础上发展变化的过程，其中凸显出来的连续性、时序性的特点被称为历史的时间性。这样表述虽然不够完整，但阐明了历史时间的特点是不间断且有顺序的。[①]

什么是历史时间？历史长河中的时间绝不仅仅是一个个孤立静止的数字符号，历史事件的发展演变及历史人物的活动轨迹都由其联系在一起，因此其具有动态性。许序雅认为，历史学中有三种时间，分别是客观时间、历史上的时间和历史学家拟构的历史时间。前两种时间构成时间历史，是对客观时间的记录和描述，通常不含对历史的价值判断和评价，但其中蕴含着前人的世界观，是进行历史研究的具体内容。[②]由此可以看出，历史时间应该包括两层内容。一是常人表面上都能看到的历史时间，它是一个个历史事件发生的时间，仅仅是用于记录真实历史事件的客观存在；二是具有内在逻辑意义的历史时间，其隐藏在客观历史中的时间之下，一系列重大历史活动和历史事件的发展与变迁被其贯通在一起。例如，“1840年鸦片战争爆发”，此处的1840年就是常人表面上看到的历史时刻；而“1840年标志着中国近代史的开端，列强的侵略使中国陷入灾难的深渊，中国的社会性质开始发生变化”，此时的历史时间就属于逻辑意义上的概念。

站在不同的历史时间节点上解读人类社会历史发展进程，得出的结果是截然不同的，这就是历史时间赋予历史学科的强大魅力。从现今采用的高中历史教材看，高中历史课程结构也突出了时序性，其中必修课程中外历史纲要中“课程内容分为中国古代史、中国近现代史和世界史三个部分，每个部分的内容均在历史时序的框架下，由若干学习专题构成”。选择性必修课程的具体内容也“由若干学习专题构成，在各专题下的具体内容依照时序进行表述”。这种通史和模块相互结合的教材体系，不但有利于学生对中外历史发展的基本脉络和主要阶段进行梳理，而且有利于教师引导学生把重要的历史事件、历史人物、历史现象及人类文明丰富多彩的历史文化成果放入时空框架下思考，准确理解人类历史进程中的变化与延续、继承与发展、原因与结果，帮助学生建构起历史发展的前后联系，并对历史发展的总体趋势形成清晰的认识。

---

① 李宪桂：《谈历史教学中的时间概念和空间概念》，《青海教育》2001年第Z2期。

② 许序雅：《历史学中的“时间”探究》，《历史教学》（下半月刊）2017年第18期。

（二）历史学意义上的空间内涵

什么是空间？《现代汉语词典》对“空间”一词做了解释，其指“物质存在的一种客观形式……是物质存在的广延性和伸张性的表现”[①]，也就是说空间是物质存在、运动的场所。“它的存在是客观的、绝对的，其具体表现形态和特性则是可变的、相对的。”[②]空间可分为宇宙空间、网络空间、思想空间、历史空间、生存空间、个体空间等。简言之，国内大量的工具书是从数学、物理学科的角度来解释空间概念的。例如，李淮春在文章中指出，空间是“运动着的物质存在的基本形式之一。表示物质存在的广延性、伸张性的哲学范畴。任何物体都占有一定的体积和一定的形状。空间就是表示物体彼此之间的并存关系和分离状态，表示物体的体积、形状、位置和排列次序等等特性的”[③]。哲学上对空间概念的解释与定义对历史学科有极其重要的借鉴作用。空间不是一种物质存在，而是一种存在的形式。我们在探究人类历史发展演变的进程时，经常提到“历史空间”这个概念，因此我们必须要明确历史学意义上的空间概念是什么。

什么是历史学中的空间概念？历史空间是否等同于地理空间？历史教师受惯性思维的影响，经常把历史学中的空间混同于单纯的地理空间，这种看法是片面的。王廷科认为，历史空间首先是包含历史现象、历史事件在内的地理意义上的环境和位置，其次是与地理环境相关联的历史现象和历史事件发生的社会环境。[④]由此我们可以发现，历史空间应该包括自然环境与社会环境两方面内容，而两方面内容结合所体现出来的特点是动态性。蔺子武认为：“历史空间就是指历史事件、历史现象发生的特定地理条件、环境、位置以及历史人物活动的社会场所。”[⑤]因此，历史空间是历史事件和历史人物活动存在、发生、发展的承载空间，与时间一同作为工具，是历史动态发展过程中必不可少的因素。

1. 历史空间是对人类历史活动的地理位置及其环境的具体阐述

从自然环境角度来看，历史空间概念是指一定的历史活动所处的地理位置，以及与此相联系的各种自然条件（如地形、气候、分布范围）的总和。任何空间位

---

① 中国社会科学院语言研究所词典编辑室：《现代汉语词典》，商务印书馆，2019，第744页。
② 蔺子武：《时空观念的形成和历史教学》，《兰州教育学院学报》1991年第2期。
③ 李淮春：《马克思主义哲学全书》，中国人民大学出版社，1996，第338页。
④ 王廷科：《谈谈历史教学中的时间概念和空间概念》，《历史教学》1980年第6期。
⑤ 蔺子武：《时空观念的形成和历史教学》，《兰州教育学院学报》1991年第2期。

置上都会有事物存在，而人类实践活动范围的界定依据是位置，它为人类生存和发展提供了必需的空间和条件。历史学习中，我们会接触很多地图，这就是我们经常提及的历史空间中的地理空间，它包括地点、方位、范围、行政区划等诸多因素。如鉴真东渡的“东”既指地理方位，也包括对地理条件、地形（如山地、平原、盆地、丘陵等）的描述、对气候（如湿热、干旱、多雨）的描述等。而历史空间概念中涉及的人类历史活动的地理位置及环境，往往通过国家、地域、气候、土壤、政区、山川、城市、交通线等体现。例如，中国幅员辽阔，自然环境的区域性差异非常明显。鲁西奇认为中国历史按空间环境特点可以划分为五条“区域性道路”：中原、南方、草原、高原、沙漠-绿洲。[①]

2. 历史空间是对人类历史活动所处社会环境综合内容的呈现

从社会环境角度来看，历史空间概念是对我们所处的社会的政治环境、经济环境、法制环境、科技环境、文化环境等宏观因素的一种综合。人类都是在一个特定的空间位置（场所）上活动的，这个场所受到人类实践的影响，因而汇聚了某一群体的经济、政治、文化、观念等因素，它们与位置（场所）共同构成历史现象和历史事件产生的空间。因为人类的参与，通常我们所说的海上丝绸之路、茶马古道等概念不再是完全的自然环境意义上的客观空间，而成为由人类文明创造的文明空间。正如马克思所言：“凡是把理论引向神秘主义的神秘东西，都能在人的实践中以及对这个实践的理解中得到合理的解决。”[②]他认为只有从实践中了解空间，传统的空间概念才能被超越。

列斐伏尔也认识到，人们生活的空间具有社会性，是人类活动的产物，不能简单从地理位置、地形地貌去理解历史空间。[③]这种空间不是地理环境中的位置、地形、地貌等内容的简单堆砌，而是在自然与社会环境下人们不断活动的结果。因此，历史空间既包括地形、地貌、气候、位置等自然地理内容，也包括人类通过活动在自然环境下形成的政治、经济、文化等内容。

从以上两点可以看出：历史空间不仅包含空间位置、地理地形，也包含“一

---

① 鲁西奇：《中国历史的空间结构》，广西师范大学出版社，2014，第341—343页。

② 中共中央马克思、恩格斯、列宁、斯大林著作编译局：《马克思恩格斯选集》，人民出版社，1995，第56页。

③ 亨利·列斐伏尔：《空间：社会产物与使用价值》，载包亚明《现代性与空间的生产》，上海教育出版社，2003，第48—49页。

定时间下该场所内的民众活动所依赖的政治制度、生活习俗、宗教思想、文化习惯、经济因素等”[1]。这些内容彼此联系、彼此渗透。社会环境的诸多内容又依托于一定的自然环境，如此共同构成了人类历史活动的空间。

3. 历史空间是延续、动态、发展的空间

历史发展的过程中产生的空间与时间一样，是延续的、动态的、发展的。历史本身是一个动态的发展过程，且放置在一定的地点（场所）空间下的人类活动才能被衡量。显然易见，人们可以通过物质环境来确定自己所处的位置。“从本义来讲，场所就是各种事件发生于其中的一种特殊的地方；但从引申义讲，场所则可指代容纳某类主题的话语或思想于其中的框架性的‘容器’。”[2]换句话说，这个场所通常汇聚了某个共同体的集体记忆、文化、观念，这些内容随着时间的推移，会影响历史进程中的人或共同体的情感、行动。所以，地点或场所承载着的各类民俗观念、集体记忆、民族认同等，与地点一起构成了历史事件、历史现象产生的空间。

我们以“陈胜、吴广起义为何在大泽乡发生”为例来说明。大泽乡本身是一个地点（场所），在一定的时间里，这个地点是不会改变的。当我们说起大泽乡起义，不是说这个场所进行了起义，而是说一群被押送到渔阳戍边的农民在这里宣布发动起义。这些被押送的农民之所以选择在大泽乡发动起义，而不是在其他地方，是因为大泽乡这个独特的地点具有起义的一系列条件。当我们从“场所”的角度进行思考的时候，会发现大泽乡本身的地理空间，即地形、地貌、位置等只是满足被押送农民起义的条件之一，因为这样的地理条件在其他地区也能找到。除此之外，我们还要考虑在那个时期，大泽乡起义的民众是哪些人，这些参与起义的民众是因为什么揭竿而起的，揭竿而起的因素又是怎样产生的，等等。经过分析，我们会认识到起义的一个重要原因是大泽乡一带的社会矛盾严重。要厘清这一矛盾，就需要深入大泽乡或者那个时期的蕲州，去反思当时的政治、经济、文化环境，它们都是有助于理解历史空间内涵的因素。正如米歇尔·福柯所说，人们不可能生活在虚空中，“而是生活在一组关系中”，这些关系描绘了场所

---

① 陈志刚、覃玉兰：《历史空间的内涵与空间观念素养的培养》，《历史教学》（上半月刊）2018年第3期。

② 龙迪勇：《历史叙事的空间基础》，《思想战线》2009年第5期。

的方方面面，它们都是空间的组成。[①]

基于以上分析，历史空间是动态发展的空间，是在特定的历史时期、特定的历史空间下，综合场所、政治、文化、环境、经济等要素，用于对历史事件、历史现象进行观察分析的一种意识和思维方式。

二、历史学意义上时间与空间的联系

历史学科核心素养中最基本的就是时空观念，它是历史学科与其他学科相区别的本质所在，是历史时间观念和历史空间观念的融合，是历史教学中的一个重要观念。对时空观念的研究最早开始于20世纪40年代，对西方比较史学做出过突出贡献的马克·布洛赫和法国年鉴学派的布罗代尔提出了历史"时空观"。"一切存在的基本形式是空间和时间，时间以外的存在和空间以外的存在，同样是非常荒诞的事情。"[②]汤因比也在《历史研究》中指出："无论在任何时代、任何社会，历史研究都同其他社会活动一样，受到在特定的时间和空间占据主导地位的思想控制。"[③]E. H. 卡尔在《历史是什么？》中指出历史学家"真正感兴趣的是独特性中一般性的东西"[④]。从几位大家的观点中可以看出，对人类活动、历史事件、历史现象，应该把它们放置在当时的时空框架之下去理解和分析。正如马克思表述的那样："时间实际上是人的积极存在，它不仅是人生命的尺度，而且是人的发展的空间。"[⑤]从中不难发现，在马克思主义辩证哲学中，人类存在与发展的基本属性就是时间与空间。

时间与空间的关系如何？大家会发现时间与空间是人类历史的两个坐标，二者不是独立存在，而是相互依存、相互渗透、缺一不可的。在具体的时间与特定的空间的共同作用下，人类历史进程才会产生、发展、延续。我们要准确和深入地理解历史事件，必须在特定的时空框架下展开探究。任何历史事物都是在特定

① 夏铸九：《空间的文化形式与社会理论读本》，明文书局，1988，第227页。
② 中共中央马克思、恩格斯、列宁、斯大林著作编译局：《马克思恩格斯选集》第3卷，人民出版社，2012，第428页。
③ 阿诺德·汤因比：《历史研究》，刘北成等译，上海人民出版社，2010，第3页。
④ E. H. 卡尔：《历史是什么？》，陈恒译，商务印书馆，2007，第59页。
⑤ 中共中央马克思、恩格斯、列宁、斯大林著作编译局：《马克思恩格斯全集》第47卷，人民出版社，1979，第532页。

的、具体的历史时间和地理条件下发生的。只有将史事置于历史进程的时空框架当中，才能对史事有准确的理解。因此，任何人如果丢弃时间与空间背景去看历史，那么所形成的历史观念一定是不正确的；任何人如果带着错误的时间与空间认识去分析、理解历史，那么所形成的历史观念也一定是不正确的。由此可见，历史研究有纵向和横向两条线索。纵线就是“时间”，即对不同时间点、时段、时期的历史现象做垂直性的比较，体现历史发展的“时序性”特点。横线就是“空间”，即把处在同一时间点、时段、时期的历史现象以地域为基础做水平比较，寻找每个历史现象之间的“共同性”和“独特性”。

历史时间与历史空间纵横交错，促进历史发展，这在历史发展进程和具体的历史事件上都有具体表现。例如，在历史书籍中，对历史事件发生的时间和地点，作者都会进行具体的阐述。在讲述历史时，我们自己也会不由自主地把历史事件发生的时间与空间内容纳入其中。由此看来，历史时间与历史空间的关系似乎与马克思的辩证唯物主义观点接近，具有客观性和不可分割性的特征，即历史形成的基本要素就是时间和空间。例如，在人类由早期的分散、孤立、隔绝走向整体的世界发展进程中，经历了三个阶段形态。“第一形态以人的自然的依赖关系为特征；第二形态以物的依赖性为基础；第三形态以个人的全面发展为前提。”① 人类文明发展历程呈现着从农业文明到工业文明再到信息文明的历史轨迹。随着时间的推进，不断增强的社会生产力成为这一历程的强大推动力。正是在随时间发展的生产力的推动下，地区之间逐步相连成为一体，由此形成了世界史。以上充分体现了历史时间与历史空间的密切联系和它们对历史发展的共同作用。

历史时间与历史空间“亲密无间”，体现了历史学习中一种独特的观察视角。例如，中国历史上大家耳熟能详的春秋战国时期、三国魏晋南北朝时期，在旁人看来毫无联系，却可以通过历史时间与历史空间的关系视角，体现出共同性与独特性。第一，两大历史分期能以单独的形式呈现，说明其必然存在一定的独特性，即属于中国历史上以分裂为特征的时期。第二，它们的共性就是都处于空间上的割据状态。

综上所述，历史的时间概念与空间概念关联密切。注重历史时空之间的关联

---

① 费多益：《试论马克思的社会形态时空理论》，《中共济南市委党校学报》2001年第1期。

性可以促进历史学习。结合时间与空间因素，才能全面又客观地认识历史的前因后果、来龙去脉，从而形成正确的历史观念。

问题二
如何理解时空观念是学科本质的体现？

本节要点

☆ 时空观念和历史学科的关联。

☆ 时空观念在学科素养中的具体地位。

☆ 怎样认识新课标中的历史时空观。

时空观念是历史学科区别于其他学科的特有素养之一，也是“理性思维”这一科学特征在历史学科上的突出体现。

一、历史学科不能脱离时空观念

（一）时空观念是历史学科的基本要素

和其他以研究客观自然现象为内容的自然学科不同，历史是以研究人类实践为内容的一门人文学科，历史学要探究的正是人类社会发展的线索和规律。人类的各项实践活动，都被限定于相应的历史空间和时间内。这也是我们今天所读到的历史书籍总是会用时空来定位历史事实的原因——我们用时空来界定历史的分期。

审视历史必须要把握住历史时空这一要素，因为历史时空和人类实践活动恰恰是具有相互依存和影响的双向作用的。只有我们将这一事件或人物具体放在特定的历史时空下去思考，才能厘清历史事件的来龙去脉、理解历史人物的所思和所想，从而形成历史的“同情”和“同理”心。同样，历史的发展脉络也会对特定时空产生影响。“究天人之际，通古今之变”，司马迁曾经在《史记》中这样描述自己著史的目的。人们注重历史学科，正是因为它能够揭示人类社会历史的发展规律，为我们进一步探索世界和未来做指导。

人类的活动存在于特定的历史时空，时空是其社会化参量，我们往往用时空来界定实践活动，如在同一时空下参考分析不同的主体（阶级、阶层）等。时空也具有社会历史性，我们通常通过解读时空推移中的同一主体（阶级、阶层）来加深对历史的认知。我们认可历史学科的实践科学性，也就等于认可历史时空的实践创造性，如此才能进一步看清时空中的历史对当下世界以及未来发展的探索、指导意义。

（二）时空观念具有时效性

许多历史学者对历史的时间和历史的空间做过定义研究，马克思主义史学很早就提出了历史的时间观和空间观，年鉴学派也对此有过较为经典的表述。我们可以做一个简单的总结：一直以来，历史时空观不同于哲学时空观，有着自己独有的特点。我们会发现，历史时空并不是僵化和一成不变的，而是与人类社会实践活动有一定的互动关系。在这一关系中，历史空间是与历史时间相配的总体性概念。也就是说，我们既可以具象地去看某一特定时间段里的地理环境、生态观念和人类活动，进一步思考其价值，也可以从长时段的视角来看地理环境、生态观念和人类活动，思考人类活动的意义。

“例如政治革命、战争、自然灾难等。这些事件往往以传统的政治编年史形式被记录下来，但正如深海掀起的‘浪花’，这些事件本身只是历史的瞬间、历史的‘尘埃’，对历史影响甚微。中时段指在一定时间之内出现的相对稳定的经济结构和社会结构，有‘周期性波动’的特点，比如人口增减、生产的消长等对历史发展产生了一定影响的现象。中时段的历史时长有一定弹性，短则20年、50年，长则百年。长时段属历史时间的最深层，是以世纪为基本计量单位，自然环境、地域条件、文化传统等长期不变或变化极慢的历史。”[①]人类社会的历史发展过程作为历史学研究对象，本身就包含着不同的层次和结构。这些不同的历史层次、结构具有内在的纵深性、层次性和阶梯性，需要用不同的历史时间观加以衡量。这是年鉴学派带来的“史学革命”，即号召关注长时段的历史发展。在此之后也出现过对年鉴学派观点的修正，但其基本的研究方法和模式没有变化，不是简单地围绕（政治）“事件”等宏观政治现象构筑历史解释模式，而是把事件背后深层的以日常生活为主的（以及地理环境、文化传统、经济等）结构纳入视野，把

① 张君荣：《历史学缘何重回“长时段”研究》，《中国社会科学报》2016年1月21日第1版。

政治现象放到深层次、长时段的历史现实中加以把握。

当然，高中的历史课程还不能达到很高的学术性。因此，在历史课堂上，我们可以不谈微观史学，也不谈宏观史学，但必须要让学生们看到历史时空的发展性和时效性，如此才能真正展示出历史学科的魅力。

正是由于不同的历史时空观，历史才成为具有无穷魅力的人文学科。仅仅记录曾经有过什么人、发生过什么事，并不能对我们今天的社会发展直接产生影响；而历史学却通过对人类过去合乎事实的认识，提供着关于我们共同未来的意见。因为历史学科认可时空的存在，所以在学习中我们需要在时空的框架下来考量历史事件（微观化），审视长时段的历史事件的本质、思考历史发展的趋势和规律性（宏观化）。我们研究和掌握这些学习方法，也是为了进一步寻找和落实历史学科的社会现实指导意义。

二、时空观念是历史学科核心素养的基础

在历史学科的众多核心素养里，时空观念具有举足轻重的基础地位。脱开这一核心素养来谈别的核心素养是不准确的。

（一）唯物史观是时空观念的前提

认可历史学科指导社会现实的意义，就需要从时空观念来认识历史，这样做从实质上来说，其实就是认可了唯物史观。

历史事件是历史表象，我们承认历史表象是不断发展变化的，并且会探究变化的过程，透过表象分析特点、总结历史发展趋势。如此，历史过程就有了时段性，可以是微观的现阶段、当下，也可以是宏观的世纪、百年。这一探究过程，其实属于透过现象看本质，是在唯物史观指导下进行的。例如，我们在谈甲午中日战争后，中国陷入被瓜分的狂潮时，如果将之放在一个较短的时空阶段里评价，这可以说明19世纪末20世纪初的中国民族危机不断加剧。但如果我们把这一事件放在资本主义世界市场发展形成的长时段中来考量，就不难发现：此时西方列强已经相继结束了第二次工业革命，私人垄断组织的出现使得这些国家进入了帝国主义时期，他们对外以资本输出为主，疯狂地瓜分世界，中国被瓜分正是这个趋势的具象表现。以上探究学习的过程，其实就是在透过现象看本质的唯物史观指导下进行的。

（二）时空观念是史料实证的前提

历史是过去发生的事，具有不能复现性。那么我们怎样才能接近并且理解真正的历史事实呢？我们必须借助于各种史料。今天我们常常会具体分析史料的类别，思考史料的历史价值，借此来解读久远的过去。但是史料种类繁多，它们是否都具有同样的历史价值呢？

准确的时空观正是我们今天能够准确解读史料，理解史料的历史价值的前提之一。

历史长河里，众多的历史人物都是站在各自不同的立场思考和行动的，因此其行为或多或少带有一定的主观性。如果我们对他们所处的时空不加考虑，就对他们的言行进行判断，不可能得出相对客观的历史事实。所以，必须要考量历史人物所处时代的阶段特征、社会主要矛盾、他们各自的阶级和主观立场，乃至偶然的疾病、天气等要素，尽可能地走近他们，才能真正理解他们。

以2019年北京高考历史第14题为例：

据《梦溪笔谈》记载，张咏任崇阳知县时，因“民不务耕织”而唯以植茶获利，遂下令将茶树全部砍掉，改种桑麻。有人入市买菜，他怒斥：“汝村民皆有土田，何不自种而费钱买菜？”这反映出，宋代（　　）。

A. 官府垄断茶利，商业环境恶劣　　B. 农副产品较少，货币使用率低

C. 地方官员固守重农抑商的思想　　D. 商人社会地位较以往愈加低下

这一材料信息显示，宋代崇阳知县对百姓不务耕织极为不满。如果我们对于宋代商品经济发展的表现不了解，就很难正确解读百姓因逐利而扩大经济作物种植的现象。如此，地方官员传统的重农抑商观念和商业发展发生冲突这一点也就无法被正确解读出来了。

其次，面对同样的历史人物或者历史事件时，时空的变化发展也会让人们的思想和认识不断发生改变。脱离时空观去单独看史料，难免会犯下用今人观点衡量古人的错误。

2019年北京高考历史第37题很可能也是带着这种考查目的命制的。

历史记忆与时代使命

材料二　黄宗羲生活于明末清初，两百年后其政治思想备受推崇。梁启超与谭嗣同等曾将《明夷待访录》“节钞”送人。革命党人陈天华认为，《明夷待访录》“虽不及《民约论》（又译《社会契约论》）之完备，民约之理，却已包括在内”。该书中的《原君》《原臣》也曾被用作兴中会的宣传品。

民国时期，梁启超反思说：“畴昔谈立宪、谈共和者，偶见经典中某字某句与立宪、共和等字义略相近，辄摭拾以沾沾自喜，谓此制为我所固有。其实今世共和、立宪制度之为物，即泰西亦不过起于近百年……比附之言，传播既广……以为所谓立宪、共和者不过如是，而不复追求其真义之所存。”

评析清末民初关于黄宗羲的“记忆复兴”这一现象。

要想解答这一题这一问，我们必须结合明末清初、晚清及民国时期三个时空阶段的社会背景进行思考。只有联系这三个历史阶段的特征来考量，才能准确地解读黄宗羲思想的产生原因、内容和在当时所起到的作用，思考维新派和资产阶级革命派对其思想大力推崇的原因，理解民国初年梁启超先生为何会反思对黄宗羲思想的推崇，并理性反思其背后的深意。可以说，唯有深入当时的历史情境，横向地对比和思考，我们才能够在纷繁交织的历史材料中找出历史的真相，做出准确的评析。由此可见，对历史时空观的把握是解读史料不可或缺的部分，它保障了认识、理解历史事实的准确性。

（三）时空观念是完成历史解释的关键

学生学习历史事件后，如果只停留在了解和知道过去发生了什么事、有过什么人、说过什么话等的程度，历史学科的现实意义就无法彰显。历史学之所以被称为科学，正在于学科自身所具有的理性思维特征。历史解释是历史学科五大核心素养中针对历史思维和表达能力的那一方面，恰是历史学科中“理性思维”的具体表现，也是学生形成正确历史见地的基础。理解历史事物、移情于历史人物，都需要站在历史时空观的层面上才能够做到。

例如，2019年北京高考历史第37题部分内容如下。

历史记忆与祖先认同

材料一　北魏拓跋珪即位后，采纳汉臣崔宏建议，自谓黄帝之后。据《魏书》记载，拓跋氏追溯的初祖是受封北土的黄帝嫡孙。拓跋珪及继任的三位皇帝亲往或遣使至涿鹿黄帝庙祭祀。

至孝文帝，又下诏："魏之先出于黄帝，以土德王，故为拓跋氏。夫土者，黄中之色，万物之元也；宜改姓元氏。"面对关于迁都的质疑，他说："黄帝以天下未定，居于涿鹿，既定之后，亦迁于河南。"孝文帝主持定姓族时，汉臣薛宗起建议不应以祖先曾经的居住地为确定门第等级的主要标准，他说："陛下黄帝之胤，受封北土，岂可亦谓之胡邪！"

概述北魏统治者追溯祖先的目的、过程与效果。

表面看，这道题只是在考查学生们基础的史料阅读和概括表达能力，但如果仔细思考，我们就会发现其中深意：中华各民族都尊重中华文化、推崇儒学观念，这反映了民族文化的同一性；移风易俗体现了各个民族之间的交融发展，又进一步验证了中华民族的不断发展延续。所以，这一题目蕴含了民族认同感，关涉现实中我们关注的热点——中华民族伟大复兴。想要得到这样的历史认知，我们就必须先了解魏晋时期民族融合发展这一独有的时代特征。

再如，2019年北京高考历史第41题部分内容如下。

承德避暑山庄是中国古代皇家园林的典范，始建于清康熙年间，分山区、平原区和湖区，集北国山岳、塞外草原、江南水乡风景于一园。宫殿建筑布局多为方形，以围墙和长廊构成封闭式整体。八座庙宇围绕在避暑山庄外，呈放射状布局，如众星捧月。外八庙既有汉式传统宫殿、府邸，又有佛教庙宇，分别呈现出蒙、藏、汉的建筑风格。

分析避暑山庄园林建筑体现的中国传统政治和文化内涵。

题目极为巧妙地将中国传统的园林建筑艺术和政治、文化内涵相联系，让学生通过园林建筑来思考历史长时段下的政治与文化发展线索，审视传统艺术的现实意义，将历史和现实生活的距离拉近。在解读时，假若脱离承德避暑山庄建造时的时空状况，我们就不能把当时的政治制度、理念和建筑挂钩，无从理解这些建筑表达的文化内涵，也就无法联系古与今的遥远距离了。由此可知，建构正确的历史时空观是做出正确历史解释的前提。

（四）家国情怀是时空观念的价值观体现

历史的作用究竟是什么？今天我们学习历史的意义又何在？怀古追今，立足当下，培养学生对祖国的高度认同感、归属感、责任感和使命感，正是我们对于家国情怀核心素养的定位。家国情怀作为一种个人的自觉和体悟，不是静止不变的，而是不断地随着社会的发展而发展。近代我们追求的是救亡图存，而家国情怀发展到今天，已表现为人民对“中国梦”的认同、展望和坚定信念。

由于时空观本就蕴含在家国情怀的发展历程中，学生需要思考历史长时段下的民族观念、中华民族的文化传承和交融，进一步树立起民族认同感和国家归属感；学生需要了解古代中国的灿烂文明，生成对民族、国家发展的自豪；学生需要审视近代中国步履艰辛不断前进的历程，产生对民族、国家发展的自信；学生需要熟知现代中国的每一次历史进步，坚定对民族、国家发展的期待！

三、正确认识《普通高中历史课程标准》（2017 年版）中的时空观念

（一）将时空观念列为高中历史学科核心素养的必要性

刚将时空观念列入历史学科核心素养时，史学界有过争议：尽管时空素养很重要，这一点毋庸置疑，但我们长期以来一直都在强调时空观，如此是否还有必要将之明文列入高中的历史学科核心素养呢？

的确，当下无论是初中还是高中阶段，历史教师都很注重在教学中渗透时空观念。例如，我们在课堂上讲述古希腊民主政治时，教师一定会强调雅典建立民主制度的历程中梭伦改革等三大改革的历史时序，分析它们彼此之间的内在联系；也会以地图的形式，和学生一起观察古希腊多山、靠海、少平原的地理环境，强调地理环境对雅典民主政治的影响，进而带领学生解读大河文明和海洋文明的同与不同……

当我们翻看近几年的高考试卷时，也不难发现，其中的题目很早就在不断释放“要关注历史的时空观念”这个信号。以考带学和以考促学，已经为我们的高中历史课程引领了方向，如2018年北京高考第37题：

材料二　在欧洲，19世纪被誉为“历史学的世纪”，历史研究发生了很大变化。越来越多的学者认为，自然界的规律适用于人类社会，自然科学的研究方法适用于历史研究。历史研究应该以回忆录、日记、外交报告等原始文献为材料，通过科学的解释方法，寻求人类社会进步的规律。

法国大革命和拿破仑战争引起欧洲史学界的普遍关注，成为史学研究的重点之一。很多史学家批判拿破仑对各国的侵略，认为历史是体现民族特性的标志。各国相继整理出版自己民族的大型史料集，编纂各自的国家通史。普鲁士的《民族历史评论》发刊词说，历史“比任何学科都有助于全体德国人民的统一”。

历史研究的主要对象仍然是社会上层，但包括工人在内的社会下层的历史也逐渐受到关注。1850年，斯坦因的《1789年至今的法国工人运动史》和恩格斯的《德国农民战争》问世，恩格斯指出：“一切重要历史事件的终极原因和伟大动力是社会的经济发展，是生产方式和交换方式的改变，是由此产生的社会之划分为不同的阶级，是这些阶级彼此之间的斗争。”

（2）阅读材料二，概括19世纪欧洲历史学发展的特点。结合时代背景对这些特点进行分析。

（3）结合中国近现代史的内容，谈谈历史对你有什么用。

这道题看似学术味道很浓，解题思路不好找，但如果我们静下心来阅读题干，就会发现，其实题干中的“时代背景”“中国近现代史的内容”等是在提示考生，要从较长时段的角度来考虑相关事物之间的联系，根据历史的阶段特征作答。掌握历史的阶段特征是时空观念核心素养的要求和体现，理应在历史课上被重视。

尽管目前已经很注意时空观念的培养，作为一线教师，我们仍必须遗憾地承认：仍然有很多学生在死记硬背历史事件发生的时间和地点，不愿意或者没有意识到历史学习中还需要结合时空框架来深入思考历史知识的内涵；还有相当数量的学生的知识点是零碎化的，时空观是错乱的，完全不足以形成一个完整的知识体系框架；甚至有不少人认为历史学习就是死记硬背，不需要什么理性思维。所以我们必须承认，大家都关注时空观念，并不意味着我们在课堂上已经有效落实了时空观念；我们都重视时空观念，不代表学生完全掌握了时空观念。就这一点来说，将时空观念列入高中生的历史学科核心素养的确是非常必要的。

（二）时空观念在课堂上的具体落实

既然探讨培养时空观念的途径确实是十分必要的，我们究竟应该怎么理解新课标中的“时空观念”呢？让我们再次研读新课标。新课标是这样界定时空观念的课程目标的——“知道特定的史事是与特定的时间和空间相联系的；知道划分历史空间和时间的多种方式，并能够运用这些方式叙述过去；能够按照时间顺序和空间要素，建构历史事件、历史人物、历史现象之间的相互关联；能够在不同的时空框架下对史事作出合理解释；在认识现实社会时，能够将认识的对象置于具体的时空条件下进行考察。”

研读后，我们会发现其目标表述得其实很明确，也有细致的划分。它要求学生在历史学科的学习中树立起历史事实受时空限定的学习观念，对时空的基础性予以充分的重视；要求学生掌握划分历史时间与空间的多种方式，会建立和运用时间轴、大事年表，能够阅读和提取历史地图中的时空信息，进而能正确划分时空阶段；要求学生可以从特定的时空阶段史实中提取出其历史特征，思考这些特征对当时的历史事件、人物的影响，分析各个事件、人物之间的关系；要求学生能够站在较长的历史时段的角度来审视历史、发现历史趋势、分析原因并进一步寻找规律、联系历史与现实生活、解决实际问题。

新课标还进一步针对高中阶段的考试，设定了学业质量水平的四个层级（前两个为合格要求，后两个为命题依据），界定了各水平层级的具体要求。

总体上看，新课标是很注重在课堂上养成、训练时空观念核心素养的具体方法的。新课标在关注时空观念的基础概念的同时，立足于现实的历史课堂情况和一线教师们的课堂实践，具体表述了怎样在课堂上落实这一核心素养。因此新课标的相关表达层次比较清晰，要求层级明确，非常适合高中历史教师实际操作。

综上可知，针对历史的时空素养，历史教师在厘清概念、要点等的基础上，还应该关注“学生需要具备的历史时空观具体有哪些？”“怎样让历史时空观落地？”“如何在课堂上训练和培养学生的历史时空观？”“历史时空观要掌握到什么程度？”“怎样命制考查历史时空观掌握情况的试题？”等一系列具体的问题。

问题三
培养高中生的时空观念核心素养有哪些路径?

本节要点

☆ 借助具体的记忆工具，培养时间观念。

☆ 借助历史地图，培养空间观念。

☆ 教学方式要多样化，强化时空观念。

历史时空观念由历史时序观念和历史地理空间观念组成，指将历史与特定时间、空间相联系，进而理解并对之做出分析的观念。从中学历史教学现状看，时空观念核心素养的培养形势严峻、任务艰巨。如何在教学中落实时空观念核心素养，其提升路径有哪些?我们可以从下面几方面多加注意。

一、做好初高中时空观念核心素养的衔接和学法指导

在正式开始高中历史教学前，教师可以向学生发放一份有关时空观念核心素养的调查问卷，来了解学生的具体情况。通过这种方式，高中教师能够深入了解学生初中阶段时空观念核心素养培养的状况，从中找出学生存在的问题，为以后的教学提供参考，从而制订有针对性的教学计划，逐步培养学生的时空观念核心素养。

在日常上课过程中，教师应多向学生介绍或展示与时空观念有关的内容，如时间轴、大事年表、思维导图、知识树、各种地图等（具体操作方法见下文）。学生在课堂上耳濡目染，慢慢也会学会使用这些工具，从而提高时空观念核心素养。

上课是学生学习历史知识最重要的途径，课下的复习巩固也是必不可少的。教师在布置课后作业的时候，可以让学生亲手制作一些时间轴、大事年表、思维导图、知识树、知识结构图等。学生只有亲自动手，学习效果才能最大化。

二、借助具体的记忆工具，培养时间观念

（一）时间轴

时间轴是最能直观体现时序的工具，按照时间顺序，具体的历史事件一字排

开，清晰明了，如图3-1。其不足之处是无法体现出事件之间的逻辑关系。

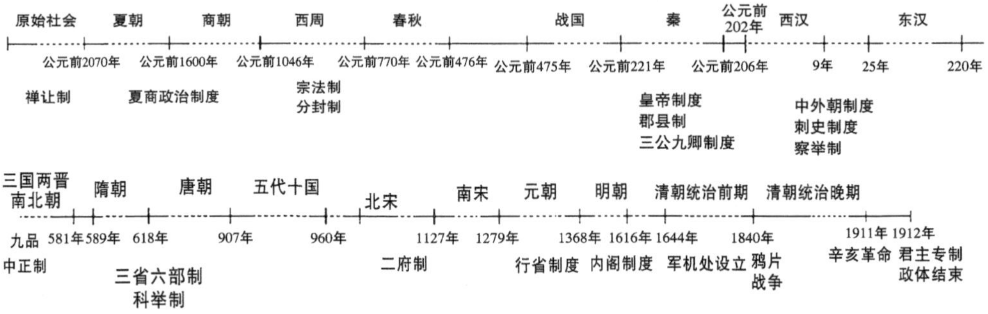

图 3-1　古代的政治

（二）大事年表

大事年表采用表格的形式，对重要的历史事件进行梳理，与时间轴有异曲同工之处（表3-1）。其不足之处也是只能表现事件的先后而无法表达时间点之间的具体逻辑关系。

表 3-1　中国古代朝代顺序一览表

朝代		起止时间	建立者	都城	都城今名称
夏		约前 2070—前 1600	禹	—	—
商		前 1600—前 1046	汤	南亳、殷等	河南商丘、河南安阳等
西周		前 1046—前 771	周武王姬发	丰京、镐京等	陕西西安、陕西岐山等
东周	春秋	前 770—前 476	—	—	—
	战国	前 475—前 221	—	—	—
秦		前 221—前 206	秦始皇嬴政	咸阳	陕西咸阳
汉	西汉	前 206—9	汉高帝刘邦	长安	陕西西安
	东汉	25—220	汉光武帝刘秀	洛阳	河南洛阳
三国两晋南北朝		220—589	—	—	—
隋		581—618	隋文帝杨坚	长安	陕西西安

续表

朝代		起止时间	建立者	都城	都城今名称
唐		618—907	唐高祖李渊	长安	陕西西安
五代十国		907—960	—	—	—
宋	北宋	960—1127	宋太祖赵匡胤	东京汴梁	河南开封
	南宋	1127—1279	宋高宗赵构	临安	浙江杭州
元		1271—1368	元世祖忽必烈	大都	北京
明	前	1368—1644	明太祖朱元璋	应天府	江苏南京
	后		明成祖朱棣	北京	北京
清	前期	1636—1840	清太宗皇太极（建立）	盛京	辽宁沈阳
			清世祖顺治（入关）	北京	北京

还有一种大事年表，采用中外对比的形式，这样可以看到同时代中国和世界都发生了哪些重大事件，可以进行中西对比（表3–2）。将中国放在世界中去考察，有助于拓宽视野。

表 3–2　中外历史大事对照年表（部分）

时间		中国	世界
先秦	从原始社会到公元前 3 世纪	西周分封制和宗法制 西周井田制（公田） 春秋战国时期，分封制、宗法制、井田制瓦解 春秋战国时期铁犁、牛耕推广 都江堰（四川） 战国时期小农经济形成 春秋战国时期百家争鸣（儒、墨、道、法） 孔子 战国时期商鞅变法 秦统一六国（韩、赵、魏、楚、燕、齐） 商代甲骨文和青铜器 《诗经》（现实主义）和屈原《离骚》（浪漫主义）	前 8—前 6 世纪，希腊城邦开始出现 前 6 世纪，梭伦改革、克里斯提尼改革 前 509 年，罗马共和国成立 前 5 世纪，雅典民主的黄金时代，智者学派、苏格拉底 前 5 世纪，罗马《十二铜表法》（成文法诞生） 前 5—前 4 世纪，柏拉图、亚里士多德

续表

时间		中国	世界
秦汉	从公元前3世纪（前221年）到3世纪（220年）	专制主义中央集权制度形成 秦巩固统一的措施（皇帝制、三公制、郡县制） 汉初郡国并行体制 汉初黄老无为而治 汉武帝推恩令、独尊儒术、盐铁官营 董仲舒君权神授、天人感应学说 造纸术（西汉出现纸、东汉改进造纸术）	前27年，罗马帝国建立,万民法逐渐形成(适用于一切自由民）
魏晋南北朝	从3世纪到6世纪	北魏孝文帝改革（均田制、三长制、租调制） 翻车	476年，西罗马帝国灭亡，欧洲中世纪开始
隋唐	从6世纪到10世纪	三省（中书省、门下省、尚书省）六部制 唐太宗（开明民族政策、开放对外政策） 雕版印刷术 曲辕犁和筒车 市坊分开 唐诗	中世纪 6世纪东罗马帝国《民法大全》，标志罗马法体系最终完成

还可以把某一专题的发展线索制作成大事年表（表3–3），如此专题性更强。

表3–3　民族资本主义曲折发展阶段表

阶段	时间	原因	表现	影响	认识
产生	19世纪 六七十年代	1. 列强入侵瓦解自然经济 2. 外商企业的刺激 3. 洋务企业（民用企业）的诱导		中国的经济结构发生了变化	帝国主义、封建主义和官僚资本主义是阻碍近代民族工业发展的主要因素
初步发展	甲午战争以后（19世纪末）	1. 列强资本输出进一步破坏自然经济 2. 为扩大税源，清政府放宽对民间设厂的限制		民族资产阶级作为新的政治力量开始登上历史舞台	要实现近代化，必须实现民族独立

续表

阶段	时间	原因	表现	影响	认识
短暂春天（进一步发展）	民国初期（1912—1919）	1. 辛亥革命推翻清政府，扫除障碍 2. 民国政府奖励实业 3. “实业救国”思潮的影响 4. 群众性的反帝爱国运动 5. “一战”期间列强放松对中国的经济侵略	1. 面粉、纺织等轻工业发展较快 2. 涌现出张謇等一批实业家	无产阶级的壮大，为新民主主义革命的开始奠定了阶级基础	要实现近代化，必须实现民族独立
较快发展	国共十年对峙（1927—1936）	1. 全国的基本统一 2. 南京国民政府的“国民经济建设运动”			
沉重打击日益萎缩	抗日战争（1931—1945）	1. 沦陷区：民族企业被日军所毁或被日军吞并 2. 国统区：政府实施战时体制；官僚资本的垄断压制	官僚资本的膨胀；民族资本的萎缩		
陷入绝境	解放战争时期（1946—1949）	1. 官僚资本的排挤 2. 美国商品的排挤 3. 国民政府的苛捐杂税	民族工业陷入绝境，工厂纷纷倒闭		
恢复	1949—1952	中华人民共和国成立，国民经济恢复			
获得新生	1953—1956	资本主义工商业改造：公私合营、和平赎买		由私有制变为公有制，进入社会主义社会	

（三）思维导图（或者知识树、知识结构图）

思维导图、知识树、知识结构图等形式可以很好地体现知识之间的逻辑关系，让知识化繁为简，便于人们理解记忆，如图3–2。其不足之处是时序不清晰。

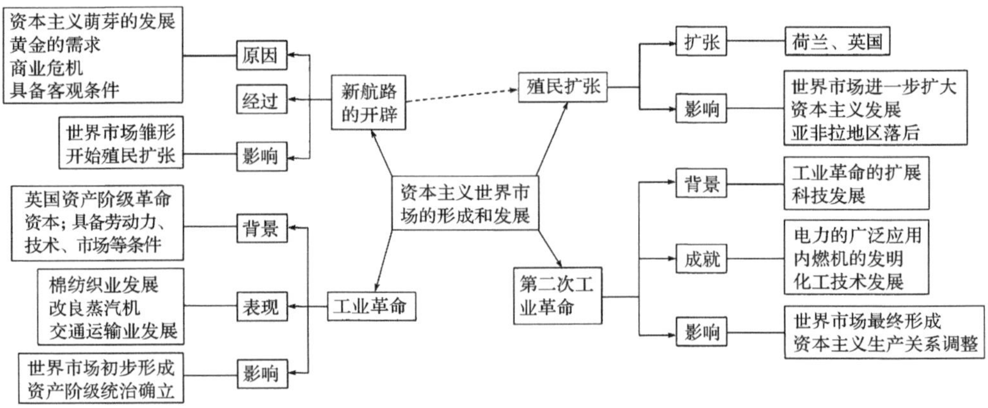

图 3–2　资本主义世界市场的形成与发展

三、借助历史地图，培养空间观念

空间观念的培养主要依靠历史地图完成。历史地图能够很好地展现历史事件的发生地点、当时形势等，信息丰富，对培养学生的空间观念有很大帮助。

例如，通过《战国七雄图》可以了解战国七雄的地理位置，进而将之与所学知识建立关联，培养空间意识。如秦国在最西面，这也是秦国能够强大的一个原因——地理位置优越，周边强国少。《古希腊地形图》可以帮助我们理解，希腊多山多岛的地形容易造成小国寡民的现象，这是雅典能够出现民主政治的一个原因。《解放军渡江战役形势图》可以帮助我们理解渡江战役的重要意义。《新航路开辟》可以帮助我们理解新航路开辟的意义——世界由彼此隔绝日益连成一个整体，世界市场的雏形开始出现。如果没有这些历史地图，学生会很难理解历史事件及其意义。各种形式的历史地图出现在课堂上，能直观形象、潜移默化地培养学生的空间观念，学生对历史事件的理解会更准确、到位。

四、教学方式要多样化，强化时空观念

（一）教师在教学设计中要创设情境，让学生在特定的时空观念下学习历史

“情境教学”指充分利用形象，创设典型场景，激起学生的学习情绪，把认知活动与情感活动结合起来的一种教学模式。一般来说，“情境教学”包含“感

知”“理解”“深入”三段过程，以鲜明的形象强化学生对教材的亲切感，促使情感参与认知活动，能充分调动学生的学习积极性，形成想象契机，从而有效地发展学生的想象力。依据情境教学法和历史教学直观性原则，“情境”切入式历史教学法的具体实施方法可分为实物演示法、生活情境法、图画再现法、音乐渲染法和语言描绘法等五种。教师主要是利用这些方法把历史中的人和事现实地展现在学生的面前，使学生能进一步把握、理解历史人物和事件。这对培养学生的时空观念有着重大意义。恰当的情境创设有助于学生深入历史，回到历史上的某个时间和空间，在特定的时空中理解历史上的人和事。

例如，在复习“中国近代思想解放潮流”的时候，我们可以通过表格和时间轴的方式，营造中国近代面临的历史情境，引导学生思考在当时的历史情境下，先进中国人是如何向西方学习的、为什么从学技术到学制度再到学思想。在这节课开始时这样铺垫，既便于学生理解知识，又梳理了重大事件的时序，同时将中国的事件放在了世界大背景下思考，潜移默化中培养了学生的时空观念。

（二）巧用多媒体辅助教学，渗透时空观念

随着新课程改革的推进和科技的进步，多媒体技术已成为当今学校教育中必不可少的教学手段。历史是过去的现实，无法与当今人类进行面对面的交流，大千世界，历史万象，学生不可能跨越时间和空间的界限去亲眼见证，但是，多媒体教学却可以延伸历史时空的范围。

多媒体教学通过现代化的信息技术，可以较大限度地还原历史的面貌，再现历史发展的过程，学生只需坐在教室里，就能够领略到丰富、生动的历史知识，动员多种感官开展历史学习。它能够将静止的教学内容呈现为动景的状态，从而以更加直观、生动的形象走进学生的视野；它能为学生学习创设鲜活的历史情境，还原特定阶段最真实的时空特点，激发学生探寻历史的兴趣。因此，多媒体教学技术本身就有着跨越时空开展教学的优势，是教学中渗透时空观念的重要手段。我们可以通过演示文稿（PPT）渗透时空观念，如在设计“中国工农红军长征”课程时，可以通过制作《长征路线动态图》，让学生与教师一起“重走长征路”，在这个过程中既介绍长征的历程，又渗透长征的时代背景，由此加深学生的时空观念。

我们还可以精选视频资料，渗透时空观念，如在讲“中国对外开放”时，播放一段视频——《1978—2017世界GDP动态排名》，将中国的发展置于世界大背景之下，通过动态排名的变化，了解改革开放40年的重大史实和成就，从中渗透时空观念。

（三）教学目标具体化，加强时空观念

教师要在课程内容上挖掘出“最有价值的知识”，培养学生的时空观念核心素养。

以往教学中，很多教师在课程内容上贪多，认为多讲学生就能够培养起历史学科核心素养，其实不然，应该以“少而精”的内容推动学生核心素养的养成。中学历史教师要进一步认识历史教学的价值，确立“为学科素养而教”的教学目标，寻找“最有价值的知识”来培养学生的核心素养。

丰富的历史教学内容，每一个都能带来一个或多个启示，可以培养多方面的素养，有的启示是独特的，有的启示是有共性的，教师要根据学情和课程目标，恰当地培养学生的核心素养。

例如，在高三“与世界共舞——现代中国外交”复习课中，可以尝试做三个层次的教学设计。

第一层设计立足于“感受现代中国外交的特征”。这是典型的知识立意的教学，让学生重温1949年至今中国在外交方面的大事及特征。

第二层设计立足于“从纵向和横向的角度梳理整个现代中国外交的发展脉络，并分析同时期影响现代中国外交发展的世界因素”。这一层教学设计是能力立意的，把现代中国外交放在更宽广的时空里去认识。

第三层设计立足于“学生从纵向和横向角度自主地对现代中国外交的特征做出评价”，引导学生在了解近代中国“不平等、屈辱、无自主权”的外交向现代中国奉行独立自主的和平外交政策发展过程的基础上，自行评判现代中国外交的历史地位，并进行论证。通过第三层教学设计，学生能够建立自己的时空观念，并对之进行历史解释，这是一个明确渗透时空观念核心素养的教学设计。

（四）与相关学科联系，渗透时空观念

历史学科的学习并非孤立的，教师教学时要擅长将历史学科与其他相关学科联系起来。就渗透时空观念而言，与历史学科联系最紧密的当属地理学科。加强历史、地理学科的横向联系，不仅有利于学生加强对学科知识体系的认知，系统掌握知识的来龙去脉，还能够帮助学生牢固记忆历史知识、防止知识混淆。

如在讲授民族区域自治制度时，可以通过联系地理学科和政治学科提升学科核心素养。关于“中国为什么能实行民族区域自治制度”，需要引导学生从历史、地理两个角度思考。学生在地理课上已经学过中国的民族分布呈现大杂居、小聚居的特点，我们在课堂上出示《少数民族分布图》，这就加深了学生对知识的理解，又渗透了空间观念，这是一条横向的线索。与此同时，教师也利用大事年表（表3-4）的方式梳理了中国共产党在不同历史时期对少数民族地区管理方式的探索，渗透了时间观念，这是一条纵向的线索。教师从横、纵两个方向梳理民族区域自治制度，培养了学生的时空观念核心素养。

表 3-4　中国民族区域自治制度的发展历程

时间	发展历程
1941 年 5 月 1 日	陕甘宁边区中央局颁布了《陕甘宁边区施政纲领》，其中规定：“依据民族平等原则，实行蒙、回民族与汉族在政治经济文化上的平等权利，建立蒙、回民族的自治区。”
1945 年 10 月 23 日	中共中央指出：“对内蒙的基本方针，在目前是实行民族区域自治。”
1946 年 2 月 18 日	中共中央明确指出：“根据和平建国纲领要求民族平等自治，但不应提出独立自治口号。”
1947 年 5 月 1 日	我国第一个省级自治区内蒙古自治区建立，为以后在其他民族地区实行民族区域自治制度指明了方向，积累了宝贵的经验
1949 年 9 月	《中国人民政治协商会议共同纲领》中明确规定：“各少数民族聚居的地区，应实行民族区域自治，按照民族聚居的人口多少和区域大小，分别建立各种民族自治机关。”
1954 年	民族区域自治明确载入宪法，成为我国的一项重要政治制度

（五）指导训练常态化，提升学生时序思维能力

时空观念是诸素养中学科本质的体现。掌握历史时序，将历史事件置于特定时空下进行分析的能力是学习历史学科所需的关键能力之一。对于中学历史教育来说，时空观念核心素养的培养难度较大。既然新课标视时空观念为历史学科核心素养，一线教师就要考虑怎样实施教学才能有助于其养成。

时空观念是研究和学习历史的基础，把历史事件放在特定的历史时间和空间环境下来研究，是每一位历史教师和学生应具备的意识。培养学生的时空观

念是中学历史教学中一项基础而重要的任务。我们在研究和学习历史的时候，必须将历史事件的发展和历史人物的活动放在特定的时空框架下去分析，这样才能理解历史，才能做到陈寅恪先生所说的“同情之理解”。

时空观念核心素养的培养是一种意识、一种方法，需要历史教师在课堂上不断渗透，也需要历史教师不断训练。任重而道远！

案例体验

教学案例一　以“与世界共舞——现代中国外交”教学片段为例

（北京市通州区第二中学，杨玉红）

【案例说明】

从本课的具体内容来看，其主要阐述的是1949年以来外交政策的发展演变过程。本课教学按新课标要求，根据时空观念及历史知识体系进行架构，通过突出时空观念对知识进行整合。本课在引导学生了解相关史实的同时，介绍同时期的国际政治格局，引导学生思考全球环境中的中国外交政策，不断深化对中国外交发展演变历程的认识，引导学生理性认知历史与现实。为了进一步贴合时空观念核心素养，本案例仅截取介绍同时段国际政治格局并引导学生思考国际政治格局下的中国外交的部分。

【案例内容】

【环节一】学生通过阅读教材熟悉20世纪50年代开拓外交新局面的外交方针和三大政策，由此引出“一边倒”政策，教师以材料引入当时的国际政治格局史实，引导学生分析“一边倒”政策实施的背景

教师出示：

材料一　“二战”后世界形势图（图略）。

材料二　有人认为美国对华政策经历了扶蒋压共、扶蒋反共到与蒋拉开距离但继续反共和“防止中共成为苏联附庸”的过程，正是美国的这种反华政策逐渐升

级，才迫使新中国制定了“一边倒”的对外政策。

——摘编自关锦炜《新中国成立初期“一边倒”政策研究综述》

材料三　据统计，1949年全国的社会总产值为140亿元，比抗日战争前的1936年下降了50.1%。……全国被淹耕地1.22亿亩，灾民4000万人，减产粮食100亿斤以上。

——摘编自郑谦、庞松《中华人民共和国史（1949—1956）》

材料四　新政协会议上毛泽东提出：“中国必须独立，中国必须解放，中国的事情必须由中国人民自己作主张、自己来处理，不容许任何帝国主义国家再有一丝一毫的干涉。”

——摘编自《毛泽东选集》

教师：根据《“二战”后世界形势图》，联系世界史所学知识，第二次世界大战后国际政治格局发生了怎样的变化？

学生：第二次世界大战结束后，美国与苏联由战时合作转为敌对状态，争夺世界霸权，形成冷战。以美国和苏联为首的资本主义和社会主义两大阵营对立并激烈斗争。

教师：你认为这一格局的出现对中国外交会产生怎样的影响？

学生：中华人民共和国刚刚成立，作为新生的社会主义国家，力量还比较薄弱，加入社会主义阵营是当时外交政策的需要。

教师：根据材料二，你能分析一下当时的国际形势吗？

学生：从材料中美国“防止中共成为苏联附庸”的关键信息看，美国采取敌视中国的政策，政治上孤立、经济上封锁、军事上包围中国。

教师：以上两位同学说得非常好啊，把“一边倒”政策的国际背景说得很清楚，那么谁来谈谈国内背景是怎样的？

学生：从材料三可以看出，中华人民共和国成立初期，中国经济基础薄弱，百废待兴，综合国力不强，需要寻找可以依靠的力量。

教师：说得太对了，角度很清晰。材料三是从经济角度看背景，材料四又是从哪个角度来谈背景的？

学生：材料四是从思想角度来看的，中国的事情由中国人来处理，不允许帝国主义干涉，为“一边倒”外交政策的出台奠定了思想基础。

【环节二】学生了解了中华人民共和国成立初期的外交政策后，教师增加20世纪60年代外交状态材料，由此让学生对外交体系框架形成完整认识，突出时空观念

教师出示：

材料一　1949—2008年中国与外国建交状况曲线图（图略）。

材料二　1966—1969年4年时间里，不仅没有与一个国家建交，反而还因为输出革命或激进宣传，致使总共53个建交国或半建交国中，近30个国家先后与中国发生外交纠纷，一些驻外使馆被迫关闭或外交关系降格。

——摘编自杨奎松《中华人民共和国建国史研究》

教师：请同学们结合材料一中的《1949—2008年中国与外国建交状况曲线图》，说出20世纪60年代中国外交的状态。

学生：外交处于低谷时期。

教师：请同学们结合材料二说出1966—1969年4年里中国外交呈现的情况。

学生：没有与一个国家建交，甚至与超过一半的已建交国家发生外交纠纷。

教师：这两则材料共同的主题是什么？

学生：20世纪50年代后期到60年代末，中国外交陷入困难时期。

【环节三】通过表格形式突出时空线索，阐释中华人民共和国成立以来中国外交政策的继承与发展

教师出示：

现代中国外交政策变更图

时代	20世纪50年代	20世纪70年代	新时期以来
外交方针	独立自主的和平外交政策		
外交原则	和平共处五项原则		
外交政策	三大政策	一条线	不结盟政策

教师：现代中国外交在不同阶段呈现不同的特点，请大家根据本节课所学完成表格内容。

学生1：20世纪50年代实行独立自主的和平外交政策；实行和平共处五项原则；实行三大外交政策。

学生2：20世纪70年代实行独立自主的和平外交政策，实行和平共处五项原则，实行"一条线"的外交政策。

学生3：新时期以来实行独立自主的和平外交政策；实行和平共处五项原则；实行不结盟政策。

教师：三位同学回答得都很好，现今有人认为，中国外交一直在与时俱进中不断前行，演绎着"变"与"不变"的哲学。你认为此处"变"与"不变"分别指的是什么？

学生1：根据表格可以看出，20世纪50年代以来外交方针和外交原则没有改变过，中国一直都实行独立自主的和平外交政策，实行和平共处五项原则。

学生2：发生变化的是每个时期具体的外交政策。

教师：中国外交"变"与"不变"的目的又是什么？

学生：维护国家利益、维护世界和平与稳定。

【案例点评】

本课面向的群体为刚刚开始进入复习阶段的高三学生。他们已经具备一定的基础知识和基础能力。对教材进行重新整合，综合课程资源的目的，是为了让学生更加深刻地理解现代中国教师外交政策嬗变的背景、特点、趋势，更加深刻地理解现代中国外交的支点是独立、自主、合作、开放，理解"外交是内政的延续"的道理，从而进一步引导学生认识到，只有正确处理好内政与外交、对外战略与国内发展的辩证关系，内外兼修，形成良性互动，才能真正实现内政与外交的双赢。

教学案例二　以"明清的海外贸易政策"教学片段为例

（首都师范大学附属中学通州校区，茅沫）

【案例说明】

从本课的具体内容来看，其主要讲的是明清两朝海外朝贡体系发展的大致历程。教材中并没有系统地出现对相关内容的论述，但根据新课标要求及历史的知识体系架构，让学生较为详细地掌握这部分知识十分必要。本课在引导学生了解相关史实的同时，介绍同时段的西方历史，并引导学生思考全球环境中的明清对外政策，通过对比等方法，不断深化学生对明清朝贡体系的历史认识，引导学生理性认识历史与现实。为了进一步贴合时空核心素养，本案例仅仅截取了本课引入同时段西方历史，引导学生思考全球环境中的清朝对外贸易政策的部分。

【案例内容】

【环节一】学生通过阅读史料理解了明朝贸易体系的构成后，教师以材料引入当时的世界情况

教师出示：

材料一　在1683年对抗台湾的郑氏王朝取得决定性胜利的次年，康熙皇帝宣布结束海禁……进行私人海洋贸易（虽然须经允许并受监管），且为了征税建立海关网络。……相当大比例且不断成长的海上贸易，是与像葡萄牙及后来的英国这些未曾寻求朝贡关系的国家进行贸易。

——摘编自卜正民《哈佛中国史·最后的中华帝国：大清》

材料二　美洲、日本和世界其他地区的白银大量流入中国，进一步刺激了中国东南沿海地区经济的发展。与此同时，一个围绕白银输入中国的贸易网络也逐步形成。这一网络跨越大西洋、印度洋和太平洋，与主要在大西洋的三角贸易网络联系在一起，形成世界范围内的贸易网。

教师：从这两段材料中能看出，在16—18世纪时，清王朝的海外贸易状况发生了什么新变化？

学生：康熙帝曾经允许进行官府监督下的私人对外贸易，也建立了相应的海关。葡萄牙、英国等和清王朝的贸易比重逐渐增大。白银大量地流入中国，世界范围内的贸易网逐渐形成。

教师：你认为出现这一变化的全球历史经济大背景是什么？

学生：新航路的开辟和早期殖民扩张导致了世界市场雏形的出现和拓宽。

教师：有没有哪位同学可以为我们具体回顾一下新航路的开辟？

教师展示地图《新航路开辟》（图略）。

学生：1500年前后，随着商品经济发展和资本主义萌芽的产生，西欧出现了“寻金热”。而原有的东西方商路被阻断，在人文主义提倡的冒险和进取精神的影响下，当然还有传播天主教的主观因素作用下，西方以葡萄牙和西班牙为主进行了新航路的开辟。

主要的路线有四条。1487年迪亚士在葡萄牙王国的支持下远航，到达非洲好望角；1492年哥伦布在西班牙王国支持下发现美洲新大陆；1497年达·伽马在葡萄牙王国支持下到达印度，开创了当时东西方最短的航路；麦哲伦船队则是在西班牙王国支持下最终完成了环球航行。

新航路的开辟带来了重大的影响力，促使“商业革命”和“价格革命”出现，世界市场雏形开始出现，西欧商路中心转移到大西洋流域，资本主义获得发展；打破了各文明区域间相对孤立的状态，推动了人类文明的交融；证明了地圆说的正确，冲击了神学理论；殖民扩张和殖民掠夺也登上了历史舞台。

教师：说得非常好啊，这名同学把新航路开辟的原因、史实和影响都说得很细致。那么谁来谈谈早期殖民扩张？

学生：早期殖民扩张作为资本主义原始积累的一个重要手段，是伴随着新航路开辟而进行的。最早展开殖民扩张的是西班牙和葡萄牙两个王国，但是，它们将掠夺的财物主要用于王室大肆挥霍，所以，本国的资本原始积累做得并不好。17世纪的荷兰以商业立国，真正意义上展开了世界贸易，被称作“海上马车夫”。其中最典型的是英国，其在18世纪中期建立了海上的霸主地位，也为自己进一步展开工业革命打下了基础。早期殖民扩张使得世界市场的雏形获得了进一步的拓宽，有利于西欧资本主义的发展。

教师：说得太对了，史实表述也很清晰。这一时期西欧各国的对外经济发展思想是什么？

学生：重商主义，国家支持商业特别是海外贸易的发展。

教师：了解这一时期的世界经济大背景后，大家再回过头看康熙帝开放海禁，可以得到什么认识呢？

学生：康熙帝也感到了世界市场雏形的影响，在考虑了清王朝自身的经济条件后做出了海外贸易政策的改变，这个时期的中国还不算游离于世界潮流之外。

教师：可是，今天大家熟悉的鸦片战争前清朝对外贸易的政策是什么？

学生：闭关锁国。

教师：这说明尽管康熙时期允许进行官府监管下的私人海外贸易，但清王朝依然是以朝贡贸易为主来展开对外贸易的。

【环节二】学生了解世界经济变化后，对清王朝依然看重朝贡贸易产生了不解。教师在这里要引入材料说明朝贡贸易对清王朝的特殊意义，以及清政府对于海外贸易的看法，从而引导学生对比思考

教师出示：

材料一 顺治："朕抚定中原，视天下为一家。……若能顺天循理，可将故明所给封诰印，敕遣使赍送来京，朕亦照旧封赐。"

——摘编自《清实录》

材料二 康熙："朕统御寰区，抚绥万国，中外一体……至于藩邦，有能仰体此心……朕尤加意优待之。"

——摘编自《清实录》

教师：请同学们结合材料一和材料二，思考朝贡贸易在清王朝具有什么特殊意义。

学生：它是清王朝获取统治天下正统地位的手段，政治意味很浓重。

教师：海外贸易官府看重吗？

学生：除了政治意义以外，清王朝只认为这是对海外各国的恩赐，其实不在意。

教师：清政府会对我们的私人海外贸易进行保护吗？为什么？

学生：应该不会保护或者说不会特别支持。因为尽管其有带动沿海经济的作用，但政府总体上还是不在意的。

教师：既然对外贸易会对我们的沿海经济产生积极作用，为什么清政府还会认为对外贸易是对海外各国的恩赐？

学生：最重要的原因是清王朝以自然经济为主体，大部分物品都可以自给自足，所以认为国家要想富裕，主要还是依靠发展农业经济。另外，清王朝的君主

专制中央集权力量很强大，理学思想发展到了清朝也是相对僵化保守的。

教师：大家分析得很对，尽管身处世界经济发生变化的大背景下，清政府做了一些改变，但是对海外贸易的重视程度还是严重不足的。既然只是恩赐他国，一旦统治者感觉自己的政权受到威胁，他们就会尽量减少对外贸易。1717—1840年，清政府陆续宣布禁止南洋贸易，由广州一口通商；颁布《防范外夷规条》和《民夷交易章程》。

【环节三】进一步引导学生思考清朝闭关锁国的贸易政策造成的后果，并将历史和现实做相应的联系

教师出示：

材料一　朝廷授权“十三家”称为行的商号，作为唯一的对外贸易代理人。开办这些行的主人，即所谓的“行商”，向朝廷捐呈大笔钱财，以保证他们的垄断特权；据说捐资的数额约为20万两，或5.5万英镑。

——摘编自徐中约《中国近代史：1600—2000，中国的奋斗》

材料二　乾隆十五年（1750）……广东十三行保商制度开始形成。……保商制度实际上就是行商被迫为其他商人的行为担保。……外保方面，行商要担保外商按照规定缴纳货税……外商有违法者，唯行商是问。……内保责任即行商之间相互保证，一行亏损破产，全体行商受累。

——摘编自梁嘉彬《广东十三行考》

教师：广州十三行的商人需要承担的责任都有哪些？

学生：向政府缴纳巨额费用；保证来交易的外商守法缴税；保证对外贸易不亏损。

教师：大家觉得这个责任重吗？为什么？

学生：重！而且有的责任不是这些行商个人应该承担的，比如外保部分。

教师：那你们觉得外保这部分应该由什么人来负担？

学生：应该由清政府啊。

教师：这一点说明了什么？

学生：清政府对海外贸易还是有误解，还在进行朝贡贸易。统治者认为外国

商人获得恩赐，就应该乖乖听话。

教师：那大家觉得这样的状态下，中国的海外贸易发展怎么样？

学生：肯定不好。中国商人负担太重、责任过大。

教师：那大家觉得，对比西方新航路开辟后海外贸易的不断拓展，中国明清政府海外贸易政策的失误在哪里？

学生：观念保守，对商业发展的认识不足，政府的重视程度不够，缺乏相应的合理海外贸易政策，失去了发展海外贸易的大好时机。其实主要就是没有抓住世界经济变化的机会，依然固守传统的自然经济，农业文明发展已经落后于当时的世界潮流。

教师：那大家觉得这对今天我们的对外贸易有什么启示？

学生：很多地方有启示。例如，要注意世界的经济发展形势，不能闭门造车；政府要充分认识发展对外贸易的重要性，承担起必要的职责；要有一个比较良性的对外贸易氛围……

【案例点评】

本课面向的群体为刚刚进入复习阶段不久的高三学生。他们已经具备一定的基础知识和基础能力，但在历史学习的系统性上做得并不好，所以，看问题的视野比较窄，深度也不够。教师在本课中引导学生结合同一时空史实，通过对比来思考问题，深化认识。案例通过联系16—18世纪的世界史和中国历史，对清王朝的对外贸易政策进行了分析。通过学习，学生建立了中国也是世界一部分的历史感，不再孤立化认知清王朝对外贸易政策，通过对比有了理性认知。本案例如果把层次铺开，进一步对清王朝的对外贸易政策做更多视角、更深层面的解读，效果应该会更好。

教学案例三　以“辛亥革命”教学片段为例

（首都师范大学附属中学通州校区，李鹏）

【案例说明】

本课是中外历史纲要课程的一部分。新课标要求了解孙中山三民主义的基本内容，理解辛亥革命与中华民国的建立对中国结束帝制的意义及其局限性。在本课的教学设计中，笔者主要用三个教学片段培养学生的时空观念核心素养。在本课的导入和介绍辛亥革命经过的教学片段中，笔者主要通过梳理时间线索厘清时序。在《中华民国临时约法》的教学中，笔者通过出示世界地图，培养学生的空间观念，将辛亥革命、《中华民国临时约法》放在世界范围内去看，学生对历史的理解由此可以更准确、更深刻。

【案例内容】

【环节一】新课导入

教师出示甲午战争战败图片（图略）。

教师出示文字材料：

材料一　这真是空前未有的亡国条约！它使全中国都为之震动。从前我国还只是被西方大国打败过，现在竟被东方的小国打败了，而且失败得那样惨，条约又订得那样苛刻，这是多么大的耻辱啊。

——摘编自吴玉章《辛亥革命》

教师：1895年甲午战争，中国战败，签订了屈辱的《马关条约》。这真正触痛了中国人，中国人真正意识到民族危机的存在。

教师出示结构图：

材料二

民族危机——→救亡图存：
- 实业救国（张謇）
- 戊戌变法（康有为、梁启超）
- 义和团运动（农民阶级）
- 辛亥革命（孙中山）

近代各阶级救亡图存行动

教师：面对民族危机，先进的中国人开始了一系列的救亡图存运动：实业家主张创办实业救国；农民阶级凭借朴素的爱国情感发动义和团运动救国；以康梁为代表的维新派主张依靠清政府进行改革，开启戊戌变法运动；以孙中山为代表的革命派主张进行暴力革命，推翻清政府。

今天我们就一起来了解辛亥革命为什么会发生，它是怎样发生的，它有什么影响。

设计意图：在讲述辛亥革命前，先对《马关条约》后的时代背景做了交代，描述了那时复杂多变的社会情况，学生由此能够将辛亥革命放在大的时代背景下去思考，对辛亥革命的定位更准确。

【环节二】辛亥革命的过程

教师：在上述因素的影响下，武昌起义爆发了。接下来，我们了解一下革命的过程。

教师出示时间轴。

教师：请大家阅读课本，找出这些时间点发生的事件。

学生阅读课本，完成时间轴。（3分钟）

学生：分别发生了武昌起义、中华民国成立、南北和谈、袁世凯就任临时大总统、颁布《中华民国临时约法》。

教师：我们梳理一下辛亥革命的过程：1911年10月10日晚，一声清脆的枪响，打破了武昌夜晚的宁静。经过一夜激战，武昌起义胜利，湖北军政府建立，推举黎元洪为都督。短短一个月的时间内，全国十几个省宣布独立，清王朝的统治土崩瓦解了。接下来，孙中山赶回国内，于1912年1月1日，建立中华民国临时政府，定都南京，以五色旗为国旗，象征五族共和。袁世凯觊觎革命果实，在此之前就已经跟革命党人进行谈判，即南北和谈。双方达成协议：如果袁世凯让清帝退位，孙中山就把临时大总统的职位让给袁世凯。果然，1912年2月12日，清帝退位。袁世凯于1912年3月10日在北京就任临时大总统。由于孙中山对袁世凯不信任，1912年3月11日，临时参议院颁布《中华民国临时约法》，对其权力进行限制。

设计意图：教师在课堂上出示时间轴，对辛亥革命的过程进行梳理，学生一目了然。更重要的是，教师向学生示范了如何利用时间轴来梳理具体历史事件，有利于培养学生的时间观念。

【环节三】放眼世界看《中华民国临时约法》

教师：当中国颁布《中华民国临时约法》，确立民主共和制的时候，世界主要资本主义国家是什么样子呢？

教师出示《至20世纪初世界主要资本主义国家的政治状况图》（图略）。

教师：英国通过1689年《权利法案》确立了什么政体？

学生：君主立宪。

教师：美国1787年宪法确立了什么政体？

学生：民主共和。

教师：1871年《德意志帝国宪法》确立了什么政体？

学生：君主立宪。

教师：1875年《法兰西第三共和国宪法》确立了什么政体？

学生：民主共和。

教师：1889年《大日本帝国宪法》也确立了君主立宪政体。这好像是一种趋势，为什么主要资本主义国家都确立了民主制度？

教师出示：近代化是指近代科学技术在生产中广泛应用，以及由此导致的经济社会和政治结构的根本转变：政治结构民主化、法制化；经济领域工业化（机器大生产）；思想观念理性化（民主、自由、平等）。

教师：主要资本主义国家走向政治的民主化、法制化，属于近代化的一个表现。其实中华民国的建立、《中华民国临时约法》的颁布也是中国政治近代化的一个重要体现。

【案例点评】

放眼世界，看《中华民国临时约法》，通过世界地图，回顾世界主要资本主义国家确立民主政体的时间，可以让学生理解《中华民国临时约法》的颁布是符合世界发展潮流的，同时通过地图慢慢培养起空间观念，始终将中国放在世界的大环境下考察。这也给学生做了一个很好的示范：在日常学习中，可以利用地图对重大历史事件做标注。

本章小结

历史中的时间和空间是密不可分的两个概念，是我们掌握历史的关键。无论是谈论历史人物还是了解历史事实，都不能忽视这两把“钥匙”的作用。脱离时空观念，历史的特质就丢失了，所以，历史学习中必须要重视和理解时空观念。历史是富有生命力的科学，无论沧海桑田变化几重，始终是有规律可循的。时空的变化，带来历史发展过程中各个不同阶段。在这些阶段里，历史尽管表现出各不相同的具象，但都会体现历史规律。在历史的长河中把握历史发展变化的痕迹，在各个时空阶段里具体分析历史表象，我们才能接近和了解历史发展规律。中学生接触历史，更需要建立起正确的时空观念，不要形成“历史就是对年月日的简单记忆”和“历史就是过去发生的旧事”等不正确的认识。这需要教师们切实引导。

拓展读物

1. 鲁西奇. 中国历史的空间结构［M］. 桂林：广西师范大学出版社，2014.

该书是鲁西奇教授以独特的视角思考“空间”对于中国历史发展的意义，分析中国历史发展的进程及其空间结构的历史地理研究著作。该书运用“空间”的观念与方法，思考“空间”对于中国历史发展的意义，分析中国历史发展的进程及其空间结构，探讨空间下的中国历史发展脉络，全书多角度、多层次回答了统一、多元的中国是如何形成的这一重大问题，从时间与空间的观察视角充分研究了历史学意义上的时空观念，充分说明了历史学意义上的时间与空间相互依存、缺一不可。

2. 马克垚. 世界文明史［M］. 北京：北京大学出版社，2004.

该书是北京大学历史系为大学历史系学生编写的世界史新教材，是国家级重点教材。这部书资料翔实、引经据典、结构明晰，配图近300幅，站在全球视野，纵观人类文明，放眼世界的未来。本书特色之一是只论述世界上主要文明的发展历程，而不是对各个国家、民族的历史过程都加以叙述；特色之二是为广大读者提供了认识人类历史的新视角，即从文明演进的视角出发，以全球史的视野纵观人类历史的发展进程。该书指出文明史不同于世界史，它所研究的单位是各个文明，是历史长河中各文明的流动、发展、变化。因此，该书从历史时序上贯通古今，从古代农业文明论述到现代工业文明，从历史空间上跨越各文明的界限，兼顾各文明的独立演进与彼此交融，关注文明的政治、经济、社会、文化等各个维度。历史学科核心素养中的时空观念在其中得到充分体现。

3. 夏铸九. 空间的文化形式与社会理论读本[M]. 台北：明文书局，1988.

本书由夏铸九教授主编，夏铸九先生是中国台湾新史学的代表人物之一。在这本书中，他提出了城市史研究的新视角——在充满了冲突的社会过程中，空间被结构化了，我们需要重新回到理论，才能同时理解空间与社会，增进分析、批判与实践能力。全书重点在怎样重新回到理论上，主要涉及三部分内容：有关方法论的基础性文章是全书的基石；涉及空间的文化形式的社会学分析是主要题旨；对重要理论传统的批判也很重要。阅读这本书，对于理解空间与社会，增进历史认识和分析、批判与实践能力，是很有帮助的。

第四章　以史料实证核心素养立意的教学问题

关键术语

所谓史料实证，是指对获取的史料进行辨析，并运用可信史料努力重现历史真实的态度与方法。历史过程是不可逆的，认识历史只能通过现存的史料。要形成对历史正确、客观的认识，必须重视史料的搜集、整理和辨析，去伪存真，去粗取精，这是历史学的重要方法。新课标从四个维度对史料实证核心素养进行分解：首先，要能够知道史料是认识历史的桥梁，了解史料的多种类型，掌握搜集史料的途径与方法；其次，要能够通过对史料的辨析和对史料记录者意图的认知，判断史料的真伪和价值，并在此过程中体会实证精神；再次，要能够从史料中提取有效信息，作为历史叙述的可靠证据，并据此提出自己的历史认识；最后，要能够以实证精神对待历史与现实问题。

结构图解

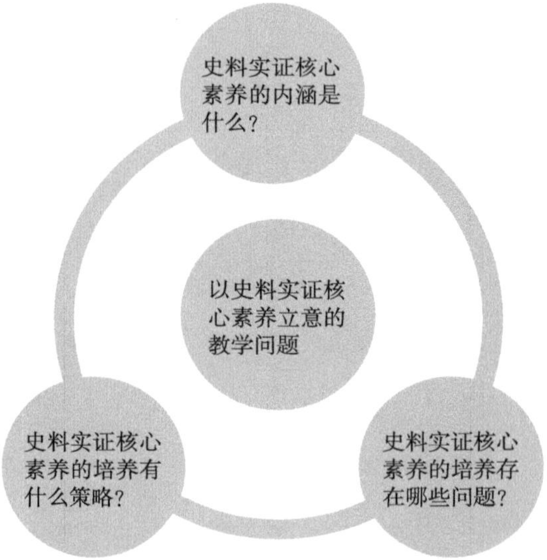

学习要点

看完本章，应该能够了解以下几点。

第一，史料实证核心素养的内涵是什么？

第二，史料实证核心素养的培养存在哪些问题？

第三，史料实证核心素养的培养有什么策略？

教师困惑

在阅读本章之前，请您想一想，作为一名高中历史教师，您对史料实证核心素养内涵的了解有多少？您是否有意识地在课堂中渗透了这一核心素养？在课堂实践中您遇到了哪些困境？您有哪些应对策略？

问题一
史料实证核心素养的内涵是什么？

本节要点

☆　国内外关于史料实证的研究状况如何？

☆　史料实证核心素养的内涵是什么？

☆　史料实证核心素养的地位与意义如何？

一、国内外关于史料实证的研究状况

（一）国外关于史料实证的研究

史料实证是历史研究的基本方法。在国外，19世纪时兰克史学轰动全球。兰克史学的基本思想是重视原始资料的利用和考辨，重视史料的来源并对其进行深入分析。兰克认为，负有盛名的史著未必是可靠的，史著的可信与否关键在于是否以可信的原始材料作为根据，因而要客观地叙述历史，还原历史本来面目，最重要的莫过于掌握第一手资料。[①]兰克史学建立的一整套考订及辨析史料的方法，将历史学带入科学的范围。而“史料”正式被应用于历史教育领域则开始于英国的一次教育危机。

20世纪中期，英国的中学历史学科成为学生心目中“无聊且无用”的学科，其独立地位岌岌可危，随即教育界掀起了一场改革历史教学的活动，因其教学理念和教学方式与传统历史教育截然不同，其被称为“新历史”。“新历史”教学思想提出后，在英国的历史学界一度引起争论，进入20世纪80年代后，才逐渐被大多数人接受和认同。“新历史”主张在学校学习历史的重心不应该仅仅是过去发生了什么，由教师简单地向学生灌输历史知识，而应该是教师引导学生学习怎样去获取知识，建立起自己的知识结构[②]，主要提倡运用史料进行教学，即史料被当作学生学习历史的基础及探究历史的证据，教师通过获取史料、阅读史料等方式激发学生学习历史的兴趣，培养其历史思维能力。20世纪80年代后，一线教师逐渐将这一理论应用于教学。例如，教师开始训练学生根据史料编写第二手材料、对史料进行分类、概述史料、转述史料等。另外，英国的历史教学还注重学生对实物史料的研习，鼓励学生走出课堂，通过参观历史遗迹、历史博物馆等活动充分感知历史，并注意让学生运用这些实物史料开展探究。这些教学思想与实践最终使英国的历史教育摆脱了危机。

德国也是较早将史料编入历史教科书的国家。1966年，弗里德里希·卢卡斯（Friderich Lucas）和沃尔夫冈·希利根（Wolfgang Hilligen）合作编写了一套十分特别的历史教科书。他们用史料和图表来代替只有文字叙述的传统教科书。20世纪70年代，海因茨·迪特尔·施密德（Heinz Dieter Schmid）为初中主编了一套教科书，他延续了卢卡斯的做法，摒弃纯叙述的方式，以系统结构化的方式编排了大量的史料及图表。卢卡斯和施密德都认为，过去教科书上的历史是经过人为裁剪的，因而不具有生命力；只有通过史料，才能刺激学生进一步思考。[③]

美国的历史教学中虽然没有明确提出史料教学的理论，但处处可见重视史

---

① 易兰：《兰克史学研究》，复旦大学出版社，2006，第98页。
② 周孟玲：《英国近二十年中学历史教育状况及研究成果》，《历史教学》1988年第10期。
③ 余伟民：《历史教育展望》，华东师范大学出版社，2002，第182页。

料的具体实践。其非常重视在历史理解和解释中运用史料，对不同类型的史料进行多源互证，强调利用其他史料来补充官方史料。文献、地图、模型、标本、照片、录音带、电影胶片、历史遗址、博物馆等材料，都广泛地被应用于历史课上，为教学提供了丰富的原始材料。例如，美国纽约的一所私立学校——达顿中学根据亚述文明的遗址，利用电脑模拟出极其逼真的考古环境，学生把模拟遗址下面埋藏的文物一一挖掘出来，仔细分析，根据挖掘出的实物史料写了一篇关于古亚述人生活方式和生活环境的论文。学生还可以从联机“图书馆”及纽约“大都会艺术博物馆”的亚述文明收藏品中发现相关历史线索。[①]学生在这一过程中获得的是质疑、探究、整理、归纳、概述历史问题的实践能力，而这些恰恰是国内历史教学中欠缺的。

日本高中的历史学习指导要领也明确强调，既要以客观公正的资料为基础指导学生正确理解历史，也要培养学生通过多方面、多角度的考察做出公正判断的能力。日本对于史料实证培养的重视，对各国探究史料实证核心素养有借鉴作用。[②]

综上所述，史料教学发展至今，各国已积累了不少经验，归纳起来大致包括以下三点：第一，史料教学的启动与国家历史课程标准的设置关系紧密；第二，史料教学形式多样，资料来源多元；第三，要注重以史料教学帮助学生掌握一定的研习方法，提升历史思维能力。

（二）国内关于史料实证的研究

国内关于史料实证的研究大约经历了三个阶段：第一阶段的主要特点是引进国外的相关研究成果与介绍本国史料实证传统；第二阶段的主要特点是大量一线教师将史料教学引入自己的教学实践当中；第三阶段的主要特点是突破史料教学，真正进入史料实证阶段。

1. 第一阶段：引进国外的相关研究成果与介绍本国的史料实证传统

国内学者在20世纪90年代初将国外的史料教学研究引入国内，叶小兵在《论史料教学》一文中翻译了英国人蒂姆·洛马斯所著《历史理解的教学与评价》中“证据”一章。该文介绍了史料应用的功能及历史教学中运用史料时应注

① 李稚勇、周仕德等：《中外历史教育比较研究》，长春出版社，2012，第56页。
② 赵亚夫：《国外历史课程标准评价》，人民教育出版社，2005，第366页。

意的问题。[①]陈新民在《英国历史教学中史料教学的经验及启示》一文中介绍了英国史料教学的功能、特点和方法，认为这种教学方式有利于促进历史认识，培养学生对历史学习的兴趣和思维能力。[②]周孟玲在《英国近二十年中学历史教育状况及研究成果》中提出，用史料教学是英国“新历史课”所倡导的教学模式，它强调学校历史学习的重点不应该是过去发生的事情，而应该是如何学习新知。[③]此外，李稚勇的《中英美中学历史课史料教学比较研究》也将国外史料教学的研究状况引入到了国内。

大量介绍国外研究成果的同时，学者还注意挖掘介绍本国的史料实证传统。实际上，对所用史料进行考察、核实是我国史学家的著史要旨，西汉史学家司马迁在著《史记》时便亲自搜集资料，对之前的历史记载、民间传说等进行考察核实。后代的多数史学家、史官也大多秉承客观性原则，秉笔直书。

近代以来，梁启超的《中国历史研究法》首次从理论的高度出发，从实证主义角度提出建设中国新史学的构想。在书中第四、第五章，作者用大量笔墨分条阐述了史料的搜集、辨别和整理方法，通过归纳的方法构建了他心目中科学的新史学。胡适在史学研究中一直倡导“科学方法”，即倡导历史研究是建立在实证主义基础上的“审定史料的方法”，在其《中国哲学史大纲导言》《实验主义》《治学的方法与材料》《考据学的责任与方法》《历史科学的方法》等作品中都能看出实证精神。其中最能体现这种方法要旨的就是“大胆假设，小心求证”，意为假设应在对事物进行归纳、演绎的基础上提出，求证则是用更丰富的事实来验证假设。由此可见实证在历史研究中的重要地位。将对史料进行实证研究的重要性推向顶峰的应属历史学家傅斯年。傅斯年竭力把史学研究推向科学化，主张史学即史料学。强调“史料”在历史研究中的至上性与唯一性。[④]

经过近两个世纪的发展，如今史料实证已越来越得到历史学家和历史教师的重视，成为历史研究和历史教学中不可或缺的重要方法。[⑤]但是史料实证的研

---

① 蒂姆·洛马斯、叶小兵：《论史料教学》，《历史教学》1998年第2期。
② 陈新民：《英国历史教学中史料教学的经验及启示》，《历史教学》2002年第11期。
③ 周孟玲：《英国近二十年中学历史教育状况及研究成果》，《历史教学》1988年第10期。
④ 傅斯年：《史学方法导论》，中华书局，2016，第38页。
⑤ 刘航：《“史料实证”素养在中学历史教学中的应用》，《科教导刊》（下旬）2017年第24期。

究方法对于年龄尚小的中学生来讲略显复杂，且颇有“阳春白雪”的意味。[①]

2. 第二阶段：大量一线教师将史料教学引入自己的教学实践

教师多从史料的分类、作用、方法、意义、原则及问题入手，进行教学实践的种种尝试。教师在史料教学的实践中也遇到了大量需要注意的问题。例如，史料过多过滥，一节课动辄使用二三十则材料，使学生目不暇接、无法思考；史料不够“原始”，多为史家著述，是二手甚或三手史料，离历史现场太远，历史气息散失殆尽；用“新瓶装旧酒”的方式去使用史料，目的不在于启迪学生的批判性思维，而是为了佐证教师认同的某个权威观点。对于以上种种现象，一些学者提出了质疑乃至尖锐的批评。李惠军认为，“没有专门的‘史料教学’，只有专门的‘历史教学’”。他论述了课堂教学中非理性的“史料教学”造成的负面影响，“要么是历史课被几则史料割裂得支离破碎，要么是一段清晰的历史，在笨拙的‘史料教学’中，被搞得乱象丛生、面目不清”[②]。这些问题亟待解决。

3. 第三阶段：突破史料教学，真正进入史料实证阶段

新课标出现后，这一阶段的主要特点是在史料教学的基础上关注“实证”问题，真正进入了“史料实证”时代，新课标强调不仅要会用史料，而且要对史料进行分类、质疑和辨析。这一时期的成果主要体现在以下几个方面。

一是以史料实证核心素养为主题的研究。刘航在《“史料实证”素养在中学历史教学中的应用》一文中阐述了史料实证核心素养的内涵、重要性以及史料实证的应用，强调了中学历史教学中实证主义精神的重要性。[③]周韵的《史料实证：从能力培养到正确价值观传递——兼论深层化材料教学的策略》阐述了史料实证的内涵、史料实证与“史料教学”的区别，以及史料实证核心素养培养中的重点并非局限于佐证教材中的观点，还在于通过一系列技能训练培养学生求真、求实的实证能力。[④]上述类型的研究多从史料实证核心素养内涵、史料实证

---

① 周思佳：《培养高中生史料实证素养的途径研究》，硕士学位论文，西北师范大学，2018，第10页。

② 张汉林：《基本史料：思考“史料教学”的新视角》，《课程·教法·教材》2016年第8期。

③ 刘航：《“史料实证”素养在中学历史教学中的应用》，《科教导刊》（下旬）2017年第24期。

④ 周韵：《史料实证：从能力培养到正确价值观传递——兼论深层化材料教学的策略》，《中学历史教学参考》2017年第7期。

核心素养的重要性出发，进一步分析史料实证核心素养培养的方法、途径和策略，对教师有所启发，但研究多为笼统阐述，对史料实证核心素养的研究不够系统，涉及的培养方法、途径和策略也缺乏课堂实践的支撑。

二是基于课堂教学实践的史料实证核心素养研究。蔡权以“王安石变法的失败原因”的课堂教学为例，从分辨史料，判断史料价值、解读史料，理解历史问题出发，论述史料实证核心素养对培养和提高历史思维能力的作用。[①]葛纪平以“罗斯福新政”为例，将史料实证核心素养与课堂实际教学相联系，通过学生自主探究和研读史料得出历史认识。在课堂实践中体会史料实证教育的理念，让学生体验实证精神，学会“论从史出”的方法。[②]田耕以“军机处”微格教学为例，依靠对史料的分析，帮助学生理解实证的谨慎，论述史料实证与历史理解的关系，并提出史料实证是历史理解与历史认识的重要媒介。[③]刘燕以“兼容进取的秦汉文化”为例，运用文献、文物图片等多种史料进行课堂教学，让学生学习如何从史料中获取有效信息，并以有效信息解决历史问题，培养学生的证据意识、实证精神。[④]这类文章更加具体，其观点更具有可操作性，其特点是一线教师们都将史料实证同具体课堂教学实例相结合，提出了作者的个人观点及实施建议，但研究内容中缺少对新课标中提出的史料实证核心素养培养目标、学业水平要求的具体分析。

三是对高考试题进行史料实证核心素养的研究。很多一线历史教师纷纷以考题为着眼点，分析史料实证核心素养的重要作用。刘波等在《史科研习需关注“语境”——从2019年两道高考题说起》中指出，学生每天面对大量的资源，要想避免在信息化时代偏听偏信，做到独立思考，语境意识不能丢。要在语境中思考，在思考中行动。强化学生的语境意识，正逐渐成为历史教育水平提升的必由之路。从试题中反省历史教育被忽略的盲区，或许是研究试题的根本价值。胡

① 蔡权：《在历史课堂教学中培育学生的“史料实证”素养——以探究课〈王安石变法的失败原因〉为例》，《江苏教育研究》2017年第2期。

② 葛纪平：《基于史料实证素养的高中历史教学设计初探——以〈罗斯福新政〉为例》，四川师范大学，2017，第22—23页。

③ 田耕：《通过史料实证增进历史理解——“军机处”微格教学为例》，《历史教学》2014年第5期。

④ 刘燕：《基于培养学生“史料实证”历史学科素养的教学——以〈兼容进取的秦汉文化〉教学为例》，《中国现代教育装备》2017年第2期。

文根《史料实证考查中的史料裁剪及论证逻辑——以2018年高考全国Ⅰ卷历史第25题为例》指出，逻辑推理类的史料实证题在近年的高考中频繁出现，这类题型，必须要遵循论从史出、孤证不立、严密推理等原则。但高考命题时对材料的字数有严格的限制，命题人只能选择性裁剪史料，导致材料缺乏历史细节，这就有可能使得实证时逻辑不严密，史料与结论显得生硬，历史演变过程中的生动性、复杂性和逻辑性被忽略，这是在史料实证考查中应该注意的问题。[①]赵堃《"横看成岭侧成峰"的历史思辨能力——2019年全国卷Ⅱ42题教学启示》指出，题干材料中给出了"自然进程"和"人文进程"两条线索，时间轴上21个历史事件犹如苏轼笔下的群山，当学生置身其间，"成岭"抑或"成峰"，对学生是一个极大的挑战。它彰显了历史课程改革和新课程标准对学生核心素养的评价要求，也是对学生的历史思辨能力提出的具体要求。[②]苗颖的《知其短　求其信　循其理——从2017年全国卷三道试题看史料实证素养培育的着力点》思考了如何在教学中培育学生的实证精神、如何指导学生习得实证方法。

四是以具体案例着重培养学生的质疑精神与解决问题的能力。何引芬《史料实证：反思性、批判性的方法与思维——以"如何评价李鸿章"为例》指出，史料实证不能被简化为"史料教学"。作为学科核心素养之一的史料实证，是历史学科的"独门绝学"，指代专业的史学考证方法，即如何将史料作为批判反思的对象进行考证挖掘，如何通过选择、筛选、鉴别、诠释等专业史学方法来确保历史学科的求真性。[③]漆志忠等的《汤因比真的愿意生活在宋朝吗？——一则讹传引发的教学思考》对汤因比是否真的愿意生活在宋朝、谁说汤因比愿意生活在宋朝、汤因比自己是怎么说的等问题追根溯源，研究了汤因比的话是怎样被以讹传讹的，提示中学教师在历史教学中应当关注史料品质。[④]教师选用史料时要确保其准确性，所有史料均要有清晰明确的出处，应尽量选用通过权威、专业的出版

① 胡文根：《史料实证考查中的史料裁剪及论证逻辑——以2018年高考全国Ⅰ卷历史第25题为例》，《中学历史教学》2018年第8期。
② 赵堃：《"横看成岭侧成峰"的历史思辨能力——2019年全国卷Ⅱ42题教学启示》，《中学历史教学》2019年第12期。
③ 何引芬：《史料实证：反思性、批判性的方法与思维——以"如何评价李鸿章"为例》，《中学历史教学》2018年第12期。
④ 漆志忠、邵中技、赵剑峰：《汤因比真的愿意生活在宋朝吗？——一则讹传引发的教学思考》，《历史教学问题》2019年第6期。

社、杂志社发表的作者的代表性专著、论文，尽量不用非专业出版社里过于通俗的读物，尽量避免因为选材不当出现错讹，误导学生。其次要培养鉴别意识。很多史料中包含写史料的人站在自己的立场发表的观点，其内容受到时代、社会、情感、经验的左右。质疑史料真伪是历史研究的第一道门槛，自己养成并帮助学生养成质疑的好习惯，是历史学科培养批判精神的重要一步。

五是深入探讨史料实证核心素养与其他核心素养之间的关系。比如俞冬青、周新宪的《“史料实证”成就“时空观念”》指出，史料实证是谨慎地获取可信史料并据此还原历史原本的存在状态的态度与方法。[①]王婕婷以《美国独立战争》[②]为例，探讨了史料实证与历史叙事的有机融合。文中，作者指出了近年来“史料实证”的教学乱象：在原本完整的历史序列和本该顺达的教学流程之间，唐突和生硬地嵌入若干史料，教师不断地提问“这属于什么类型的史料”“其证史价值如何”“怎么样加以补证”“从中发现了什么信息”，致使历史序列和教学流程被分割为琐碎、离散和断裂的片段。好端端的历史课变为无休止的史料考据和不伦不类的史学概论。作者还发现，许多探究课程、课题研究可以为培养学生的证据意识提供合适的平台。在那些活动中，学生可以原原本本地体验史料实证，享受亲自重构历史的过程。这不失为一种对基础历史课堂的补充。

综上所述，国内的“史料教学”研究经历了用“史料”教到质疑“史料”真伪的过程，这是史料教学由浅入深、日渐成熟的过程，过程中取得了很多研究成果，但目前对史料实证核心素养的研究还不系统，成果多为一线教师的教学经验总结，相关著作较少，缺乏对新课标中史料实证核心素养不同学业质量水平划分的探究。

二、史料实证核心素养的内涵

（一）史料实证核心素养概念

所谓史料实证，是指对获取的史料进行辨析，之后运用可信的史料努力重现历史真实的态度与方法。历史过程是不可逆的，认识历史只能通过现存的史料。

---

① 俞冬青、周新宪：《“史料实证”成就“时空观念”》，《科学咨询（教育科研）》2017年第4期。

② 王婕婷：《史料实证与历史叙事的有机融合——以〈美国独立战争〉为例》，《中学历史教学》2019年第1期。

要形成对历史的正确、客观的认识，必须重视史料的搜集、整理和辨析，去伪存真，这是历史学的重要方法。新课标对史料实证核心素养的课程目标进行了分解：①知道史料是通向历史知识的桥梁，了解史料的多种类型，掌握搜集史料的途径与方法。②能够通过对史料的辨析和对史料作者意图的认知，判断史料的真伪和价值，并在此过程中增强实证意识。③能够从史料中提取有效信息，作为历史叙述的可靠证据，并据此提出自己的历史认识。④能够以实证精神对待历史与现实问题。

（二）史料实证核心素养学业质量标准及其解读

根据课程目标实施的四个方面，新课标还制定了与之相符合的学业质量水平要求。

1. 学业质量水平1的要求与解读

能够知道史料分为文献史料、图像史料、实物史料、口述史料等多种类型；能够在解答某一历史问题时，尝试从多种渠道获取与其有关的材料；能够从所获得的史料中提取有关的信息。

（1）什么是史料

我国著名史学家梁启超曾说："史料者何？过去人类思想行事所留之痕迹，有证据传流至今日者也。"①历史学家白寿彝认为，史料是人类社会历史在发展过程中所遗留下来的痕迹②；史学理论家葛懋春认为，所谓史料就是以往人类所留下而为我们今日所见，并能为我们研究社会发展规律提供的痕迹。③综合以上专家学者的界定，可以将史料定义为人类在自己的社会实践活动中所遗留和保存下来的各种历史材料，它们是能够帮助我们认识历史、解释历史和重现历史的各种材料，史料是对历史进行研究和学习的基础。

（2）史料分类

关于史料的分类，标准不同则分类不同。傅斯年曾将史料分为直接史料与间接史料、官家的记载与民间的记载、本国的记载与外国的记载、近人的记载与远人的记载、不经意的记载与经意的记载、本事与旁涉、直说与隐喻、口说的史料

① 梁启超：《中国历史研究法》（外二种），河北教育出版社，2000，第49—50页。
② 白寿彝：《史学概论》，宁夏人民出版社，1983，第4页。
③ 葛懋春、谢本书：《历史科学概论》，山东教育出版社，1983，第258页。

与著文的史料。[①]梁启超将史料分为文字史料和文字之外的史料两类，文字史料分为旧史、关系史迹之文件、史部之外之群集等七种；文字之外的史料则有现存之实迹、传述之口碑、遗下之古物三种。荣孟源将史料分为书报、文件、实物、口碑四大类。[②]李剑鸣则将史料分为文字史料、实物史料、口碑史料、声像史料和数字化史料。[③]何成刚将史料分为第一手史料和第二手史料。[④]

具体而言，以史料来源划分，史料可分为直接史料与间接史料两大类。

直接史料又称为第一手史料、原始史料；间接史料又称为第二手史料、转手史料。直接史料是最接近历史的史料，是没有经过人转手或修改的史料，如原创的文献资料、实物资料、口述资料等。间接史料是指经过中间人修改或转写、省略的史料，可能是某些人有意而杜撰的，也可能是后人为研究某些问题在原始史料基础上加以整理、分析而成的，如回忆录，后人的记载、研究等。在历史研究中，直接史料往往价值更高，是我们研究历史和学习历史最关键的材料。

按照史料作者的意图，可分为“有意史料”和“无意史料”两大类。

法国年鉴学派大师马克·布洛赫在《历史学家的技艺》一书中把史料分成“有意”和“无意”两大类。这里，有意的史料指成文的历史著述、回忆录和公开的报道等。之所以说其“有意”，是因为这类史料的作者大都“有意”想以自己的文字左右时人和后人的视听。我们非常熟悉的“二十四史”、“九通”、《资治通鉴》等都是有意史料，报纸也属于有意史料。而无意史料如政府的档案、文件、私人信件及各种文物等，是当事人在无意中留下的资料。所谓“无意”，是说资料形成时其作者没有想到要用这些史料来影响当时人或后人的看法。一些文物、遗迹之所以保存下来，很大程度上是自然而然的结果，与人为因素并不相干。

按照史料载体不同，可分为文献史料、实物史料、口述史料、图片史料四类。

第一类是文献史料。文字出现以后，人类有意或无意地将自己的活动通过文字记录下来。文字的载体非常多，在纸普及之前，有刻在甲骨上的，有刻在竹简、绸布上的，还有刻在器具或是石碑上的。不管文字的载体是什么，它都记录着当

---

① 傅斯年：《史学方法导论》，中华书局，2016，第3页。

② 荣孟源：《史料和历史科学》，人民出版社，1987，第18页。

③ 李剑鸣：《历史学家的修养与技艺》，上海三联书店，2007，第276 页。

④ 何成刚：《何谓史料：史料教学应该澄清的一个基本问题》，《中学历史教学参考》2008年第4期。

时人类的活动和思想，是珍贵的文献史料。文献史料主要包括史书、档案与文书、文集、地方史志、书信与日记等。此外，文学作品虽是虚构的，但俗话说“艺术来源于生活”，因而文学作品也在一定程度上反映了某种现实问题，可以作为与史书互证、互补的一种材料。如著名文学家鲁迅，他所处的时代是清末民初，因而他的文学作品大多反映了那个年代的种种现象。①

第二类是实物史料。实物史料大部分是由考古发掘而来的，是最重要的史料之一，其重要性在于直观，包括古代建筑、家具、衣物、器物、饰品、钱币、绘画、雕塑等，不仅数量众多、形式多样、内容丰富、分布广泛，而且在历史研究中具有一般文献史料所无法替代的作用。第一，它比文献史料更直观、可靠；第二，它在断代上具有精确性；第三，它能够为史前史的研究提供重要的依据；第四，它能够与文献资料相互印证，弥补文献史料的不足。但实物史料也具有自身的局限性，由于时代久远或保存方法不当，有时它可能只是很小的一个碎片，并不一定能很好地展示历史的全貌，且对有些器物，由于人们所掌握的知识是有限的，人们只能大致地猜测其意义，并不能做出准确的判断。

第三类是口述史料。即口耳相传得以保留下来的史料，或学者到访历史现场收集整理资料而成的史料，包括传说、民歌、口述历史、风俗习惯之类的非物质文化遗产。在中国古代，并不是所有人都识字，都能够用文字记录历史，所以很多历史是经过许多人口述而流传下来的。司马迁在写《史记》的时候就考察过口传史料，他“网罗天下放失旧闻，考之行事，稽其成败兴坏之理”②。但是口述史料也是具有一定局限性的，经过一代又一代人的传承，口述资料会与历史本来的面貌产生一定的差距；另外在史诗、神话、传说、故事当中，会有虚构的情节，并且由于种种客观或主观原因，也会出现当事人回忆不准确或不全面的情况。所以口述史料中的真假不易辨别，但是这类史料在一定程度上可以填补某些阶段史料的空白，可以解开一些历史之谜，所以不能不珍惜。③

---

① 沈姣姣：《高中历史重难点教学中的史料运用问题研究》，硕士学位论文，杭州师范大学，2017，第8页。

② 孔玲玲：《高中生史料实证素养培养策略研究》，硕士学位论文，华中师范大学，2018，第16页。

③ 吕淑珊：《历史核心素养下的“史料实证”与教学运用研究》，硕士学位论文，闽南师范大学，2018，第28页。

第四类是图片（图像）史料。“图像史料，亦可称为可视史料或影像史料，主要是指适用于历史教学与研究的视觉图像，一般指地图、图片等传媒对象。”① 图片史料是对文字史料的有力补充与佐证，在实际教学中，文字史料已说明的问题，若再用图片史料加以证实，就显得更有分量。例如，在讲述辛亥革命的背景时，在指导学生阅读相关文字史料后，可以再让学生浏览《葫芦尚未捺下，瓢儿又起来了》的时人漫画，它生动形象地表现了当时清政府所面临的四川保路运动与武昌起义的双重打击，便更容易理解清政府的窘境。

2. 学业质量水平2的要求与解读

能够认识不同类型的史料所具有的不同价值；能够掌握获取史料的基本方法；能够在对史事与现实问题进行论述的过程中，尝试运用史料作为证据论证自己的观点。

人类对历史的认识离不开史料，人类对历史的研究也离不开史料，史料具有重要的价值。史料的价值在于它承载着重要的历史信息，是文化传承的载体，是中华民族的文化瑰宝，是我们研究历史、证明历史的重要证据。史料的价值应该建立在对史料年代的判定和真伪的辨析的基础上，还取决于使用者的远见卓识。如甲骨文，有的人视之为垃圾、药物，刘鹗则将它视为古文字，王国维等人看它为殷商史料。可见，即使是同一件史料，不同人以不同的方式利用它，发挥的效果也就不同。

3. 学业质量水平3的要求与解读

能够在探究特定历史问题时，自主地收集有关史料；能够对史料进行整理和辨析，并判断其价值；能够利用不同类型史料的长处，对所探究的问题进行互证。

（1）如何收集并辨析史料

学习收集资料和辨析史料，是研究历史问题的基本方法之一。学习收集资料，就是要尽可能全面地搜集相关的史料。搜集史料的途径有很多，可从图书馆、档案馆去找，可从田野中去找，也可从网络中去找。对搜集到的史料还需进行整理和辨析。以往的史料，特别是文字史料往往有记录失实的地方，还有很多史

① 沈敏华：《历史教学中的图像史料及其运用》，《历史教学问题》2005年第5期。

料在不同的时代被改变了原貌，在流传过程中散佚了，它们都需要整理和辨析。对史料的整理和辨析工作，是历史学不同于其他学科的一种专门技艺和方法。史料实证作为历史学科核心素养之一，不仅是由于它能培养学生收集和辨析史料的能力，更在于它能培养学生运用史料的能力。史料实证的过程，实际上就是运用史料解释历史的过程。史料实证的一些原则也是解释历史的原则：第一，论从史出。所谓论从史出，指的是理论、概念，对历史的阐释、评价等都应该是从史料中总结出来的。第二，孤证不立。要坚持多种类型史料互证，特别是要关注史料来源，如研习鸦片战争爆发原因的时候，我们不仅要从国内找有价值的史料，还可以翻阅一下英国的史料，或两国间交往的国书等，尽可能全面地了解事情的全貌。[①]第三，摆事实，讲道理。我们不仅要通过史料讲述“是什么”，还要在此基础上讲述“为什么”。第四，要注意挖掘史料背后的社会背景含义和特定情景，切忌望文生义、断章取义。总之，史料实证体现了历史学科的基本特点，也反映了史学求真的品格。培养学生的史料实证核心素养，就是要培养学生学会史料实证的基本方法，养成求真、求实的史学品格。在进行史料的价值判断时，我们需要注意对史料的性质、真实性及内容进行一个综合判断。在分析各种史料价值的时候，一般认为原始史料的价值大于二手史料，无意史料的价值大于有意史料。如果文字史料能与实物史料相互印证，其史料价值更大。[②]

（2）如何进行史料互证

在文献史料互证方面，还需要特别注意两对关系。一是官方记载与民间记载的关系。官方记载和民间记载互有长短，其价值是不能一概而论的。官方记载中的年月、官职、地理等比较准确，而民间记载对于一件事的来龙去脉以及“内幕”，有时能说官方所不能说或不敢说的。但有时官方记载也会出错，民间记载的所谓“内幕”更可能是胡说的。官方记载时而失之讳，民间记载时而失之诬。此外，除去特别情况，远人记载是比不上近人记载的，因为事实只能愈传愈失真。二是不经意的记载与经意的记载的关系。记载时若特别经意，固然可使史料信实，却也可使记载不实，经意便难免有目的，有目的便容易失信实。不经意的记

① 孔玲玲：《高中生史料实证素养培养策略研究》，硕士学位论文，华中师范大学，2018，第28页。

② 朱汉国：《历史学科核心素养释义》，《历史教学》（上半月刊）2018年第5期。

载，固然有时因不经意而杂乱无章，但也有可能因此保存了原始史料，使之免受"修改"之劫。[①]

4. 学业质量水平4的要求与解读

能够比较、分析不同来源、不同观点的史料；能够在辨别史料作者意图的基础上利用史料；在评述历史时，能够对材料进行适当的取舍；在对历史和现实问题进行探究的过程中，能够恰当地运用史料对所探究的问题进行论述；能够规范地引用史料。

解读史料的能力是史料实证核心素养中非常重要的一个部分，只有在解读历史的基础上我们才能辨析史料的真伪，才能更好地利用史料证明观点。解读史料包括解读史料的历史背景、史料想要表达的内容和暗含的作者观点及意图。解读史料可以采取以下步骤：第一步是看史料的出处。从史料的出处我们可以知道史料写作的历史背景，由此可以判断史料中一些内容的可信度。第二步看作者。从中我们可以读出作者的观点、意图等信息。第三步是看史料的具体内容。这就需要调动我们的阅读能力，抓住关键词和转折词，判断作者的观点和他描述的历史事实。

鉴别史料的能力是指判断史料的真伪，判断它能否用来做研究、能否用来证明历史事实，判断史料价值大小的能力。运用史料的能力是指运用史料表达自己的观点，论从史出，一分证据说一分话的能力。史料之中也有伪造的。古物、古画有伪造的，而古书是由人记录的，不仅会带有一定的主观色彩或者受历史的局限性影响，而且也可能是伪造的。如果不加以考察，研究者极其容易受到蒙蔽，不能发现历史的真相。所以，我们首先要做的必备工作是鉴别史料，然后才能使用史料。真实的史料研究价值更大，但也并不是说伪书一无是处。陈寅恪先生曾说过："然真伪者，不过相对问题，而最要在能审定伪材料之时代及作者，而利用之。盖伪材料亦有时与真材料同一可贵。如某种伪材料，若径认为其所依托之时代及作者之真产物，固不可也。但能考出其作伪时代及作者，即据以说明此时代及作者之思想，则变为一真材料矣。"[②]

---

① 王枫：《论高中历史教学中"史料实证"核心素养的培养》，硕士学位论文，南京师范大学，2017，第36页。

② 陈寅恪：《冯友兰中国哲学史上册审查报告》，载《金明馆丛稿二编》，上海古籍出版社，1982，第247页。

鉴别史料时，可以先判断史书的真伪，然后通过史料之间的互证判断所记载事件的真假。要判断史书的真伪，可以检查史籍上的目录或者私家的著录中有无这本书，可以查一下有无著者此人，查著书的时代有无文字，字体为何（这种方法比较适合古代史料的辨别），或者从书中所载的史实、制度等方面考察。判断了史书的真伪也并不能证明史料是否可靠，伪书并非完全无用。判断书中所载历史事件的真实性和可靠性时，我们可以采用史料互证的方法。

王国维曾提出“二重证据法”，主张将地下之材料与纸上之材料相互比较、结合，以证明、证伪和补正历史。二重证据法实际上包括了两个方面，一是地下材料与纸上材料并不一致，而前者可以补充、纠正后者；二是地下材料与纸上材料具有某种一致性，前者可以证明后者。顾颉刚提出中国史是“层累地造成”的，通过民俗学、考古学、地理学与历史学相互结合的研究方法来辨析史料真伪。国外学者兰克也提出用“内证”（主要指参照著作内部相关情况，并结合作者自己的身世、性格、所处立场等情况）与“外证”（主要指参照著作外不同国家、地区、人物对此事件的记载与回忆等）相结合的方法来辨析史料真伪。

参考前人的研究成果，我们可以从以下三个方面思考互证：一是文字史料内部互证，即考察史料的前后逻辑关系；二是不同文字史料之间互证，如正史与杂史、本国的与国外的、文献与文艺作品、近人记载与远人记载、经意记载与不经意记载、本事与旁涉等；三是文字史料与口述史料等其他史料之间互证。①

（三）史料教学与史料实证的关系

史料作为学习历史的桥梁、认识历史的媒介，是研究历史的必要前提，也是培养学生史料实证核心素养的基础。史料实证与史料是密不可分的，脱离史料的史料实证核心素养培养将成为空中楼阁，无法具体实施和全面落实。

史料教学是目前中学历史课堂教学的常态，它的应用极大地推动了以“记忆和背诵”为特征的历史教学向以“理解和解释”为特征的历史教学转变；极大地推动了以“教教材”为特征的历史教学向以“用教材教”为特征的历史教学转变；极大地推动了以“深挖教材”为特征的历史教学向以“广泛阅读”为特征的历史教学转变。但在应试教育和高考压力下，史料教学更倾向于成为一种历史课堂教

① 孔玲玲：《高中生史料实证素养培养策略研究》，硕士学位论文，华中师范大学，2018，第30页。

学手段，大多数情况下停留在“用史料教”的层面，服务于教师的教，服从于教学任务的完成，学生是被动接受史料。受限于教学任务，目前的研究对于史料教学中学生应该达到怎样的水平和能力、培养起怎样的学科品质鲜少涉及，更多侧重于历史结论和课本知识的传输，对获得历史结论的过程往往不够重视，甚至出现了史料开发过度化、史料解读随意化、史料分析碎片化等问题。[①]这些问题，究其原因，主要是由于没有很好地把握历史学科和历史教育的本质，缺失史料教学育人的终极价值取向才产生的。[②]

为弥补史料教学的不足，《普通高中历史课程标准》（2017年版）明确了要将培养学生的史料实证核心素养作为历史课程目标的重要内容之一，其重点放在了“实证”的过程上，主要指学生通过搜集史料、辨析史料、判断史料、解读史料的过程，培养证据意识、体会实证精神。相对于史料教学而言，这个要求对学生来说更具有广度和深度，史料实证不仅可以培养学生学习和认识历史的能力，而且可以使学生以实证精神对待历史和现实问题。

实证即证明，是一种科学的研究方法和手段。从历史的学科特征来看，历史就是过去发生的事件。我们研究、学习历史，不可能回到历史现场，只能尽可能接近历史，探寻历史原本的模样，而这一认识历史的过程必须借助于历史遗留下来的痕迹，即史料。仅有史料还不够，我们必须借助科学的思维方法对史料进行加工，才能进一步认识历史，而对史料的研究需要一种科学的研究方法。胡适曾说过：“（历史学家）全靠用最勤劳的功夫去搜求材料，用最精细的功夫去研究材料，用最严谨的方法去批评审查材料。”[③]胡适先生提及的最勤劳的功夫、最精细的功夫和最严谨的方法就是一种实证主义，实证主义研究是历史研究中的基本方法，是我国史学研究的优良传统，也是历史教学中运用史料教学、论从史出、史论结合的重要方法。它强调在历史研究和认识中先广泛收集资料，再判断和考证史料的价值和真实性，之后对史料进行分析、概括、总结，最后印证或得出历史结论，并做出合理的历史解释和评价。这是历史解释的核心方法，是历史

① 李惠军：《博识而畅行　广征而顺达（一）——从“诗性预构”引出关于史料与叙事的教学联想》，《中学历史教学参考》2016年第8期。

② 贲新文：《学科核心素养培养视野下的史料教学优化策略》，《历史教学》（上半月刊）2017年第3期。

③ 转引自叶舒宪：《四重证据：知识的整合与立体释古》，《江苏行政学院学报》2010年第6期。

学科核心素养的集中指向。

三、史料实证核心素养的地位与意义

（一）史料实证核心素养的地位

在历史学中，重构历史的依据是史料，重构出的历史事实叫史实，观察历史的视角为史观，解释历史的结论是史论。历史学家的研究，即围绕史料、史实、史观、史论等要素，不断追问“历史是什么”及“人类为何能认识历史”的问题。在历史教育中，“论从史出，史由证来；史论结合，证史一致”是最基本的学习法则。这个法则囊括了史学研究中的史料、史实、史观、史论等要素。在这些要素中，没有史料就无从谈及史学。历史教学以史料占有为前提，这一特点决定了在历史教学中必须重视史料的运用。历史学是一门扎根于史料分析的“实证”学科，史料实证体现了唯物史观的“论从史出”，实证的过程就是求真的过程，得出的是真实的史事，是客观存在的、不能改变的。对被“实证”后的真实史事才能进行“历史解释”，前者是后者的前提和基础。相对于“历史解释”而言，培育学生的史料实证核心素养，更应成为中学历史教学的重点任务。[①]

（二）史料实证核心素养的意义

1. 有利于激发学生的历史探究兴趣

历史学科知识可以简单地分成两类，一是历史事实，二是价值观。历史事实的确定要依托史料，价值判断则要有史实依据，简单归纳就是“史由证来，论从史出”。因此，引导学生体验历史知识的形成过程，也就在其中渗透了历史学科核心素养。[②]高中史料教学的应用恰恰应重在调动学生积极思考、激发学生的兴趣，学生可以从相互矛盾的史料中辨析思考、去伪存真，还原历史真相，也可以从纷繁碎片化的史料中，通过合理的想象和联想，尽可能勾勒出历史事件的全貌。教师应注重在教学过程中，通过对不同史料的搜集、分类和应用来吸引学生的课堂注意力，让学生在主动参与教学的过程中主动学习。

---

① 杨晓伟：《从“二重证据法”到“史料实证”——历史教学中学生实证思维和求真意识的培养》，《中学历史教学》2018年第11期。

② 郭井生、赵艳兵：《主线·结构·问题·史料——统编高中历史教材教学中的点滴思考》，《北京教育》（普教版）2019年第12期。

2. 有利于增强学生的质疑精神和追问“证据”的意识

实证好比炼金术，其作用在于更好地锻炼学生和教师的敏感性和历史思维能力。重视学生的质疑和追问“证据”的意识，有助于学生发展历史思维。教师应该向学生传达“多重证据”、敢于质疑、敢于“想别人之未想，言别人之未言”的思想，让学生逐渐形成了具有历史学科特点的思维品质，具有“吾爱吾师，吾更爱真理”的实证意识。[①]

3. 使用多重证据，培养学生客观严谨的求知态度

文献资料当然不是一个国家、民族文化的全部记录，它只能证实一个民族过去的一部分。因此，仅用一则史料、一种类型的史料并不能完全客观地阐明历史。王国维在1925年清华大学的演讲上提出的二重证据法——将地下证据与已有文献相互佐证，被认为是20世纪中国考古学和考据学的重大革新。后来，饶宗颐在此基础上提出“三重证据法”——对文物的器物本身与文物的文字记录做分别处理。后来，饶宗颐又提出“五重证据法”。郑炜明对“五重证据法”做了简析，即先将有关史料证据分为直接、间接两种，再分成中国考古出土的实物资料、甲骨和金文等古文字材料、中国传统的经典文献与新出土的古籍（如简帛等）资料、中国内外的民族学资料和异邦古史资料（包括考古出土的实物资料和传世的经典文献）五大类；前三类为直接证据，后两类为间接证据。他最主要的方法是通过比较研究各种证据中各种资料的异同与关系（特别是传播关系），得出较为客观的论断。[②]多重论证讲的就是一种多元视角，是客观性的一种体现。在历史教学中，多重史料证史方法的使用，明确了学生学习历史学科课程后应持有一种客观、严谨的态度，有助于学生针对一个问题有意识地搜集和使用各种不同类型的史料，避免使用孤证和以偏概全，更好地呈现历史事件和社会发展的复杂性。同时也明确了历史评价的多元性。通过以多重史料证史，学生能够从不同类型史料中发现被研究对象的统一性和差异性，在看待历史、现实问题时持有客观、实事求是的态度，让历史理解、历史解释和历史情感更具有深度、客观度和温度。[③]

---

① 朱玉萍：《高中历史教学中学生实证意识的培养研究》，硕士学位论文，四川师范大学，2018，第50页。

② 林伦伦：《饶宗颐研究》（第1辑），暨南大学出版社，2011，第112页。

③ 朱玉萍：《高中历史教学中学生实证意识的培养研究》，硕士学位论文，四川师范大学，2018，第47页。

4. 提升理解历史和解释历史的能力

依据史料还原历史真实，有助于学生认识和理解历史。在高中历史教学过程中分析和解读史料，可以提高学生搜集史料和提取史料中有效信息的能力，并在此基础上使学生的史料解读能力和辨析能力得到进一步提升。培养史料实证核心素养最重要的是培养获取史料、甄别史料和解析史料的过程和方法，培养学生理解历史和解释历史的能力，使学生不仅限于认识和掌握由史实得出的结论性成果。史料实证核心素养的培养可以提升学生理解历史和解释历史的能力。①

综上所述，史料实证是唯物史观的体现、时空观念的载体、历史解释的前提、家国情怀的基础。它不仅有利于培养学生的探究精神、批判性思维，还有利于培养学生解释历史与处理历史问题的能力，在五大核心素养中处于基础性地位。

问题二
史料实证核心素养的培养存在哪些问题？

本节要点

☆ “新瓶装旧酒”问题。

☆ 知识掌握碎片化问题。

☆ 教学缺乏时代感问题。

史料实证核心素养被引入历史教学的时间较短，目前，无论教师还是学生都没有完全改变传统教学思路，因此，史料实证核心素养培养方面存在着很多亟待解决的问题。

一、“新瓶装旧酒”问题

史料实证是历史学科五大核心素养之一。所谓史料实证“是指对获取的史料

① 王珊珊：《高中历史教学中史料实证素养问题探究——以近三年高考试题为例》，硕士学位论文，哈尔滨师范大学，2017，第20页。

进行辨析，并运用可信的史料努力重现历史真实的态度与方法”。当下历史课堂仍然存在着重结论、轻论证的问题，即缺乏实证精神。在史料教学中，也出现了一些不尽如人意的现象。

（一）缺乏实证意识

高中历史课程目标要求培养学生独立思考的学习习惯。独立思考的能力怎样培养？最基本的就是养成学生重证据的意识，即实证意识。但目前在实际的教学实践中却存在着唯上、唯书、唯权威的盲从观念，教师和学生都缺乏对史料的怀疑勇气和筛选的能力，缺乏批判精神和创新意识，这是应试教育留下的后遗症。[①]新教科书列出了一些批判性思考题，但教师和学生却习惯于从教科书中寻求最佳解释和答案，只是为了佐证教师认同的某个权威观点而套用史料，缺乏实证意识，忽视对学生独立思考习惯的培养。

有的教师为了讲清楚教材提到的西欧一体化进程的三个背景，对学生进行了错误引导。背景之一为“二战”后，昔日称雄世界的欧洲列强国力衰弱，地位下降，教师引用了《世界当代史参考资料》中1939年和1946年英、法、德各国煤、铁、钢产量表中的数据予以说明。背景二为在美、苏主导的两极格局中，渴望再次崛起的西欧不得不寻求联合之路，教师引用了吴于廑、齐世荣主编的《世界史：现代史编》中联邦德国总理阿登纳说的话：“如果欧洲人不想在起了根本变化的世界里走下坡路的话，欧洲的联合是绝对迫切需要的。”背景三为法德和解是西欧联合的关键，教师再次引用了吴于廑、齐世荣主编的《世界史：现代史编》片段“实现欧洲统一的现实障碍是交恶百年的法德矛盾。1950年，法国外长舒曼提出建立煤钢共同市场的舒曼计划。从此以后，由于把西德重整军备的关键工业部门置于共同管理和监督之下，法国对德亦怨亦忧的情绪得到缓解”[②]。

案例中这位教师在史料教学中根本没有引导学生辨析史料的类型与价值、史料所记载的背景内容、作者所站的角度与立场等，没有对所使用的史料进行较综合的分析辨别，只是用史料证明结论，这并不是真正的论从史出。在史料实证中，运用史料并不仅仅是为了补充教师讲述的内容，而是为了促进学

---

① 李建春：《重视史料教学　还原历史真实》，《江苏教育》2015年第18期。

② 应华：《规避史料教学误区　提升史料实证素养》，《现代教学》2018年第19期。

生对历史的理解，以培养学生认识历史的能力和方法，从而形成自己的理性判断。

（二）选择史料时缺乏甄别

历史学是一门带有科学（实证）属性的解释学，这种科学属性主要体现在历史学科求真、理性的实证精神上。对史料本身的理性辨析是史料实证核心素养培养中最基础的一环。郭沫若先生曾指出："无论作任何研究，材料的鉴别是最必要的基础阶段。材料不够固然大成问题，而材料的真伪或时代性如未规定清楚，那比缺乏材料还要更加危险。"可是，有些教师为了追求课堂的生动，忽视对史料的甄别筛选，找一些不确定的史料来吸引学生，不惜牺牲史料的真实性原则，这样做的后果与历史学科求真、理性的实证精神背道而驰。

比如，"秦朝统一"一课，一位教师为了追求课堂的生动性在导入时播放了一段李连杰主演的《英雄》视频——"无名刺杀嬴政"，其导入语为"无名为何最终放弃刺杀、秦始皇到底是怎样的一位帝王是我们这节课要探究的内容"。这段视频气势磅礴，尤其是无名放弃刺杀后，嬴政手向下一挥，万箭齐发的场面壮观无比，让人于感官上受到强烈刺激，达到了集中学生注意力的效果，但是"无名刺秦王"毕竟是虚构的，与历史上的"荆轲刺秦"大相径庭，这段视频使学生将无名与荆轲合为一人，获得了错误的历史认知。这种"史料"往往并未尊重历史原貌，有虚构情节，容易误导学生。出现这种后果，还是因为教师没有更新观念，教学重点仍然放在知识的灌输上，而没有放在学生素养的培养上，这种错误的教学引导会贻害无穷，造成南辕北辙的后果。

（三）片面追求答案的"标准化"

苏霍姆林斯基说："摆在第一位的不是背书和记忆别人的思想，而是让学生本人进行思考。"素质教育的重点是培养学生的创新精神，而创新的基础与起点是对已有经验与知识的反思和质疑。在教学中，许多教师为了在课堂上完成预设好的教学内容，依照准备好的一些史料，在师生一问一答之间把"标准答案"呈现出来，缺乏思维含量。[①]这种标准化训练使学生形成了单一化的思维模式，缺乏问题意识和质疑精神。在史料实证中，要打破思维单一、追求标准答案的传统

① 应华：《规避史料教学误区　提升史料实证素养》，《现代教学》2018年第19期。

教学观念，给予学生富有挑战性、创新性的问题，培养他们分析解决历史问题的能力，使他们批判性地分析运用史料，打破单一化的思维模式，形成自己的理性判断。

例如：关于公车上书事件的争议。此题的设问非常大胆，把史学界的争论引入课堂，彻底打破了传统的思维套路，非常有创新性。

材料一　1899年1月，康有为在回忆"公车上书"时说："再命大学士李鸿章求和，议定割辽、台，并偿款二万万两。……三月二十一日电到北京，吾先知消息，即令卓如（梁启超）鼓动各省，并先鼓动粤中公车，上折拒和议，湖南人和之……时以士气可用，乃合十八省举人于松筠庵会议，与名者千二百余人，以一昼二夜草万言书，请拒和、迁都、变法三者……并日缮写，遍传都下，士气愤涌，联轨察院（都察院）前里许，至四月八日投递，则察院以既以用宝（光绪帝批准和约），无法挽回，却不收。"许多论著据此认为康有为发起和组织了"公车上书"，并将之视为资产阶级改良派走上政治舞台的标志。

——摘编自《康南海自编年谱》

材料二　20世纪七八十年代以来，史学界对康有为的说法提出了诸多质疑。茅海建详细查阅清朝军机处《随手档》《早事档》《上谕档》《电报档》《洋务档》《收电》《交发档》《宫中电报电旨》等档案，提出："从二月二十七日至四月二十一日，在不到两个月的日子里，上奏、代奏或电奏的次数达154次，加入的人数超过2464人次；在各省，封疆大吏电奏反对者（反对签订和约）已过其半数；在京城，翰林院、总理衙门、国子监、内阁、吏部官员皆有大规模的联名上书；举人们的单独上书也达到了31次，加入的人数达到了1555人次；举人们参加官员领衔的上书为7次，加入人数为135人次。""四月初八日（5月2日），即康有为所称'不收'其上书的当日，都察院代奏了官员举人的上书共计十五件。""由此可以证明，康有为组织的十八行省公车联名上书，并非都察院不收，而是康有为根本没有去送。"

——摘编自茅海建《戊戌变法史事考二集》

问题：材料一、材料二的观点你同意谁的，说明理由。

此设问不仅具有开放性，而且具有挑战性。它把学生的思维从传统的禁锢中解放出来，使他们运用理性的思维进行判断，碰撞出许多意想不到的思维火花。例如，有的同学答道：材料一从史料类型上看属于文献史料中的回忆录；从史料价值的角度看属于一手史料，是当时的人记录当时的事，对研究记述者或史事有较高史料价值。虽然回忆录也存在着局限性，如记述者往往从自身立场出发对史事进行记载，如此会带上记述者的主观意图，记述者的记忆可能也不够准确。但茅海建的观点仍需进一步拿出证据证明，因为他所引用的史料中并没有直接记载康有为是否上书，仅仅依据都察院代奏上书的统计数据，不足以得出结论说康有为没有上书。因此，我同意康有为的说法。还有的同学答道：材料二中研究的史料为文献史料中的（官方）档案，属于一手史料，客观性和真实性较高，因此，茅海建的观点较为可信。其理由是：茅海建所依据的史料不仅属于可信度很高的档案材料，而且使用了多种档案材料相互印证的方法。还有的同学认为两个观点都不一定对（理由同上，略）。显然，学生对上述观点的有力解释，说明他们通过对史料的理性辨析，对于权威性教科书中提到的"公车上书"事件开始有了敢于质疑的精神，并且大胆地做出了属于自己的独立判断。

历史不是记忆，而是思辨。实践证明，这种开放性的设问效果好得出奇，学生的答案正如设计者所期望的那样五花八门，角度多样，非常有新意。回答这种开放性的设问，一方面需要学生对史料进行认真辨析，通过让学生直接接触史料，培养其分析解决历史问题的能力，加深其对历史事件的判断，使他们打破单一化的思维模式，形成自己的理性判断；另一方面设计者也想通过对不同史料的搜集、分类和应用来吸引学生的注意力，让学生在一个主动参与的教学环境中学习。在史料实证中，要打破思维单一性，大胆地设置一些开放性的设问，它能给予学生灵动的思维，引领学生形成多问证据、敢于质疑、敢于"想别人之未想，立别人之未言"的思想，有利于史料实证核心素养的培养。

（四）史料堆砌过多，缺乏论证逻辑性

"治史如断案"，在历史研究中，从史料信息的提取到结论的获得，应该形成一条清晰而又完整的证据链，推理过程应当逻辑清晰、严密，这样得出的历史结论可信度才会比较高。在我们日常的教学中，许多教师却忽视了这一点，备课中虽然收集了大量心仪的史料作为参考，但这些史料缺乏逻辑性。这种非理性的"史料教学"会造成两方面的负面影响：首先，使用的史料过多过滥，无逻辑性，会导致一段清晰的历史被几段“笨拙的史料”搞得支离破碎；其次，一节课将二三十则材料一股脑儿地甩给学生，貌似史料丰富，学生听起来却一脸茫然。这些所谓“丰富的史料”，不但没有起到锦上添花的作用，反而成了食之无味的鸡肋。

以上种种问题表明，在史料教学中教师由于受传统教学观念的影响，仍然存在着用“新瓶装旧酒”的问题，要将史料实证核心素养落实，教师需做到以下几点。最关键的是要更新教学观念，因为只有思想观念转变了行动才能改变。新的教学观不是让教师思考如何教知识，而是让教师思考如何促进学生核心素养的发展；新的教学观不是让教师思考自己怎么教，而是让教师思考学生怎么学；新的教学观的任务不是要学生死记多少历史知识，而是要学生培养运用知识、独立思考、理性判断、解决问题的关键能力和适应终身发展的必备品格。其次，教师是课堂的引导者，教师有思想才能产生影响力，在新课程改革中，学者型的教师越来越受重视。只有具备精深的专业知识和教学技能，才能把新的教学观念变成现实，才能使史料实证教学真正落地。

二、知识掌握碎片化问题

史料实证难落地的另一个原因是史料实证本身非常复杂，包含的内容很多，如果只是笼统论之，无疑难以下手。

前不久笔者做了一节关于培养学生史料实证核心素养的高三专题复习课，为了上好这堂课，课前笔者做了一下学情调查。因为对于在教学中存在哪些问题，学生是最有发言权的，他们是历史教学的“晴雨表”。调查的结果出来后，笔者有点吃惊。有的同学说：“老师，史料实证这种类型的题太难了，我们做了很多，但由于试题形式多样，一会儿考史料价值，一会儿考一些历史解释有争议的原因……真是太晕了，不知如何把握这类题。课本中也没有相关的内容，您能给我们系统地讲一下吗？”这样的提问很多，总结起来就是：学生对史料实证这部分知识掌握得很分散、没有逻辑性、不系统、太碎片化，所以在解决问题的过程中，无教材依托，没有抓手，不知道用什么方法解决。虽然制定新课标时专家无疑考虑了这样的问题，制定史料实证的“学业质量水平”时，进行了由浅入深的分层说明，但仍然不能解决学生提出来的无教材依托，知识不系统、碎片化，没有抓手的问题。

针对上述问题，我们不妨学习借鉴其他国家和地区的历史教材和课程标准，来为我们正确把握史料实证核心素养提供参考。

以加拿大《安大略省加拿大与世界课程标准（11—12年级）》为例：

A1　历史探究　课程完成后，学生能够：

A1.1　提出不同类型的问题，探究美国历史上的问题、事件。

A1.2　从多种一手史料和二手史料中选择和组织相关的证据和信息，确保这些史料能够多角度反映问题。例题："为了解美国内战双方观点以及北方合众国与南方联盟内部不同派别的观点，你需要查阅哪类史料？"

A1.3　评估史料的可信度以及信息与该调查的相关度。（例如，考虑史料的视角、偏见、准确度、目的，史料的背景以及创作者的价值观和专业水准。）例题："你认为自己会从冷战激烈时期的一篇美国外交政策报告中看到什么样的偏见？""为什么它是当时最重要的历史背景资料？"

A1.4　运用适合于历史探究的多种分析工具、策略和方法，解释和分析史料中与调查相关的证据和信息。例题："你会用什么标准来评估美国进步运动给美国带来的社会、政治影响？""这段肯尼迪总统应对古巴导弹危机的史料体现了怎样的观点？""作者的观点是否和其他史料中的观点一致？如果不一致，哪一观点更符合史实？"

A1.5　运用历史思维的概念（即历史意义、因果关系、延续与变迁和历史视角），针对美国历史上的相关问题、事件进行分析、评价证据、得出结论或判断。例题："调查1848年以来美国妇女权利运动和妇女权利演变时，需要考虑的概念或历史思维概念是什么？为什么这些概念特别有用？"

A1.6　评估和总结他们的发现，提出所调查的历史上的问题、事件的结论，并（或）做出判断或预测。例题："基于你的发现，预测美国在未来全球经济活动中将扮演何种角色？""你将采用什么证据支持你的结论？"

通过以上材料，不难发现，加拿大的课程标准比我们的课程标准更加注重细节，其突出表现为：第一，分年级，此课标是针对11—12年级学生的，它充分考虑了该年龄段学生的接受能力。加拿大的课程标准把要求精确到每个年龄段。第二，在分年龄段的基础上，由浅入深地划分了六个层级，要求精确到每一学年学生所应实现的历史学科核心素养培养目标。第三，依托本年级所使用的教材的内容（世界史），依据六个层级，精确到每个教学单元、每节课对于实现历史学科核心素养培育目标的具体预期。由此可见，国外在史料实证教学的研究与落实上，比国内划分得更细、更具体，做得也更到位。希望我国的课程标准与教材，也能学习一下国外已有的好经验，为广大教师指明探索的方向，少走弯路。

由此可知，我们在今后的史料实证教学中也必须做精确到位的分层，否则，就会出现上述学生反映的问题，导致教师勤劳工作却收获不丰。

三、教学缺乏时代感问题

历史教学的目的不是从历史中来到历史中去，而是要立足于现实和未来。新课程改革的方向就是适应新时代的发展需求，但是史料实证教学却往往忽视了这一点，严重缺乏时代感，这主要表现为以下两点。其一，为了证明而证明，就像明清时期的乾嘉学派那样为了考据而考据，让史料实证教学的过程索然无味；其二，没有从当代学生的需求出发为其创设历史情境，使其很难快速被带入相应时代，用当时的视角去理解历史。

例如，笔者在高三复习阶段讲过一堂“史料实证类”试题的习题课，大部分同学都听得非常认真，但一些学生听着听着就睡着了。笔者下课不解地问：“这么重要的东西，你们为什么不好好听呢？”其中一个体育生直言道：“老师，史料实证类的试题太难了，证来证去都是过去的事情，有意义吗？”笔者听后很是挫败，事后不断地进行反思，始终不得原因，直到叶小兵老师的一次讲座让笔者茅塞顿开，其中的案例片段如下。

这是关于谭嗣同的个人史事：戊戌政变后，变法失败，谭嗣同拒绝逃亡，含笑赴死，从容就义。为何有些人认为他“傻”？

叶教授认为：之所以会有这样的结论，也不是没有道理。生命诚可贵，这是人性本能的反映。他们之所以有这样的认识，主要是因为我们讲的是知识，没有考虑育人的问题，没有教会学生用历史（时代）的眼光去看待人和事。

还有个客观原因，就是教材中除了拒绝逃亡之外，没有提及谭嗣同的所思所想、所作所为等其他相关信息，这就需要补充史料了。

材料一　谭嗣同出身官员家庭，是湖北巡抚之子，非常了解并且痛恨官僚制度的腐败，具有反叛精神，拒绝科考，拒绝走仕途，在潜心钻研学问的同时，广交社会进步人士。

材料二　谭嗣同对中国现状的基本认识如下：中国不能再这么下去了，必须要积极投身变革，改变中国命运。很不幸的是，变法失败了。别人逃走时，他说："各国变法无不从流血而成，今日中国未闻有因变法而流血者，此国之所以不昌也。有之，请自嗣同始。"

材料三　梁启超称谭嗣同为中国为国流血第一士。

这三则材料充分证明了谭嗣同是在用自己的死警醒国人，鼓舞人们继续改变中国。他是笑着走向刑场的，他不是傻，他是非常理智的。

学生们也不难从这三则史料中体会到什么叫作舍生取义，什么叫作大义凛然。在生死面前，当需要在国家、民族命运与个人命运之间做出选择时，谭嗣同的这一选择是一种英雄的选择，体现了英雄的气概，是普通人做不到的。这种精神、这种情怀恰恰是中国历史上的仁人志士所共有的。他们的生死观、他们对国家和民族命运的认识，即便身处不同的时代，处于不同的阶级，有不同的身份，竟还是高度一致的。这些人都是中华民族的脊梁，我们应该敬仰他们。

通过叶小兵教授的讲解，笔者对史料实证教学的理解更加深刻了。我们现在学习历史是在审视过去，而历史教学却要面向现实和未来。我们要以学科方式解决现实问题，凸显历史学科的现实意义和价值，让实证精神成为学生的基本素养。

要完成史料实证教学的落实，教育教学观念的转变是解决问题的根本，教师脚踏实地精深钻研是最重要的推手。了解了上述史料实证教学的误区，希望我们在教学中少走弯路，从而寻找到在历史教学中培养学生史料实证素养的正确路径。

问题三
史料实证核心素养的培养有什么策略？

本节要点

☆ 历史教学中落实史料实证核心素养的方向是什么？

☆ 历史教学中落实史料实证核心素养的实际操作方法有什么？

☆ 历史教学中落实史料实证核心素养的价值追求是什么？

教学策略是对为完成特定的教学目标而采用的教学顺序、教学活动程序和教学媒体等因素的总体考虑。[①]完整的教学策略体系应该包括课前的计划教学和课中的教学实际操作方法两个方面。其中，课前的计划教学是指在学生走入教室、开始上课之前，教师就要预先规划好本堂课所要培养的必备品格与关键能力，确定学生所需要掌握的知识和技能，制定行之有效的教学目标。同时，教师还需要决定达成教学目标的适当序列，将教学目标拆分为一个又一个具体的任务，并对任务进行细致分析，通过开展课堂活动，最大限度地使学生高效学习。

此外，在课堂教学实施过程中，教师需要根据教学目标、教学任务和课堂计划来分类实施教学方法，如教师应该在课堂中开展怎样的演示教学，学生应如何在课中以及课后进行相关的实践活动，在教学过程中师生之间、生生之间又该如何协同合作，等等。教学策略的选取以实际教学中存在的问题为导向，又以能够有效解决实际教学中存在的问题为依归。具体到落实史料实证核心素养的培养上，教师可以通过明确方向来解决实际教学中史料实证教学没有固定教材、相关论述不够系统的问题。教师可以通过突破核心问题的任务驱动方式，解决缺乏证据意识和运用的史料过于芜杂的问题，正确区分史料教学与史料实证。教师可以通过将价值观渗透于史料实证教学中的方式解决为实证而实证的问题。

---

① 李颖、董彦：《现代教育技术应用》（第2版），中国科学技术大学出版社，2018，第91页。

一、以计划教学统领方向

《普通高中历史课程标准（2017年版）解读》指出，历史学是一门人文社会学科，科学性与人文性的统一是历史学的显著特点之一。[①]不断还原人类社会历史发展的真相，求得真相之“真”是历史学科学性的重要体现，而实证则是研究历史问题的基本方法之一。在广泛搜集史料和仔细辨析史料的基础上进行史料实证是求取历史真相的重要态度和方法。

从这个角度来说，史料实证是相当专业的史学方法，对于高中阶段学生的接受能力而言，掌握难度不小。而且在现阶段，还没有相对成熟的专供高中阶段历史教师使用的史料实证方法相关教科书及教学参考用书。因而，一线教师在教学过程中难免会有“四顾心茫然”的困惑和“眉毛胡子一把抓”的混乱。面对此类问题，一线历史教师应该怎样处理呢？笔者认为，明确教学目标是处理它的不二法门。

教学目标可细化为宏观教学目标、中观教学目标、微观教学目标三类。宏观教学目标是指对学生高中三年历史学习的总体规划，应精确到每一学年学生所应实现的历史学科核心素养培养目标。中观教学目标则是指每一学年的历史学科核心素养在每个学期、每个单元教学中的落实细化，应精确到每个单元的学习目标上。微观教学目标则是在每个教学单元的统摄之下，精确到每节课、每节课具体的每个教学环节对于实现历史学科核心素养培育目标的具体期待。

制定教学目标的重要参考即是课程标准及课标解读。在《普通高中历史课程标准》（2017年版）中，对历史学科核心素养水平做了明晰的划分，每个素养都细分为4个水平。[②]其中，水平1和水平2的表现程度都属于基础层次，汇总的学业质量水平为合格等级。水平2是全体学生经过必修课程的学习后必须达到的水平[③]，也即高一学习结束后所应达到的水平。水平3和水平4则是等级性考试后高等院校相关专业录取的参考，水平4还是高考命题的基本参照。[④]这就意味着选修、选考历史学科的学生在高三毕业时应达到学科核心素养水平4的

① 徐蓝、朱汉国等：《普通高中历史课程标准（2017年版）解读》，高等教育出版社，2018，第39页。

② 同上书，第70—72页。

③ 同上书，第186页。

④ 同上书，第188页。

要求。

如果将历史学科核心素养的学业质量水平与高中教材对应，我们便可看出以下的教学阶梯结构。

高一阶段学生修习必修课程“中外历史纲要”，进一步了解和认识人类历史演变的基本脉络，认知并自觉传承丰富多样的历史文化遗产。在此过程中，学生应达到核心素养的学业质量水平2。这一阶段的教学过程通常应该是：教师提出封闭的问题，学生依据材料结合所学做出相对固定的解答。学生的答案印证教师的思考与发现。此阶段主要是教师的思考（示范）和学生的识记（习得）阶段。

高二阶段选修、选考历史的学生要修习选择性必修课程“国家制度与社会治理”“经济与社会生活”“文化交流与传播”三个模块。历史课中的选择性必修课程通过对“中外历史纲要”这一必修课程的递进拓展，从政治、经济、文化三个角度呈现了更为丰富多彩的历史内容，引导学生从不同侧面认识历史的发展与变迁。在此过程中，学生达到学业质量水平3—4。这一阶段的教学过程可以逐步实现：教师提出开放的问题，学生依据材料结合所学开放解答。此阶段主要是教师的深度思考与学生的思考-模仿阶段。

高三阶段选修、选考历史的学生修习“史学入门”、“史料研读”或其他校本课程，体悟历史学科的专业理论和专业技能，逐渐习得史学专业的治学门径。在此过程中，学生可以发现问题并解决问题。教师只是材料的提供者和学生的问题与答案的评判者。此阶段主要是学生的思考与创造阶段和教师的托举-把舵阶段。

在这样拾级而上、螺旋上升的三个阶段中，有一个一以贯之的终极教学目的，即教会学生独立处理材料、发现问题、解决问题，在解决问题的过程中渗透学科素养。有了宏观的教学目标，具体应该如何落实到每一课的日常教学中呢?以下，仅试以中外历史纲要第1课“中华文明的起源与早期国家”为例加以说明。

《普通高中历史课程标准》（2017年版）在学业质量水平中明确了“史料实证”这一核心素养学业质量水平1为“能够知道史料分为文献史料、图像史料、实物史料、口述史料等多种类型；能够在解答某一历史问题时，尝试从多种渠道获取与其有关的材料；能够从所获得的史料中提取有关的信息”，这就要求我们在日常的历史教学中引导学生掌握史料的分类，同时逐渐提高从史料中获取信息的能力，即学生对史料应有初步认识，在此基础上体味史学“论从史出”“一分证据说一分话”的魅力。

但对于高中生而言，若仅是纯学理性地传授史料分类与解读的相关原则，则过于抽象，难以让学生理解。因而“认识史料”这一教学目标应渗透于每一课的教学实践之中。教师应通过创设具体的情境，引导学生认识史料。

教师没有必要在每一节课中均呈现所有类型的史料，而是应该根据本课内容的规定性，量体裁衣，为每节课“私人订制”最合适的几种史料，旨在加深学生的历史认识。毕竟，认识史料是为了促进学生更深入、更透彻地认识历史现象、抓住学科本质，不应该仅仅为认识史料而认识史料。

比如，新课标在必修课程模块中外历史纲要中明确规定了“早期中华文明”的课程内容为：“通过了解石器时代中国境内有代表性的文化遗存，认识它们与中华文明起源以及私有制、阶级和国家产生的关系；通过甲骨文、青铜铭文及其他文献记载，了解私有制、阶级和早期国家的特征。”①

研读新课标，我们可发现，其中就蕴含着对史料教学的具体要求。首先，要运用文化遗存这一类实物史料，同时还要运用甲骨文、青铜器及其他文献史料，引导学生初步认识到史料分为文献史料和实物史料。新课标规定要通过文化遗存这类实物史料“认识它们与中华文明起源以及私有制、阶级和国家产生的关系”，通过文献了解“私有制、阶级和早期国家的特征”，即通过解读史料，达到加深历史认识的目的，引导学生树立“知道史料是通向历史认识的桥梁”这样的观念。在教第1课“中华文明的起源与早期国家”“石器时代的古人类和文化遗存”的过程中，教师可出示关键性的考古遗存，如龙山文化和红山文化出土的精美玉器和较大规模的祭坛和神庙。通过展示精美的玉器，学生可以感受到勤劳智慧的先民所创造的文明成就是多么高妙。在此基础上，教师出示考古学家对龙山文化墓葬的统计报告柱形图（图略），并设问：从图表中你能发现什么现象？学生可以直观感受到墓葬越小，数量越多，随葬品越少；墓葬越大，数量越少，随葬品越多。这说明，以龙山文化为代表的新石器时代晚期，已经开始出现社会的贫富分化与不平等。此时，私有制已经产生，阶级分化明显，部落中出现了权贵阶层。

---

① 徐蓝、朱汉国等：《普通高中历史课程标准（2017年版）解读》，高等教育出版社，2018，第13页。

教师继而出示红山文化女神庙遗址和红山文化积石冢、祭坛的相关考古遗迹图片（图略），引导学生认识到古文化到红山文化时期除出现贵族、军事首领外，祭司或巫师也已经存在。红山文化遗址中所出现的拥有“坛、庙、冢”祭祀中心场所的社会实体，应该已是凌驾于氏族公社之上的高一级的社会组织形式了。这意味着国家的初始形态已经产生了。

在以上教学过程中，师生多在分析实物史料，在本课的其他教学环节中，教师应注意运用更多种类的史料，引导学生认识到史料的多种类型及每种史料的特点。

在“从部落到国家”的学习过程中，教师可出示关于禅让制的几种不同文献记载：

尧立七十年得舜……令舜摄行天子之政，荐之于天。……尧知子丹朱之不肖，不足授天下，于是乃权授舜。……舜子商均亦不肖，舜乃豫荐禹于天。……诸侯归之，然后禹践天子位。

——《史记·五帝本纪》

昔尧德衰，为舜所囚……舜囚尧，复偃塞丹朱，使不与父相见……舜篡尧位，立丹朱城，俄又夺之。

——《竹书纪年》

舜逼尧，禹逼舜，汤放桀，武王伐纣，此四王者，人臣弑其君者也！

——《韩非子·说疑》

教师抛出设问：上述文献史料对于禅让制的记载有何不同？

学生可以从史料中解读出：在《史记·五帝本纪》的记载中，禅让制是以选贤为标准的和平推举；在《竹书纪年》和《韩非子·说疑》的记载中，禅让制是以武力或阴谋为后盾的血淋淋的逼迫。

教师继而追问：你认为，关于禅让制，为什么会出现上述不同说法？

在师生共同解读史料的过程中，学生可以逐步认识到历史记载的复杂性、多样性，在此过程中涵养学生辩证分析史料的能力。同时，学生也可以认识到，文献史料中关于上古史的记录，多是被记下来的累世口耳相传的神话、传说等，相距上古时期时间久远。因而，要探究上古时期的史实，离不开考古发掘出来的实物史料。教师进一步设问：上述文献史料对于禅让制的记载有何相同点？学生可以看出，上述文献史料中关于禅让制继承顺序的记录是一致的，均为尧、舜、禹。这背后隐含着禅让制的特点，即权力是在不同血缘关系间流转。教师以此加深学生对于禅让制的理解。

教师继而出示《史记》等文献史料对于夏王朝的相关记载。

（1）夏朝王被称为天子、王下面有“百吏”。

（2）有“六卿”“三正”等组成的政府结构。

（3）六卿掌军事，羲氏、和氏掌管政教和农业生产，牧正、庖正、车正等分管畜牧、膳食、车服等。

（4）夏朝兵士称“甲士”，《史记》中有“夏有乱政而作禹刑”和“招汤而囚之夏台（监狱）”的记载。

教师：从上述文献史料中，你可以发现夏朝的哪些情况？

学生可以从中发现夏朝的最高统治者为夏王。夏朝的中央拥有公共权力机构，设有主管行政、军事、宗教的机构和职官。夏朝拥有军队、警察等暴力机器。从以上信息可以推断，夏朝已出现相对完整的奴隶制国家形态。

那么是否可以依此断定该文献记载反映的就是夏朝的真实情况呢？学生从对禅让制的不同文献记载的探究中可以发现，文献史料存在一定的局限性，需要以考古发掘所得的实物史料来印证。

教师出示二里头遗址（考古学家在河南洛阳偃师发现的二里头遗址，很有可能是夏文化的遗存）的相关资料：

判定二里头遗址为都城的第一个要素，就是发现有宫殿建筑群和宫城。在二里头的宫殿建筑群中，一号宫殿最为壮观。它以面积近一万平方米的夯土台基为底座，底座高出当时地表0.8米。四周有高耸的围墙，围墙内外建有回廊。大门开在南墙中部，由三个门道和四个门塾组成。主体殿堂南面是面积达5600平方米的广阔庭院。殿堂四周也有回廊。整个建筑气势宏伟、巍巍壮观，象征着主人的权力、地位和威严。在二里头遗址中，与一号宫殿相似的大型建筑还有多座，它们组成了一个规模宏大的建筑群，外有宫城环绕。

——摘编自中国社会科学院历史研究所《简明中国历史读本》

除在二里头遗址发现一座大墓外，墓葬多为小型墓。有些是没有墓圹（墓穴）的人骨遗骸，其葬式或俯身，或身首异处，或有捆缚、斩割痕迹，为非正常死亡，且没有随葬品，生动地说明了死者生前的社会地位。

——摘编自刘炜、赵春青、秦文生《中华文明传真》

教师：依据以上材料，你能发现夏朝的哪些情况？

学生可以从材料中发现，夏朝时已存在宏伟的宫城，而这是夏朝出现凌驾于全社会之上公共权力的体现，夏朝时墓葬中出现的非正常死亡的人骨遗骸，很有可能是奴隶。依据以上材料可以发现，夏朝时等级、阶级、阶层已然形成，奴隶制国家确已存在。

通过以上教学环节，学生可以加深对夏朝、中国早期国家时期社会特征的认识，同时也可以逐步意识到王国维先生所提倡的“二重证据法”，即“取地下之实物与纸上之遗文，互相释证”的科学内涵，从而逐步实现以唯物史观为指导，以考古和文献相结合的方法，揭示中华文明起源的特点与中国早期国家的基本特征[①]这一本课学习目标。

二、通过解决问题突破难点

在落实史料实证核心素养的日常教学过程中，如何区分“史料教学”与“史料实证”的不同，并有的放矢地涵养学生史料实证的核心素养是一大难点。

“史料教学”是指教师在课堂教学中适当地借助一些史料，再辅之以多媒体手段来再现丰富多彩的历史场景，造成生动形象的直观感觉，从而吸引学生的注意力，激发他们的学习兴趣，增强他们认知历史的积极性。[②]由此可知，史料教学指的是通过史料再现历史情境，激发学生兴趣。

---

① 人民教育出版社课程教材研究所等：《教师教学用书　历史　必修　中外历史纲要（上）》，人民教育出版社，2019，第4页。

② 贾格年、李宝宝：《中学历史教师教学技能学习指导》，天津大学出版社，2017，第109页。

“史料实证”则是指“对获取的史料进行辨析，并运用可信的史料努力重现历史真实的态度与方法”。由此可知，“史料实证”不是仅仅将史料作为调剂课堂趣味的作料，而是将史料作为重现历史真实、建构历史叙述的证据。

这就需要教师在教学中有意识地引导学生将解读史料与建构自己的历史叙述结合起来，以此加深对历史的认识。依据新课标要求，以史料为基础建构历史叙述大致可分为这样两个层级：

对不同类型的史料进行辨析，做去伪存真、去粗取精的工作，选用更具价值的史料叙述历史。

在叙述历史时，注意一定要结合相关史料对所探究的问题进行论证，讲求证据，论从史出。

因而，学习辨析史料的方法，归根结底是为了将之用于深化学生对重大史事的认识。

《普通高中历史课程标准》（2017年版）在实施建议中指出：“学生历史学科核心素养的发展，绝不是取决于对现成的历史结论的记忆，而是要在解决学习问题的过程中理解历史，在说明自己对学习问题的看法中解释历史。”因此，这就提示我们历史教师在设计每一堂课的教学内容时，可以以核心问题为纲目来牵引，将问题引领作为展开教学的突破口，在问题的解决过程中，提升学生辨析史料、论从史出的能力。

如学生在学习中外历史纲要第3课“统一多民族封建国家的初步建立”时，需要理解秦的暴政是秦朝速亡的重要原因。那么我们何以知道秦朝行暴政，又何以知晓秦的速亡与秦的暴政之间有因果关系？这自然要靠史料来说话。

教师可出示《史记·陈涉世家》中对于陈胜、吴广起义因由的相关记载。

材料一　公等遇雨，皆已失期，失期当斩。藉弟令毋斩，而戍死者固十六七。且壮士不死即已，死即举大名耳，王侯将相宁有种乎！

——《史记·陈涉世家》

这段史料对于高中生来说理解难度不高，且语言精练，学生易于提炼出有效信息。现行历史教材在有关陈胜、吴广起义的地方也基本依据这段史料：“公元前209年，一队被派往北部边境的戍卒，在大泽乡遇雨受阻。按照严酷的秦朝法律，不能如期赶到戍地将被处死。这些戍卒于是铤而走险，在陈胜、吴广领导下‘斩木为兵，揭竿为旗’，发动了中国历史上第一次农民大起义。”①

基于学生对该史料所记述事实的把握，教师可以进一步追问学生：依据上述材料，你们认为陈胜、吴广为什么会起义？

学生可以依据材料理解，陈胜、吴广起义是被逼无奈、走投无路之举，而逼迫他们的就是“失期当斩”的法律规定。只要不能如期赶到戍地，不论何种理由都会被处死。此种规定是何其僵硬、死板，又是何等不近人情。秦朝刑法的严苛可见一斑。

在学生形成此认识的基础上，教师再出示以下材料。

材料二　《云梦睡虎地秦简》为秦朝一位叫“喜”的基层官吏所著，于1975年12月在湖北省云梦县睡虎地秦墓出土，内文为墨书秦篆，写于战国晚期到秦始皇时期。

御中发徵，乏弗行，赀二甲。失期三日到五日，谇；六日到旬，赀一盾；过旬，赀一甲……水雨，除兴。

译文：为朝廷征发徭役，如耽搁不加征发，应罚两副盔甲。迟到三天到五天，批评；六天到十天，罚一块盾牌；超过十天，罚一副盔甲……因大雨或洪水导致的耽误，可免除惩罚。

——摘编自1975年出土睡虎地秦墓竹简

通过解读以上材料，学生会发现，按照秦简的记载，因大雨等不可抗力而导致的“失期”并非“当斩”，而是可以免除惩罚。秦简的记载与《史记》的记述存在矛盾。那么究竟何者对，何者错？教师便可在此引导学生展开讨论。学生的观点并不一定非要一致，可以各抒己见、百家争鸣，但结论必须以史料做支撑。在讨论过程中应锻炼学生论从史出的能力，逐步培养学生的批判性思维。

以上案例训练的是学生依据史料自己叙述历史的能力，有时辨析史实可以用于引导学生掌握去伪存真、去粗取精的方法，涵养学生的实证精神。如学生在

① 《普通高中教科书　历史　必修　中外历史纲要（上）》，人民教育出版社，2019，第17页。

学习“从局部抗战到全面抗战”时，需要理解1931年日本制造九一八事变后，国民政府所采取的“攘外必先安内”方针及不抵抗政策。教材关于这一内容是这样表述的：“国民政府推行‘攘外必先安内’方针，以主要力量‘围剿’红军和革命根据地，对日本侵略实行不抵抗政策，寄希望于英美等国出面调停，幻想依赖国际联盟迫使日本撤兵。”[①]那么究竟是谁提出的“不抵抗主义”？对这一史实的考辨过程，有助于学生更全面、准确地理解不抵抗政策。

教师可出示以下两段史料：

材料一　九一八事变当时，张学良将军在北平，一夜之间，十几次电蒋介石请示，而蒋介石却若无其事地十几次复电不准抵抗，把枪架起来，把仓库锁起来，一律点交日军。这些电文一直到现在还保存着，蒋介石是无法抵赖的。

——1934年起担任张学良秘书的郭维城的回忆

材料二　北平张副司令勋鉴：良密。中刻抵南昌。接沪电，知日兵昨夜进攻沈阳。据东京消息，日以我军有拆毁铁路之计划，其藉口如此，请向外宣传时，对此应力辟之。近情盼时刻电告。中正叩。皓戌。（注：“皓”指19日，“戌”，约21点至22点之间。）

——蒋介石致张学良电，1931年9月19日

教师与学生共同阅读以上材料，学生会产生这样的疑问：按郭维城的回忆，“不抵抗主义”源自蒋介石的指示；可按照蒋介石的电报来看，蒋介石在事变第二天才知道日军进攻的信息，9月18日晚张学良的应对并非出于蒋介石的授意。那么究竟哪则材料准确度更高呢？

教师引导学生注意以上两种史料的类型。材料一是九一八事变发生十五年以后的回忆，而且郭维城到1934年，也就是事变的三年以后才成为张学良的秘书，他未必了解当时的决策内幕，记忆也可能出现偏差。而蒋介石致张学良的电报，则是当事人在当时留下的档案史料，相对而言，史料价值更高。

紧接着的一个疑问就是“不抵抗”的命令到底是谁下达的。教师可继续出示

① 人民教育出版社课程教材研究所等：《教师教学用书　历史　必修　中外历史纲要（上）》，人民教育出版社，2019，第133页。

史料：

材料三　1931年9月19日下午2时半，张学良接受记者访问时说：

昨夜接到沈电，惊悉中日冲突事件。惟东北既无抵抗之力量，亦无开战之理由，已经由沈，严饬其绝对不抵抗，尽任日军所为。

——摘编自《盛京时报》

材料四　今天早晨躺在床上没起来，胡思乱想，想到东北的人们对于我个人的问题，这不单是感情的问题了，真叫我惭愧无地……九一八的事变，判断的错误，应付的错误，致成“不抵抗”，而使东北同胞水深火热十四年，今天他们反而对我如此地热诚，这可真叫我太难过了！

——摘编自《张学良日记》，1946年1月3日

材料五　我现在就给你讲这个不抵抗的事情。……我下的所谓不抵抗命令，是指你不要跟他冲突，他来挑衅，你离开他，躲开他。

——1990年，张学良接受唐德刚访谈时的说法

材料一和材料二是一组互相冲突的史料，材料三、材料四和材料五则是一组可以相互印证的史料。不论是依据事发时张学良的自述，还是张学良并不打算公开的私密日记，抑或时过境迁张学良的回忆，均认定九一八事变时“不抵抗”的命令是张学良在未向南京国民政府请示的状况下向东北军下达的。从本组三则材料也可看出，多年以来张学良一直坦然地表明自己应该承担“不抵抗主义”的责任。

还有一个问题就是蒋介石在“不抵抗主义”上需要承担责任吗？这就涉及九一八事变以后南京国民政府对日本更长时段的政策。毕竟在九一八事变后，日本侵略者仍在对中国步步紧逼，继续进犯长城沿线，策动所谓“华北自治运动”。那么，南京国民政府是如何应对的呢？

教师继续出示材料：

材料六　1931年9月20日，国民党中央训令各级党部“唤起全国国民，努力救国”，但是，其第一条却居然强调：“危害民族生存之赤匪必须根本铲除。”

1931年9月21日，蒋介石回到南京，在召开的紧急会议上提出：“先行提出国际

联盟与签订非战公约诸国，以此时唯有诉诸公理也。”

1932年1月12日，蒋介石下野还乡，在奉化武岭学校演讲时说：“中国国防实力薄弱”，海陆空军不足，一旦给日本提供“绝交宣战”的口实，“必至沿海各地及长江流域，在三日内悉为敌人所蹂躏，全国政治、军事、交通、金融之脉络悉断，虽欲不屈服而不可得。”

——摘编自杨天石《找寻真实的蒋介石：蒋介石日记解读Ⅱ》

从以上大事年表摘编可见，虽然九一八事变时期的“不抵抗命令”出自张学良，但这丝毫不能减弱蒋介石和南京国民政府的责任。蒋介石在事变后，向国际联盟提出申诉，应该说是必要的，但这并不意味着如此就一个军事准备和抵抗的命令、指示都不用下。而“不抵抗主义”的另一面则是全力内战，妄图消灭不断发展的中国共产党和红军力量。“攘外必先安内”是一体两面的方针。“不抵抗主义”的另一个缘由则是过高估计日本的军事实力。如此，学生便可对“不抵抗主义”有更全面的理解，也会对“局部抗战”的含义有更深刻的把握。

三、以人文情怀升华价值

《普通高中历史课程标准》（2017年版）指出：“学习和探究历史应具有价值关怀，要充满人文情怀并关注现实问题。”培养人文精神、担当社会责任，是中学历史教育引导学生树立正确的世界观、人生观、价值观和历史观的重要体现，也是历史课程切实落实立德树人根本任务的重要体现。

因而，教师在高中阶段培养学生史料实证核心素养的实践过程中，不可仅仅为实证而实证，而是要在教学过程中时时注意潜移默化地对学生进行价值引导，涵养学生的人文情怀。

《普通高中历史课程标准（2017年版）解读》对人文精神的内涵做了清晰的界说：“人文精神是人们生存与发展的精神动力，在关注生命的意义、重视人的价值与尊严、尊重人性和人格、尊重每一个人的个性发展的前提下，推动着人们努力为社会进步与人类和谐发展而奋斗。”①

---

① 徐蓝、朱汉国等：《普通高中历史课程标准（2017年版）解读》，高等教育出版社，2018，第259页。

中外历史纲要课程中的“西欧的思想解放运动”一课，隐含的核心问题为西方近代人文主义思想产生、发展的历史进程。选择“人文主义”作为主题展开探究，旨在引导学生理解西方思想史的基本线索和主要阶段；培养学生的人文精神，引导学生确立积极进取的人生态度、塑造健全的人格；在此过程中，要不断涵养学生的历史学科核心素养。

“人文主义”是西方思想文化史中的一大核心概念，其内涵的不断延伸与重大史事紧密相连，体现了历史进程中的变化与延续、继承与发展，共同建构起西方思想史发展的逻辑。

“文艺复兴”一部分，要求学生通过了解文艺复兴的时代背景，分析文艺复兴前三杰作品中“人的重新觉醒”的主题意涵以及艺坛三杰、莎士比亚作品中对“人的无穷魅力”的淋漓展现，体会文艺复兴时期文艺巨匠追求人的力量与美的昂扬精神。比如，大家都熟识文艺复兴艺坛三杰的代表性作品，譬如达·芬奇的《最后的晚餐》与《蒙娜丽莎》，米开朗琪罗的《大卫》和拉斐尔的圣母像。但是，教师在处理这部分内容时，往往将其作为知识点来讲解。换个角度看，这些代表人物的代表作恰恰可以当作史料来运用，教师将它们作为学生理解人文主义精神的重要依托。

史料的价值是在对比中呈现的。教师可将达·芬奇的《最后的晚餐》与中世纪的圣像画做对比，学生便可以发现达·芬奇画作中人物的动作之灵活与姿态之万端，从而认识到文艺复兴时期人文主义精神对现实的人、世俗生活的价值彰显。教师可以再将米开朗琪罗的《创世纪》等画作与达·芬奇的《蒙娜丽莎》做对比，引导学生认识米开朗琪罗艺术作品的特点——表现人体的雄伟壮美，从而张扬意志的刚毅坚定。教师出示多幅拉斐尔的圣母像，展现出拉斐尔的艺术才华。教师继而出示拉斐尔的生卒年：拉斐尔（1483—1520），并追问学生：拉斐尔只活了37岁，你们觉得他的生命有价值吗？教师引导学生认识到，文艺复兴时期的艺术家们用自己对艺术的不懈探索与灿烂成就诠释了人类生命的尊严与力量。在对史料的层层解读中，教师引导学生理解文艺复兴时期的人文主义精神——“关注生命的意义、重视人的价值与尊严”。

“宗教改革”一部分，要求学生通过了解西欧宗教改革的过程与关键人物马丁·路德等的改革主张，来理解宗教改革时期人文主义精神的发展。基督教的内容相对离中国中学生较为遥远，教师也没有必要将这部分内容讲成宗教史。因而，教师在对马丁·路德的宗教改革主张做出必要解释之外，应更多利用故事性、社会性强的史料，将学生的认识引导到人文主义精神这条主线上来。

例如，教师在讲解马丁·路德的宗教改革主张前，可以出示马丁·路德精神求索时心情苦闷的相关材料：

马丁·路德一度痛苦地思考自己的人生是否毫无价值。路德后来回忆说："我非常努力地……去忏悔，为我的罪孽列了清单。我一遍又一遍地忏悔，并极其慎重地赎罪。……但是我尝试得越多，我的良心就越不安。"

——摘编自约翰·梅里曼《欧洲现代史：从文艺复兴到现在》

教师由此引导学生认识到马丁·路德的宗教改革主张在一定程度上顺从了人性、尊重了人格。

又如，教师在讲解宗教改革的影响时，可以出示有关加尔文宗信众新特点的材料：

皈依加尔文派的女性似乎比男性更多，一个重要原因是在加尔文派的宗教仪式中，女性可以同男性一起唱赞美诗。一位小册子作者告诫男性，他们的妻子"不是洗碗布……也不是苦工，而是和他们一样能得到永恒的生命，上帝爱女性，就如爱男性一样"。

——摘编自约翰·梅里曼《欧洲现代史：从文艺复兴到现在》

由上可知，对女性的尊重，实际上从一个侧面反映了当时资产阶级对自由与平等的诉求，由此引导学生认识到宗教改革是将资产阶级的自由、平等追求用神学语言表达出来的一场思想解放运动，进而理解宗教改革时期人文主义精神的发展——"尊重人性和人格"。

"近代科学的兴起"，要求学生通过了解近代自然科学理论上的重大突破与科学技术发展的重大成就，培养学生勇于探索科学真理的精神。教师可出示近代科学家在科学探究中不畏外部压迫的言行，引导学生理解追求真理的科学精神。

例如，教师可出示伽利略的相关言语：

在此你应该对那些学者说些什么呢？他们满脑子毒蛇般的顽固，就是不肯用望远镜去看上一眼。对此我们该做些什么呢？我们到底是该笑还是该哭？为了向我的反对者证明我的结论的真理性，我曾不得不用各种实验去证明它们。

——伽利略

通过对上述材料的解读，学生可以领悟到"观察"这一近代科学的重要原则，同时体会到伽利略实事求是的科学精神。在此基础上，教师通过对近代科学理论与科技成就的展示，引导学生理解人文精神的价值——在物质生产领域"推动着人们努力为社会进步与人类和谐发展而奋斗"。

进展至"启蒙运动"时，学生在教师的引导下阅读史料，由此从史料中提取有效信息的能力不断增强。此时教师可以通过小组讨论的形式，开展史料研习的课堂活动，引导学生认识欧洲启蒙思想家的主要观点。

教师可以在课前将学生分成若干小组，在课下研读启蒙思想家的相关资料，围绕每组教师所提出的问题筛选史料信息。学生通过编制图表、制作演示文稿等活动，呈现启蒙思想家各自思想的特点。在课堂上，各组展示活动成果，师生共同完成对学习情况的评价。

教师可提供如下的问题组与材料群。

例组1：伏尔泰（1694—1778）的生平与思想。

问题1：伏尔泰提倡的自由与平等具体包含哪些内容？他反对什么？

问题2：为什么说伏尔泰是法国启蒙运动的领袖？

人物小传：出身于巴黎一个富裕的资产阶级家庭。1717年与1725年，伏尔泰因写讽刺诗得罪摄政王奥尔良公爵和与贵族发生冲突，两度被投入巴士底狱。1726年伏尔泰被驱逐出境，流亡英国约有3年之久。其间，他对英国的政治制度、经济状况和思想文化有了深入的了解，并赞叹不已。回国后，伏尔泰以犀利的笔锋毫不留情地揭露宗教蒙昧主义的荒谬、教权主义的罪恶以及以宗教神学为精神支柱的法国封建专制政府和司法机构的种种无耻行径。为此，他的作品曾被查禁，本人也屡遭迫害。尽管如此，伏尔泰从未停止过用笔进行战斗。

——摘编自吕一民《法国通史》

材料一　如当你睡觉到第二天醒来时，你的财产还和昨天一样，没有丝毫变动；你不会在半夜三更从你妻子的怀抱里或从你孩子的拥抱中被人家拖出去押入城堡，或流放沙漠；当你若有所思，你有权发表你的一切想法；当你被人控告，或写了闯祸的文章，只能依照法律来裁判。

——伏尔泰

我不能同意你说的每一个字，但我誓死捍卫你说话的权利。

——伏尔泰

材料二　难道农民的儿子生来项上戴着圈，而贵族的儿子生来在腿上戴着踢马刺吗？……一切享有天然权利的人，显然是平等的。……除了法律之外，不依赖任何别的东西，这就是自由人。

——伏尔泰

凡是具有天然能力的人显然都是平等的；他们在完成动物功能和进行理解的时候是平等的。中国的国王、蒙古的大可汗都不能对地位最低微的人说：我禁止你消化、上厕所和思考。每种动物，在同类之间，彼此都是平等的。

——伏尔泰

材料三　第一个无赖碰上第一个傻瓜成就了第一个神学家……那些人尽享你们的血汗和痛苦，将你们变为他们的信徒和奴隶……不是让你们敬畏上帝，而是让你们对他们产生恐惧。

——伏尔泰

材料四　英国是世界上通过抵抗君主达到节制君主权力的唯一国家，他们由于不断地努力，终于建立了这样开明的政府：在这个政府里，君主有无限的权力去做好事，倘使想做坏事，那就双手被缚了……在这个政府里，人民心安理得地参与国事。

——伏尔泰

通过展开以上主题活动，了解欧洲启蒙运动的特点，分析启蒙思想家的主要观点，引导学生体会启蒙思想家思想的力量，引导学生理解启蒙运动对人文主义思想的推动，理解人文精神的价值——在社会政治领域“推动着人们努力为社会进步与人类和谐发展而奋斗”。

基于以上的分析，本课的主要教学方法是通过创设情境、引导学生研读史料，注重史料实证，为学生形成理性、深刻的历史认识铺设阶梯。

课堂中史料的选用上要体现出阶梯递升。如文艺复兴部分，史料多以图片为主，文字史料多有故事情节，有助于培养学生对史料的直观感受；宗教改革部分，文字史料逐渐增多，多呈纲目式，学生理解起来较容易；启蒙运动一课，文字史料数量增多、字数增加，兼具思辨性与抽象性。在此过程中，要不断培养学生剖析多种史料的能力。

又如，新课标要求学生能够“了解并认同中华优秀传统文化、革命文化、社会主义先进文化”“认同走中国特色社会主义道路是历史的必然，树立中国特色社会主义道路自信、理论自信、制度自信和文化自信”。那么，如何通过每一堂课的具体教学实践，将宏观的价值观引导落地呢？如何在一节课的讲授中渗透史料实证核心素养？

中外历史纲要课程中的“南京国民政府的统治和中国共产党开辟革命新道路”一课，浓墨重彩地讲述了中国共产党开辟革命新道路的历史进程。教材提及：“到1930年夏，全国已经建立起大小十几块农村革命根据地，分布在十多个省，革命武装力量达十万人。”[①]那么由此，教师便可引导学生思考这样一个问题：为什么中国共产党的农村革命根据地能够不断壮大？

教师可出示如下史料：

政治组织和民众的组织，都很严密，尤其是民众的组织，我们最不及他……如赤卫队、慰劳队、童子团、少年先锋队等都是，他们因为组织比较来得普遍而严密，所以民众生活能军事化，一切行动能够秘密灵敏。

——蒋介石

这是蒋介石的分析，可是面对一则史料，我们不可轻信，先要思考史料的价

① 人民教育出版社课程教材研究所等：《教师教学用书　历史　必修　中外历史纲要（上）》，人民教育出版社，2019，第128页。

值，即蒋介石的分析是否符合实际呢？

教师继续出示如下史料：

为了管好一个县，当好这个“家”，我根据自己的特点，依据的是“三勤”，也就是腿勤、手勤、嘴勤。“腿勤”就是经常往下面跑，接触实际，联系群众，发现问题及时处理。无论在省委或县委工作，我都很少住在机关，靠的是一双赤脚板走遍各区、乡、村，和群众住在一起、吃在一起。

“手勤”就是走到哪里，我就在哪里拿起锄头，挑起扁担和群众一起劳动。下田插秧、割禾，上山砍柴，挑水煮饭，喂猪样样都干。群众把我当成自己人。

“嘴勤”就是多宣传……我从小特别爱唱山歌，群众也和我们广东客家人一样喜欢唱山歌。我就结合形势、任务编些山歌和群众一起唱，通过山歌提高群众的阶级觉悟。

——曾任中共长汀县委书记的李坚真的回忆

师生共同阅读该则史料，便可以发现在农村革命根据地中国共产党与群众的联系确实是紧密的，但并不像蒋介石所认为的那样是由于“民众生活军事化”，而是由于中国共产党的基层干部深入群众，想群众之所想，急群众之所急，真正做到了与群众同呼吸、共命运。

教师又出示如下史料：

中国贫弱到今日，实无可讳言，尤其是农村经济破产，手工业日趋衰弱，到处充满了失业农民。……试想一般啼饥号寒的人，有苦无从告诉，再加上一部分不良军警的骚扰、官吏的剥削、党部的因循，自然而然逼着他们走上土匪的道路……

——摘编自何应钦在《江西民国日报》上发表的演说文章

教师可以引导学生认识上述史料。《江西民国日报》为国民党的地方官报，其上刊载的是体现国民党宣传倾向的报道。作者何应钦为国民党的军政大员，以上又是他来到江西前线“剿共”时发表的演说，寻常言之，他本该说些官场上的漂亮话。但他却直言南京国民政府统治时期农民生活的惨象，并将其视为民众争相投奔中国共产党的重要原因。由此，便可反证中国共产党基层干部践行“群众路线”之实绩。

通过对以上国共两党史料的辨析、研读，学生可认识到，中国共产党探索革命新道路的过程，也是中国共产党在农村革命根据地探索局部执政经验的过程。在此过程中，中国共产党逐步形成了属于自己的独特革命传统与执政风格。学生进而体味到为人民谋幸福、为民族谋幸福是中国共产党的初心使命。

综上所述，教师可以通过计划教学、明确方向来解决实际教学中史料实证核心素养培养没有固定教材、且相关论述不够系统的问题，为每节历史课打好坚固的地基。教师可以通过突破核心问题的任务驱动方式，解决证据意识的缺乏和运用史料过于芜杂的问题，为每节历史课提供精干的骨架。教师可以通过将价值观的涵养渗透于史料实证教学中的方式解决“为实证而实证”的问题，为每节历史课赋予更高远的境界。把历史课上得有意味、有意思、有意义，是落实史料实证核心素养的题中应有之义，也是每个身处一线的历史教师的永恒追求。

案例体验

教学案例一　以“史料实证下的光绪死因调查”为例

（北京市第二中学通州校区，张华）

【案例说明】

本案例意在说明史料的基本类型，并在史料分类的基础上，借助光绪之死这一话题，阐释史料价值，明确史料的价值具有相对性。此外，本案例还利用现代科技对考古发现的实物史料进行探究，解析二重证据法在史料互证中的重要意义，感受历史研究严密的逻辑、严谨的态度和求真的精神。

【案例内容】

【导入】光绪之死

教师出示37岁的光绪帝与73岁的慈禧太后在22小时内相继离世的材料。

教师：读完这段历史陈述你有何感想？

学生阅读后，未等老师发问已经开始议论纷纷。

设计意图：为学生提供一个可以探讨的话题和情境，引发学生思考。

【环节一】重读光绪死因——史料分类

1. 出示课前阅读资料（略）

教师：请各位同学概括光绪的死因，并说明你认为哪种死因最为可靠？

学生关注的重点是光绪的死因，并不关注死因的史料来源是什么。

教师以启发互动的方式与学生重读课前资料，将学生的兴趣点从猜测光绪的死因引导至关注光绪死因的证据来源，也就是史料的分类问题上。

设计意图：史实是学生学习的基础，重读是为了奠定本课扎实的史料基础。学生阅读的兴趣点在于寻找光绪的死因。光绪是死于谋杀还是病故？若认为是谋杀则需要找出是谁谋杀的。教师要引导学生认识光绪死因涉及的种种史料的分类及其价值问题。重读这几段材料时重点在哪里？重读的重点在于"脉案"、《申报》、《我的前半生》、民间传言等分别属于哪种史料。

2. 教师：1908年前后的历史留下的种种痕迹，哪种才是可信的呢？

学生无法回答，觉得这些史料都有道理，又觉得都无法确信。

教师：这就涉及一个很专业的问题了，什么是史料？如何对史料进行分类？我们通常说的史料，就是指那些人类社会历史在发展过程中所遗留下来的，帮助我们认识、解释和重构历史过程的痕迹。史料的分类是一个很复杂且没有定论的问题，我们现在按照相似度对上述史料进行分类。第一类：档案类，包括脉案、日本档案；第二类：报纸杂志类，包括《申报》、《逸经》杂志；第三类：回忆录类，包括恽毓鼎的《崇陵传信录》、溥仪回忆录《我的前半生》；第四类：文学作品类，包括纪实文学《瀛台泣血记》；第五类：民间传言类。

设计意图：突破"史料"这一核心概念，完成对史料的分类，达成"史料实证"历史学科核心素养学业质量水平1；引发学生对史料价值的思考，导入环节二。

【环节二】史料价值的信度与效度

1. 什么是史料价值？

教师：史料价值指史料的信度与效度，不同类型的史料会具有不同的信度与效度。

设计意图：突破核心概念。

2. 你认为哪种史料最不可信？你认为哪种史料的可信度最高？报纸、杂志、回忆录可信吗？结合下列材料说说为什么。

材料一　司马光《传家集》中就提出："实录正史未必皆可据，杂史小说未必皆无凭。"

史学大师陈寅恪说："小说亦可作参考，因其虽非个性的真实，但有通性的真实。"

材料二　报纸、杂志、回忆录，即便是比较忠实的记录与回忆，也难免带上个人主观印象和感受，有相当强的主观性。它们虽不可全信，但全不信亦不可，无论如何其中还是有不少东西可作为史料使用。我们应当使用官私多种类型的史料，互相参照比较，进行分析综合，才可接近历史的真相。

材料三　档案按照史料价值这一划分标准，属于第一手史料。第一手史料（直接史料/原始材料）是指直接在历史发生当时或相近时候产生的史料。一般而言，它往往具有更大的证史价值。第二手史料（间接史料）是指后人运用第一手史料所做的研究及诠释。

布洛赫《历史学家的技艺》一书曾根据史料作者的意图，将史料分为有意史料和无意史料。有意史料是作者为了左右时人和后人的视听而制造的，如史学著作、回忆录、新闻报道等。无意史料是指记录者以一个旁观者的身份，无意中记录下来的历史旁证，虽不如有意史料完整，也难免掺杂不实之处，但至少不会有意识地欺骗后人，因而往往更加客观，如内部档案、私人信件、文物等。

材料四　杜维运在《史学方法论》中指出，任何一种史料，都不是完全可信，里面可能有错误，可能有虚伪，可能有私人的爱憎，可能有地方及民族的成见。第一手史料和第二手史料是相对而言的。比如，在发现甲骨文以前，研究殷商的历史，一直以《史记》的记载为第一手史料，但甲骨文发现后，甲骨文就是第一手史料，《史记》变为第二手史料了。

学生：阅读之后，感觉史料价值的判定太难了，似乎每种史料都有可取之处，又都不可全信。

设计意图：教师始终以探讨“光绪死因”的可信度为明线，但实际上是在帮助学生理解应该如何看待史料的价值。史料价值的判定问题并非教师的专长，教师很难讲清楚，因而引用了诸多知名学者对某一类史料价值的经典论述，来深化学生的认识。

3. 信史何在？（以存在的历史和陈述的历史探讨历史的客观性）

教师：历史究竟有没有信史可言呢？西方历史哲学家柯林伍德（又译柯林武德）指出“一切历史都是思想史”。你是如何看待这一观点的？你认为历史是否具有客观性？

学生：意见不统一。

教师：历史其实分为存在的历史和陈述的历史。历史陈述中的人为因素很强，但它却不能否认曾经客观存在过的历史。史料的真实性决定了我们历史陈述的客观性。那我们应该如何探究史料的真实性呢？

材料五　傅斯年先生在《史学方法导论·史料略论》中，将史料分为8对关系：一是直接史料对间接史料；二是官家的记载对民间的记载；三是本国的记载对外国的记载；四是近人的记载对远人的记载；五是不经意的记载对经意的记载；六是本事对旁涉；七是直说对隐喻；八是口说的史料对著文的史料。他提出不以空论为学问，不以史观为急图，纯就史料以探史实。

学生：理解史料是研究历史的基石，必须有一分史料说一分话，且史料具有相对性。

设计意图：为何涉及信史问题？这个问题实际上是随着课程的进行，学生很自然的一种疑惑。由于利用现有资料根本无法确定光绪的死因，因而教师将这一问题继续深化，不仅要引导学生思考历史是否具有客观性，而且要为“可能会出现有关光绪死因的新史料”做好铺垫。如何处理历史的客观性问题？这其实可以简化处理，它涉及的“存在的历史”和“陈述的历史”是一个非常复杂的问题，教师觉得自己尚未完全理解，也未找到特别充足的资料，因而不可能在这节课中展开这个问题。所以，教师最后只以柯林伍德的“一切历史都是思想史”为论题，引发学生对历史客观性的一点思考，并未进行深化。如果有机会，这可能是教师未来要涉足的内容。

4. 实物史料的引入

教师：那么我们现在掌握的史料能重构1908年的光绪之死吗？大家无法判定是因为缺少哪一类有关光绪死因的重要证据（史料）？

学生猜测是光绪的尸体。

教师：通过介绍王国维先生所说的“二重证据法”，引入实物史料的概念与价值判定。

学生：明确了实物史料可以弥补文献资料的不足，填补历史研究的空白；可以订正史书，用于辨别文献资料记载的真伪。

设计意图：为何在最后补充实物史料相关知识？主要是为有关光绪之死的实物史料的出现做铺垫，并通过“二重证据法”让学生理解互证、补证的重要性。总体而言，本内容能够促进学生达到“史料实证”学业质量水平2、水平3，能够让学生在光绪之死这一案例中认识档案、报纸杂志、回忆录、文学作品、民间传言、实物史料的价值；能够让学生理解第一手史料与第二手史料、有意史料与无意史料等诸多史料都是具有相对性的；能够让学生认识到史料之间可以不断互证、补证。

【环节三】如何对实物史料进行研究

教师：如何利用这些考古发掘成果进行历史研究呢？

1. 初步检测

通过现代科技，研究人员对光绪头发中的微量元素进行了初步测试。结果发现，光绪头发中的砷含量比现代人正常砷含量高出2400倍，你能得出什么结论？

学生：光绪是被毒死的。

专家质疑：没有同时代人头发中的砷含量对比，说明不了问题！

设计意图：学生初步感受下历史结论要慎重。

2. 对比实验

教师：研究者该怎么办呢？研究者找来了同时代隆裕皇后的遗骸进行检测，发现光绪帝头发中的砷含量比隆裕皇后的高261倍，你能得出什么结论？

学生：光绪是被毒死的。

专家质疑：没有对同一时代同一性别的人进行检测，结论不能成立。

教师：于是研究者又找来了和光绪帝同一时期同一性别的一个清代草料官的干尸进行检测。结果光绪帝头发中的砷含量比他的高132倍，你能得出什么结论？

学生：有些不敢回答，有些觉得这次能认定他是被毒死的了，有的马上想到专家还会做什么质疑。学生开始对结论有怀疑了。

设计意图：学生再次感受下历史结论要慎重，体会到历史结论是严谨的，有一分史料说一分话。另外，学生也感受了比较法与时空定位法的应用方法。

3. 假设类比实验

教师：专家的层层质疑使研究中重现迷局。研究者要如何寻找突破口呢？研究者展开了假设类比实验，他们找到了一个慢性砷化物中毒者进行对比，观察对比结果，他们发现了什么？

学生：光绪帝头发中砷的分布与慢性砷中毒患者完全不同。

设计意图：感受历史时可以大胆假设，小心求证。

4. 全面查证与毒物判定

教师：研究者将何去何从？研究者历时三年，对光绪遗骸及其棺椁内外进行了全面查证与毒物判定，最后于2008年公布了研究成果，光绪帝系砒霜中毒死亡。

5. 争论仍在继续

教师：对这一结论，有些学者仍持不同意见，而对于光绪究竟是被谁毒死的，争论仍在继续。可见，史料实证是一个异常复杂的过程。

设计意图：总体而言，介绍查证的全过程能够帮助学生达成史料实证历史学科核心素养学业质量水平4，专家的不断追问实际上体现了对比分析法和时空定位法在历史研究中的重要作用。而学生在跟随研究者不断深入调查的过程中，也会逐渐构建自己的时空观念，并在同一时空下对不同的史料来源进行对比分析，恰当地运用光绪头发中砷含量的多种对比结论完成自己的探究。

【环节四】小结

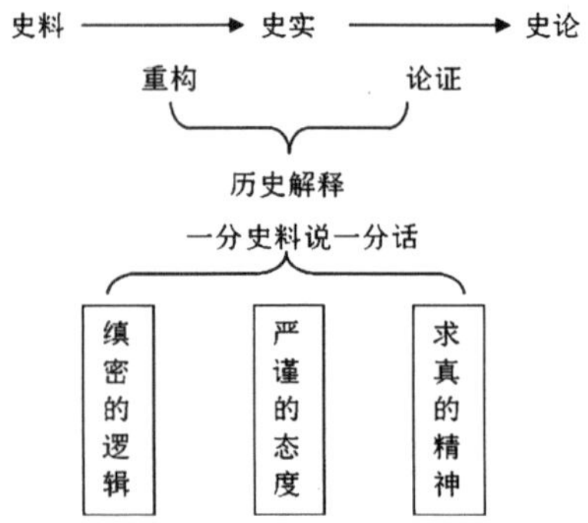

课程结构

设计意图：在宏观上把握史料实证的过程与脉络，感受历史研究过程中缜密的逻辑、严谨的态度、求真的精神。

【案例点评】

选题新颖。史料实证不仅是五大历史学科核心素养之一，也是高考中的常见考点，但学生对这一内容却十分陌生，认识非常不系统，因而，本课不是常规地使用教材授课。这种授课方式与未来的新课改思路一致，因而，给了大家耳目一新的感觉。

将枯燥的理论知识话题化。史料实证核心素养的内容是一个较新的知识点，学生缺少对这一知识的系统理解。而这一知识又属于专业性、理论性均比较强的内容，单纯的概念讲述会让学生难以理解。因而，教师寻找了学生感兴趣的光绪之死作为话题，讲授了史料实证的相关理论内容。这样做既能激发学生兴趣，又能结合典型事例来分析史料的分类与价值判定。

将推理探案的方式融入课堂。本课以光绪死因的调查为主线，以探案的方式进行教学设计，环环相扣，引导学生随着有关光绪之死的诸多谜团，一步步挖掘真实的历史到底是什么，将史料分类与价值判定的理论性内容悄悄融入破解谜团的过程当中，较为有效地化解了教学的重难点问题。

将现代科技融入考古资料的研究之中。破解光绪之死之谜的重要证据是实物史料，即光绪的尸体。那么，如何运用这一新史料进行研究呢？本课介绍人们以现代科技对光绪头发中的微量元素进行测定，由此对光绪的死因进行重新调查、分析、取证，历时五年，才得出了光绪帝系中毒身亡的结论。在这一过程中，我们让学生见证了历史研究缜密的逻辑、严谨的态度和求真的精神。

课堂中的遗憾。由于授课中在陈述光绪死因时用时过多，导致最后无法让学生讨论曹操墓与海昏侯刘贺墓墓主身份哪个更为可信，并分析其原因。也就是说，课程设计中的流程虽然环环相扣，但最后一环，即学生在课堂中的生成部分却未展示出来，这不得不说是一种遗憾。

教学案例二　以“社会主义国家的发展与变化”教学片段为例

（中国人民大学附属中学通州校区，刘明昊）

【案例说明】

从本课的具体内容来看，本课阐述了“二战”以后苏联、东欧与中国等社会主义国家探索治国道路的主要历程。在“苏联的发展、改革与解体”一部分，教材通过提纲挈领地剖析赫鲁晓夫改革、勃列日涅夫改革和戈尔巴乔夫改革的相关史实，勾勒出一幅艰辛求索、步履艰难的苏联改革图景，展现出社会主义国家改革的复杂性、艰巨性和曲折性。新课标提出，高中历史教学需渗透史料实证核心素养，要求“对获取的史料进行辨析，并运用可信的史料努力重现历史真实”。本课引导学生知晓史料是通向历史认识的桥梁，了解史料的多种类型，使学生能够通过对史料的辨析和对史料作者意图的认知，判断史料的真伪与价值。教师通过运用史料实证的方法，对赫鲁晓夫经济改革这一历史事实进行不懈还原，在此基础上不断深化对这一事件的历史认识，引导学生以实证精神对待历史与现实问题。

【案例内容】

【环节一】解析赫鲁晓夫改革的历史背景——初识史料

教师出示：

（斯大林时期）当时既弄不来土豆，也弄不来蔬菜。而工人们却想起了过去沙皇时期，当时土豆、白菜是最便宜和吃得起的两样东西。……农民不能将自己的产品运过来，因为取消了私人贸易。

——摘编自《赫鲁晓夫回忆录》（全译本）第二卷（成书于20世纪70年代）

教师：从这一段材料你能看出赫鲁晓夫觉得斯大林时期的苏联社会存在什么问题？

学生：吃不上东西，现在大家可能觉得不是特稀奇的东西，但连土豆、白菜，当时都吃不上了。

教师：赫鲁晓夫觉得当时苏联存在食品物资短缺的问题。他觉得这个问题是什么导致的？

学生：取消私人贸易。

教师：为什么斯大林时期取消了私人贸易？

学生：斯大林模式，排斥商品和市场。

教师：说得太对了。这一段就像赫鲁晓夫的证言一样。历史学科管这种证言叫什么呢？就叫史料。

教师出示：

史料者何？过去人类思想行事所留之痕迹，有证据传留至今日者也。

史料为史之组织细胞，史料不具或不确，则无复史之可言。

——梁启超《中国历史研究法》

教师：听了梁启超先生这些话，你觉得凭上一则材料，能说明斯大林时期存在食品物资短缺的问题吗，为什么？

学生：不能，因为“不具”。

教师：不全。历史学有一个最基本的原则，叫孤证不立。只有这一条材料是不成的。看这条材料本身，你们说它能代表谁的意见呢？

学生：赫鲁晓夫自己。

教师：这是赫鲁晓夫自己写的。这使得以上史料有一个好处，就是由当事人所写，但相对来说又有一个不太好的地方，那就是记录者有自己的主观观点。还有，我们问的是20世纪50年代他为什么改革，这本书却发表于20世纪70年代。那意味着这是个人的回忆。大家现在回忆十五六年前的事，就是自己一两岁时候的事，很多时候都会出现记不清的情况。所以，判断史料价值很重要的标准是它是谁写的，还有就是史料是什么时候形成的。

既然光看一个材料不够，我们就再来看其他材料。

教师出示图片，展示《苏联基本数字手册》中所载的粮食产量（图略）。

教师：这段材料体现了当时苏联公布的官方统计数据。从这段史料中，你能发现当时苏联社会有什么样的情况？

学生：斯大林时期的食物物资产量还不如沙皇俄国。

教师：为什么斯大林模式会导致物资短缺？

学生：在管理方式上实行高度集中的计划经济，优先发展重工业，农业和轻工业就落后，因而导致这个问题。

教师：从本段材料中，我们可以看出刚才《赫鲁晓夫回忆录》里说的物资短缺是真的，可是食物物资短缺真这么重要吗？这事儿你们想问谁呀？

学生：百姓、农民。

教师：那我们能看到当时农民是怎么想的吗？

教师出示：

> “是不是说很快解散集体农庄？如果没有集体农庄，我们生活会更好。”
>
> “比萨拉比亚应该归美国。苏维埃政权不会维持很久。”
>
> ——摘编自苏共中央监察委员视察地方后的报告（1945年7月）

教师：这是当时政府官员的官方文书。从中你能发现当时苏联社会存在怎样的情况？

学生：“二战”结束时，苏联农民认为斯大林模式的消极影响越来越明显。这个问题已经影响到了苏联政权的稳固。

教师：所以，我们可以得出结论，一条材料不成，需要多种史料互证，才可能知道历史事实到底是怎么样的。

师生共同完成本段教学内容的小结。

教师：综合上述材料，请你概括赫鲁晓夫改革的背景。

学生："二战"后，苏联进入和平建设时期。苏联的粮食短缺问题制约着人民生活水平的提高，斯大林模式的弊端日益暴露。

【环节二】钩沉赫鲁晓夫改革的主要内容——辨析史料

教师出示：

玉米是最高产的谷物，应该在我国所有的地区推广……玉米之所以宝贵，是因为它同时可以解决两个任务：既可以补充谷物来源，又可以用它的秸秆做良好的饲料。

——苏共中央决议（1955年1月），
选自《赫鲁晓夫时期苏共中央全会文件汇编》

牲畜育肥和保证肉食品，没有饲料生产是不行的。这里，选择一种主要作物非常重要。我认为，当初美国选择玉米是绝对正确的。它是一种上天赐予的生命力极强的作物。只需掌握它的种植知识就行。……我国中部地区有好多地方都适于种植玉米……我曾提倡扩大玉米的种植面积，且至今坚持这个主张。

——摘编自《赫鲁晓夫回忆录》（全译本）

教师：依据上述材料，回答有关赫鲁晓夫掀起的大规模种植玉米运动的两个问题：第一，为什么种玉米？第二，在哪里种玉米？

学生：1955年的苏共中央决议认为，种玉米的目的是解决谷物和饲料来源的问题，种玉米的地点是苏联全境。有关种玉米的地点，20世纪70年代写就的《赫鲁晓夫回忆录》里说是在苏联的中部种植玉米。

教师：这里就有一个关键性的问题了。两个冲突的证据摆在你们面前，如果想研究20世纪50年代苏联在哪里种玉米，哪个更可信？

学生：1955年苏共中央的决议更可信。

教师：为什么？

学生：因为赫鲁晓夫在近20年后回忆时，可能出现记忆偏差。而苏共中央在1955年的决议，在时间上更接近历史事件发生的时刻。同时，决议又是公开做出的官方文件，可信度相对更高一些。

教师：好，我们可以总结一下刚刚这位同学所说的辨析史料的方法：第一，这则史料是什么时候形成的；第二，史料作者的意图是什么。我们再看其他的材料。

教师出示苏联宣传漫画《草罐头变肉罐头》（图略）。

教师：从这幅宣传漫画中，你能发现什么？

学生：在这幅漫画中，这玉米是用来喂牛的，在一定程度上可以佐证玉米是用来做饲料的。我们还能从宣传画中看出当时的一种心态，就是人们心潮澎湃、兴高采烈。

教师：宣传画有什么不足呢？

学生：宣传画有点漫画的意思，所以，到底是不是真种了这么多玉米，我们存疑。

教师出示历史照片《赫鲁晓夫视察玉米地》（图略）。

教师：这幅照片反映的内容是赫鲁晓夫视察玉米地。你有什么发现？

学生：历史照片相对于漫画真实度更高，我们可以直观看到收获了不少玉米，进一步证实赫鲁晓夫时期确实存在种玉米的运动。

【案例点评】

本课面向的学生群体为高一学生。由于苏联的经济改革也是初中教学的重要内容，学生拥有一定的知识基础。教师经课前与学生交流发现，高一学生对赫鲁晓夫有一些感性认识，兴趣点集中在赫鲁晓夫的种植玉米运动上。学生普遍欠缺分析文献资料和抽象概括的能力，以及将感性认识上升为理性认识的能力。因此，教师在本课中引导学生解读史料，重构史实，恢复当时的历史情境，引导学生在形成历史认识的过程中涵养史料实证的核心素养。本课通过将史料实证作为引导学生加深对重大史事的认识的重要手段，将本课清晰地分解为两段互相联结的内容：一是认识赫鲁晓夫改革的历史背景与主要内容；二是理解史料实证是运用可信的史料努力重现历史真实的态度与方法。在此基础上，教师引导学生依据史料，理性分析赫鲁晓夫改革的影响、客观评判赫鲁晓夫改革这一重要历史事件。通过对学生感兴趣的赫鲁晓夫改革相关内容的探究，教师引导学生认识到时刻注意证据的实证精神在日常生活中的重要性。也许不是每个人都可以被训练成专业的历史学研究者，但是，每个人都应该被训练成凭证据说理、凭证据叙事、凭证据评述的现代公民。

教学案例三　分层掌握“史料实证”的学习方法与能力为例

（中国人民大学附属中学通州校区，刘述远）

【案例说明】

笔者做了一节关于培养学生史料实证历史核心素养的高三专题复习课，为了上好这堂课，课前笔者做了一下学情调查。因为学生是历史教学的“晴雨表”。调查结果让笔者有点吃惊。有的同学说：“老师，史料实证这种类型的题太难了，我们做了很多，但由于试题形式多样，一会儿考史料价值，一会儿考不同历史解释有争议的原因，真是太晕了，不知如何把握这类题。而且课本中没有相关的内容，您能给我们系统地讲一下吗？”诸如这样的问题很多。针对学生的上述问题，笔者做了如下的调整。

【案例内容】

【环节一】解读史料实证的定义及分层，建构有逻辑性的思维架构

教师通过让学生阅读史料实证的定义，达到两个目的：第一，让学生改变对史料的认识。任何一种史料，都不是完全可信的，里面可能有错误，可能有虚伪，可能有私人的爱憎，可能有地方及民族的偏见。史料不等于史实，必须经过研究辨析后才能应用，史料本身就是研究的对象。第二，有层次地分解定义。通过分解定义，可以清晰地得出史料实证的过程分两步的结论：第一步是辨析史料可信度的过程；第二步是运用可信史料解释、论证并重建历史的过程。

设计意图：高三学生已经具备一些史料实证的方法与能力，只是掌握得比较碎片化、不系统，所以，在第一环节就要帮助学生建立有逻辑性、层次分明的思维架构。要解决课本中没有相关的内容，知识掌握没有逻辑性、不系统、碎片化的问题，就要先从解读史料实证的定义入手，阐明其中的层次性和逻辑性。

【环节二】分层掌握“史料实证”的学习方法与能力

教师：当我们拿到一堆相关史料后，该如何进行辨析？从哪些角度进行辨

析？辨析史料需要掌握哪些原则与方法呢？

学生：要能辨别史料的类型及价值；要多重史料互证；要把史料放在当时的历史背景下分析；等等。

教师：好，看来大家已经掌握了一些辨析史料的基本方法了，那我们通过这道题来检验一下同学们灵活运用的情况，请看材料。

2019年海淀期末试题：史料的搜集和辨析是历史研究的基础。在探究“英国人在美洲的殖民活动”这一主题时，你认为应该如何辨析下面这些材料？（14分）

材料一　在经过一段时间的探险之后，“始祖移民”（第一批来到美洲的欧洲移民）在普利茅斯港口选了一块陆地定居下来。不幸的是，他们到那里的时间是12月，他们没有做好过冬的准备。然而，印第安人伸出了援助之手。印第安人为他们提供食物，教他们种植粮食。天气转暖的时候，殖民者们开始种植粮食、钓鱼、打猎，并为冬天做准备。在收获了第一季庄稼之后，他们与自己的印第安朋友庆祝了第一个感恩节。

——摘编自美国历史教科书《美国的传统》（1984年版）

材料二　我们这些人拿着枪，听听没有人，就进入了房子，结果发现屋里的人都走了。水手们拿了一些东西，但没敢久留……我们进入了一个叫“谷物山”的地方，在那儿我们先前也发现过谷物。我们开始刨地，结果挖出了更多的粮食……要不是我们遇见了一些可能会骚扰我们的印第安人，我们怎么会发现它们呢？……次日早晨，我们发现了一个像坟墓的地方。我们决定挖掘看个究竟。我们先发现了一个垫子，下面是一副做工精致的弓箭……我们还发现了碗、盘子、碟子之类的东西。我们挑了一些好的带走，然后把尸体给盖上了。

——摘编自“五月花号”一个殖民者的航海日志（17世纪20年代初）

要不是上帝对本地居民还稍有偏爱的话，这地方大部分地区，大约300英里以内的地方都会有继续蔓延的天花病毒恣意肆虐……那些继续留在我们一边，置身于我们的保护之下的（印第安）人总共不到50个。

——摘编自马萨诸塞总督约翰·温斯洛普1634年给朋友的信

材料三　今天是你们的庆祝时刻，而不是我们的庆祝时刻。带着一颗沉重的心，我想到了我们的人所遭遇的那些事情……“始祖移民”们先是在科德角海滨探寻了4天，之后开始劫掠我们的祖坟，偷盗我们祖辈们的玉米、小麦和大豆……马萨索伊特，这位万帕诺亚格人（印第安人的一个部落）的伟大首领，对这些事情是知道的。然而，他和他的族人依然欢迎这些殖民者，并和他们做朋友……他们不可能知道……再过50年，万帕诺亚格人……及其他与这些殖民者为邻的印第安人将死于他们的枪口之下，或因染上他们带来的疾病身亡……今天，尽管我们的生活方式已不复存在，我们的语言几乎消亡，但是我们万帕诺亚格人仍行走在马萨诸塞的土地上。

——摘编自1970年印第安人代表为庆祝“始祖移民”登陆350周年仪式准备的讲稿

学生1：辨析史料首先要考虑文献类型与价值的不同。例如，材料一是教材，材料三是演讲稿，都是现当代人的宏观叙述，更注重因果分析，属于二手材料；材料二是信件和航海日记，是当事人的记载，更接近历史原貌，属于一手材料。

学生2：辨析史料还要考虑材料视角或立场的不同。例如，材料一、材料二是欧洲殖民者的视角，倾向于殖民活动的积极影响；材料三是印第安人的视角，侧重殖民者对印第安文明的破坏；不同视角对同一史实进行描述，有可能会出现差异，因为它们都具有主观性或局限性。

学生3：辨析史料还要考虑材料记载内容的不同。例如，材料一、材料二以描述历史现象（过程）为主，像感恩节来历以及第一批殖民者窃取印第安人食物的情节；材料三也有对历史现象的描述，但重点在价值判断。

学生4：辨析史料还要考虑材料形成的时代背景不同。例如，材料一反映了20世纪80年代以来美国社会的主流思想，材料二是美洲早期殖民时代的产物，材料三形成于20世纪六七十年代民权运动兴旺的环境下。不同的时代思潮对作者的陈述会产生影响。

教师：此题意在考查我们在研究辨析史料过程中使用的方法与原则，在研究历史时应该尽量占有各类史料，并且清楚知道史料的类型及价值，辨析作者的主观意图、价值取向和时代背景等，因此，把这四位同学的答案综合在一起才完整。还有当各种史料对同一史实记载得不一致、出现矛盾的时候，应当对史料进行综合辨析，才能得出更加接近史实的结论。如果仅依据某一方的材料进行该主题的研究，就会得出偏颇的结论。请同学们再阅读材料，说说为什么不同人对同一历史人物的评价大相径庭，其根源何在。

材料四 孔子的形象在历史中变化多端："圣化""矮化""正统化""神化""僵化""维新化""丑化"，在漫长的历史中，似乎还没有一个人能像孔子那样不停地受到崇拜、敬仰、追捧，也不停地受到扭曲、利用乃至抨击。请问导致同一历史人物有不同的历史解释的原因是（ ）

①客观史实不同　　② 解释者所处的时代不同

③研究的目的、角度、方法不同　　④ 收集、占有的资料不同

A. ①②③　B. ①②④　C. ②③④　D. ①③④

学生：答案为C，其根源为不同时代背景会导致研究者进行评价的目的、角度、方法不同，所以评价结果大相径庭。

教师：理解到位，回答得非常棒！大家再看看刚上课时老师展示的图片。你们还有什么不明白的吗？

学生：老师，什么叫"自己重构历史"？您能讲一下吗？

教师：好的，请大家再看这则材料，体会什么叫"自己重构历史"。

材料五 《岳麓书院藏秦简》"秦始皇禁湘山诏"，记载秦始皇巡游湘山（即洞庭湖君山）时，"登湘山、屏山，其树木野美，望骆翠山以南树木□见亦美，其皆禁勿伐"。随行大臣提出："其禁树木尽如禁苑树木，而令苍梧谨明为骆翠山以南所封刊（封山禁伐）。"《史记》则记载秦始皇在湘山遭遇大风，几乎不能渡过湘江，以为当地神灵作怪，"始皇大怒，使刑徒三千人皆伐湘山树，赭（使其裸露）其山"。

——摘编自晏昌贵《禁山与赭山：秦始皇的多重面相》

请说明秦简和《史记》中有关秦始皇的记述有何不同，以及出现这种不同的原因。依据材料，能够确定的历史事实是什么？

学生：上述材料中，秦简持肯定的态度，它是秦朝史官的记载，因此有一定美化成分；《史记》是后世汉代修的，带有汉代的价值观，所以具有批判性。能够确

定的历史事实是秦始皇巡游过湘山。

教师：请问题干哪里属于运用史料重构历史？

学生：我明白了！是“依据材料，能够确定的历史事实是什么”！

教师：希望同学们通过本课的学习，首先，对史料实证这一概念能够从宏观上建构起有逻辑性、层次分明的思维架构。其次，能够更深层次地领悟史料实证的过程与方法。最终，能够体会到其理性的求真精神，更能感受到历史学科的魅力！

设计意图：新课标关于史料实证历史学科核心素养的首要目标是：知道史料是通向历史认识的桥梁，也是认识历史真相的唯一途径。要想尽可能地避免史料运用中的失误，全面认识历史，还需要灵活掌握史料运用的原则与方法。

【案例点评】

史料实证的落实，是实践中亟待解决的棘手问题，因为史料实证本身就非常复杂，包含的内容很多，如果只是笼统论之，无疑难以下手。

本课面向的学生群体为高三生。他们已经具备一些史料实证的方法与能力，只是掌握得比较碎片化、不系统，因此，本课第一环节就要通过对史料实证概念的分解、分层，帮助学生建立有逻辑性、层次分明的思维架构，以解决史料实证这部分知识，掌握得东一块、西一块，没有逻辑性、不系统、太碎片化的问题，从而使史料实证掌握起来更加系统化，有层次性、逻辑性，学生学起来也有抓手。本课第二环节的设计意图就是通过教师精心筛选的高三经典试题，让学生体会史料是通向历史认识的桥梁，也是认识、接近历史真相的唯一途径。要想尽可能地避免史料运用中的失误，全面地认识历史，还需要灵活掌握史料的运用原则与方法，如此才能最终体会到史料实证的理性求真精神，感受到历史学科的魅力！

拓展读物

1. 傅斯年. 史学方法导论［M］. 北京：中华书局，2016.

这本书对什么是史料、史料的分类及价值进行了详细的叙述。作者将史料分为八组：一是直接史料对间接史料；二是官家的记载对民间的记载；三是本国的记载对外国的记载；四是近人的记载对远人的记载；五是不经意的记载对经意的记载；六是本事对旁涉；七是直说对隐喻；八是口说的史料对著文的史料。他提出不以空论为学问，不以史观为急图，纯就史料以探史实，论证了史料的重要性。

2.〔法〕马克·布洛克（又译布洛赫）. 历史学家的技艺（第二版）[M]. 黄艳红，译. 北京：中国人民大学出版社，2011.

这本书展现了史料实证核心素养中的证据意识。布洛克认为，不应忽视大量非文字性的证据，特别是考古学证据，不应继续在资料问题上执着于书面文字、在史实问题上执着于事件。布洛克承认，人们无法了解过去的一切，只能得到“根据历史痕迹获得的认识”，只能借助于“所有科学都提供了各种范例”的“重构”步骤来构建历史认知，“有的时候，学者最重要的责任是接受自己的无知，并诚实地承认自己的无知”。布洛克还强调，要认清文献、证据“不会自己说话”，由于历史证据几乎具有无限的多样性，在所有重大的人类问题上，都需要处理各种相互对立的证据，这就需要“历史学家对于其职业中的所有重要技艺至少应略知一二”。

第五章　以历史解释核心素养立意的教学问题

关键术语

所谓历史解释，是指以史料为依据对历史事物进行理性分析和客观评判的态度、能力与方法。历史解释以时空观念为前提、以史料证据为支撑、以历史理解为基础。所有历史叙述在本质上都是对历史的解释，即便是对基本事实的陈述也包含了陈述者的主观认识。人们通过多种方式描述和解释过去，通过对史料的搜集、整理和辨析，辩证、客观地理解历史事物，不仅要将其描述出来，还要揭示其表象背后的因果关系。

结构图解

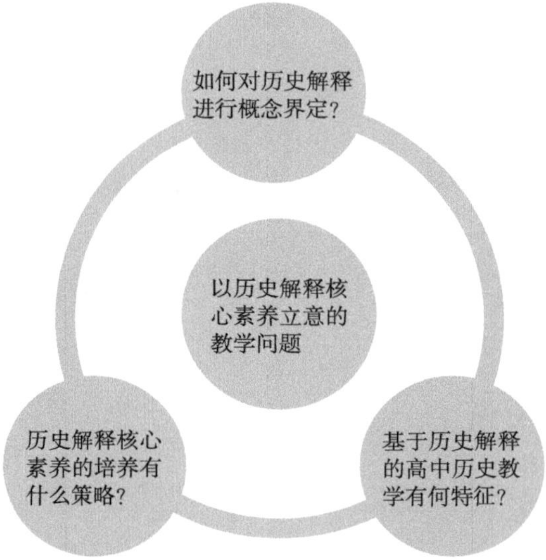

学习要点

看完本章，应该能够了解以下几点。

第一，历史解释核心素养的内涵是什么？

第二，基于历史解释的历史教学有哪些特点？

第三，高中历史教学中历史解释核心素养的培养策略是什么？

教师困惑

在阅读本章之前，请您想一想，随着素养时代的来临，作为一名高中历史教师，您对历史解释核心素养内涵的了解有多少？您是否有意识地在课堂中渗透了这一核心素养？在课堂实践中您遇到了哪些困境？您有哪些应对策略？

问题一
如何对历史解释进行概念界定？

本节要点

☆ 何谓“理解”与“解释”？

☆ 历史的双重内涵与历史哲学的两大类型是什么？

☆ 历史理解与历史解释的关系是什么？

一、何谓“理解”与“解释”？

（一）何谓“理解”？

在西方社会，“理解”被称为“心通意会”。“理解”是“从个人充沛的经验出发，通过一种位置的调换，渗透进他人的生命表现之中”[①]。这里的“他人”不仅指“人”，还包括“人”所处的时代。

---

① 安托万·普罗斯特：《历史学二十讲》，王春华译，北京大学出版社，2012，第139页。

德国哲学家伽达默尔认为“理解从属于历史”[①]，理解是一种历史性的理解，是处于历史中的理解者与被理解者（包括历史传统）之间的对话，而不是无时间、无历史的主体对于现成的对象进行的客观认识。且理解活动本身也是一种“教化，也就是从个别达到一般”[②]的过程。

通过这个过程，对话双方不断扩展自身的视域，不断脱离自身立场的狭隘性，双方认知的交集部分得到扩大，彼此达成理解，并由此增强了双方看法的共同性、普遍性。最终，历史就通过理解，即通过人与人之间的对话或交往实践，使人逐渐达到一种人类共同体中的普遍性，从而走向人类共同体的善。[③]

在我国，陈寅恪先生也有类似的见解，提出了“了解之同情”的著名观点。这种“理解”强调史家凭借自身的生活阅历、生命体悟回到历史上的时代，走进历史中人的内心，即“体贴的理解”[④]。

（二）何谓“解释”？

《辞海》中对“解释”一词做了广义的注解。广义的“解释”是训诂、注疏的意思，也包含说明因果关系的意义。英语中，“解释”一词有两种对应词：第一种对应词是“interpret”，第二种对应词是“explain”。“interpret”是翻译、诠释；“explain”是说明，为某人或某事提供原因或理由。

在西方古典解释学中，柏拉图的观点影响了近两千多年。按柏拉图的观点，“言语是两个人之间面对面的交谈，由于语境的具体与对象的确定，不会导致误解。如果一方没有听懂另一方的话，可以要求对方再说一遍或做出解释，也可根据对方的面部表情与手势做出推断，交流的渠道十分畅通。而文字则会使交流受阻，一篇文章四处流浪，找不到归宿之处，阅读的人由于不能面对作者，会误解与虐待它，最后不得不求助作者出面解释”[⑤]。言语是自明的，是思想表达的最好媒介；文字则会导致歪曲，可能使作者真实的思想被遮蔽和放逐，因此需要做出

① 何卫平：《通向解释学的辩证法之途》，上海三联书店，2010，第215页。
② 同上书，第210页。
③ 帅巍：《伽达默尔解释学“我–你”关系视域下的理解概念》，《四川师范大学学报》（社会科学版）2017年第6期。
④ 朱能：《试解“历史理解”与“历史解释”关系之惑》，《中学历史教学参考》2016年第9期，第34页。
⑤ 刘月新：《柏拉图与解释学》，《湖北三峡学院学报》1999年第1期。

解释与澄清。总之，哪里有误解，哪里就有解释。

这一思想在当代解释学中已开始动摇，伽达默尔提出，解释者解释文本时无须去探究作者的本意，不必去追问作者想要表达什么或已经表达了什么，文本一旦创造出来，就脱离了作者的控制，向读者无限开放。当然，这并非说明读者可以任意解释文本，在对话中，读者的偏见也会受到怀疑与批判，从而暴露出内在问题，读者因此得以更新视域。①

伽达默尔曾说："一切科学都包含着解释学的因素。"近代以来，人文社会科学的发展历程就是一个解释学普遍性增强的过程，这种解释学发展的普遍性并不局限于人文学科里，在自然科学的发展历程里也存在。在历史研究里，狭义的"解释"特指以演绎的方式说明历史因果关系。一种路径是通过先验概念建立起解释的原则，从而将分散的历史事实聚合到一起，比如"资本主义""工业革命"等概念；另一种路径则是继承休谟和穆勒的因果观念，建立起事件与事件之间的因果关联。②

以广义的视角来看，所有历史叙述在本质上都是对历史的解释。这一观点的提出，与西方史学传统中"历史"的双重内涵以及近代以来史学理论的变迁密切相关。

二、历史的双重内涵与历史哲学的两大类型

沃尔什在《历史哲学导论》中指出，历史客观性问题是历史哲学中最重要，也是分歧最大的一个主题。③一般而言，作为历史哲学对象的"历史"一词有两种相互关联的基本内涵：一是作为"过去"、由既往发生事件与行为构成的历史实在；二是对既往历史事件、行为及其过程的书写、编排、解释。④在他看来，历史学家对历史的叙述有两种倾向：一种是对历史事实的平淡叙述，即罗列事实，不含任何主观因素。另一种是意义叙述，即不仅述说过去的事情，而且还要解释它，这就包含了叙述者对人类过去经验的主观看法。

---

① 刘月新：《柏拉图与解释学》，《湖北三峡学院学报》1999年第1期。

② 顾晓伟：《战后英美史学理论界关于"历史解释"与"历史叙述"的论争——以曼德尔鲍姆的批判为线索》，《世界历史》2016年第4期。

③ 沃尔什：《历史哲学导论》，何兆武、张文杰译，广西师范大学出版社，2001，第95页。

④ 陈赟：《从思辨的历史哲学、批判或分析的历史哲学到文明论的历史哲学》，《社会科学文摘》2018年第12期。

这两种有关“历史”的内涵虽有差别，但亦有联系。历史不只包括既往的事件、行为本身。对历史事件的亲历者来说，在既往事件发生之时刻并非是历史，唯有既往事件过去之后对它的回忆才是历史。换言之，构成历史的事件与行为等唯有通过历史主体的意义建构才得以成为历史。[①]因而有可能存在“自在的过去”，它包括那些在“未来”没有被记忆、经验所激活，已经死亡了的过去，但这种过去并不是历史；一切历史研究的对象是此时此地还没有完全逝去的过去，譬如对某事的记忆，或往事的遗迹。[②]

历史不再等同于已经消逝的过去，而是过去在当下的再认识。过去之所以并未逝去，不仅是由于它持续地存在并影响当下，同时也因为现实中人们的追忆、再认识：“（那些过往）只有我们以历史眼光掌握处理它们的时候，才变成为历史；它们本身并不就是历史，而是在我们的眼光下，经由我们的眼光后，才变成为历史。我们必须将它们转化。经过这个转化工作，过去人的事业，才变成历史。也就是说，那些外在的、有其本身运作原因的事业，被我们的记忆、被我们的历史意识及理解力掌握之后，才变成历史。只有我们记忆所及的事，才是真正尚未逝去的过去，才是虽然过去却有现在性的事。”[③]在这个意义上，历史的第一种内涵无法摆脱第二种内涵而独立存在。

因此，我们可以将历史的这两重相互关联的内涵概括为历史存在与历史认识。纵观史学发展，以此为基点派生出两种不同类型的历史哲学：一种面向历史事件及其进程本身并由此出发去理解历史；另一种面向历史的记述与书写并由此出发去理解历史。前者即思辨的历史哲学，后者即批判的历史哲学或分析的历史哲学。[④]思辨的历史哲学处理的是作为过去的事件与行动的历史本身，可以视为第一性的历史哲学，而批判或分析的历史哲学则分析构成历史内容的既往事件与活动在经验中的叙述方式，因而属于第二性的历史哲学。

---

① 陈赟：《从思辨的历史哲学、批判或分析的历史哲学到文明论的历史哲学》，《社会科学文摘》2018年第12期。

② 德罗伊森：《历史知识理论》，耶尔恩·吕森、胡昌智编选，北京大学出版社，2006，第9页。

③ 莫付欢：《日常生活中的历史身影——〈唇齿殇〉历史记忆的符号化呈现》，《柳州师专学报》2013年第2期。

④ 陈赟：《从思辨的历史哲学、批判或分析的历史哲学到文明论的历史哲学》，《社会科学文摘》2018年第12期。

可见，“历史理解”指向“情感取向和理性认识”[①]，并突出“对历史具有同情理解的态度”。无独有偶，史学家布克哈特在知天命之年，也曾就历史教学说：“我的目标是促使那些听课的人确立一种信念、萌生一种愿望。对每个个体来说，同一件以往的事情会产生不同的影响和效果；每个人都能够并且可以以自己独特的方式了解和理解它，并很有可能从中看到对自身有益的因素。”[②]这番话表达了他对人和人类生命的敬畏的、包容的理解，即“深沉的理解”[③]。这是史学家在历史研究中倾注一生所得的体悟。

（一）何谓历史解释？

1.“思辨的历史哲学”中的历史解释

19世纪，受传统历史哲学的影响，史学理论的追求停留于史料层面，不关心史观。西方史学以兰克为代表，尊崇严格考证史料、不做任何价值判断的基本信条。受实证主义影响，传统史学研究在方法上推崇“客观主义”，认为科学研究首先要确定事实，其次要构成规律[④]，因而历史学家要“据事直书”，在解释历史时对材料的选取要保持不偏不倚的公正态度，将自然科学的研究方法运用到历史学中。20世纪之前的“思辨的历史哲学”，以意大利的维柯，法国的伏尔泰，德国的康德、黑格尔为代表，还有20世纪活跃的德国的斯宾格勒、英国的汤因比，他们希望能够揭示“人类历史的一般历程”，以及“整个人类历史过程某种终极意义”[⑤]。

在兰克学派的影响下，中国史学中出现了以顾颉刚、傅斯年为代表的史料派，顾颉刚继承清代学者的疑古精神，提出“层累地造成的中国古史说”，重在考证；傅斯年则认为“一分材料出一分货，十分材料出十分货，没有材料便不出货”，对于材料“存而不补”“证而不疏”[⑥]，认为材料越客观，越还原历史才越趋于真相。1949年后，史观论又经历了“以论带史”“论从史出”“史论结合”三大阶段。其中，以李大钊、郭沫若为代表的史观派，认为应在承认客观历史的

① 邓京力：《历史理解与历史解释辨析》，《历史教学》（上半月刊）2016年第11期。
② 雅各布·布克哈特：《世界历史沉思录》，金寿福译，北京大学出版社，2007，第6页。
③ 朱能：《试解“历史理解”与“历史解释”关系之惑》，《中学历史教学参考》2016年第17期。
④ 徐浩、侯建新：《当代西方史学流派》（第二版），中国人民大学出版社，2009，第20页。
⑤ 张岂之：《史学概论》，高等教育出版社，2009，第244页。
⑥ 傅斯年：《历史语言研究所工作之旨趣》，载岳玉玺《傅斯年选集》，天津人民出版社，1996，第180—181页。

前提下，进行适当的整合和评判，在“实事求是”的基础上“实事之中求其所以是”[①]，整合才能知其然，批判才能知其所以然，二者缺一不可。

2.“分析的历史哲学”中的历史解释

到20世纪三四十年代，分析历史哲学派兴起。与“思辨的历史哲学”不同，“分析的历史哲学”聚焦四大问题——“历史学是什么？”“历史的真理性和事实问题”“历史客观性”“探寻历史解释的性质”。[②]其中，历史解释是“分析的历史哲学”区别于“思辨的历史哲学”的关键。它强调历史学的“立足点从追求客观意义上的历史规律转移到探讨主观历史知识的性质上面来……转到主体如何认识历史客体的问题上来”[③]。

因此，兰克学派的观点越来越受到怀疑。反对者主张，历史学家在面对史料时，必定是有选择的，而其选择又会受个人价值观、政治立场、问题意识等各种因素的影响，因而他对过去的解释不可能是不出于特定视角的。[④]可见，“分析的历史哲学”逐渐放弃了客观反映论，强调历史研究中不可避免地存在主观性与相对性，并注重研究主体的主观作用。

1942年，德裔美籍哲学家亨普尔发表了《普遍规律在历史中的作用》一文。他提出，历史学和自然科学的认识方式基本一样，通过用原理、模型去解释历史现象，可以得出精确的结论。他掀起了西方史学界对于历史解释的内涵以及用什么模式进行历史解释的大讨论。[⑤]自此以后，史学成为人们对过去的一种回忆与解释。

作为一个新型的专门的学术层次，历史解释学“着重研究历史认识的特性和逻辑，剖析历史观念形成的过程和条件，探索并运用历史解释和历史解释的原理、方法、规律，提高历史理解的深度和广度……最终揭示历史的奥秘”[⑥]。正如卡西尔在《人论》中将历史实在看成符号，“而且这样的实在从不停止要求得到

---

① 郭沫若：《中国古代社会研究》，河北教育出版社，2000，第2页。

② 同上。

③ 沃尔什：《历史哲学导论》（译序），何兆武、张文杰译，广西师范大学出版社，2001，第32页。

④ 彭刚：《历史事实与历史解释——20世纪西方史学理论视野下的考察》，《北京师范大学学报》（社会科学版）2010年第2期。

⑤ 付虹：《中学历史教学中历史解释素养的培养研究》，硕士学位论文，山东师范大学，2018。

⑥ 徐兆仁：《历史解释学：史学史研究突破藩篱的理论探索》，《学术研究》2008年第3期。

解释和再解释——历史学的伟大任务正是从这里开始”[①]，并将历史意识、立场及个人的生活经验与历史理解、判断紧密联系起来。由此，历史解释在西方史学史上形成了多种多样的模式和方法。

例如，以克罗齐、柯林伍德为代表，分别提出了“一切历史都是当代史”“一切历史都是思想史”的论断，其共同点是“反对兰克式片面追求博学、尊崇语文学考证、盲信历史客观的历史学”[②]。克罗齐认为哲学与历史学结合，才能保证历史主义的活力，况且历史认识具有主观性和特殊性，只有基于现实需要研究过去、研究历史，方能称之为研究“活”的历史。波普尔在此基础上也阐述了类似的观点，认为不可能有一部真正如实表现过去的历史，只能有各种历史的解释，而且没有一种解释是最后的解释，因此，每一代人都有权利做出自己的解释。[③]

再如，建构论者认为，不存在任何无意义的叙述，每一段叙事都在一定程度上揭示了一些事件的某种后果，因而两者只是在程度上有所区别。历史叙事有自身的特点，叙事应该与对事件后果的解释联系在一起，如果故事中在前的事件对后续事件而言不具有重要性，那它就不属于这个故事。[④]史学家对历史事实进行建构时，其中就已经包含了解释的因素，事实与解释并非截然分离，历史事实本身就带有意义，支配着历史解释。历史被史家书写，以文本的形式呈现出来，从这层意义上来说，历史文本已经沾染了史学家的思想，完全客观、透明的历史叙事是不存在的。

此外，历史解释的最终目的，可被称为“问题解决”。卡尔在《历史是什么？》中说：“所有这一切，在历史学家在它上面加过工、作过解释以前是毫无意义的。”[⑤]“历史主要在于以现在的眼光，根据当前的问题来看过去；历史学家的主要任务不在于记载，而在于评价；因为，如果他不评价，他又如何知道什么是值得记载下来的？”[⑥]这也是历史研究和历史学习的价值所在，所以，我们才同意卡尔“历史就是现在与过去无休止的对话”的观点。实际上，人们往往是在对当

---

① 卡西尔：《人论》，李化梅译，西苑出版社，2009，第234页。
② 同上书，第246页。
③ 王晴佳：《西方的历史观念：从古希腊到现在》，允晨文化实业股份有限公司，1998，第308页。
④ 陈新：《西方历史叙述学》，社会科学文献出版社，2005，第57页。
⑤ E. H. 卡尔：《历史是什么？》，吴柱存译，商务印书馆，1981，第12页。
⑥ 同上书，第18页。

下或未来有某种思考、期盼或忧虑时，才会回头到历史中去寻求答案，于是便有了历史解释。史学前沿动态的不断变化，正是时代发展和人们思想变化的结果。

我国学者也有类似观点，即历史解释就是“使过去的人和事变成可以理解知识的过程”，史家“借助一定的理论和概念，并运用各种思维方法，以确定史实，探明因果，阐释意义”[①]，从而建构历史解释。史家的任何历史叙述都是一种解释，使历史上遗留下来的碎片“恢复为一种新生命，使它们再次变得易读和可以理解”[②]。可见，解释是认识历史的基本方式。历史解释指向“理性分析和客观评判的能力”，并强调“对历史事物之间的因果关系做出解释”，体现了“解释”的特点。

（二）历史理解与历史解释的关系

值得注意的是，历史解释作为一种历史认识活动，不仅要通过历史信息的处理、理解和判断发现历史的本质，而且注重“人”的作用，重视人自身的需要和兴趣本身，人们在此基础上，在历史解释中寻求历史意义，重建历史。[③]人之所以会成为历史解释的主体，在于史学界普遍认同历史中“人”的重要性，沃尔什认为历史学家选择什么历史事实当作事实来接受，以及如何理解、判断他所认识的事实的依据是他对人性的认识。[④]

随着历史哲学的发展，现当代一些研究者认为，在历史认识过程中，历史理解和历史解释虽是两种不同的历史思维形式，但也可以融通。[⑤]例如，法国年鉴学派就在历史理解与历史解释之间找到了一条中间道路。其早期代表人物布洛赫曾经说过这么一句话：统率和启迪历史研究的是“理解”。[⑥]既然统率与启迪历史研究的是“理解”，为什么又说他在“理解”与“解释”之间找到了一条中间道路呢？原因在于，在法语中，理解又指对事物做出解释。布洛赫认为，理解历史事件的同时，人们也就对其做出了某种解释。[⑦]法国年鉴学派的这一观点，

---

① 李剑鸣：《历史学家的修养和技艺》，上海三联书店，2007，第278页。

② 何兆武：《历史理论与史学理论——近现代西方史学著作选》，商务印书馆，1999，第600页。

③ 武守志：《当代西方历史解释观点述评》，《兰州教育学院学报》1988年第2期。

④ 黄玉娇：《基于“历史解释”的高中历史教学研究》，硕士学位论文，陕西师范大学，2017。

⑤ 冯一下：《试说历史哲学界域中的历史解释——“历史解释与历史教学”专题研究之四》，《中学历史教学参考》2017年第5期。

⑥ 马克·布洛克：《历史学家的技艺》（第二版），黄艳红译，中国人民大学出版社，2011，第131页。

⑦ 王晴佳：《西方的历史观念：从古希腊到现在》，允晨文化实业股份有限公司，1998，第327页。

很好地解释了历史理解与历史解释之间的关系，即历史理解的过程在某种程度上说就是历史解释的过程，历史理解通过历史解释表现出来。

通过上述对历史理解与历史解释的分析，我们对这两者的关系有了更加明晰的认识。

二者的认识功能确有不同：一般来说，历史解释适用于认识普遍的、带规律性的、反复出现的、具象的、物质性强的历史现象，而历史理解则适用于认识特殊的、个性强的、偶然的、与物质生产生活有一定或较大间隔的历史现象。[①]如果说“历史理解”是打造一件历史作品整个过程中所需的智慧，那么“历史解释”则是打造它的手上技艺。前者侧重于思维与心智，后者更侧重于方法与能力。

不过，历史理解的过程实质上也就是历史意识不断更新的过程，它有起点而无终点[②]，认识历史事物，既需要理解，也需要解释，应在理解中求得解释，在解释中加深理解，两者绝难隔离。无论运用还是习得，历史理解与历史解释共融于同一个历史解读过程中，没有先后，难分高下，是相依相存的两个方面。

问题二
基于历史解释的高中历史教学有何特征？

本节要点

☆ 历史解释与其他素养之间是怎样的关系？

☆ 在高中历史教学中培养历史解释核心素养，有哪些水平层级？

☆ 历史教学中的历史解释应注意哪些原则？

一、历史解释与其他素养之间的关系

所有历史叙述本质上都是历史解释，历史解释一般包括史料的搜集、整理、辨析，客观辩证的历史理解，对历史现象的描述，对历史现象背后深层因果关系

① 冯一下：《在理解与解释之间合理选择——试说〈圣雄甘地〉一课的教学主题（立意）》，《中国历史教学》2018年第1期。

② 王学典：《史学引论》，北京大学出版社，2008，第215页。

的揭示等步骤。历史解释是历史学科诸素养中针对历史思维与表达能力的集中要求，是学生是否形成正确历史认识的主要判断标尺，目前的历史试题在五大素养中对历史解释核心素养的考查最为突出。历史解释的理论保证是唯物史观，达成途径是史料实证，思维线索是史事，内核是因果关系。

历史解释的理论保证是唯物史观，唯物史观作为科学的历史观和方法论，是学生认识历史、理解历史的理论武器，更是学生全面、客观地解释历史的指导思想。在这种运用过程中，学生在理解和解释历史中逐渐形成正确的历史观、世界观、价值观。而唯物史观的抽象方法和科学思想只有在无数次的历史解释实践中被学生灵活运用，才能化为学生的思维内核。实际上，这也是锻炼和培养学生科学地而不是随心所欲地对待历史和运用历史的能力，这种能力之中融入了学生应该具有的历史观——唯物主义实事求是的态度。若理论与实践处于平行状态，不能真正内化为学生的三观，也就达不到立德树人的目的了。

史料实证是历史解释素养得以达成的必要途径。历史学科特点主要体现在不能通过直接接触、直接观察和直接实验的方法去探讨历史事件，要客观、正确地认识历史就必须通过现存的史料去分析。历史解释必须以史料为依据，重视史料的搜集、整理和辨析，去伪存真、去粗取精，在获取真实史料的基础上，论从史出，对历史事件进行合理的分析和判断。可见，在解释历史的过程中，需要有搜集、鉴别史料的能力，需要掌握可靠、全面的史料，需要有提取、运用史料信息的信息意识，以及理性分析的态度和方法，这样才有可能接近历史的真实，在此基础上全面、客观地评价历史。同理，不具备一定的历史解释核心素养，学生对史料的搜集、整理、辨析、提取和运用水平将大打折扣，这在我们的历史考试中非选择题部分表现得很突出，学生作答水平相差悬殊。

历史解释核心素养的培养不是空泛的，它必须与具体知识的习得相结合，通过诸多具体的事例和反复的专门训练而获得一定程度的积累。这就是为什么核心素养一定要和学科联系在一起。知识是基础，特别是历史学科强调论从史出，任何认识和结论的得出都要建立在坚实的史实之上，从历史的角度发现问题、思考社会和人生。没有历史知识作为思考的原料和对比参照的基准就得出的结论，也不可能是真实、准确和有实效的。吴伟认为，从历史素养的高度看，历史知识既是具体的，也是整体的；既是独立的，也需要前后贯通、上下相连、左右相逢；既要保证知识的完整和独特，也要对它进行消化、加工、提炼。知识与知识的“酶化”，是历史素养要求的知识观。[①]其中知识的“酶化”就是要关注知识的消化，把“死”知识变活，把活知识变灵。那么，知识的完整和贯通的必备媒介就是时空框架，将知识“酶化”的首要途径就是运用时空观念，运用时空观念是理解历史的方法。因此，历史解释的思维线索是史事，也就是指经过时空观念加工的史事。时空观念还是解释历史的方法，如通过确定时空范围，利用时间的一维性，分阶段概述历史发展的进程；或利用空间的布局，阐述历史发生的过程。同样，时空观念核心素养的养成及检测需要以无数历史解释的实践为依托，否则，时空观念就会停留在等同于大事年表和历史地图的表象和符号记忆层面。

家国情怀是诸素养中价值追求的目标，是学习和探究历史应具有的人文追求——以服务于国家强盛、民族自强和人类社会的进步为使命。历史解释避不开价值判断和对历史意义的艰辛探究，需要有正确的价值观来引导和情感态度等因素来激励、维持，家国情怀核心素养恰好承担着这一功能。[②]家国情怀所要求的社会责任，对国家、民族、人类社会的使命意识是着眼于现实的，是当今的学生应具有的情怀。历史解释的终极目的是以史为鉴，在这一过程中能建立历史中蕴含的价值取向与现实家国情怀的连续性。换句话说，历史解释核心素养要求塑造学生对待历史的态度。学会正确地对待历史，也就学会了正确地对待现在和未来。历史中包含着人类文明成果和取之不尽的经验教训，通过学习它可以拓宽视野、增添认识问题的厚度、厘清个人社会发展的正道——担负起社会责任，拥有对国家、民族、人类社会的使命意识。

历史解释的重要意义不仅体现在我们只能“通过阐释工作来认识或理解过去，认识或理解前后相继的种种精神世界”[③]，以此来丰富我们的历史知识，还在于历史解释有助于我们理解当下、思虑未来，形成历史意识和历史思维。历史解释是历史知识、历史思维、历史表达三位一体的聚合体，因此，历史解释是诸素养具体落实的落脚点，是检验诸素养形成的主要体现。历史解释核心素养的养成也需要诸素养汇合、激荡以成汹涌之势。

---

① 吴伟：《历史学科能力与历史素养》，《历史教学》（上半月刊）2012年第11期。

② 凤光宇等：《中学历史学科核心素养教学实践研究》，上海教育出版社，2019，第197页。

③ 李剑鸣：《历史解释建构中的理解问题》，《史学集刊》2005年第3期。

二、历史解释培养的水平层级

对于历史解释核心素养水平的划分，《普通高中历史课程标准》（2017年版）已有明确论述，主要划分为四个层次。笔者认为可以将之进一步归纳为史事确认、历史理解、理论阐释、综合论述四方面。

（一）史事确认

英国学者E. H. 卡尔提出，“历史学意味着解释”，它是“历史学家和他的事实之间的一个连续不断的互动过程，是一场现在与过去之间的永无休止的对话”[①]。可见，历史学就是历史学家的解释与历史事实的互动关系，是主观历史与客观历史的融合。客观存在的人类历史，独立于认识者、研究者的主体意识之外，是不以人的主观意志为转移的客观实在。主观作用下的历史是对客观历史的记录或描述，在这个过程中，记录者、描述者的思想观念不可避免地会渗透其中，使历史表现出某种主观性。客观存在的人类历史和史家撰写的历史，并不截然对立。客观存在的人类历史是史家撰写历史的基础和认识的源泉，同时，它也依靠史家的撰写而将其呈现在人们面前。因为人们的立场、观点、方法、角度不同，对同一历史事件、历史人物、历史现象的理解和解释也就不同，不同的历史解释具有不同的价值。新课标要求高中生具有区分历史叙述中的史实与解释的能力，要“区分历史叙述中的史实与解释”，就是要回到历史学的起点，确定历史事实部分、还原客观存在的人类历史。如李剑鸣教授所言，从历史研究的实际来看，历史解释的第一任务，就是确定历史事实。[②]

史事确认，是确认史事的时间、地点、人物及其发展经过。“史事”指什么呢？《全日制义务教育历史课程标准》（2011年版）中厘定的史事有“重要的历史事件、历史人物和历史现象”，“历史发展的基本线索”，以及“人类文明的主要成果”。依据《普通高中历史课程标准》（2017年版）学业质量水平要求，学生能够讲述的历史上的事情应有：历史发展的基本进程、历史事件的经过及结果、历史人物的事略、历史现象的基本状况。综合两者，我们要确认的“史事”包括历史发展的基本进程，历史事件的经过及结果，历史人物的事略，历史现象的基本状况，古今中外断代史等历史线索，政治文明、经济发展、思想文化等文明成果。

---

① E. H. 卡尔：《历史是什么？》，吴柱存译，商务印书馆，1981，第26、35页。
② 李剑鸣：《历史学家的修养和技艺》，商务印书馆，1999，第279页。

教学中可以先从第一层级着手，确认教科书和教学中的史事有哪些，如时间、地点、人物、具体事件发展经过、技术发明、历史文献、官职等客观描述的历史事实属于史事，而对历史人物、事件、现象的原因诠释、意义评价、趋势概括、特点分析等主观认识属于解释。同时，要知道历史事实与历史解释的划分具有相对性、辩证性。史学家面对的史事不仅包括客观存在的历史事件、人物、现象等，也包括客观存在的其他人对这些历史事件、人物、现象的解释。历史学家解释的对象既可以是前者，也可以是后者。历史学家陈述的史事不仅包括客观发生的历史事件，也包括后来他人对该事物的解释、评价，对叙述者本人而言，其中唯有叙述者本人的解释、评价方能归类为历史解释。而对于接受者而言，他人的解释，无论是叙述者转述的他人解释、评价还是叙述者自己的解释、评价，都属于历史解释。[①]角度不同，答案有时相同有时不同。

（二）历史理解

历史理解，是要从历史实际的角度客观地看待和理解过去的事情。所谓理解，就是要将陌生的事物转化为熟悉的事物。[②]为什么要理解历史呢？历史学家应以诠释者而非裁决者的身份出现，力图深入到前人的世界中去，了解和说明其思想与行为。也就是说，解释首先需要理解。解释固然不能回避评价，但这种评价不是裁决，而是在理解的基础上进行的一种试探性的对话，如英国历史学家赫伯特·巴特菲尔德所言：“我们如果不从历史人物的内心来看他们，不像一个演员感受他所扮演的角色一样来感受他们——把他们的想法再想一遍，坐在行动者而不是观察者的位置上——就不可能正确地讲述故事。……（这一点的确难以做到）……但无论如何，历史学家必须把自己置于历史人物的位置上，必须感受其处境，必须像那个人一样思想。如果没有这种艺术，不仅不可能正确地讲述故事，而且也不可能解读那些重构历史所依靠的文件。”我们在进行历史解释时，要时刻保持一种清醒的意识：理解先于评判，理解重于评判，理解也难于评判。法国历史学家马克·布洛赫感叹道：“长期以来，史学家就像阎王殿里的判官，对已死的人物任情褒贬。……我们对自己、对当今世界也未必有十分的把握，难道就有

① 凤光宇等：《中学历史学科核心素养教学实践研究》，上海教育出版社，2019，第211页。
② 海登·怀特：《后现代历史叙事学》，陈永国、张万娟译，中国社会科学出版社，2003，第7页。

把握为先辈判定善恶是非吗?”[①]在他看来,“理解”才是历史研究的指路明灯。

能否真正地理解是一回事,是否努力去理解则是另一回事。有理解的愿望,就会极力避免武断和简单化。我们的理解不是凭空揣度,而是依据相关的知识来进入过去的世界,来“走进”前人的生活。有了理解这种态度,研究者就会努力寻求相关的知识和史料来了解前人的思想、言论和行为。今天所倡导的核心素养,实际上就是将我们这些历史学习者置于历史学家的地位,让我们正向同步感悟历史学的由来,锤炼出应用的思维及相关心理品质。因此,我们这些历史学习者要努力寻求相关的知识和史料,运用历史知识和相关学科知识,分析影响历史的客观因素(经济、政治、文化、交往等);以历史视角理解古人的主观意愿,在历史语境中理解史事的价值与意义。比如“指出三则材料所反映出的历史主题,并根据你的理解建构出这一主题的历史进程”,这一问题就是考查学生的历史理解能力。这道题中的三则材料分别是近代、“一战”后、“二战”后人士关于欧洲一体化问题的说法。学生首先需要从三则材料中概括出古人的主观意愿,其次运用历史知识和相关学科知识,分析影响历史的客观因素(经济、政治、文化、交往等),然后在历史语境中理解历史的价值与意义,从而建构出这一主题的相关历史进程。对历史学研究者来说,理解首先是或者说主要是一种意向,一种始终伴随着历史解释的态度,一种与前人平等对话、为前人设身处地、将过去的人和事置于具体的环境中看待的方式。这种态度乃是建构“公正而可信的”历史解释的重要保证。[②]

(三)理论阐释

画家李可染论及对待传统绘画的原则时,认为就是要用最大功力打进去,用最大勇气打出来。[③]这恰恰说出了历史理解和历史解释的关系,历史学研究者在理解过去时,要极力将自己想象成历史的参与者,“用最大功力打进去”;而在做出解释时,则应完全超越历史参与者的立场,站在中性的立场上立论,再用“最大勇气打出来”。只有做到能“进”能“出”,才能对个别或系列史事提出自己的

---

① 马克·布洛赫:《历史学家的技艺》,张和声、程郁译,上海社会科学院出版社,1992,第102、105页。

② 李剑鸣:《历史解释建构中的理解问题》,《史学集刊》2005年第3期。

③ 孙美兰:《李可染研究》,江苏美术出版社,1991,第227页。

解释。秦晖指出：历史学的任务就是解释，就是解释历史事件的因果关系，如果不去解释，历史学就没有存在的意义。历史解释的第三个目标是理论阐释，即运用唯物史观的基本原理，归纳影响历史发展的多种原因（直接原因、间接原因、主观原因、客观原因），揭示历史发展的根本动因；归纳史事与历史整体发展的相互关系，概括其发展的基本规律与趋势（特殊性、普遍性与必然性）。这一目标可以在两个层面实现。

第一个层面是个别史事，应告知学生对历史事件的解释可从追根溯源、理清脉络、分析人物、诠释因果、洞察趋势、判定地位、解析特点、说明影响等角度进行。教师可从思维方法养成的角度，帮助学生建构对个别史事的解释范式。第二个层面是事件与历史整体的联系。孤立地看待过去的人和事，是学生面对复杂的历史情况时常常出现的问题，其表现就是对历史掌握得一鳞半爪、浮光掠影、生吞活剥。历史学习应该是怎样的一个过程呢？这一过程中应该通过多种途径感知历史，学会根据当时的历史条件理解历史上的人和事，并经过分析、综合、概括、比较等思维过程，形成历史概念，进而认识历史的时代特征和历史发展的基本趋势。过去的所有事件只有被置于当时的情境中，并与同时期的其他事件进行联系与比较时，我们才能确切了解其意义和影响。新课标将这种联系分为学科内古今联系、中外联系和历史与其他相关学科知识的联系。其中学科内的两种联系方式是围绕认识对象的纵向联系和横向联系方式，认识纵向联系指从历史发展演变的角度考察历史现象，以时间为线索做动态分析，分析事件间到底是继承与发展关系还是扬弃与超越关系；认识横向联系指将同期各个历史事件、现象看作一个系统，分析它们之间是条件关系、对抗关系、包含关系、并列关系、修正关系还是因果关系等。认识这两种联系实际上是培养学生历时性与共时性地考察历史问题的意识。在联系与比较中，学生就其共性问题给历史现象下定义、就其系统问题形成核心概念，也就认识了历史的时代特征和历史发展的基本趋势，从而实现了历史解释的目的：从表象到本质、从抽象到具体、从孤立到系统地认识历史，概括其发展的基本规律与趋势（特殊性、普遍性与必然性）。

（四）综合论述

综合论述包括三个层次：第一，理解已有的多种历史叙述，评析其来源、立场、观点、方法与结论；第二，运用唯物史观，构建科学辩证、充分完整的主题叙述；第三，在正确历史观和方法论指导下，提出个人的独立见解。从概念中可看出，综合论述分为依次递进的三个层次。学生先要弄明白他人的历史叙述之所以是这样的缘由，以及其内容结构、观点结论是什么；然后要能学以致用，站在古人历史叙述的基础上，用科学的理论做指导思想，建构出完整的历史叙述；最后要能在科学辩证、充分完整的叙述基础上，提出自己的解释，并确保自己这个独立的解释是在唯物史观指导下形成的。

第一，学生要知道，历史有多种解释是正常的，仁者见仁、智者见智是历史学的常态，如李大钊在《史学要论》中所言："一时代有一时代比较进步的历史观，一时代有一时代比较进步的知识；史观与知识不断的进步，人们对于历史事实的解喻自然要不断的变动。"[①]造成历史解释多样的因素有多种，其中历史常以不同方式被运用是历史解释具有多元性的原因之一。在理解、评析他人的历史叙述时，要找到其来源、叙述目的、性质，知道他人之所以这样叙述历史的原因。历史叙述是由事实判断和价值判断糅合而成的。主观的价值判断带有情感倾向，我们可从其结论所反映的情感、态度、价值取向入手分析，进而考察其所持的立场与目的（动机），其用于支撑结论的证据是否可信，逻辑推理是否合理，是否存在漏洞，是否被夸大或丑化。判断结论的全面性，即历史结论是否忽视了其他方面，要看作者是为了某种目的而刻意忽略，还是因为认识不足、材料搜集有限等原因而导致立论不够全面。[②]在评析他人的历史叙述时，我们不能误以为批评几千年前的古人就无须承担责任，因而盲目自大地对古人指手画脚。正是因为有时空阻隔，我们才要慎而又慎，在充分理解的前提下，在唯物史观的指导下，去使用我们的"话语权"。而且无论是在史实依据的搜集、归纳、概括和古人主观意愿的理解方面，还是在运用相关历史知识分析影响古人主观意愿变化的客观因素方面，不同人对古人的评析都存在较大的差异。这些差异的存在，反映出评析者知识、能力、历史思维水平、文字表达能力等方面的差异，归根到底反映的是历史学科素养的差异。

第二，学生要构建完整的主题叙述。这在历史教学过程中更多是通过以材料创设问题情境的方式呈现的，如"依据材料结合所学，谈谈你对这一问题的看

① 李大钊：《史学要论》，商务印书馆，2010，第120页。

② 凤光宇等：《中学历史学科核心素养教学实践研究》，上海教育出版社，2019，第212页。

法”“关于第二次世界大战的开始存在多种观点，分析其原因”。学生应将材料中表述的分散的史实聚合成具有内在联系的整体概念，或者把材料中整体表述的概念陈述分解为具有内在联系的几部分；要将材料与相关史实联系起来做比较，以发现其意义；用唯物史观做解释的理论范式，将材料中的史实与所学史实作为证据来使用，得出对问题的充分完整的历史叙述。这一过程也是论从史出、孤证不立原则的具体运用过程。

第三，学生要提出独立见解。学生要能运用唯物史观的基本原理和方法论，从变化与延续、统一与多样、整体与局部的关系入手解释历史；知道若要解释现实问题，可从历史的角度进行思考、探究；知道独立探究历史或现实问题并提出自己的解释时，要确保呈现出来的是井然有序、能被理解、有一定篇章结构的叙述成果。篇章结构的搭建中不仅要运用史料，还要对史料进行分类或查找其共同点，做到用证据支撑观点；要查找上级概念，依托一定的史观，在史料与上级概念之间建立联系。能提出自己的解释，就意味着知道了历史叙述的由来，掌握并能运用历史叙述的基本方法，真正具备了历史解释核心素养。

三、历史解释应注意的原则

历史解释是人类文化活动的一种，而人类文化活动的终极价值是真、善、美，人类文化探索的价值取向就是求真、求善、求美。历史属于解释学，更是一门科学，其科学性就在于它通过研究致力于达到最大限度接近历史真实的目的。历史解释的求真过程，实际上就是探索事物的本相、本质及其发展规律的过程。特别是在历史教学中，通过学习历史解释不仅可以知道很多事实，更关键的是还可以运用这些事实，从这些事实中增长智慧，逐渐练就一双明辨世事的慧眼。真正的历史解释核心素养绝不是对历史的任意评判，衡量历史解释核心素养高低的基本标尺是对历史的说明、解释是否能做到言之有据，论从史出。如列宁所言：“在社会现象方面，没有比胡乱抽出一些个别事实和玩弄实例更普遍更站不住脚的方法了。”[①]因此历史解释欲达到求真的目的，应该特别注意严格遵循实事

① 中共中央马克思、恩格斯、列宁、斯大林著作编译局：《列宁全集》第28卷，人民出版社，1990，第364页。

求是的思想路线，并真正确立存真求实的科学态度。①

历史解释必然包含着价值评判，一个人解释的角度，选取、呈现的逻辑归根结底是由自身的价值观决定的。有什么样的价值观决定了有什么样的历史解释。教育的目的是立德树人，培养历史解释核心素养归根到底还是要完成我们的教育目的。善是个道德的问题。真是善的前提，善包含着真。如果说求真是强调科学精神在人的活动中的作用，那么求善则是强调道德在人的活动中的作用。我们在历史教学中用以判定历史解释是否善的标准就是是否符合核心素养中的唯物史观和家国情怀的要求。是否运用了科学的历史观和方法论，是否有利于政治认同、国家意识、文化自信和国际视野教育的开展，这些也是我们用以评定历史解释是否善的基本尺度。

综上所述，历史解释核心素养培养的还是一种心理品质，只不过是借助对历史的认知和阐释，即从历史和历史学的角度发现问题、思考问题和解决问题的过程而表现出来的。这种心理品质表现为对历史史实的敏锐性，即能敏捷地发现和捕捉问题并具有批判性思维；历史知识的储备与连贯性，即比较系统地掌握知识并能有效准确地进行调动；思维的深刻性、广阔性、独特性，即对历史问题的认识和解释不是仅能停留在表面，而是能以比较宽广的历史视野探究历史事物发展过程内在的动因和规律，并利用已掌握的史实和分析方法提出见解与看法。②

问题三
历史解释核心素养的培养有什么策略？

本节要点

☆ 历史解释核心素养的课前准备有哪些？

☆ 历史解释核心素养培养如何进行课堂实操？

☆ 历史解释核心素养如何内化外显？

① 韩章训：《求真、求善、求美——论方志写作的学术追求》，《广西地方志》2000年第5期。

② 吴伟：《历史学科能力与历史素养》，《历史教学》（上半月刊）2012年第11期。

一、培养历史解释核心素养的课前准备

（一）核心概念在历史解释中的作用与运用

1. 何谓“核心概念”？

历史概念是历史现象的本质特点和内在联系的反映，是历史现象的科学概括。历史概念源自史实，又超越史实，反映的是史实的本质特征，是学生探究历史所依靠的一种抽象思维能力。

有专家曾对历史课堂上的“概念教学”做过精辟解读，“历史概念”包括基本概念、核心概念和一般史实概念等具有逻辑关系的概念。

基本概念是上位的概念，时间与空间、文化与文明、实证与思辨、延续与变迁、客观与价值是历史学科的基本概念，它们从不同维度涵盖了历史解释的基本内容。

历史人物、历史事件、历史现象、历史线索、文明成果、基本趋势，是文化与文明（基本概念）之下的六个重要概念，即历史学科核心概念。它们处于学科的核心，并能超越课堂之外，在学生发展中具有持久价值和迁移价值，包括关键性的概念、原理（如唯物史观、时空观念及核心概念之间的关系）或方法（如史料实证、历史解释）。

其中“历史人物”是最直观、最贴近中学生的历史学科核心概念，而“特征趋势”同时涵盖前五个历史学科核心概念，最能反映历史学科视角及其思想方法[①]，如图5-1所示。

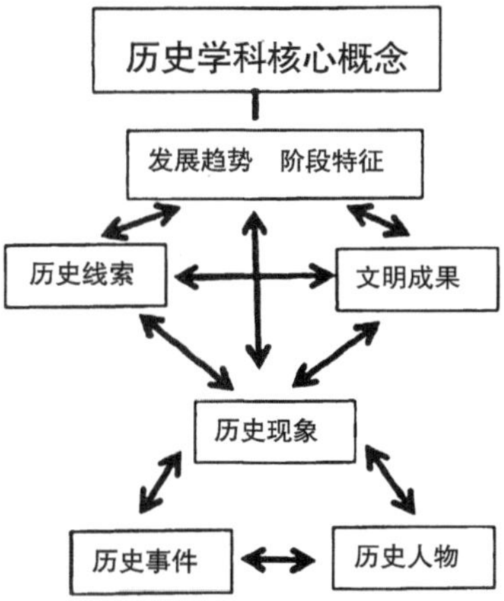

图 5-1　核心概念关系示意图

① 方美玲：《初中历史学科育人的理论及实践策略》，《历史教学》（上半月刊）2018年第11期。

2. 为什么备课前要明确“核心概念”？

在历史教学中，若干个相关的历史概念，形成了相关的历史知识系列；概念群体的纵向、横向及其立体网状的序列化，就构成了历史学科的知识“系统”。在历史教学中，无论何时都需要学生重点、牢固、准确地掌握最基本的历史学科知识要点和历史学科知识体系，因此，从“元素”到“系统”都说明历史学科关键能力的形成，依赖于历史学科核心概念的掌握。

其一，与事实性知识相比，历史概念具有更高的概括性。由于理解历史概念的过程也是处理历史资料的过程，是运用各种思维方法和历史唯物主义基本观点观察问题、分析问题的过程，因此，历史概念教学是使学生掌握方法性知识、提高历史思维能力、实现历史课程目标的基本而重要的载体，是历史教学的核心任务。

其二，核心概念几乎能够把中学历史课时教学内容贯串起来，这样才能真正实现教学内容结构化。

其三，史学界关于“核心概念”的研究成果相对丰富，便于教师们在教学中充分运用和把握。

其四，由于核心概念能超越课堂之外，在学生发展中具有持久价值和迁移价值，因此，其内容能与中国当前社会的发展需要密切相关，如此可以建立起历史与现实的联系，凸显出历史学习的现实社会价值。

因此，教师需引导学生透过每节历史课重要的具体历史事件、人物、现象等，探究其与阶段特征发展趋势的关系，掌握历史学科核心概念，形成历史学科关键能力，培养历史学科核心素养。

3. 如何运用“核心概念”设计教学流程?

根据概念教学的相关理论，学生学习历史概念主要利用概念形成和概念同化两种形式。概念形成是指学习者借助于语言、文字、图像、图表等材料，获得抽象性的知识和经验，形成具体概念。概念同化，即通过历史概念的本质特征的迁移，利用学习者认知结构中原有的概念，以定义的方式直接给学习者提示概念的关键特征，从而使学习者获得概念的学习方式。

综上可知，从学习角度看，基于历史核心素养的课时教学设计可以从以下路径入手。

其一，通过运用阶段特征系统设计并实施学科核心概念单元教学，帮助学生建构知识整体性。其中包括阶段特征的科学表述（名称）、名称的具体定义（包括要素分析）、名称相关的重要史实梳理（表示），具体步骤如下。

第一步：课前，界定阶段特征内涵，明确本课的阶段特征立意。

第二步：建立史实与阶段特征的关联，设计问题串，确立教学目标。

第三步：课中，创设历史情境，破解问题串，形成结构化板书。

第四步：课后，运用学科视角解决同类问题。

其中“问题串”和“结构化板书”是体现阶段特征立意的关键环节。“问题串”是指既反映学科本质（重大历史事件、历史人物的关键节点），又处于学生最近发展区的具有内在联系的3—4个问题组成的问题链。串（链）即内在联系，也就是阶段特征的内涵。问题串的设计可从重大历史事件、历史人物的关键节点切入；问题串架起了阶段特征和史实间的桥梁，是阶段特征立意的具体体现。“结构化板书”是指学科（史实）逻辑与认知（学科核心概念）逻辑合一的板书。它能有效地帮助学生通过记笔记消化吸收知识并形成自己的学科知识结构。

其二，在单元教学中设计、实施要素分析法，提升学生思维的系统性。要素，是指构成事物的必要因素。它与“系统”相对，是构成系统的基本单位。它植根于“把整体作为出发点和归宿”的整体观。研究历史要素的目的是认识历史规律，而历史规律主要表现为因果关系和阶段特征发展趋势两个方面；这也是一个提出假设、归纳概括（收集资料、考据、提炼要素）、验证假设的研究过程。具体步骤如下。

第一步：“综合”。这是指对整体的结构、功能、作用进行假设。

第二步：“分析”。这是指在假设下，分析系统各要素分别是什么及其相互关系，提出满足和实现假设的可能性。

第三步：“再综合”。这是指在系统要素分析的基础上，形成对整体的再假设。

例如，用历史要素分析法分析“改革”这一历史现象，就是将“改革”作为系统进行要素分析，理解改革的各要素。

从以上步骤可知，历史要素分析法是认识阶段特征的基本方法。它有助于学习者更客观、更全面地认识某个阶段的特征或历史现象，并对该系统内的各历史要素进行周全、充分的分析。

总之，在历史课堂上，核心概念教学的要义是围绕历史概念，以标志性的历史事件、历史人物或历史现象为载体，通过分析前因后果、相互关系，使学生在把握历史发展线索和史实的过程中，领会概念的本质，形成历史思维方法。

（二）单元主题在历史解释中的作用与运用

1. 何谓“单元”？

单元是基于一定目标与主题所构成的教材与经验的模块。19世纪以来，课程与教学的研究者就如何统整学科知识、调动学生生活经验等问题展开了理论探索和实践尝试，形成了单元教学的相关理论。

19世纪下半叶，德国教育家戚勒继承并创新了赫尔巴特的“四阶段教学法”，提出了方法论单元。他强调在教学中要遵照“明了、联想、系统、方法”的流程，对某个特定模块的单元进行建构。

20世纪下半叶，日本教育家佐藤学构建起了两种不同模式的单元编制方式，一种以“目标、达成、评价”为教学流程，进而形成学科课程。另一种单元编制以“主题、探究、表达”为基本流程，进而形成活动型课程。

21世纪以来，华东师范大学的钟启泉教授立足于优质教学的目标，对单元教学进行了深度建构。他认为，单元设计不是单纯的知识点的传输与技能的训练，而是教师基于学科素养，思考怎样基于一定的目标与主题展开探究活动。

2. 为何要按照单元主题备课？

钟启泉教授强调，核心素养、课程标准、单元设计、课时计划构成了课程发展与教学实践中环环相扣的链条。历史学科核心素养的培育重点在于课堂教学的转型，而开展单元教学实践是实现课堂教学转型的关键。

在单元教学中，教师在上某一节课时必须瞻前顾后：这节课同以往的教学内容有着怎样的联系，往后的课程又将怎样展开。可以说，给一线教师一个“基于核心素养的单元设计”的支点，他们就一定能够撬动整个课堂。当前，新课标刚刚出台、新高考逐步铺开与新教材刚刚使用的局面，使高中历史教学出现了前所未有的“短暂性尴尬”。在现有旧教材的基础上，如何最大限度地克服其弊病、挖掘其价值，很好地培养学生的学科素养，使学生提前适应新课标和新高考的要求？单元教学不失为一种有效的应对方法。

单元教学不是知识的简单堆积、拼凑，而是侧重于线索的贯穿，知识的融合与能力、情感的迁移，即在大单元整体谋篇布局下在各课时的教学目标之间建立起一种内在联系，形成一条螺旋式上升的学习链，做到生动、深刻、省时、高效，以期培养学生终身学习的能力。

3. 如何按照“单元主题”设计教学流程？

在高中历史教学实践中，应当兼采单元教学的各种形式，即将以传统学科知识单元编制与新型活动单元编制相融通，让历史课程集知识性、实践性、人文性、科学性于一体，促进学生于单元教学中逐步生成历史核心素养。下面列举二三，以供参考。

其一，在单元教学中，将历史解释方法目标分解成互为关联并递进的几个层次，逐层推进，最终引导学生达成从理解到模仿乃至迁移的目标。以往每一课的教学目标在拟定之初，都是从知识与能力、过程与方法和情感、态度与价值观出发。让一节历史课承载太多的功能的话，目标最终一定会形同虚设。大单元教学的优势就在于能从整体上高屋建瓴，从局部逐步分解，在达成情感、态度与价值观目标和培育家国情怀核心素养方面尤为重要。

其二，创设情境，形成以主题为引领的学科知识单元。如果说课堂是润泽学生的沃土，那么情境则是润泽“土地”的养料。教学情境的创设是活动型单元教学的基点，因此教师需要创设出主题鲜明的教学情境。如教授秦汉历史时，教师可以引入重要的历史学论断，创设出以主题实证为核心的教学情境，引导学生搜集证据、辨析史料、解释历史论断，进而培育史料实证、历史解释等核心素养。在这一活动中，学生需要整合历史教材、搜集论据，进行全面且系统的论证。教师通过引入这样的历史论断，引导学生围绕其中的小论点串联起学科知识，构建起学科知识单元。

其三，搭建立体知识网络，实现大贯通。纵向解读历史，要讲究一个前世今生的因缘沿革和动态渐变。制作一条时间轴，仅仅能将教材的内容串联起来，而以三维坐标系形式将各时期史实网格化，将零散的知识点连接，就可以打通历史时序，构建起整体知识框架。同时，要横向强化因果逻辑，完成“穿针引线”，通过大单元教学以通史弥补专题的不足，聚焦特定历史阶段，综合认识、理解、分析、解释不同历史事件。大到生产关系调整、生产力发展，小到农具演变、货币变化，都可以建立起内部联系和横向联系等。此外，相对于顺向正常思维，从对立面思考则是逆向思维，又称求异思维。历史的发展是由原因到结果的，然而它直接呈现于世的大多先是结果，然后才能追问、质疑，即执果寻因。

其四，“聚沙成塔”，实现大融会。历史解释是建立在历史理解基础之上的，而合理的历史理解应是在掌握足够的资料前提下进行的。当这些历史或非历史的资料交融汇织在一起，无形之中就已经朝着接近真实的方向迈进。“贯通”指构建起知识的框架，而“融会”则是填充框架中的内容，外延与内涵并举，才能让历史有血有肉、活灵活现，彰显其丰富性、趣味性。

其五，规划活动，建构以活动为支撑的活动课程，以引导学生主动学习、自主探究、合作交流。要设计出实践性强、任务难度恰当的活动，构建起符合学生能力水平的活动单元，在学科和活动间建立起平衡点，促进学生知识水平与能力素养的协同发展。教师可将执教班级分成若干单元小组，让各小组随机抽取微课题，分工合作，进行课题论证，然后在课堂上展示论证成果，并在课后形成书面的论证报告。为了给学生指明方向，教师还可提供不同的参考文献，让学生在甄别、研读相关史料的基础上，探究史料深层的因果关系。

其六，评价展示，融通学科知识单元与活动单元。评价作为学科教学的最后一环，具有升华学生情感、引导学生深入学习等作用。活动型历史单元教学的评价环节融通学科知识和活动单元，具有培养多种历史学科核心素养的作用。在单元教学的评价阶段，教师对学生的微课题报告从学科知识、论证方式、价值澄清等方面进行了评价和总结，一方面能够形成知识链，完善学生的历史知识体系，增强学生的时空观念；另一方面能够让学生在发现问题的基础上，完善活动单元，进而提升史料实证、历史解释等方面的素养。

二、历史解释核心素养的课堂实操

（一）区别史实与解释，达成多梯度的历史解释

历史解释是以史料为依据、以历史理解为基础对历史事物进行理性分析和客观评判的态度、能力和方法，包含如下四个含义。

其一，能够区分历史叙述中的史实与解释，知道历史解释可以用不同形式出现在历史叙述中，对同一历史事物会有不同解释，并能对各种历史解释加以理解和评析。

其二，能够客观论述历史事件、历史人物和历史现象，有理有据地表达自己的看法。

其三，能够认识历史解释的重要性，学会从历史表象中发现问题，对历史事物之间的因果关系做出解释。

其四，面对现实社会与生活中的问题，能够以全面、客观、辩证、发展的眼光加以看待和评判。

归结以上观点，教师在日常教学活动中应引导学生认识史实与历史解释，并学会历史解释。

1. 认识史实与历史解释

（1）辨别史实与历史解释

我们的教材、日常教学和高考试题其实都属于历史叙述，即对历史的记录和描述，它的重要功能在于“传递”历史，其中包括史实的传递，也包括历史叙述主体个人意识的传递（解释）。所以，历史叙述本身是兼具客观性与主观性的复杂过程。史实就是曾经真实发生的事件，它不等于史料上的记载，史料记载有可能会带有记录者的主观意识。史实是历史中的骨架，历史解释则是其血肉与精神，解释与史实“相依为命”。史实往往隐藏在历史解释中，或者两者混杂在一起，学生很容易将史实与历史解释相混淆或者相等同。能够将它们区别开来，不仅是高考考核的目标与要求，也是我们教学中必须培养的能力。

（2）如何将之区别开来?

任何史实都是在特定、具体的时空条件下发生的，在时空中思考是历史思维的重要特征之一，也是辨别史实与历史叙述应具备的基本技能。史实的“特质”就是剥离了庞杂的修饰与形容而浮出水面的时空、人物和事件这些剩下的“干货”。

教材是提升学生辨别史实和历史叙述的能力的最佳素材。为了帮助学生更加真实地感受历史，在特定主题下，在导入框、学思之窗、历史纵横和资料回放等栏目中直接引用史料（包括历史图片）时，学生很容易就能辨别它们属于史实。

以部编版新教材《中外历史纲要（上）》中的《两次鸦片战争》为例，教材中的叙述是：“1840年6月，英国远征军总司令懿律率军舰40余艘，士兵4000多名，开进广州海口，发动侵略战争。清政府组织了抵抗。这场反击英国侵略的战争，以

1842年8月29日清政府被迫签订中英《南京条约》而结束。《南京条约》是中国近代史上第一个丧权辱国的不平等条约，中国被迫割让香港岛、赔款2100万银圆、接受协定关税以及开放五口通商等。1843年，清政府又与英国签订《虎门条约》。1844年，美国、法国分别迫使清政府签订《望厦条约》《黄埔条约》。通过这些条约，英、美、法三国从中国获得了协定关税、领事裁判权、片面最惠国待遇以及通商口岸传教权等。《南京条约》等一批不平等条约的签订，长期影响了近代中国历史的进程，鸦片战争由此成为中国近代史的开端。”教师引导学生在这一段历史叙述中找到史实：1840年英国发动鸦片战争，中国应战而战败，签订中英《南京条约》等，割地、赔款、开放通商口岸。而历史解释则是在以上事实判断的基础上增加了价值判断，例如，英国“发动侵略战争”，清政府组织了“反击英国侵略的战争”，还有“被迫签订《南京条约》”“不平等条约”“影响了近代中国历史的进程”“成为中国近代史的开端”等。

历史叙述在本质上都是对历史的解释，如果照搬教材叙述，对史实与历史叙述不加区分和辨别，学生将难以理解历史知识与结论的分别；单纯的课堂叙述又难以形成有效思维，无法承担起培养高层次思维能力的重任。有效区分史实与历史解释，有利于学生重新组合知识，明晰史实，赋予史实意义。

2. 横看成岭侧成峰——多样的历史解释

笔者一直很喜欢张世普所写的一篇叫作《历史的仲裁者》的故事。

沃特·罗利是英国著名的历史学家，1603年他受人诬告被判处死刑，在伦敦塔中一关就是十三年，是历史上伦敦塔内滞留时间最长的一名囚犯。在污水遍地、潮湿阴暗、寒风刺骨、毒虫遍地的牢房里，他用十二年的时间写就了一部《世界史》。

历史究竟该怎么写呢？在狱中，他抓紧时间边想边写，想在生命结束之前完成他的《世界史》。然而，有一件事情，几乎击碎了他的梦想。一天，看守他的两个卫兵发生了争执，罗利从头到尾目睹了这场争吵。与此同时，他的一个朋友来探监，恰好也目击了此事，于是向罗利提起了这件事。但罗利发现，他们两个人的观察，特别是对观察到事物的描述大相径庭。同时，他还发现，两人在狱卒谁是谁非的问题上，也截然相反。罗利顿时心灰意冷，对一件极其简单的事件的理解，竟然产生了这么大的歧义。他连一桩耳闻目睹的事件都不能准确地进行描述与记录，又有什么权利去描写、仲裁几百年前、几千年前的事情呢？于是他将已完成的手稿付之一炬。①

这个故事揭示了一个令人尴尬的事实，史实是客观存在的，但如果站在不同的立场和角度，就会观察到截然不同的场景。不用故意歪曲，仅仅是视角的错位，就足以令历史产生诸多不同面貌，如世界史，在有的人笔下是一部惊心动魄的厮杀史，而在有的人笔下却是一部热血豪情的奋斗史。最终罗利还是完成了他的《世界史》，就在那间潮湿狭窄而且墙壁上渗着污水的牢房里，尽管他要忍受刺骨的严寒，左臂因为风湿病变得僵硬起来，而且手上长着毒瘤，痛苦异常。至于他为什么最终又拿起笔完成了那部《世界史》，现在已经无从知晓。不过，笔者在一本书中发现了他写的这样一段话：古人认为美好的，我们现在依然觉得美好。古人认为罪恶的，我们依然认为是罪恶。我们的历史，似乎一直在与人性的罪恶斗争，一直在解释为什么会失败。这也许就是罗利最终写完那部《世界史》的原因吧。

（1）历史解释具有多元属性

历史解释的主体是各种各样的人，历史解释的客体（对象）是各种各样的历史事物（现象），这两种因素都充满了多样性，它们决定了历史解释的方式方法必定也是多样的。方苞认为“一室之事，言者三人，而其传各异”。西方史家柯林伍德则认为：“圣奥古斯丁从一个早期基督徒的观点来看待罗马的历史；提累蒙特是从一个17世纪法国人的观点来看；吉本是从一个18世纪英国人的观点来看；而蒙森则从一个19世纪德国人的观点来看。问哪一种观点是正确的，那是没有意义的。每种观点对于采用它的人来说，都只是唯一的一种可能。”②历史解释是多姿多彩的，我们可以有选择性地认可不同的解释，但是，如果认为只有一种解释模式有效，而排斥其他模式，那显然是不足取的。

作为高中历史教师，应引导学生认识到历史的复杂性与历史解释的多样性。新课标要求我们善于发现、辨别这些不同。历史解释的多元属性在教学中以多种

① 张世普：《历史的仲裁者》，《廉政瞭望》2010年第7期。
② 柯林武德：《历史的观念》，何兆武、张文杰译，商务印书馆，1997，第10页。

形式存在，主要可以概括为叙述多元、原因多元和评价多元。

关于叙述的多元，我们以“公车上书”为例。

材料一　光绪二十一年（1895年）春，《马关条约》草案电传回北京，正在北京参加会试的康有为、梁启超闻讯，立即发动各省举人联名上书，要求拒签和约……“公车上书”征集到1300多名举人签名，准备递交都察院代奏。不料，一些保守派官员闻风而动，从中阻挠，致使“公车上书”未能递交到光绪帝手里，但这一行动本身产生了广泛的社会影响。

——岳麓书社版《历史上重大改革回眸》（选修）

材料二　有两个不同概念的“公车上书”。其一是光绪帝三月二十日电旨同意签订马关条约后，由政治高层发动、京官们组织操作、各省公车参加的“公车上书”，即广义的“公车上书”……康、梁本人又是被策动的对象，而不是运动的领袖，他们的活动是整个“公车上书”链条中的一环。其二是康有为组织的各省公车在松筠庵的“集众”，以能最终形成18行省举人超过千人的联名上书，即康有为组织的“联省公车上书”。由于四月初九日来松筠庵者人数甚少，且闻条约已用宝（注：盖玉玺），这一活动中途流产了。从政治决策的角度来看，前者曾发生些微的政治作用，后者因其未递，而并无作用。

——摘编自茅海建《戊戌变法史事考二集》

比较上述两则材料，我们会发现不同人在解释“公车上书”这一历史事件上，存在着明显的分歧，具体表现在其发生原因、发动者、组织者、康有为组织的“公车上书”未递到光绪帝手中的原因等，这些不同地方各执一词。教师要把各种情况都展现在学生面前，引导学生认识到历史的叙述是多元的。

关于原因的多元，我们以“宋明理学”为例。

材料一　儒学传统中，有一个最薄弱与最柔软的地方特别容易受到挑战（指宋明理学），他们关于宇宙与人生的思路未能探幽寻微，为自己的思想找到终极的立足点，而过多地关注处理现世实际的伦理、道德与政治。

——摘编自葛兆光《中国思想史》

材料二　传统的儒学，本来就存在着固有的缺陷：在社会结构基本处于稳定状态下维护和协调运转，它倡导的伦理规范和道德精神具有明显的社会理想主义色彩。

——摘编自刘振东《中国儒学史·魏晋南北朝史》

材料三　唐宋之际，儒、释、道三教之间的相互影响日益加深，“三教合一”发展为一种必然的历史趋势。在这一融合过程中，值得注意的是三教都具有一种共同的思想倾向，即将外在的修养转向内在的修养，以至在“修心”问题上达到大体一致的认识。

——摘编自王志远《唐宋之际“三教合一”的思潮》

材料四　宋初，历经五代纷乱，权威失坠，又有陈桥兵变，黄袍加身，人们如何确信这是一个拥有合理合法权力的政权？

——摘编自葛兆光《中国思想史》

材料五　一组图片

《清明上河图》——商品经济发展，也出现追求享乐、僭越等级规范的倾向。

《两宋疆域图》——强邻团伺，需凸显中原王朝正统地位。

宋代书院图和印刷术发展图——书院兴盛，印刷术，文化向下层普及，社会氛围宽松。

教师在展示以上各种材料后与学生一起探究：理学的产生既有主观原因又有客观原因，此外还受各种条件的影响，看似偶然实为必然。由此，教师多方位感悟宋代重建道德规范的必要性与可能性。

关于评价的多元，还以“宋明理学”为例。

如何评价“宋明理学”，后世众人说法不一，有人认为它引偏了中国的思想走向，使之越来越偏激迂腐，是思想史上的浊流；有人却认为它重振了儒家，达到了中国古代思想发展史上的新水平。观点针锋相对，孰是孰非，是后人无法回避的问题。

正像波普尔所言：“不可能有‘事实如此’这样的历史，只能有对历史的各种解释，而且没有一种解释是最终的，每一代人都有权形成自己的解释。”

（2）历史解释具有多元性有多种原因

出现叙述多元、原因多元和评价多元等现象的原因有很多。从客观原因来分析，主要包括以下四点。

第一，生产力水平影响历史解释。“只能在我们时代的条件下去认识，而且这些条件达到什么程度，我们才能认识到什么程度。”[①]恩格斯的这句话，让我们认识到，社会生产力发展水平和文明程度会制约历史认知的视野。

例如，地图反映了人们认识世界的程度，地图的变化记录了人们认识世界的过程。欧洲中世纪时，地图主要由神职人员绘制，且千篇一律：基督教圣地耶路撒冷居于中心，多瑙河、地中海和顿河呈“T”字形，把世界分割为欧、亚、非三部分。中国古代地图多由官方或士大夫绘制，主要作为日常行政事务管理和读史的辅助工具。中国占据绝大部分图幅，政区表现较为准确，中国疆域外则绘制简略，严重失真。前者反映了欧洲中世纪基督教神权思想居于社会统治地位的社会背景，后者则反映出中国中心论的思想，但是，两幅图都展现了当时社会生产力和科技相对落后，人们生活在不同地域，彼此隔绝、交往有限，只能在狭小的认知视野里臆想世界。16世纪前后，随着大航海时代到来，西方人对自然的认知领域大大拓展，他们眼中和笔下的世界变得越来越开阔真实。可见生产力发展水平密切制约着人们对历史的认知。（参见2012年高考文综北京卷第40题）

第二，时代变迁影响历史解释。历史不断向前发展，不同的时代背景，社会政治经济文化需求，决定着历史解释的方向和重点。

（2019年北京文综高考历史卷第37题）黄宗羲生活于明末清初，两百年后其政治思想备受推崇。梁启超与谭嗣同等曾将《明夷待访录》“节钞”送人。革命党人陈天华认为，《明夷待访录》“虽不及《民约论》（又译《社会契约论》）之完备，民约之理，却已包括在内”。该书中的《原君》《原臣》也曾被用作兴中会的宣传品。

民国时期，梁启超反思说：“畴昔谈立宪、谈共和者，偶见经典中某字某句与立宪、共和等字义略相近，辄摭拾以沾沾自喜，谓此制为我所固有。其实今世共和、立宪制度之为物，即泰西亦不过起于近百年……比附之言，传播既广……以为所谓立宪、共和者不过如是，而不复追求其真义之所存。”

① 中共中央马克思、恩格斯、列宁、斯大林著作编译局：《马克思恩格斯全集》第20卷，人民出版社，1972，第585页。

清末民初关于黄宗羲的“记忆复兴”这一现象，是当时人对时代需求的回应。黄宗羲政治思想的核心是反对封建专制，提倡民主（民本）。晚清时期，维新、革命志士主张开启民智，反对君主专制，宣传民主思想。他们一方面引入西方资产阶级政治学说，另一方面又积极发掘中国传统思想中的近代因素，寻找自身理论依据。黄宗羲的思想因此受到重视，出现了对黄宗羲的“记忆复兴”的现象。进入民国后，封建王朝已被推翻，共和政体建立，民主共和观念深入人心，时代要求及国人关注的热点发生变化，对黄宗羲政治思想的关注也就逐渐淡化。可见历史解释的变化是对时代需求的回应。

第三，国家政治文化价值观念影响历史解释。政治文化是一个民族在特定时期流行的政治态度、信仰和情感。一个国家或民族，不同时代面临的重大问题或时代主题不尽相同，如此会形成反映时代风貌的政治文化，影响历史解释。

第四，史料的丰富与否也影响历史解释，例如，甲骨文的发现与破译、敦煌文书的出土与研究，都会导致新的历史解释的诞生，而我们要做的是从卷帙浩繁的历史叙述中寻求真实的历史事实，占有并巧妙地运用史料，让不同史料相互印证，这样才能使历史解释更加丰富。具体操作请参见本书第四章史料实证部分。

从主观原因分析，主要包括以下三点。

第一，阶级立场影响历史解释。阶级的实质是经济问题，其划分基础是人们对于生产资料占有的不同，这决定了劳动组织中的地位、分配方式的不同。阶级一旦产生，即派生出各个阶级的政治立场和意识形态，所以它不仅是一个经济集团，也是一个社会集团和组织。阶级存在决定人们的意识，也影响着无论是教材的编写者还是各种材料的来源者，乃至我们课堂上的教师。

《中外历史纲要（上）》教材里《国家出路的探索与列强侵略的加剧》中介绍，太平天国前期曾颁布《天朝田亩制度》，否定了封建地主土地所有制，反映了农民追求社会财富平均的理想。施行范围虽有限，但在太平天国控制安徽后，还是有地主写道：东庄有佃化为虎，司租人至攖其乳。西庄有佃狠如羊，掉头不顾角相当。对同一件事情，从不同的阶级立场进行解释，会得到截然不同的结果。

第二，不同视角影响历史解释。历史研究的不断进步推动着解释方法的推陈出新。对教学中具体史事的微观分析也可采用不同的视角。针对个别历史事件，采用多元视角解释，既是得到多元结论的学习方法，也是深化历史解释的有效途径。教师应以唯物史观为主要武器，善于使用多元视角进行历史解释，为多角度理解历史奠定基础。

如学习“新航路开辟”的内容，对于麦哲伦的环球航行，可以做如下描述。

菲律宾马克坦岛北岸一座纪念亭中耸立着一块特殊的石座铜碑，正反两面同时用英文雕刻着两位敌对人物的事迹。铜碑正面的文字是：“拉普拉普。1521年4月27日，拉普拉普和他的战士们，在这里打退了西班牙入侵者，杀死了他的首领——费尔南多·麦哲伦。由此，拉普拉普成为击退欧洲人侵略的第一位菲律宾人。”铜牌的反面是这样写的：“费尔南多·麦哲伦，1521年4月27日，死于此地。他是在与马克坦酋长拉普拉普的战士们交战中受伤死亡的。麦哲伦船队的一艘船只——维多利亚号，继续完成了人类历史上第一次环球航行。”

同一件事情，同一块纪念碑，两面的主人公是一对曾经的敌人，为了各自心中的信仰选择成为英雄，一个成为写进教科书的伟大航海家，一个则是捍卫主权的民族英雄，他们的死都具有壮烈的意义。这看似矛盾，以不同视角来看却很好解释。

从全球史这一角度看，新航路开辟是东西两个半球不同文明交融的开始，结束了世界各地相对孤立、彼此隔绝的状态，加强了世界各地区之间的联系，世界市场雏形开始出现，新航路开辟一定程度上成为人类历史的转折点。从现代化这一观点看，新航路开辟在某种程度上是人类社会从传统社会向现代社会转变的起点，加速了欧洲封建制度的衰落和解体，促进了资本主义的发展。从革命史这一观点来看，新航路开辟后，殖民扩张与掠夺给亚洲、美洲人民带来深重灾难，拉大了亚洲美洲与欧洲的差距，两个大陆的“距离”更加遥远了。视角不同，解释的结果就会不同，但是都能够被人所理解、接受。

第三，个性差异影响历史解释。同时代的人，由于个性差异，也势必会产生不同的历史认知和解释。这种个性差异包括社会背景（如生活的地域、阶级归属、利益诉求等）、家庭背景、个人背景（如个人经历、知识水准、个性心理等）等方面的不同，这些不同必然影响研究者看问题的立场、角度、情感态度与价值观取向、研究方法、思维方式等。对同一事件，不同人会产生带有明显主观倾向的不同看法。有时，同一个人对同一个历史事件也会由于“此一时彼一时”的变化而产生认知的变化。

总之，影响我们的历史解释的既有主观因素，也有客观因素，而在史料比较丰富的情况下，主观因素起更大作用。各种主观因素往往也是互相交织的。

（3）正确看待历史解释的多元性

在日常历史教学中，要引导学生逐渐认识到以下几点：

首先，历史解释丰富多彩，完全客观、透明的历史叙事是不存在的。任何历史解释都带有历史叙述者主动的辩解意向，或者说任何解释都具有目的性，即在客观性中存在主观性。其表现是叙述者试图说明自己编纂的历史文本是真实的、正确的或合理的，不仅是客观描述历史，而且要对未来的读者进行解释、劝导。历史解释是一种基于客观的主观行为，不存在唯一正确的解释。教师在历史教学中，要引导学生在复原历史语境中坚持历史解释的批判性。

其次，丰富多彩的解释有利于锻炼我们的历史思维。多种历史解释竞争并存是一种常态，它们往往可以互相补充和校正，最终丰富和完善人们对历史的认识和把握。即使是针锋相对的观点，也是越辩越明。显然，在历史课堂中引入多元视角，不仅能够让学生认识历史的多面性，而且有助于引导学生突破思维定式，发展求异思维，激发创新灵感。多元视角有助于给我们带来一个多面、立体、温情的历史。“横看成岭侧成峰”，“岭”与“峰”的区别不是山在变，而是“横看”和“侧看”的角度变了。多角度地理解历史能尽可能地保证观察的准确性。历史解释也可以被比喻成盲人摸象，尽管每个人把大象的不同部位误认为是整头大象，至少他们全都是在摸同一头大象。所有出自不同视角的解释，都是在对人们把握同一个对象做出贡献。

最后，历史解释的丰富多彩不等于随心所欲进行解释。我们承认历史事实中包含着解释，并不等于承认对历史可以随心所欲地加以解释。要遵循一定的原则，有理有据地去解释，不要肆意进行历史解释。不能笼统地认为历史解释见仁见智，只要言之成理即可，历史解释不仅有深浅之分，也有正误之别。

3. 学会做历史解释

如果我们知道了编年史中的一切事实，我们可能会对历史产生框架性的了解，但我们不会懂它真正的生命力。理解人类的生命力乃是历史知识的一般主题和最终目的。在历史中，我们把人的一切工作、业绩都看成是它生命力的沉淀，并且想要把它们重组成这种原初的状态——我们想要理解和感受产生它们的那种生命力。相传孔子编订编年体史书《春秋》，书中的微言大义一般读者难以理解，于是有了春秋三传对之进行解释。因为能够解释，历史研究才有了不竭的动力和常青的生命力。

认识史实与历史解释很重要，但是更重要的是引领学生逐步学会独立自主地解释历史。“所有历史叙述在本质上都是对历史的解释，即便是对基本事实的陈述也包含了陈述者的主观认识。人们通过多种不同的方式描述和解释过去，通过对史料的搜集、整理和辨析，辩证、客观地理解历史事物，不仅要将其描述出来，还要揭示其表象背后的深层因果关系。通过对历史的解释，不断接近历史真实。”历史解释是什么？叙述、描述基本历史事实；揭示、分析历史表象背后的深层因果关系；客观评判历史。下面我们就从客观叙述、探明因果、分析事物、进行评判四个方面探讨如何引领学生学会历史解释。

（1）客观叙述，即对历史事物进行客观合理的描述

意大利历史学家克罗齐曾说，没有叙事，就没有历史。黄牧航教授也认为，历史叙事是用讲故事的方式把某一历史人物、历史事件、历史制度的来龙去脉叙说清楚。

“历史就是叙事，是某人将某事表述给某人。某人是某事的观察者或参与者，某事指特定时空里发生的事情，表述（representation）是再现某事行为，而听/看某事者按照自己的理解建构的故事是再表述（re-representation）。历史就是如此被不断演义下来的。”[①]历史解释通过叙述而显露，教学中强调的是学生的再表述，关注的重点是学生的认知活动，教师要通过学生对问题的回答，推测其历史解释能力的大概水平。中学的历史教学更应侧重于借助历史叙事，融通历史时序、历史理解和逻辑思辨等，发展历史解释思维。

没有解释的历史叙事是平庸浅薄的表达，而没有叙事的历史解释则是乏味的理解。历史叙事要上升到历史解释的层面，而历史解释则应建构在正确的历史事实和历史叙述的基础之上。

---

① 孙江：《语言学转变之后的中国新史学》，《中国图书评论》2008年第3期。

在历史叙述中，“要真正理解过去，需要准确把握过去的时空结构”[①]。还有，历史叙述重在理解历史情境中的人和事，将史实描述与历史解释结合起来。一个完整的历史叙述不仅包含各种要素，还要涵盖知识、能力和素养，融合不同的思维方式，要围绕主题客观准确地叙述历史事实，条理清楚，完整流畅。

（2）探明因果

秦晖教授认为：“历史学的任务就是解释，去解释历史事件的因果关系，如果不去解释，历史学就没有存在的意义。”[②]因果分析要求学习者根据资料及史实对历史发展的因果、变迁及趋势等做出说明，包括前因、影响和规律。历史解释的本质是说明历史事件的因果关系，即逻辑，教师要善于引导学生掌握和运用联系的观点，形成“全面”探讨因果关系的能力。

第一，善于“知果探因”。探究历史因果关系，即解释原因与结果之间的关系。在历史解释中因为史学的特殊性，“知因求果”极少，绝大多数情况下是“由果逆因”“知果探因”，这是历史学科与其他学科，尤其是自然科学的重大差别。导致历史发展的原因是复杂的，在原因的解释上，必然会出现多元性。为了便于考量，应当把这些原因归类，梳理分类为某种顺序，确定这些原因在这种顺序中的彼此关系，如将之分为根本原因与一般原因、重要原因与次要原因、直接原因与间接原因、历史原因与现实原因、主观原因与客观原因等，一般来说，在探求一个历史事件的原因时，为避免造成逻辑混乱，选择上述几种方式中的一种即可。

如前面列举的“宋明理学”的例子，在阅读各种材料后可找到主观与客观原因、历史与现实原因、必要性与可能性等。不同时代不同角度的一系列材料，从各个方面解释了理学的产生不是偶然的，而是一种必然。

第二，善于在历史事件的演变发展过程中探明因果逻辑关系。历史课是“讲理”的课程，之所以有的学生喜欢历史但是不喜欢历史课，那是因为很多时候历史课不讲“理”，我们讲知识点、讲考点，唯独不讲其中的理。这个理是什么呢？逻辑。教师讲课时往往没有把历史逻辑淋漓尽致地呈现出来，因而让学生感觉一个又一个的知识点是孤立的。如果有了历史逻辑，学生记忆的负担会大大减轻，而且会对历史感兴趣。我们赋予了知识点意义，就会把历史课堂中的逻辑揭

---

① 李剑鸣：《论历史学家在研究中的立场》，《社会科学论坛》2005年第5期。

② 秦晖：《现代化的普世性和随机性》，《中华读书报》2014年11月26日第9版。

示出来。教师注意单元与单元之间、每课与每课之间的因果逻辑性，不但有利于提升学生平时的学习兴趣和学习效率，也有利于学生高考发挥。

因果性解释强调历史事件演进的逻辑关系，要求教师在课堂中着力分析事件的前因后果，提高根据事件的内在逻辑关系去解释其发生和发展原因的能力。

以《中外历史纲要（上）》教材中“新文化运动”的内容为例：兴起于1915年的新文化运动，源于对辛亥革命失败原因的痛苦反思。在列强侵华、民族危机严重的大背景之下，内有北洋军阀的黑暗统治，外有西学的传播，启蒙思想传入中国，共和制度不能真正得到巩固，中国的状况依然黑暗，于是有识之士举起了“民主”“科学”两面大旗，以救迷茫中的中国。要拥护“德先生”“赛先生”，便不得不反对封建道德伦理纲常，于是有了“提倡新道德”“反对旧道德”。在推崇新道德的过程中，遇到了承载它的旧文体、旧文学的阻碍，于是又有了“提倡新文学”“反对旧文学”。“四提倡四反对”一一对应，环环相扣。理解了其中的因果逻辑关系，便可减少盲目、机械地记忆所造成的问题，学生对历史事件的认识也会更加深刻。

单元与单元之间、课与课之间，也是有着密切的因果逻辑关系的。还以《中外历史纲要（上）》为例，教材中第五单元《晚清时期的内忧外患与救亡图存》分三部分，其中第16课《两次鸦片战争》是后面各种变化之因，改变了中国社会的发展进程，第17课《国家出路的探索与列强侵略的加剧》中的太平天国运动就是鸦片战争的回声，而洋务运动是在内忧外患情况下统治阶级部分当权者的自救。伴随着西方列强的进一步强大，19世纪末，民族危机不断加深，于是第18课《挽救民族危亡的斗争》中相继出现了戊戌变法与义和团运动。本单元描述了“侵略，反抗与探索；再侵略，再反抗与再探索”的过程，洋务运动是鸦片战争的结果，同时又与戊戌变法有着微妙的关联，而这些事件又为后面辛亥革命的爆发做好了铺垫。学生在因果分析中感受时局的动荡，也感动于中华民族前仆后继、生生不息的强大韧性。历史上任意一个事物或事件都不是单独存在的，新教材叙事宏大又包罗万象，厘清知识间的因果逻辑关系，无异于抓住了贯串全书的线索。

探明历史因果关系时，一定要注意因果关系的时间顺序，形式逻辑强调原因和结果在时间上是先后相继的“先因后果”，但也不能绝对化。当原因不是一个因素而是一组事件时，我们就会发现，原因和结果在一定条件下也可以是同时的，或者可能会有部分重叠。如果错误地将原因归结为某个单一因素，那就成了价值判断，对历史研究有害无益。

当然，我们还要避免原因的扩大化，虽然因果关系是事物之间的一种重要关系，但并非一切关系都是因果关系。因果关系是事物之间的一种强关系，事物之间的弱关系不是因果关系。只有先存在的事物是新事物出现的必要乃至充分的条件时，先后关系才会成为因果关系。

综上所述，因果解释就是依据史料，凭借推理，对史事做出合理解释，建构或重构历史。

（3）分析事物

有关逻辑思维的培养，欧美的教育方式值得我们借鉴。他们注重分析能力，也就是构建分解、深度剖析、论据支持、寻找反例、完善理论的链条，而我们则常常习惯于堆砌观点和事实。

首先是分解事物。“解”有分开、剖开、讲明等义，“释”有说明、消散、放开等义。全面把握“解”与“释”的含义，注意其联系与区别，有助于我们准确理解历史解释的内涵，把握其内容要点。事物是由各要素构成的一个整体，解释历史事物，应剖析整体，让构成要素分别显露出来，才能看清庐山真面目。这和学医者进行解剖实验是一个道理。一般历史事物或事件可以分为若干次级事件，次级事物或事件又可以再分为更小一级的事件，直到最后分解为不需要再进行解释的事件为止。

比如概念分解，思考怎样把握作为西周重要政治制度的分封制时，就可以把它分解为含义、实行背景、目的、内容（权利和义务）、评价（作用和局限性）等。再如，中国古代经济要从农业、手工业、商业、政策方面考虑，而农业又可以拆分成农具、耕作方式、水利工程、人口数字、农作物品种、耕地面积、农书作品等。由此可见，明确每一个概念的内涵和外延极其重要，学生要逐步养成见招拆招的习惯和方法。

其次是深度剖析，即运用发展、变化的观点分析历史事物和历史现象。事物是发展、变化的，分析事物要对它发展的不同阶段进行联系和比较，善于发现问题、探究问题，如此才能不仅了解历史的表面现象，而且能透过表象看到问题的实质，揭示其发展趋势。比如对于中国古代农业可设计如下问题：其辉煌发展的原因是什么？影响其发展的因素有哪些？其发展的特点是什么？制约它的因素是什么？循着这些问题去思考，就会对中国古代农业有更透彻的认识。

以论据支持，寻找反例，完善理论的过程，就是历史学习不可或缺的史论结合过程。所谓“史”指史料和史实。所谓“论”指观点、结论或评论，也指理论。所谓“史论结合”，就是将史料与论述结合起来，既不能只罗列史实，也不能没有史实根据就进行论述。要从所学的知识中遴选可以论证观点的史实，逐一分角度罗列（分角度可以从古今中外，正面反面，经济、政治、思想等尽可能多的角度入手），以便学生触类旁通、举一反三。比如，对于“时势造英雄”的观点，应当启发学生列举出秦始皇统一六国、拿破仑建立第一帝国维护法国大革命成果、俄国彼得大帝顺应时势进行改革等事例。同时，在讲授史实时，应该讲清史实中蕴含的理论知识，训练学生用理论对史实做出解释的能力。

（4）进行评判

历史解释中要以批判或借鉴的形式对历史问题表达自己的独立见解。首先，有阐明意义的能力，即拥有能够合理阐释历史事件意义的能力。意义的含义是价值、作用，即某一历史事物为什么可以存在。杜维运认为历史解释除了确定历史发展的进程外，还要说明其意义。也有学者认为历史解释就是发掘历史意义。要让学生学会像历史学家那样思考，能够把许多看似零碎的历史事实在严谨的史学考证的基础上联系起来，并对它们做出合理的阐释，进而将它们放入整个历史发展的进程中，从分析历史事件的地位入手去发现和阐释其意义。比如关于洋务运动的历史意义，我们可以引用马克垚在《世界文明史》中的评价：

> 从世界文明史的视角来评价这一时期（60—90年代）的自强运动，我们并不着重于它所提出的“求强”“求富”的口号，也并不看重它的任务是否完成。我们看重的是，这场运动是否顺应了世界文明前进的大潮，是否代表着先进的社会生产力，是否为现代工业文明过渡做出了贡献。①

洋务运动在哪些方面顺应了世界文明前进大潮？结合所学，学生就会认识

① 马克垚：《世界文明史（下）》，北京大学出版社，2004，第877页。

到：它在经济上顺应了工业文明发展的潮流，中国近代工业开始兴起；教育上创建了新式学校；军事上建立了现代军事装备武装军队；外交上建立了总理衙门，开启近代外交；思想上学西方，加强了与西方国家的联系，为我国对西方的学习从器物层面向制度、文化层面过渡做了铺垫；生活习俗上也开始西化，所以洋务运动为现代工业文明过渡做出贡献：诱导了近代民族工业的产生，是中国近代化的起步。

其次，要有对历史事实进行客观评判的能力，包括对历史概念、现象、事件、人物、观点及结论进行客观分析、判断和评价的能力。

第一，历史性。我们不应该以今天的眼光去看待过去发生的事物。著名学者郭世佑曾经谈过“历史与现实的互动总是不期而至，二者的因果链拉得越长，史学主体的某些主观好恶也会随着社会现实的变化而变化，价值评判体系也将随之调整”①。我们要尽量避免把我们所熟悉的东西加到古人身上去，改变古人；要能够切身体会当时的情境，以“同情式理解”对史实进行客观评判。

第二，客观性。我们对史实的评判要客观、公正和全面，在全面解读史料的基础上，论从史出，尽量避免加入自己的主观感受。由于任何事物都具有两面性，我们要分析与评判，从正反两方面对历史人物、历史事件做出客观公正的评判。只有对发生于过去的历史做出合理评判，才能鉴古今、知兴替，进而能够对现实生活中的问题做出更合乎实际的评析、判断。当然，“客观辩证”地评价是相对的，历史解释带有一定的主观倾向性，要清醒地认识到这种局限，进而理解别人的观点，这样本身也是反思自己。

第三，文明标准。其实质就是对促进和有利于人类文明进步和交流的历史事物、人物等给予肯定，反之否定。

学生应在教师的指导下，遵循以上原则，在纷繁复杂的境况下，得出自己新的解释。以对“宋明理学”的评价为例，后世众人观点针锋相对，孰是孰非？在课堂中，很多教师引导学生得出我们应该辩证地评判，既要看到其积极作用，也要看到其局限的结论。但是，如果我们真正做到历史地看问题，就能够认识到，

---

① 郭世佑：《事实评判与价值评判之间的历史相关性分析——关于评判近人曾国藩的方法论问题》，《天津社会科学》2007年第5期。

宋明理学是中国哲学思想发展的必然选择，它从哲学高度论证儒学，弘扬了积极入世、关怀现实的儒学传统，吸收和融合了佛道思想，将儒家思想发展为集政治、哲学、伦理道德于一体的庞大的思想体系。理学重视主观意志，注重气节操守，讲求自我节制、发奋立志、强调人的社会责任和历史使命，凸显人性的庄严，对塑造中华民族性格起了积极作用。即便是“存天理，灭人欲”的提出，也有其特殊语境，不应拿今天的标准衡量。如果说，理学确实应该为中国在近现代的落后承担责任，原因也不在于理学本身，而在于理学到了中晚期之后的僵化。作为整体的理学，恰恰是保证宋代以后中国的稳定与繁荣的思想基础。

总之，做好历史解释就是遵循以上原则，联系其他核心素养，在日常历史课堂中，以唯物史观为依托，利用好时空观念，凭借丰富多元又比较可靠的材料，对历史的原因、过程及评价进行解释，并在这一过程中形成内化于心的家国情怀。

历史是一去不复返的，可能我们永远也难以复原其貌，但是通过科学的历史解释，我们可以不断地接近其本来面貌，或许这正是历史最迷人的地方。历史解释核心素养的提出，着力于培养学生理解、反省、批判、创新的能力，成为引导学生建立多元视角的推手。只有在正确理解历史的基础上，历史才能给人类提供意义。这种意义是人们对人类历史的整体性反思，对自身价值的不断追问，对人的尊严以及幸福生活的美好追求。中学历史教学只有达到以上人文性教育的目的，才是成功而有意义的。

（二）用于历史解释的教学素材

1. 图像素材在历史解释中的作用与应用

（1）图像史料的范畴

在研究和学习历史的过程中，史学家为了整理史料，也给史料进行了分类，不同的史学家对史料的分类也是不尽相同的，其中有一类即为图像史料。不少国内学者认为图像史料即可视化史料，总体包括图片资料和影视资源两部分。沈敏华认为，“图像史料，亦可称为可视史料或影像史料，主要是指适用于历史教学与研究的视觉图像，一般指地图、图片等传媒对象。但如果把视野再放开一点，那么图像史料的指向就更广泛了，还包括珍藏于博物馆的大量文物、遗址遗迹、碑刻、建筑、图画等实物和摄影照片以及影视片、纪实片等能够提供图像、呈现或传达某种历史理念、产生视觉感知的对象。”[①]有些学者还提到“图片史料”“非文字史料”“实物史料”“影视史料”等相关史料的概念。

（2）图像史料在历史教学中的优势

“图像所提供的有关过去的证词具有真正的价值”[②]，它是解读历史的重要证据。以图证史，是研究社会历史的方法之一。文化史学家布克哈特把图像称作人类精神过去各个发展阶段的见证，认为通过图像可以加深对历史变迁的理解。图像，不仅是艺术家记录生活的方式，还是穿越时空，实施艺术反思、文化反思、历史反思、社会反思最为直观的方法。

解读图像史料，有助于发现便于理解的信息、分析或概括某一历史事件或历史现象的特点和规律。立足当下，图像甚至也可以说是培养历史学科“时空观念”“史料实证”“历史解释”核心素养的重要载体之一，图像证史被赋予的意义，值得我们在历史教学中充分重视。如果运用得当，图像史料可以起到画龙点睛的作用，促进历史解释的顺利完成。对学生而言，探究绘画背后的信息，与历史解释的要求非常吻合，即依据史料理解历史，并理性分析、客观评判，不断接近历史的真相。

（3）如何运用图像史料加强历史解释水平

一是遵循原则。

在历史教学中，教师不仅要通过图像史料激发学生学习的兴趣，更要通过图像史料来培养学生提取图像有效信息的能力，进而提高学生分析问题、解决问题的能力。图像资料教学必须服务且服从于课堂教学，不能为材料而材料、为图像而图像。

要遵循科学性原则。“中学生的辨别能力不强，又有很强的向师性，所以，教师在课堂上讲述的内容都必须是有文足证、有史可考、真实可信的。”[③]具有科学性，是评价的基本准则之一，评价应符合事实标准和事物自身发展的客观规律。为保证图像史料的真实性，教师可以从历年高考试题、专业期刊论文、专业文献、历史教科书、学科网站等比较有保证的地方选用素材。

---

① 沈敏华：《历史教学中的图像史料及其运用》，《历史教学问题》2005年第5期。
② 彼得·伯克：《图像证史》，杨豫译，北京大学出版社，2008，第266页。
③ 王翠：《新课程历史教学论》，河南大学出版社，2011，第136页。

要遵循指向性原则。所选历史图片要能够让学生回味已经学过的知识，通过对知识的回忆和理解，形成知识的迁移，进而形成知识体系和知识结构。比如，教师可以创设历史情境，再现历史画面，让学生“穿越时空”，扮演角色图片中的历史人物，亲身体验当时的历史情景，感悟历史，激发学习历史、探究历史的兴趣。再如，教师可以精心设计有启发的问题，激发学生解决问题的欲望，培养学生创新的思维意识。

要遵循典型性原则。图像史料的类型多种多样，教师应该注意的是要选用具有典型意义的图像史料，所谓具有典型意义就是要选用具有代表性、典型性，能够很清楚地反映教学主题，有说服力，能使学生信服的图片。这样不仅可以使史料的可信度增高，课堂效率也会有所提高，有利于提高学生对历史的感悟能力，为培养其历史解释能力打下基础。

二是运用策略。

首先，要探究“图片”，明晰概念。通过对“典型图片”的探究，我们可以帮助学生进一步厘清重要历史概念。例如，“商业革命”是一个重要历史概念，教师可借助《新航路开辟后亚、欧、非、美之间的贸易情况图》，对图中蕴含的信息进行解读，由此帮助学生学习这个重要的历史概念。

其次，要把握图片史料的时代“语境”。对绘画历史情境的把握重点在于把握绘画的语境，这是一幅绘画的基本信息，主要包括绘画创作的时间、年代、国家、标题绘制者、定制者、用途、版本、大小尺寸等。这些语境能够提示学生绘画的相关信息，帮助学生结合相关的知识背景去观察绘画的内容。

再次，要以历史的眼光观察图片细节。图像学大师潘诺夫斯基将通过观察获得的浅层信息称为绘画的“自然意义”，实际上就是画面直接反映的历史信息。要理解这种信息看似简单，但实际上要融合历史眼光、整体把握的能力、观察细节和归纳的能力及理解历史信息的能力。绘画中呈现的每一个细节都是历史的证据。因此，教师只有让学生带着“画中反映了哪些历史信息”这样的问题去观察时，画的史料价值才能凸显出来。

又次，要探究图像背后的阶段特征、时代精神。历史解释不仅要求学生理解历史，还要求学生深层次地感悟历史。只有揭示出绘画蕴含的根本精神、原则，与画“共忧乐”，才能达成这一目标。在达成情感共鸣的过程中，学生的知识、能力和情感水平都会得到提升。学生在深度解读中把握绘画背后的时代特征，既是对绘画的体悟，也是对历史的重构。在这个过程中，学生需要站在一个更高的视野去审视、解释、评判绘画，与绘画产生情感上的共鸣。

最后，要变换解读视角，审慎识图。史料认识的本质不是“信”而是“疑”。例如，从历史照片中的“作者”视角和“社会”视角揭示其证史价值，有助于学生将照片所隐含、引发的历史效应置于时代背景下做审视。在中学历史图像教学中，应当引导学生变换角度，从历史语境、观点立场、意图目的等多方面，尝试厘清同一图片的不同历史解释，并对导致这些不同解释产生的原因加以评析。

2. 诗词素材在历史解释中的作用与应用

（1）“诗史互证”阐释法的起源和发展

诗歌源于生活高于生活，是社会历史的缩影，是浓缩的历史精华。有些诗歌作品不仅反映了当时的生产实践和社会生活，而且比较真实地记录了当时的历史，有的诗词甚至概括了历史现象的本质，总结了历史规律。

诗史互证是我国诗歌阐释与研究的重要方法，包括以史证诗、以诗证史、诗史互证三个方面。诗史互证是在明清时期正式提出的。钱谦益提出诗史互证的阐释方法，标志着人们对“诗”与“史”关系的认识又上了一个新台阶，这对清代学者阐释诗歌的方法产生了深远的影响。

总之，对诗与史的关系的探讨，既是中国古代阐释学重要的内容，也是其鲜明的特点。我国古代对“诗”与“史”的探讨，一方面加深了人们对两者复杂关系的认识，提高了人们的思维水平；另一方面，伴随着对“诗”与“史”关系认识的加深，在文学阐释领域先后出现了以史释诗、以诗为史等阐释思想与阐释方法，这两者之间有着较为明显的内在逻辑关系。

（2）“诗史互证”在中学历史教学中的价值

古典诗词中是有历史的。读一首诗，可以读出一个人、一些事和一个时代。在历史教学中引导学生在古诗词中徜徉，有助于学生更好地学习历史。

首先，古典诗词为历史解释提供了丰富的素材。古诗词的内容广泛，不仅涉及政治军事、文化历史、边塞风情、田园风光、都市里巷等，而且有相当一部分反映了当时的社会现实及社会环境。例如，“诗圣”杜甫的诗因为准确生动地刻画了当时的社会现实，被称为“诗史”。

史学研究者注意到了这座宝库，利用诗词反映历史的特点，以诗文证史，开辟了史学研究的新途径、新空间。大史学家陈寅恪的《元白诗笺证稿》便是倡导诗文证史的力作。因此，把古诗词恰当运用于教学过程，通过古诗词加深学生对相关历史事实及历史人物的理解是一种新颖的教学手段。

其次，古典诗词为历史解释提供了独特的视角。随着历史研究的不断深入，考古资料、田野调查资料、方志等资料也越来越受到学者的重视，但学界对文学色彩较浓的诗词相对重视不够。诚然，古诗词有其艺术夸张和不实之处，但有些内容是可以指实的，如一些诗词当中涉及的地名或道路交通线等，就完全可以为我们进行相关历史研究提供可靠的证据，对于研究历史地理问题更是如此。

通过在课堂上运用古诗词，可以拓宽学生的视野，启发学生的思维，让学生以古诗词为资料去分析历史问题，为培养学生的历史解释核心素养提供一个全新的视角。

最后，古典诗词为历史解释提供了“神入”情境。“神入”历史，就是在历史教学过程中，引导学生在掌握相关历史证据的基础上，让自己置身于当时的历史发展环境中，充分地把握历史人物的思想、动机、信仰、意图，并理解他们思想变化的过程，即主体进入客体之中去想象客体。在历史教学过程中必须找到一种“媒介”，通过它将学生带入教师创设的“神入”情境中，使学生身临其境地理解历史，并提高学生对历史问题的分析和总结能力。在创设情境方面，古诗词有巨大优势。中国古代诗词句式整齐，结构匀称，讲求押韵，注重格律，适合歌咏，情感表达充沛，有着其他文体难以企及的艺术魅力。中学生的志趣、审美情趣处于发展中，古代诗词的艺术魅力很好地感染、陶冶和引导学生，能够迅速激发学生的学习积极性，将他们带入教师预设的教学环境中，这对于“神入”教学有很大的帮助。

（3）“诗史互证”在历史解释教学中的使用方法

第一，读懂文本，理解真意。古典诗词毕竟属于文学作品，从汉语言角度读懂文本是前提。后人创作虽用古题，但多用典故和曲笔，将真事隐去，写前朝故人，喻本朝新事，即使写真事，呈现出来的也只有草蛇灰线、蛛丝马迹，整体看来给人以神龙见首难见尾之感。古诗词中的典故常常喻指作者生活的时代、情境、情感。因此，在备课时教师应了解这些文学常识，先弄明白诗词文体，然后再结合时代和作者进行挑选。所引入的诗词应能较为客观地反映当时的社会现实，从而使学生能把握住历史的真实。杜甫的“三吏”“三别”等“诗史”，以及白居易的新乐府诗，都是写实的代表作。同时，教师应对中学语文教学有较完整、准确的了解，并能区分开诗词在语文教学和历史教学中的侧重点，从而拾遗补阙，达到教学上的完美。

第二，“神入”历史，换位解读。例如，历史上一般把欧阳修看成良官。他曾写下了名篇《朝中措·送刘仲原甫出守维扬》，追忆自己在扬州平山堂的生活细节，抒发了人生感慨。有人在读了这首诗后对欧阳修产生了否定的看法，理由是他生活作风差，且疏懒于政事。怎样看待这件事呢？欧阳修是宋朝人，只能把他放在宋朝的情境中理解他。宋代遇到官府庆典活动，一般都有官妓到场演出。若说这是错误的，似乎不应该算到欧阳修个人的头上。再者，欧阳修也不是不问政事，切不可拿当今之事做比较。总之，我们不能过分苛求古人，对于作品中不可避免的时代局限性、阶级局限性，教师要向学生指出，并给予合理的解释。

第三，连点成线，多维解释。史实是客观存在，历史解释是对史实的辨别和评析；史实是唯一的，历史解释是多样的。因此，若仅凭一首诗词就确定史实、形成解释，不免有以偏概全之嫌。开展教学前，教师需要有广博的阅读量，能够串珠成线，帮助学生纠正可能存在的认知偏差。例如，历史上曾有四位诗人对大运河的开凿进行评价，结论各不相同，如何才能正确评价历史事物呢？古诗词中对同一历史事物、历史现象或历史人物，由于观察的角度、所持的观点、所站的立场以及所掌握的史料不同，不同人所做出的解释或评价也不同。以诗证史，应当根据辩证唯物主义和历史唯物主义基本观点，用历史的眼光、发展的眼光、全面的眼光，以尊重史实的基本态度，综合运用各种史料，采取一分为二和比较联系的方法去分析、评价，使学生认识到这种“不同”。

3. 历史故事在历史解释中的作用及其应用

（1）在历史解释教学中引用历史故事的必要性

历史故事作为中学历史教学中必不可少的一部分，在历史解释中也发挥着重要作用。

其一，用好历史故事可以增加趣味，降低历史解释的枯燥性。历史作为一门必修学科，综合性强，涉及面广，具有博大精深的特点，拥有其他任何学科都无法取代的优势。丰富有趣的历史人物、跌宕起伏的历史情节融会成生动的历史故事，成为课堂的一个重要组成部分。它能使教学更加富有吸引力，增加学生学习历史的兴趣，帮助学生理解和培养正确开放的历史思维，让历史解释的内容生动有趣。

其二，化难为简，突破历史解释的晦涩性。历史解释有一个很重要的环节，即让学生形成深刻的历史理解，而不是简单的知道事件。历史解释是通过认识历史的思维活动完成的。在这一过程中，学生们逐渐从历史中获得感悟。用历史解释历史，会产生越解释越难以解释之感，如一些晦涩的概念，让高中生透彻地把握的确很难，这个时候引用一两则小故事，则会令学生豁然开朗，有四两拨千斤之效果。

（2）运用历史故事的注意事项

其一，要精选历史故事，尊重历史的真实性，要尽量选取真实的历史故事。中国拥有数千年灿烂文明，历史源远流长，历史故事浩如烟海，人们对历史的解读也不尽相同。但这并不意味着对于历史故事我们可以随意杜撰、肆意篡改。由于各种原因，历史的真实可能被误读，很多后人会把曲解或杜撰的东西当作真实，杜撰的“故事”又多有正面的意义，时间流逝，会让后人对历史的真实更加模糊。加之历史故事受众人群大，通俗易懂，具有一定的艺术渲染性，古往今来无数的历史就这样被有意无意以讹传讹地流传开来，甚至比真实的历史更具生动性。很多演义，其实都是在原有的历史事实上附会拓展而成。一些故事，因情节需要，或为吸引眼球，篡改历史事实，或是美化一些历史人物，这会对认识历史事实造成干扰。故事就是故事，史实就是史实，这一点要让学生明白。对于历史教学，要抱着负责任的严肃精神，不要把自己在现代社会形成的观念与历史上的事情对号入座。

其二，可以假托寓言故事，发挥其警示与教育性。对于一些耳熟能详或者颇有教益但难辨真假的故事，我们可以一方面尽力去考证，另一方面在告诉学生实情的基础上使用。王小波曾经讲过一个故事：中亚古国花剌子模有一古怪的风俗，凡是给君王带来好消息的信使就会得到提拔，给君王带来坏消息的人则会被送去喂老虎。花剌子模是否真有这种风俗并不重要，重要的是这个故事所具有的意义，通过它可以举一反三。

下面仍以“宋明理学”为例。这一部分内容深奥，许多概念高中生很难理解。在讲授阳明心学时插入几个小故事，无疑有利于培养历史解释核心素养。

材料一　致良知——门人诫贼

王守仁的门人，夜间在房内捉得一贼。他对贼讲了一番良知的道理，贼大笑，问他："请告诉我，我的良知在哪里？"当时是大热天，他叫贼脱光了上身的衣服，又说："还太热了，为什么不把裤子也脱掉？"贼犹豫了，说："这，好像不太好吧。"他向贼大喝："这就是你的良知！"

——摘编自冯友兰《中国哲学简史》

教师：哪怕是一个自以为天良丧尽的窃贼，也有自己的底线和良知，知道脱掉裤子是羞耻的。既然人人都有良知，那么致良知就是要克服私欲，恢复人本身就具有的良知。

材料二　"心外无理"——阳明赏花

《传习录》中记载，据说一次王阳明与朋友同游南镇，友人指着岩中花树问道："天下无心外之物，如此花树在深山中自开自落，于我心亦何相关？"王阳明回答说："你未看此花时，此花与汝同归于寂；你来看此花时，此花颜色一时明白过来，便知此花不在你的心外。"

教师："心外无物"是指心是生发意义上的源泉。不用心体会，外在世界尽管五彩缤纷，但对自己毫无意义可言。当你未见到美丽的花时，它便根本不存在，只有你见到它，它的美丽才会呈现在你眼前，于你而言花才会具有意义。

材料三　"心中贼"——贪污史上的黑色幽默

唐朝宰相元载是中国历史上数得着的权臣巨贪。从他家抄出来的赃物之中，最骇人听闻、蔚为奇观的是八百石胡椒，将近64吨，三个集装箱都装不完，今天即便像家乐福这样的全球杂货供应商，一年度的胡椒采购量，也未必超过这个数量。

教师：王阳明说，破山中贼易，破心中贼难，何谓"心中贼"？通过这个中国古代史上的黑色幽默故事，我们可以发现"心中贼"就是人心的贪婪，推而广之，它可能还指错误的思想观念、僵化的头脑、脱离实际的想法、虚妄的念头、矛盾的心理，以及顽劣的习性等。总之，凡是违背科学、脱离实际、不合规律，让人在现实生活中遭到失败的想法、念头、思维定式和习惯等，都属于"心中贼"，应在破除之列。

历史故事可以助力历史解释，是深化学生理解和提高课堂效率所不可或缺的。

（三）完成历史解释的教学手段

1. 问题链在历史解释中的作用与应用

通过问题驱动引导学生对历史事件进行理性分析和客观评判，是提升历史解释核心素养的重要途径。如何凸显学生在课堂中的主体地位呢？在问题设计上，要体现为符合学情、基于学生的认知来设计问题，要从学生的视角来思考问题设计的方式。例如，在学习雅典民主政治内容环节，可以创设问题链，用角色体验方式让学生展开学习。

步骤一：引入题目“伯利克里时的三驾马车”，介绍雅典民主政治确立的过程，指出伯利克里时期是雅典民主政治成熟期。在成熟时期雅典的民主机构中，公民大会、五百人议事会、民众法庭是雅典政治权力的重心，我们称之为伯利克里时的“三驾马车”。

步骤二：通过解答问题链体验“三驾马车”的产生与构成。

我们来个时光穿越，回到2000多年前的雅典城邦，感受一下城邦生活。假设咱们高一年级12个班是雅典居民，咱们班的人是雅典公民成员，其中××组是18—30岁以上的公民，××组是30岁以上的公民（两名女同学手持展示板提示各组同学的年龄），其他班是雅典的奴隶和外邦人。

问题1：依据教材和年龄提示，请有资格参加公民大会的人站起来。好，请××同学（女）说说你为什么站起来又坐下？

问题2：依据教材和年龄提示，请有资格参加五百人议事会、民众法庭的人举起手来。好，请××同学（男）说说你举手的理由是什么？

问题3：五百人议事会的名额根据基层行政单位的公民人数按比例分配。请这些有资格参加五百人议事会、民众法庭的公民抓阄，每人抓一粒豆子。（两名女同学持盛有红、黑、绿三种豆子的豆篓让30岁以上男同学抓豆）请抓到红豆的公民举手，你们已当选为五百人议事会议员。

请抓到绿豆的公民举手，你们已当选为民众法庭的陪审员。

请抓到黑豆的公民举手，你们这次没有被运气和“神意”光顾，下次会很快到来。

设计意图：学生身临其境地感知公民大会、五百人议事会、民众法庭的产生和构成规则，产生方式分别是全体参加和抽签选举，并有比例代表制。学生亲身体会雅典民主范围的狭隘性和充实性，可以为后面的学习做铺垫。

步骤三：通过归类问题，让学生感受雅典城邦生活，确认“三驾马车”的权力划分和重要地位。

问题4：下列事项是雅典城邦所要处理的事务，请你帮忙找一找它们应由哪个机构处理。公民大会用○标示在括号中，五百人议事会用△标示，民众法庭用√标示。

（　）1. 决定雅典的大政方针和许多具体事务，主要职责是通过各种法令。

（　）2. 主持公民大会，向公民大会提交有关问题的决议草案。

（　）3. 每年一次就是否实行陶片放逐法举行投票。

（　）4. 每年10次就官员是否称职进行信任投票，来决定其去留。

（　）5. 与将军和其他官员一道执行公民大会有关盟国的各项决议。

（　）6. 审理重要的刑事和民事案件。

（　）7. 公元前432年，决定是否接受伯利克里的提议：拒绝斯巴达的最后通牒，放弃乡村，与斯巴达战斗到底。

（　）8. 设有10名审计官，审查即将卸任的官员提交的财务报告。

（　）9. 每年一度选举雅典各机构的官员。

（　）10. 监察权，主持对高级官员任职资格的终审。

问题5：从以上权力的划分看，三个机构涉及的事务是什么？是对官员的监督、审查。这说明雅典民主政治的官员由公民选举产生，受公民的严格监督，如此减少甚至杜绝了贪污腐败和以权谋私现象，但是也存在着权力交叉现象。

设计意图：通过这样的问题设计，引导学生以当事人的身份融入当时的历史情境，实现与历史人物的深刻对话，让历史变得理性又有温度。通过确认当时具体事务所应归属的机构，学生能较真实地感受雅典城邦生活所面临的真实事务，变换情境理解三大机构的权力和重要地位。这样做的目的是让学生亲自去还原、体验当时雅典城邦的民主生活。从权力重叠情况中，可以归纳得出雅典民主实现了对执政者权力的有效制约。

再如“宋明理学”复习课中，教师依据学生的疑问确定本课要解决的问题：为什么两宋会产生理学？汉朝董仲舒的新儒学为什么不能继续应用呢？理学与心学的关系及其思想理论成果的内涵与价值是什么？理学究竟如何发展了儒学？理学对中国社会到底产生了怎样的影响？宋明理学是中国古代文明的高峰，也发展为世界文明高峰之一，影响了东亚、南亚各国，今天，该怎样积极地弘扬宋明理学中合理的、有价值的学术文化精神？这些问题贯穿这节课始终。通过设计思路层层递进的问题链，教师帮助学生建立起史实与史实之间、史实与概念之间的逻辑关联，搭建能力要求逐次递进的问题阶梯。随着一个个环环相扣的问题逐次被剥解，学生对宋明理学的理解由浅入深，做出的历史解释会更加多元和立体。

2. 情境创设在历史解释中的作用与应用

在情境教学中，教师创设人为优化的环境，拉近学生与历史的距离，在这种多彩的、智慧的情境的影响和推动下，学生主动投入教育教学活动的态度、情绪、语言和行为，使已创设的情境变得更为丰富，氛围更为浓烈。置身其中的教师也可以同时感受到教学成功的快乐，以更加饱满的热情投入教学活动。如此，情境、教师、学生三者之间形成了良性推进的多向折射的心理场，学生情不自禁地用“心眼”去学习，教学也因此可以进入一种沸腾的状态。这种热烈的情绪、真切的感受，促使学生顿悟，从而不断改变学生的认知结构和心理结构，因而使学生在不增加负担、不受强制的情况下能自主学习。

陈寅恪认为：“历史研究，无疑都是后人看前事，用后来观念解释历史上的文本史事，无可奈何，难以避免。但要防止先入为主的成见，尽量约束主观，以免强古人以就我。”①简单说来，便是“了解之同情”，复原历史情境，尽力设身处地，不苛求古人。“情境教学”能够更多、更深、更好地激活学生在观察、模仿中学到的知识，发展学生自主地了解和独立思考人类以往的史实的能力，孕育创新意识和实践能力，实现思想方法的形成与迁移，从而使学生知道过去、理解现在、懂得社会、认识自己。其中所习得的能力和所培育的情感，可能影响学生一辈

---

① 桑兵：《“了解之同情”与陈寅恪的治史方法》，《社会科学战线》2008年第10期。

子，如此就达到了历史教育的目标。

课本剧情境教学，以历史课程资源为依托，借鉴与运用以“行真”“情切”“意远”“理寓其中”为特点的情境教育理论，调动学生的情绪，引发学生的观察和思考，创造性地教学。例如，在岳麓版历史教材《以经济建设为中心》一部分的教学中，可以进行“心灵驿站”和“安徽小岗村一纸生死文书签订过程”的历史短剧情境设计。在预习环节教师布置的作业是“心灵驿站：以《转折》为题，叙述迄今为止对你人生转变最大、影响最深远的人或事”。设计意图如下：学生从自己的经历领会转折所具有的含义及其所带来的深刻变化，调动学生对本课的情感。教师导入新课时，请一至两名同学到台前朗读自己的预习作业。讲授新课的时候，教师用“转”为标题凸显十一届三中全会转折的含义之所在，用“变”为标题介绍改革的内容。在农村改革中，由学生演出“安徽小岗村一纸生死文书签订过程”历史短剧，短剧角色有1名花鼓词手兼画外音、1名生产队长、1位老人、17名户主。设计意图如下：创设情境，激发学生学习探究的主动性，拉近学生与历史的距离。

在复习课“从‘百年张裕’看中国近代民族工业”中，教师进行了主题式情境创设，其设计思想有以下几点。这一课以民族品牌“百年张裕”为切入点，折射出近代中国民族工业的发展历程及评价。这种设计既还原了历史发展的原过程——从具体到一般，又能为抽象的经济史充实细节，让学生从身边的现实品牌感悟民族工业发展的来龙去脉。同时，这种设计可以提升学生利用已有知识来解决新情境下历史问题的能力。从“百年张裕”看中国近代民族工业的新情境设计，可在感知生动的“百年张裕”发展史中锻炼学生的情境迁移能力、调动运用知识能力，从而提高学生的学科素养。历史解释实际上就是历史地理解和认识过去的一种思想方法，是以“同情”的理解态度，依据史料设身处地认识具体史事，形成合理的想象，建构自我的历史叙述，形成历史地看待问题的意识与处理问题的能力的过程。

3. 历史细节在历史解释中的作用与运用

所有的历史解释都应当建立在可靠的史料基础之上，建立在实证科学的研究基础上。1923年李大钊在上海大学进行的《史学概论》演讲中指出：“历史家的任务，是在故书篓中，于整理上，要找出真确的事实；于理解上，要找出真理。”①大家都认为对史实的确认是历史解释的前提和基础。在对史实的确认中要见人见事，才能见理。钱穆先生对历史叙述中人、事、思想关系的诠释为：“历史存在依人不依书，而人则是永可以存在的。历史讲人事，人事该以人为主，事为副，非有人生，何来人事？思想要有事实表现，事背后要有人主持。如果没有人，制度、思想、理论都是空的，靠不住的。”钱穆先生的诠释，恰恰道出了历史尤其是思想史教学的真谛——思想要通过事件表现，事件背后要有人主持。为化解思想史教学的深奥与艰涩，教师在教学中要见人见事。以“宋明理学”为例，人和事，不但是这一课的设计着眼点，而且应当从课的内容中凸显出来。教师在内容层面设计了两个重要人物，从朱熹到王阳明；事件则设计了从鹅湖之会到龙场悟道。程朱理学教学重点围绕集大成者朱熹，先介绍朱熹本人，他是南宋著名的理学家、教育家，被尊称为朱子。朱熹做官清正有为，大力提倡书院建设（如白鹿洞书院）。之后，教师要重点剖析朱熹的理学主张。教师在介绍理学两大流派处引入了“鹅湖之会”。“鹅湖之会”被称为“中国思想史上的里程碑”。就此，教师变换材料类型，以试题导出。

中国古代学术史上曾发生过一次著名的理学家辩论会，甲方批评乙方做学问“支离”，乙方批评甲方做学问“太简”。下列各项中，属于当时甲方代表人物主要观点的是（　）

A. 格物致知　B. 发明本心　C. 知行合一　D. 万物皆只是一个天理

从题中可以看出，“鹅湖之会”中，被指为“太简”的陆九渊主张学问需要放在心性意念的反思上，要唤醒内心的天理，不用日常学习。被指“支离”的朱熹主张为学应泛观博览、格物致知、循序渐进、居敬涵养，促成天理心性的显现。两人分歧在于“教人之法”，这样心学与程朱理学的差异就明朗化了。通过对这一历史细节——“鹅湖之会”的分析，还可顺理成章地得出结论：这次著名的理学家学术辩论说明理学内部潜伏着反叛、变革的巨大能量。思想由此因人、因事而彰显出其蓬勃发展的生命力，不再是干瘪的条目。

阳明心学是理学的重要组成部分。如何让学生认识其内涵及其产生缘由，是

① 李大钊：《李大钊文集》第4卷，人民出版社，1999，第359页。

理学一课的教学难点。全面考察明朝那一时段的历史，可以认识到阳明心学的出现不是凭空的，它的孕育恰恰是由于王阳明要解决个人与社会的问题。王阳明是立德、立言又立功的士大夫——全能大儒，被誉为“军事家中最有思想的、思想家中最有军功的”一位。王阳明的一生是传奇的一生，有七日格竹、遭遇廷杖、被贬龙场、平叛等故事。他的故事就是其思想萌发的诱因，对这些微观历史的了解能够更好地让学生理解历史的宏观性。教学中给学生讲述细微的历史、和学生一起分析王阳明的故事，可以让学生理解思想是对时代的回应。因此，笔者在教授“宋明理学”这部分内容时，就从王阳明的个人经历和明朝的时代状况解读了阳明心学产生的背景。

七日格竹致阳明大病一场可以证明：①作为官方哲学的程朱理学已逐渐异化，成为高高在上的训诫律令和考取功名的敲门砖。程朱理学到这时已变成束缚人心的教条。王阳明从镇压农民起义和地方平叛的经历中得出“破山中贼易，破心中贼难”的心得，从中可看出明朝出现了严重的问题。②明中期，宦官当权、皇帝荒淫无道、吏治腐败，社会世风日下，农民起义不断。王阳明认为正是学术流弊导致了道德沦丧，从而引起了社会动荡。王阳明遭遇廷杖的经历（上封事、下诏狱、受廷杖到最后被贬龙场）也让他对统治者十分失望。在宋朝良好的政治环境下，儒家文人的传统理想部分得以实现，特别是宋神宗对王安石变法的支持，让理学家们看到了“得君行道”的希望。宋朝基本上形成了一个以科举出身的士大夫为主体的文官政府。因此，宋朝时期理学家一直以君主和上层统治者为立教的主要对象。但到了明朝，“得君行道”这种可能性变得很低。从明太祖开始，明朝皇帝就经常对读书人进行杀戮与凌辱，如著名的廷杖制度，就是明朝的创制。③明朝政治生态的恶化是促使王阳明思想转向的主要原因。1525年，王阳明为弃儒就贾的商人方节庵创作《节庵方公墓表》，大力提倡“四民异业而同道”的经济伦理，其要点在于正心诚意。正心是心要端正而不存邪念；诚意是指意必真诚而不自欺。这表明，王阳明认为士、农、工、商在道面前地位平等，没有高下之分，对商业阶层的社会价值进行了重新定位，倡导的是各行各业都要恪尽职守、重义济世。正是在儒家传统的“得君行道”这条道路行不通之后，王阳明另辟蹊径，将目光转向下层，希望通过唤起民众的觉醒来挽救社会，这条道路可概括为“觉民行道”。④明中叶以来，商品经济发展，市民阶层崛起，民间社会展现了空前的活力。这才有了王阳明龙场悟道，王阳明悟出的道是活泼泼的、令人耳目一新的心学思想——“良知良能，愚夫愚妇与圣人同”。

葛兆光说：“思想史如果缺少了历史的研究，思想过程就成了纯粹思辨和抽象概念的连缀，仿佛鱼离开了水，思想就成了纯粹文本的自言自语，仿佛显微镜下干枯的标本，而历史就成了实验室里纯净的真空状态。因此，我建议新思想史研究，应当回到历史场景，在知识史、思想史、社会史和政治史之间，不必画地为牢。”①理学思想博大精深、内涵深奥，短短一堂课不可能全部讲透，而且也不能将思想讲成“纯粹思辨的产物”。从历史的角度讲解思想史，探“史事之因”是践行这一理念的一个出发点。阳明心学在明中期产生，是明朝中期政治、经济、文化和由来已久的儒学思想危机多重因素共同作用下的产物。阳明心学的出现标志着重建儒家信仰的理论任务已经完成，它是对程朱理学的反动，也是明朝中期政治、经济、文化发展的综合成果。这些都是从历史场景的视域出发研究理学：回到思想的原点思考、回到历史本身、找寻思想背后鲜活的人与事。

三、历史解释核心素养的内化外显

（一）思维导图在历史解释中的作用与应用

1.“思维导图”的含义

思维导图，英文名称是Mind Map，又被称为心灵图、心智图、脑图等，最早是由英国著名心理学家、大脑学家、记忆术专家东尼·博赞（Tony Buzan）在20世纪六七十年代提出的。他在《思维导图》一书中对思维导图是这样定义的：“思维导图是放射性思维的表达，也是人类思维的自然功能。它是一种非常有用的图形技术，是打开大脑潜力的万用钥匙。思维导图可以用于生活的各个方面，其改进后的学习能力和清晰的思维方式会改善人的行为表现。”

2.“思维导图”在历史学习中的用途

其一，它是基于学生“最近发展区”构建的。维果茨基曾提出学生发展的两种水平，即现有的发展水平和可能的发展水平，客观指出学生目前所能达到的解决问题的能力水平和通过教学能获得的潜力之间存在差别和联系，这就是“最

① 葛兆光：《道统、系谱与历史——关于中国思想史脉络的来源与确立》，《文史哲》2006年第3期。

近发展区”。当学生进行历史学习的时候，不免会遇到一些困难，如利用现有的知识结构无法进行深层次的探究，或者在某一知识的构建和拓展中遇到思维瓶颈，不能跳出既定的理论框架进行思维创新等。思维导图是引导学生发散思维的一种方式，能够引导学生在基本能力之上进行延伸，探索近期的发展方向和学习潜力，提升发现问题和解释历史的能力和方法。

其二，形式直观，便于构建知识框架。思维导图与传统的文字教学相比，属于更具直观特点的教学方法。思维导图主要体现的是历史事件发生的逻辑性和空间性特征。这样就可以使一些历史事件的前后因果关系表现得非常明确，便于学生的理解和掌握。

例如，思维导图作为一种概括性的图表，可以使学生对所学内容一目了然，但这又需要逐步将思维导图细节化，用细节内容来填补框架，才容易唤醒学生的注意力，使历史线索更加明晰。此外还要挖掘他们的历史储备，促使学生更为主动地探讨新的问题。

再如，思维导图可以提高学生的逻辑思维能力和空间思维能力。思维导图是从历史事件的时空关系来总结历史的，构建大致框架后还要再进行细节的填补扩充，这个总结的过程就体现了逻辑思维能力。学生可以以自己的知识水平和思维方式为基础，利用思维导图构建自己的知识框架，提升自己的理解能力和学习能力。

其三，以生为本理念。在过去的很长一段时间里，教师都是课堂的主体，是课程的操作者和控制者，这在一定程度上打击了学生的积极性，学生成为教师“教”的傀儡。随着教育的不断发展，“以生为本”理念逐渐成为主流，教师逐步向课堂的指导者、实施者和开发者转变。“以生为本”是人本主义教学思想的细化和提炼，这种思维模式关注的不仅仅是学生在教学中获得的认知，更是学生在教学中产生的情感、动机、兴趣及其变化发展规律。

“以生为本”视域下的历史课堂，除了指导学生完成对过去出现的事件进行总结和提炼外，更重要的是让学生明白如何做人，这使得历史课堂包含生动的“情感”“思维”的扩展和“理性”的光辉。思维导图能够激发学生兴趣，有助于学生明确学习动机，感知历史。

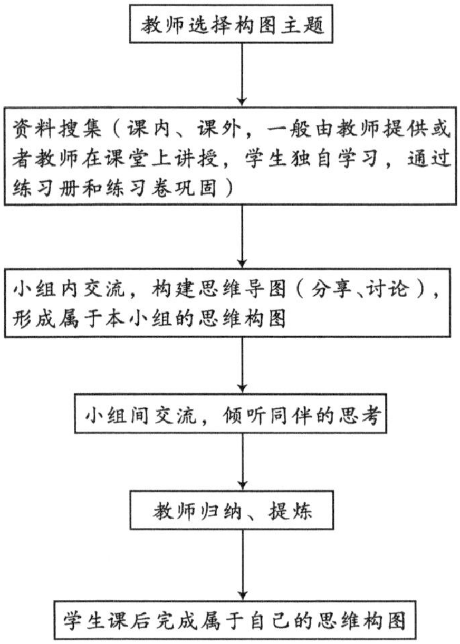

图 5–2　构建思维导图流程

3. 学生利用思维导图强化历史解释能力的原则

首先，要注重结合主题和内容，体现历史知识的层次感。在指导学生构建思维导图的过程（图5–2）中，教师应明确思维导图的逻辑性，以便更好地加强对历史的理解和解释能力。这对于历史知识体系的梳理及构建，对提升学生的学科核心素养都将起到至关重要的作用。

例如，教师根据中学生的认知水平，制图时可利用时间的顺序，选取适当的史实，发挥历史学科的时序性，凸显历史发展的主线。只有在掌握基本知识点的基础上，了解事件的发展过程，才可以探究历史事件的深层内涵及意义。一个历史事件的影响只有放在时空中才可以被理解。

再如，教师可以引导学生将零碎的知识点围绕核心概念进行整合，厘清历史发展线索，对核心概念进行拓展，实现重难点的突破，并解读材料，提升历史解释核心素养。这种由点（历史概念）、线（线索）、面（历史阶段）、网（古今中外联系）构成的思维导图，为学生搭建起记忆与理解历史的桥梁。

其次，运用思维导图，可以启发学生多层次、多视角解释历史。历史解释与历史理解是历史叙述的注脚，历史解释核心素养既包括历史理解也包括历史解释，是历史理解与历史解释的统一。课堂上学生揣摩教师的思路，其历史解释的能力停留在依葫芦画瓢的阶段，而思维导图有明显的优势，它呈现的是一个思维过程，能够提高发散性思维能力。为弥补课上教学的欠缺，学生可利用思维导图这种形象的工具，多角度、多层次解读历史信息。例如，要从形式上实现这一点，其一就是要结合历史事件的背景、事件、原因、中外认识等差异，形成历史解释；其二是要从中外研究方法与史料分析方法的差异上来进行历史解释，引导学生从外国历史解释中吸收养分。在此基础上，学生再通过思维导图的结构触发灵感，实现个体对历史事件的个性化解读。

最后，思维导图使教师关注学生在学习过程中的思考，将教师的“导”变为学生的“构”。对于高中生而言，获得历史解释的能力很重要。鉴于此，学习者可尝试利用思维导图来提升解读史料的能力。要让学生拥有用图形解释历史的能力，仅仅靠教师“导”是不够的。还要让学生形成自己的解释，自主地通过事件的呈现，关注社会的变革，进而体察人性，再通过图示实现学生思维能力、解释能力的提升。

绘制思维导图的具体流程应包括：选择主题、搜集资料、小组交流、归纳提炼，将构图过程与学生的思考相结合，形成了思维构图流程，从而让学生获得自行构建历史认识的能力，在历史学习方面从自在到自觉，发挥思维导图应有的价值。

这一过程，不仅关注学生思维的形成，还注意维护学生思考的积极性。此外，学生在绘制思维导图中形成了同伴互助、共同构建历史认识的习惯。

（二）巧用高考题，提高历史解释能力

高考试题（包括模拟练习题）中包含以程式化的语言对历史事实所做的叙述，往往不拘泥于教材，运用新材料，创设新情境。新情境或以古今贯通、中外关联呈现，或以把握历史发展的基本脉络的形式呈现，涵盖了多种思维方式和素养。特别是它对历史解释能力的考查力度比较大，指导学生在课下练习做高考题，非常有利于历史解释核心素养的提高。

1. 叙述解释类——辨别表象里的实质

要深刻地完成历史解释，需要在思维层面和技术层面对历史事实与历史叙述加以区分和辨别，从而透过表象再认、再现历史事实。在一次新课标培训中，徐蓝教授曾经以一个题目为例，来说明面对材料学生应如何综合运用所学知识，做出自己的解释：

19世纪70年代，英国探险家斯坦利率一支考察队在非洲考察，与当地土著相遇。对此事件，斯坦利和当地土著酋长摩基姆巴分别有自己的叙述。

材料一　斯坦利的叙述

早8点左右，我们看到一个市场，附近停泊着许多独木舟。人们立即集合起来，从四面八方向我们逼近，我们长时间保持自制。但最后他们因我们的镇静而鼓起勇气，当某个人因此高叫“穆提”（投）、他们一齐向我们投掷木矛时，我们才被迫开枪，对他们予以回击，迫使他们惊惶逃窜……下午2点，我们从两岸树木茂密的河道中驶出……看到一支庞大的船队正停在河中央。那些船民发现我们后站起来，高声喊叫，把角吹得异常响……在5分钟里，我们全力射击，无暇顾及别的事。我们热血沸腾。这简直是杀戮。我们憎恶居住在这里的这些丑陋不堪的食尸鬼。

材料二　摩基姆巴的叙述

当我们听说那个白皮肤的人（指斯坦利）要来的时候，我们不禁惊奇……我们对自己说，这人的皮肤是白色的，一定是从河流王国来的，他是我淹死的弟兄们中的一个。一切生命都来自水中，在水中他又找到了自己的生命，要回到我们中间来，他要回家了。我们要举行一个宴会，我下令去迎接……陪伴他高高兴兴返回村庄……但是我们靠近他的小舟时，听到喊声“土匪！土匪！”，并向我们喷射铁雨，我们一时惊呆了……那天晚上我们回来时看到了可怕的东西，我的弟兄死在血泊中，我们的村庄遭到洗劫后被焚烧，水中漂满了死尸。那些强盗和土匪消失了。现在请告诉我，那白人对我们公平吗？

——摘编自史蒂文·舍曼《亨利·斯坦利和探索非洲的欧洲探险家》

对以上材料提出两个问题：

（1）概括指出材料一、材料二反映出的不同作者对同一事件记述的主要不同。（考查学业水平2）

（2）根据材料，概述材料记述的事件。（考查学业水平4）

关于对问题（1）的回答，我们首先要清楚，学业水平2的要求是辨别不同作者对同一事件记述的不同，从而认识不同史料的不同价值。如果能够认识到“材料一的作者是西方探险者，记述中表现出了白人的优越感，认定责任在土著人；材料二的作者是非洲土著酋长，记述中表现出了传统的思维观念，认定责任在白人”，就达到了要求。

关于问题（2），回答时如果能够在辨别作者意图的基础上，运用两则史料中记述的相同内容构建起对事件的叙述，就达到了要求。比如回答出“在非洲的一条河流旁，斯坦利率领的白人探险队与当地土著相遇，发生冲突。探险队凭借先进的武器装备，屠杀了大量土著居民”就可以了。

本题是典型的考查学生是否能够比较分析来源不同、观点不同的史料，是否能够在辨别作者意图的基础上，恰当地运用史料构建自己对问题的叙述的题目。在对这一题目的解析中，要善于捕捉材料中的蛛丝马迹，透过现象抓住本质。

2. 解读解释类——探清因果逻辑

2012年北京高考历史试卷中第一次出现了解读题，截至2017年，在六年中五次考到此题型，其间即使有所变化，也可以看作解读题的变形。解读题根据资料及基础知识，对历史事件、人物、制度或概念提出合理叙述或评论，对历史发展的因果、延续方式、变迁及趋势等做出说明。要旨一是在于阅读理解，二是在于分析、探究因果，三是在于体会和感悟。解释更注重阐述事物本身，而解读在解释之外还强调更深层次地分析、把握因果逻辑关系，所以，解读题是对历史解释很好的考查和训练。

以2017年“儿童：成长、保护与发展”一题的第三小问为例。

材料三　古人云，孝者“百行之本”“始于事亲，中于事君，终于立身”“孝，德之本也，教之所由生”。

材料四　三纲之根本义，阶级（等级）制度是也。所谓名教，所谓礼教，皆以拥护此别尊卑明贵贱制度者也。近世西洋之道德政治，乃以自由、平等、独立之说为大原。

——陈独秀《吾人最后之觉悟》（1916年）

父子母子不必有尊卑的观念，却当有互相扶助的责任。同为人类，同做人事，没有什么恩，也没有什么德。要承认子女自有人格，大家都向“人”的路上走。

——吴虞《说孝》（1920年）

材料五　未成年人享有生存权、发展权、受保护权、参与权等权利，国家根据未成年人身心发展特点给予特殊、优先保护，保障未成年人的合法权益不受侵犯。

父母或者其他监护人应当创造良好、和睦的家庭环境，依法履行对未成年人的监护职责和抚养义务。

——摘编自《中华人民共和国未成年人保护法》

“孝亲尊师善待人。”

——《中小学生守则》

阅读上述材料，对“孝”这一观念的历史演变进行解读。

题目中所给的材料时间跨度比较大，学生需要先在时间上定位古代、近代和现代。要想做正确的解读，要求史料充分、史料与论述内在联系紧密。结合史实阐述观点，论述合理，分析深入，结构完整，逻辑严密，能清晰梳理出古今“孝”的观念演变的历史脉络，能从材料中获取“孝”的重要性、内容和意义。根据材料并结合所学知识，按历史时间轴顺序进行解读，可以从历史的纵向演变，分析总结出以下观点：在不同的社会历史条件下，“孝”被赋予了不同的要求和作用，在古代，社会等级严格，“孝”与“忠”联系在一起；在近代中国，思想界开始关注自由、平等的观念；到现代中国，人民当家作主，儿童享有合法的权益，国家、社会、家庭有义务保护儿童的权益和成长。解读的过程中要注意论述合理、分析深入，结构完整，逻辑严密。

解读类题目显示了高考对学生分析问题和解决问题能力考查的重视，解读内容包括原因背景和意义影响，这考查的都是学生对因果关系的解释，有利于学生对解释历史事物能力的提高。历史解释是史论有机结合的产物，在某种程度上不存在没有理论基础的历史解释，因此在考试中，尤其要注意史论结合。

3. 意义影响类——彰显时代价值

解释是寻求历史意义、赋予历史生命力的重要路径，是史学的重要特质。高考历史试题，特别是非选择题，鲜明地体现了这一史学特质，呼应了培养学生发展核心素养，尤其是“在历史解释中学会理解历史”这一核心素养的课改方向与要求。下面以2019年全国Ⅰ卷第42题为例。

阅读材料，完成下列要求。

凡读本书请先具下列诸信念：一、当信任何一国之国民，尤其是自称知识在水平线以上之国民，对其本国已往历史，应该略有所知。二、所谓对其本国已往历史略有所知者，尤必附随一种对其本国已往历史之温情与敬意。三、所谓对其本国已往历史有一种温情与敬意者，至少不会对其本国已往历史抱一种偏激的虚无主义，亦至少不会感到现在我们是站在已往历史最高之顶点，而将我们当身种种罪恶与弱点，一切诿卸于古人。四、当信每一国家必待其国民具备上列诸条件者比数渐多，其国家乃再有向前发展之希望。

——钱穆《国史大纲》（1940年）

评析材料中的观点（任意一点或整体），得出结论。（要求：结论不能重复材料中观点，持论有据，论证充分，表述清晰。）

本题突出考查“历史解释与时代价值的结合”。题目中“评析材料中的观点，得出结论”考查了历史解释，主要培养目标是能够客观论述历史事件、历史人物和历史现象，有理有据地表达自己的看法。本题要求学生根据题目要求，凝练出材料所蕴含的观点是什么，再运用史实作为证据评价分析为什么会有这一观点，最后得出对该观点看法的结论。

本题材料选自钱穆先生《国史大纲》开篇语，强调对本国历史要有温情与敬意。钱穆是中国近代著名国学大师、历史学家。《国史大纲》是一部简明的中国通史，便于读者明了治乱盛衰的原因和国家民族生命精神之所寄。本书创作于1940年，正当抗日战争最艰苦卓绝的相持阶段，此时，建立民族自觉与自信、从中国历史和传统文化中汲取营养、加强民族凝聚力以求抗战胜利，变得异常重要。

解答关键在于对四则材料有清晰准确的解析，以及对历史解释的充分理解和把握，对材料的时代价值的充分领会。材料信息的逻辑关系是：国家向前发展的希望在合格的国民，合格的国民要了解本国的历史，用温情与敬意热爱历史、敬畏历史，唯此才能认同伟大祖国、中华民族、中华文化。

学生需要在前面分析的基础上凝练主题“对中国传统文化的认同与自信”，论证只有对本国历史怀有温情与敬意才能对中国传统文化产生认同与自信，所以，既要辩证看待中国历史，又要在民族危难时刻拥有知识分子的责任与担当，反对推诿责任于古人的态度。要表明态度，选取中国古代政治史和思想史中与之相匹配的史实，在历史解释的基础上凸显和升华时代价值。

本题体现了历史解释与时代价值的有效结合，凸显了民族自豪感和自信心，体现了历史学科的学科价值和育人功能。

以上三个问题，分别侧重解释“是什么”、“为什么”和“怎么样”。课后巧用高考题，并明确试题的主体思想，可以提升学生的各项能力，使学生在作答中认识得到提升，使练习考试本身成为再教育的过程。在真题训练中提升历史解释核心素养无疑是一条快捷的路径。

案例体验

教学案例一 以“小切口大视野——从‘端方之死’探究新政之果与革命之因”教学片段为例

（北京市通州区潞河中学，金晓洲）

【案例说明】

本课为高三第一轮中国近代史通史复习课，具体内容是探究1911年满族高官端方在镇压四川保路运动过程中被部下刺杀一事，涉及的相关史实包括清末新政、辛亥革命。为了让学生既能从宏观上理解清末民初中国社会变化的基本脉络，又能从微观上认识到具体历史人物在此浪潮下的个体反应，本课核心立意落在从小切口入手结合历史大视野，通过探究清末新政之果与辛亥革命之因，进而解读中国近代社会转型的复杂性、认识社会各阶级为挽救危局所做的努力及存在的局限性。

就教学目标而言，首先是通过阅读材料，概述“端方之死”的来龙去脉，认识保路运动爆发的原因及影响。其次是多角度分析探究辛亥革命爆发的原因，探究清末“新政”与辛亥革命的辩证关系。最后是结合后世对“端方之死”的评价、看法，区分史实与史论的区别，知道对同一事件出现不同观点的原因。

【案例内容】

【环节一】改良与革命的关系

教师：革命成功，民国建立，清帝逊位，清朝遗老遗少们连连感叹，一道铁路国有的政策却成了大清的催命符。为期十年的改革怎么就把大清改没了？改革和革命难道成了一对母子？对这一问题，学者迟云飞有怎样的看法？

教师出示：

材料一　有时改良会避免革命，但更多的情况是改良引起了革命。

——摘编自迟云飞《革命、改良与革命、晚清革命的起因》

教师：我们该如何理解这句话呢？

教师引导学生分析：新政本来是为了遏制革命、巩固皇权才开展的，为什么却“引起了革命”呢？我们从新政的真与假、功与过来分析。

教师出示：

材料二　新政措施如下。军事：练新军、设学堂；政治：改官制，预备立宪；法制：修刑律，司法独立；经济：成立商部，奖励实业；教育：改学制，废科举。

教师：新政之真指的是真的调整生产关系、促进社会进步。上述措施为中国社会带来了什么？

学生：这些真改革借鉴了工业文明成果，提升了近代化水平，同时也为资产阶级革命奠定了思想、人才、物质基础。

教师出示：

材料三　新政措施：1908年《钦定宪法大纲》维护“君上大权”；驳回立宪派“速开国会”申请；1911年，成立“皇族内阁”。

教师：反观新政中的假维新有哪些？

学生：从1908年《钦定宪法大纲》核心是维护“君上大权”，到数次驳回立宪派申请，再到最后成立所谓的“皇族内阁”，当年端方声称的“政治新希望”后来看来就像一场笑话、一场骗局。

教师：之所以称之为假维新，是究其本质目的而言。站在满洲贵族角度看，这么做倒也无可厚非，然而这种改革中的短视、狭隘却导致改革时机一再延误，最终导致清朝自身变成了真正的“孤家寡人”。

教师引导学生分析：纵观新政十年，统治集团依旧腐朽、愚弄民意，后期内部严重分裂；整个社会却在进步、觉醒，反而对旧政府、旧秩序日益失望。

教师：回到改革和革命的关系上——历史是复杂的，它的效果往往不以人的动机为转移！

【环节二】"端方之死"后世论

教师：端方虽死，围绕他的争论却并未消失。百年来，社会各界人士对"端方之死"的评价，态度多样。如果上一环节是解释历史，接下来我们就要解释对历史的解释了。

教师出示：

（端方死后）是日也，军中欢呼雷动，而资城人民安睹如恒。

——《蜀报》刊登《记鄂军杀端方实状》

备注：《蜀报》是四川咨议局机关报，该报发表文章，大力反对铁路国有化。

楚人三千公旧部，数月巴渝共辛苦。朝趋武帐呼元戎，暮叩辕门诟索虏。

——王国维《蜀道难》（写于1912年，悼念端方）

备注：清亡后十五年，王国维自沉昆明湖，遗书曰"经此世变，义无再辱"。

他是满人，但属于满人中的佼佼者，野蛮杀害端方，引起人们普遍的谴责。

——时任《泰晤士报》驻华记者莫理循

某些革命党人为求得政治资本，与"自明心迹"者聚合起来，以"种族革命"为由，用小队突袭的办法杀死了端方及其弟端锦。

——摘编自张海林《端方与清末新政》

教师：社会各界人士对"端方之死"的评价有哪几种态度？这说明什么问题？

学生：百年来中外学界对"端方之死"的评价有以下这几种态度：可庆——满人丧命，革命垂成；可叹——旧部亲随，蔑之为虏；可怜——满人翘楚，身首异处；可畏——投机革命，为利害命。

这说明对历史事实的解读、评价都难免受主观因素影响，包括政治立场、阶级属性、时代变迁等方面。

设计意图：区别史实与史论，知道导致史论存在差异的原因。

教师：你倾向哪一种观点？用史实说明你的理由。

学生1：我倾向于王国维的观点——可叹。首先，端方思想开明，为官做事有利于社会进步；其次，他在私德上是值得肯定的，忠于政府、优待部下。他的死是清政府冥顽不灵、逆潮流而行的产物，他是一个历史中的小人物、一个牺牲品。

学生2：我倾向于张海林的观点——可畏。首先，结合当时民众的思想觉悟的实际水平来看，随端方西进的鄂军面对革命形势如火如荼的大背景，只能选择明哲保身、杀人邀功，这也反映了人性中的趋利避害；其次，结合民国初年的政治乱象可知，辛亥革命虽然推翻了帝制，成立共和国，但真正的民主之观念、科学之精神并未普及，革命的群众基础仍比较薄弱。比如，袁世凯、张勋都曾想要复辟帝制，北洋军阀统治也是黑暗专制的。这都说明，当时参与革命行动的民众对革命的真谛并未深刻体悟，更多是抱着投机和从众的心态去的。

学生3：我认为端方之死是一个新旧交替时代的产物。新时代指的是由改良到革命、封建主义被资本主义取代的时代；新时代的代表杀死端方是向世人宣告新时代的到来，是社会发生翻天覆地变化的象征。端方之死有一定的历史必然性。

教师：史学家卡尔曾言“历史就意味着解释”。希望大家能留心历史上那些能够引发自身思索的故人往事，用历史学科的视角去审视它、解读它，让它在自身的解释中重获新生，并烙下属于自身的时代印记。

【案例点评】

本节课的教学特色在于运用多种教学途径落实历史解释素养。

首先，本课思路新巧，充分呈现史实过程。关键人物与重要情节是历史知识的载体。本节课，教师通过“端方之死”这“冰山一角”，创设历史学习的新情境，激发学生调动所学知识分析、解释清王朝覆灭的动机。此外，课堂上教师从“端方因何而死”“端方能否逃过一死”到“‘端方之死’后世论”，由浅入深地设计问题链，巧妙地将学科逻辑与学生的认知逻辑相结合。同时，本课关注到学生在课堂上的生成性问题，不断予以追问，从而引导学生持续思考、深化理解历史。教师聚焦关键问题，精选史料，以小见大，见微知著，达到了用透、用深、用足史料的效果，为学生深化对辛亥革命、改革与革命关系等问题的理解搭建阶梯。

其次，本课多梯度落实对学生历史解释核心素养的培养。纵观本课，教师从呈现“端方之死”这一史实入手，引导学生从历史表象中发现问题，理解辛亥革命爆发的多方面、深层次的原因，进而追问“改革与革命的关系是什么”“端方是否罪大当诛”，启发学生剖析事件间深层的因果关联性，并注意运用阶段特征分析法去阐释“端方之死”所蕴含的历史意义。

再次，本课列举近百年来社会各界对此事的看法，引导学生分析对同一事物的历史解释出现差异的原因，引导学生综合各种史料建构自己对此事的“理性分析”和“客观评判”。在这一过程中，教师将学习任务分解为“了解”“理解”“解释”三个梯度，遵循认知规律让学生拾级而上。

最后，不忘初心，在历史解释中渗透“人文情怀”。历史解释的终极态度，即“深沉地、豁达地理解”。高中生正处于世界观、人生观、价值观形成的关键时期。作为人文学科之一的历史课，理应以学科特色肩负引导学生形成正确“情感取向”“理性认识”的任务。本节课，教师除了让学生在“究天人之际，通古今之变”的基础上“成一家之言”外，还注意引导学生以历史的角度辩证地看待历史中的“失败者”。在本课尾声处，学生并未站在“薄古厚今”的立场对端方一味地进行漠然批判，而是从中看到近代中国社会转型的艰难性、复杂性。诚如最后一位学生所言，这样一个新旧交替时局下的小人物是悲哀而无奈的。这样的“判词”，何尝不是尊重历史、解读历史后所产生的“理解之同情”呢？

教学案例二　以“1861年，一个怎样的世界？”教学片段为例

（北京市通州区潞河中学，金晓洲、梁然）

【案例说明】

本节课是关于“工业文明冲击下的世界”的高三第二轮专题复习课，涉及的相关史实包括“两次鸦片战争、太平天国运动、民族工业的兴起及初步发展”、“西学东渐”、1861年俄国农奴制改革、美国1787年宪法与美国共和制的确立等内容。在高三第二轮复习中，学生对单个知识点掌握得较扎实，但难以围绕“阶段特征”形成知识体系，中外共时联系性较差。因此，本课通过一个历史横切面“1861年，一个怎样的世界？”切入，创设了一系列问题情境，引导学生探究中、俄、美三国在工业文明冲击下的深刻调整，并深化认知。学生通过上述探究活动，把分散的史实统合为有内在联系的核心概念，利用“阶段特征”视角进行历史解释。

【案例内容】

【环节一】导入

教师出示：

材料一　世界文明地图（略）

材料二　近现代资本主义发展时间轴（略）

材料三　19—20世纪中外历史进程轴（略）

设计意图：渗透时空观念，引导学生思考。

【环节二】危机——山雨欲来风满楼

教师出示：

材料一　1861年12月20日，英国驻华参赞巴夏礼与海军司令何伯来到太平天国的天京，此时英政府态度正在游移间：英国在上海投资巨大，欲保证其安全，只能与太平天国和平相处，可麻烦的是，此时美国南北战争爆发，英国失去了最大的出口市场，要弥补这一损失，必须全力拓展对华贸易，而这又要靠清政府支持。尽管洪秀全接受了几乎全部要求，但巴夏礼仍怒气冲冲：在他天京的客房中，挂着一张“世界地图”，图上中国面积惊人地大，而英国、法国被画成两座小岛，挤在角落中。

——摘编自（美）裴士锋《太平天国之秋》

教师：19世纪60年代，英国政府放弃中立态度转而支持清政府。结合材料及所学分析原因。

学生：早在19世纪60年代前，英国已完成工业革命，需要加强在殖民地的商品倾销力度，获取超额利润。1860年，第二次鸦片战争结束，《天津条约》《北京条约》使其获得了更大的中国市场，商品输出要求得到保证。而太平天国政权对上海商业已造成严重阻碍，并且仍以“贵华夏，贱夷狄”态度处理外交事务。由此，西方列强渐渐改变中立政策，向清政府靠拢。

教师出示：

材料二 1854年克里米亚战争示意图（略）

材料三 英法俄军力对比表（略）

教师：在克里米亚战争中俄国战败的根源是什么？

学生：1854年，英法两国已确立起资本主义制度，基本完成工业革命。这场战争充分暴露了俄国的腐朽和落后，政治上是沙皇专制统治，经济上封建农奴制度严重阻碍俄国实现工业化，也阻碍了俄国资本主义发展，最终导致俄国在克里米亚战争中惨败。

教师出示：

材料四 我现在将在宪法所规定的短短四年任期中，面临着巨大的非同一般的困难。在此以前，只是存在分裂联邦的威胁，而现在却是已出现力图分裂它的可怕行动了。我也将竭尽全力，按照宪法明确赋予我的责任，坚决负责让联邦的一切法令在所有各州得以贯彻执行。

——1861年林肯第一次就职演讲

教师：林肯总统第一次就职演讲的历史背景是什么？

学生：南北矛盾激化，内战即将爆发。

教师出示：

材料五 美国领土扩张示意图（略）

教师：美国南北战争矛盾的根源是什么？

学生：南方奴隶制种植园经济严重阻碍了北方社会对机器大生产的发展要求。19世纪中期的美国北方依靠自由劳动力，进行机械化大生产，引进工厂制度，形成了工业资产阶级利益集团。同时期南方却是英国棉纺织业的海外原料生产地之一，每年靠蓄奴制向英国稳定输出廉价的棉花，形成了奴隶主种植园经济。

另外，始于18世纪末，持续100多年的西进运动破坏了自由州与蓄奴州之间的微妙平衡，为南北战争的爆发埋下隐患。西进运动为美国开疆拓土，扩大了国内市场，然而围绕该在这些新疆域发展工业生产还是搞奴隶制种植经济，南北方矛盾激化。

教师：可见，在一定程度上，1861年前后三国所面临的危机都是由于工业文明的冲击与扩张。

设计意图：这一环节中，教师从列举1861年三国政治危机的表现到逐一分析产生危机的原因，引导学生思考1861年前后三国所面临的危机都是工业文明的冲击与扩张的结果。

【环节三】趋势——百川异源皆归海

教师出示：

材料一　19世纪资本主义在全球扩张示意图（略）

材料二　1848年资本主义向全世界辐射，撰写这个时期的世界史如不在相当程度上注意其他几个大洲，必定荒诞可笑。

——摘编自霍布斯鲍姆《资本的年代》

材料三　19世纪六七十年代迄今的世界历史，是人类发展史上的崭新阶段。大到国家、民族，小到家庭、个人，无不发生了前所未有的深刻变化。

——摘编自马克垚《世界文明史》

教师：结合本课所学，对材料中的观点加以解释，并归纳19世纪中期的阶段特征。

教师引导学生归纳：1861年中、俄、美三国都面临忧患的处境。三国国情不同，调整也各有侧重：中国人用移花接木的方式在古老的农耕文明土壤里埋下了一个社会转型的种子；俄国人拿出了“刮骨疗伤”的勇气，向延续了数百年的社会经济制度开了第一枪；崇尚宪政的美国人在经历了离散之痛后，决定依旧用宪法维护统一，而这是美国取得工业化辉煌成就的前提和保障。

就像这幅地图所呈现的那样——19世纪中叶，是资本主义扩张的时代，是多种文明碰撞与转型的时代。在工业文明的辐射与冲击下，农耕文明向工业文明转化，资本主义战胜封建主义，工业文明确立了对整个世界的统治。

设计意图：在本环节中，教师引导学生梳理1861年前后中、俄、美三国的变革措施，在对比中归纳三国调整的共同点，掌握历史发展的共时性特点，出示中外学者对此时期历史发展的看法，让学生尝试结合本课所学，对材料中的观点加以论证解释，并归纳19世纪中期的阶段特征。

【案例点评】

《普通高中历史课程标准》（2017年版）中要求，要正确认识历史发展趋势、按时间顺序和空间要素构建联系、解释不同时空框架下的史事等，因为这些都是历史阶段特征的集中体现。在上述教学片段中，笔者比较注意培养学生由具体到抽象归纳问题的思维方法，经常留意某些分散知识点的理解、总结和归纳，依托具体史实，从多角度提炼综合性的阶段特征，分析特点、阐述规律，并揭示历史阶段本质属性和根本趋向。

历史核心概念是历史事件和人物的本质的、全体的和内部联系的反映。在教学中运用历史阶段特征知识，有助于学生多维度地掌握历史概念的内涵和外延。比如，近现代历史的一大核心概念是近代化。近代化又叫现代化，就是以近代工业、科学和技术革命为动力，实现传统的农业社会向近代化工业社会的大转变，使工业文明渗透到经济、政治、思想和生活各个领域，并引起社会组织和社会行为深刻变化的过程。这种转变是一个广泛而复杂的系统工程，而且它具有世界性扩散的性质，先在西欧开始，然后伴随着血与火强行扩散到世界的每一角落，达成了全球性的大转变。近代化也是近年来高考的热点与难点之一。

综上所述，本课在知识层面帮助学生真正掌握、理解了核心知识和概念，在方法层面通过图文史料分析、地图动态演示、表格归纳、问题探究等方法，让学生掌握了论从史出等方法；在情感态度价值观层面，引导学生对“工业文明影响”形成全面、客观的认识，并能认可“近代化是人类社会发展的必经阶段”这一史论。

需要注意的是，划分历史阶段、概括历史阶段特征只是历史阶段特征教学的第一步。如果只停留在这个层次上，那么，学生获得的历史阶段知识只能是肤浅的、机械的，因此，必须活化对历史阶段特征的认识，形成有机的知识网络，入乎其内，寻找具体特征之间的联结点，揭示知识群之间的隐性结构关系，才能让学生在既知其然又知其所以然的更高层面上，依据历史阶段特征，提高历史解释能力与水平。

教学案例三　以“明清之际的思想批判”教学片段为例

（北京市通州区潞河中学，刘艳萍）

【案例说明】

历史理解是指将对史事的叙述提升为理解其意义的情感取向和理性认识。为什么要涵养这一核心素养呢？对于我们今天的认识者来说，过去的历史是有一种天然的“文化距离感”的，就本课所涉及的思想史而言，思想主张的抽象、深奥使这种距离显得更为遥远，跨越的难度更胜一筹。要克服这一古今的鸿沟，首推史学大家陈寅恪的治史方法——“了解之同情”。他论述道：“对于古人之学说，应具了解之同情……始可以真了解。所谓真了解者，必神游冥想，与立说之古人，处于同一境界，而对于其持论所以不得不如是之苦心孤诣，表一种之同情，始能批评其学说之是非得失，而无隔阂肤廓之论。”本课的设计主旨就是脱“隔阂肤廓之论”而养“同情”之理解。明清思想是从古代社会向近代社会转型的明清时期的一个构成因素，它是这个转型时代的产物，也是社会转型在思想上的反映。因此，要认识明清思想，就要从明清时代的政治、经济、人文等入手，全面认识它。反过来，它也对明清当时及近代社会产生了一定影响。本课通过对明清思想的分析，促进学习者加深对历史和现实的理解，进一步提升自己的人文素养和历史解释核心素养。

【案例内容】

【环节一】代表人物及其思想主张

问题一：李贽其人与其思想是什么样的？

学生回答学案上的问题：从以下三则材料中，分别可以看出李贽什么样的“异端”思想？

教师：从思想主张中分析，李贽的思想为什么被称为“异端”？他反正统的意识实际上关注的是什么问题?

学生:“异端”是当时正统社会对李贽思想的评价,实际上体现了李贽重人文关怀的特性。

教师出示:

材料一　李贽,卓吾先生,嘉靖六年至万历三十年(1527—1602),明中后期独具个性的思想家,福建泉州晋江人。李贽的祖、父两辈都是从事商业活动的伊斯兰教徒,因而他自幼受传统思想束缚较少。王阳明弟子王艮的再传弟子,属“左派王学”。

材料二　“致良知”

苟能致知,皆能明德。

圣贤庸愚,同具此心。

人人皆可为圣贤。

须做个愚夫愚妇,方可与人讲学。

——王阳明观点

材料三　良知致人于平等,亦即使之得自由。盖人求得心,则一切外在之标准悉丧失其权威,而言语行为皆纯由个人自决。

——摘编自萧公权《中国政治思想史》

教师:阅读材料回答问题:从李贽的个人成长经历,分析其思想形成的原因。

设计意图:这一组材料是对李贽思想产生的实际语境的复原,也就是要通过对他过去客观存在的关系网络及他的行为经历的认识,理解李贽思想产生的个体原因。思想发展有自身的道路,具有内在的延续性,这是李贽思想产生的个体原因之一。在此基础上,要让学生对他的“异端”思想的重人文关怀性建立正确的历史理解。

问题二:明末清初三大进步思想家其人与其思想是什么样的?(略)

教师:用表格归纳明清这三位思想家的思想,并归纳三位思想家的共同主张。

【环节二】明清思想与时代的关系

教师出示:

材料一　什么是思想史?就是要研究思想如何回应当时社会和文化环境所提出来的问题,这些回应又是怎么变化的。

——葛兆光

教师:明清思想回应了当时社会和文化环境所提出来的哪些问题?也就是说,哪些时代因素促成了明清思想的产生?

材料二　四位思想家出生地(图略)。

材料三　长期以来,儒学是一种士大夫之学。李贽则提出要正视"世间惟下下人最多"的现实,强调"我为下下人说,不为上上人说"。

设计意图:"将事物放在其所处的语境中去考察",是形成正确的历史理解的基础。这个"语境"既包括个体,又包括时代、国家、社会。也就是说,思想的产生不单是个人因素促成的,更是时代大环境造就的。从前一环节总结的表格,特别是思想家们的共同主张出发,再通过这一环节的材料和问题,建立政治、经济、阶层、思想之间的内在联系,体现历史的通感。地图的运用可以增强学生的时空观念,使学生认识其经济、个性思想是对明清江南传统社会生产关系发生变化的具体反映。

【环节三】明清思想在思想界的地位

教师出示:李卓吾先生墓图片。

教师:明清时期主流思想是什么?它为什么能够成为官方的意识形态?从李贽之死来看,四大思想家的思想在当时思想界的地位如何呢?

学生:未成为当时的主流思想(受压制)。

设计意图:学习身边的历史,用通州本地西海子公园文物提振学习历史的兴趣;变化材料呈现形式,用历史故事、历史细节感受明清时期一些新思想在当时被打压的地位,体会它只是在一定程度上活跃,对其状况有客观的认识。

教师：

①出示前面“思想主张”节选表格，分析明清思想与以往思想相比有哪些新的见解？

②出示“启蒙运动的思想主张”，比较基本同一时期中西新的社会思潮的相似点。

③从这些相似点分析明清思想中新的见解具有什么特点？

学生：带有早期民主启蒙色彩。

设计意图：充分利用本课前面所构建的知识体系，对之进行抽象提升。首先与中国以往思想进行纵向比较，得出明清思想提出的新见解有：个人在思想、私欲及个性上的自由；反对君主专制，设监督机构，限制君权。其次对17—18世纪中西新的社会思潮进行横向比较，可看出明清思想家顺应了时代转型的需要，站在了世界潮流的前列，其时代性、先进性不言而喻。但是从中西横向比较中又可发现，明清思想的时代呐喊略显弱小，因此只能说带有早期民主启蒙色彩。

教师：明清思想不等于民主思想，为什么这么说呢？

教师出示：

材料一　原于天之仁，则不可无父子；原于天之义，则不可无君臣。

——王夫之《读通鉴论》

材料二　古者以天下为主，君为客，凡君之所毕世而经营者，为天下也。今也以君为主，天下为客……

——黄宗羲《明夷待访录》

材料三　（“公其是非于学校”）若郡县官少年无实学，妄自压老儒而上之者，则士子哗而退之。

——摘编自傅志明《儒家文化经典导修》

材料四　黄宗羲在晚年自题画像时，对自己一生经历的概括：“初锢之为党人，继指之为游侠，终厕（参与的自谦说法，如‘混’）之于儒林。”

——摘编自谭鑫田《拨开智慧的迷雾——黄宗羲启蒙哲学面面观》

学生：它们是对儒家思想的批判继承——批判理学的空谈、教条，继承先秦儒学的民本思想，仍属于儒家思想的范畴。

设计意图：认识明清思想家所设计的政治架构没有脱离儒家的明君贤臣框架，最具新见解的“学校”没有实权，只不过能发挥道德、舆论的监督作用。这种思想用黄宗羲本人的定位更具说服力：“厕之于儒林。”种种证据说明，明清思想仍属于儒家思想的范畴。

教师：明末清初，传统的民本思想演化革新，走到近代民主的边缘，这便是“新民本”思想。它既不同于传统民本，也不同于近代民主，而是二者间的中间状态。

【环节四】明清思想与后世的关系

教师：结合教材和图片，分析明清思想中的各种思想对后世产生的影响有哪些？

学生：经世致用的思想，开清朝一代朴实学风的先河；为中国近代“向西方学习”新思潮的萌发奠定了思想基础。

教师：结合图片及文字材料，分析明清思想还产生了什么影响。

教师出示：

材料一　梁启超、谭嗣同、孙中山、章太炎画像

材料二　1923年梁启超：“最近三十年思想界之变迁，虽波澜一日比一日壮阔，内容一日比一日复杂，而最初的原动力，我敢用一句话来包举他，是残明遗献思想之复活（指清代禁书《明夷待访录》）。我自己的政治运动，可以说是受这部书的影响最早而最深。”

——摘编自梁启超《中国近三百年学术史》

材料三　明末清初谴责专制君主的社会批判思想，是从先秦民本思想和中世纪抗议君主专制的异端哲学走向近代民主、民权思想的桥梁，它为中国近代先进的人们接受西方民主政治观念提供了民族文化的深厚土壤。

——摘编自冯天瑜《中华元典精神》

学生：为中国近代先进人士接受西方民主政治观念，提供了民族文化的深厚土壤。

设计意图：深刻理解明清思想对近代宣传民主思想、践行民主政治的民主人

士的启蒙作用，它搭建了古代到近代的桥梁，为中国人接受西方民主政治观念提供了民族文化的深厚土壤。探究明清思想与后世的关系是复原历史语境的一种，这一语境不是本设计的第一、第二、第三点所指的思想发生的“现场”，而是它在历史整体中所占据的具体位置，由此可揭示它与后世事件之间的特殊勾连，全面重建明清思想的真实面貌。

设计树状图是用感性的形象化解理解上的难点：明清思想在中国传统民族文化土壤中种下了早期民主启蒙、经世致用、个体人文关怀的种子，虽然没在当时社会开花结果，但到近代外在的社会条件成熟的情况下，它就成长为一棵参天大树。戊戌变法、辛亥革命的宣传家们，能够接受西方民主政治观念的根基是扎在中国自己这片丰厚的土壤里的，没有这片土壤，外来思想是进不了门、入不了户的。

【环节五】明清思想与我们的关系

教师：课后写作小论文，以这节课所学内容为材料，谈谈你今天学习明清思想的意义是什么，明清思想对你的启迪有哪些？（观点明确，史论结合，逻辑合理，题目自拟）

设计意图：启发学生在同情理解的基础上建构自身的历史叙述。

【案例点评】

历史理解，一定是将事物放在其所处的语境中去考察，使“认识者最终获得了复原历史语境、再现过去、贯通古今的认识灵感”。怎么复原历史语境、再现过去呢？明清四位思想家思想的生发不是简单的、机械的政治经济思想的互动关系，如果不破解这种简单性和机械性，学生很难体会到明清思想的来龙去脉。而且也只有把思想、人、社会时代三者紧密联系在一起，才能更好地诠释思想的内涵。思想家有他自身的经历、所遇事件、自身思想的传承与创新等。作为明清时代的一分子，他们的思想又是对时代的回应，在课程设计方面，本课为时代与思想的关系多维度地搭建了脚手架，力图使这种关系以自然的方式呈现，不生搬硬套。复原历史语境，不但要复原明清思想发生的“现场”，还要复原它在历史整体中所占据的具体位置。这个历史整体就是明清思想在思想界的地位、明清思想与后世的关系，一个是在思想专题的纵向层面，一个是在整个人类历史的横向层面。通过复原它在思想界整体中所占据的具体位置，才能认识到明清思想既属于儒家思想范畴，又有创新——它是进步思想家与时俱进的思想成果，他们建构起具有时代特色的启蒙思想框架。正是因为它具有创新性，我们才能顺理成章地进行对它在"后世"所占据的具体位置这一语境的复原，进而揭示它与后世事件之间的特殊勾连：明清思想架设了从古代走向近代民主、民权思想的桥梁，它为中国近代先进人士接受西方民主政治观念，提供了民族文化的深厚土壤。对明清思想的面貌全面真实地复原，是形成正确的"了解之同情"式理解的基础。

在理解的基础上，通过课后小论文的设置，教师启发学生建构自身的历史叙述，这是历史理解最高水平的要求——"能将这种理解在自己的历史叙述中表现出来"。在历史叙述过程中，要养成学生历史地看待问题的意识，使学生能够以客观的态度处理历史与现实问题，并体现历史学科的育人功能，进一步激发学生对祖国历史文化的自豪感，培养爱国主义情感。

本节小结

本章主要介绍了以历史解释核心素养立意的教学问题，主要包含三方面内容。一是历史解释核心素养的实质内涵；二是历史解释核心素养在历史教学中的地位与重要性；三是高中历史教学中历史解释核心素养的培养策略。作为一种历史认识活动，不仅要通过对历史信息的处理、理解和判断去发现历史本质，而且要更加注重"人"的作用，重视人自身的需要、重视人的兴趣本身，在此基础上在历史解释中寻求历史意义，重建历史。所有历史叙述本质上都是历史解释，历史解释是历史学科诸素养中对历史思维与表达能力的集中要求，是学生形成了正确历史认识的主要体现，是衡量学生是否具有五大核心素养的外在标准，证据之一就是历史试题在五大素养中对历史解释核心素养的考查最为突出。历史解释的理论保证是唯物史观，达成途径是史料实证，思维线索是史事，内核是因果关系，人们通过历史解释以求史事之真、史事之因及史理之善。历史解释的重要意义不仅体现在我们只能"通过阐释工作来认识或理解过去、认识或理解前后相继的精神世界"，由此来丰富我们的历史知识，还体现在有助于我们理解当下、思虑未来，形成历史意识和历史思维上。历史解释是人类文化活动的一种，人类文化活动的终极价值就是真、善、美，人类文化探索的价值取向就是求真、求善、求美。这体现在历史解释上，最基本的是求真、求善，求美是更高的要求。历史是一门解释学，更是一门科学，其科学性就在于最大限度地接近真实的历史。历史解释的求真过程，实际上就是探索事物的本相、本质及其发展规律的过程。特别是在历史教学中，通过历史解释不仅可以知道很多事实，而且可以从这些事实中增长智慧，逐渐练就一双明辨世事的慧眼。在具体实践中，教师可以试着用以下教学策略来培养学生的历史解释核心素养。第一，就课前准备而言，可以围绕历史概念，分析历史发展线索和史实，形成历史思维方法；融通单元教学的各种形式，促进学生于单元教学中逐步生成历史解释核心素养；辨别史实与历史解释，引导学生重新组合，明确史实，赋予史实以意义。第二，就备课素材而言，可以利用图像史料发现隐含信息、分析或概括某一历史事件或历史现象的特点和规律；或是通过对古诗词的运用，拓宽学生视野，为培养学生历史解释核心素养提供一个新视角；亦可用历史故事增加趣味，化难为简，突破历史解释的枯燥性与晦涩性。第三，就课中教学实践而言，应设计有难度梯度的问题串，创设情境，此外，适当呈现历史过程、展现历史细节，引导学生在举一反三和古今联系、中外对比里形成历史解释核心素养。第四，就历史解释核心素养的内化与外显而言，可以在课下指导学生绘制思维导图，通过梳理事件，关注社会的变革，再通过图示实现学生思维能力、解释能力的提升；或是以高考试题，考查学生辨别表象实质、探清因果逻辑的历史解释能力。

拓展读物

1. 李剑鸣. 历史学家的修养和技艺［M］. 上海：上海三联书店，2007.

本书取材自李剑鸣教授开设的史学方法课程，前身为此课程的教学讲义，为初学者简要梳理史学方法论，并介绍了古今中外史学大家的治学经验。这部书资料翔实、引经据典，从历史学的定义、历史学研究者的责任与担当、史学具体研究中应注意的问题与规范等方面来介绍与剖析。由于历史的纷繁复杂与历史学研究的不断深入，该书对于历史研究中体现出的一些新的取向难免着墨较少，但是瑕不掩瑜，这部书用40多万字的内容，系统地向人们介绍了作者对于历史、历史学本身的思考，探讨了历史学家应当具有的修养与秉性，更以长篇幅阐述了研究历史的方法与规范，这些均体现出李剑鸣教授作为一名治史之人面对历史的严谨以及内心对于现世的人文关怀。

2.〔英〕E. H. 卡尔. 历史是什么？［M］. 陈恒，译. 北京：商务印书馆，2007.

该书是英国著名史学家卡尔的一部享誉世界的历史理论名著，作者在书中从各个侧面对“历史”进行了剖析，广征博引，提纲挈领，提出了“历史就是与现实不断地对话”的著名命题。自从有文明以来，人类一直在探寻历史是什么，历史学家卡尔继续着“历史是什么”的千年话题，进行了大量的具体的历史研究，通过研究历史的核心问题，结合自己的研究成果回答了“历史是什么”这一史学理论的著名难题。尤其是该书第三章“历史、科学与道德”，主要论述社会、历史、科学三者之间的关系，涉及的内容主要包括历史与科学研究方法的相似性、历史的独特性与普遍性及历史概括的重要性、历史是否能传授经验、历史预测的宏观性、历史研究的主客体关系、历史与宗教的关系、历史与道德的关系等。这些看似没有联系的内容，其实是围绕一个中心展开的，即历史学家的价值判断。

第六章　以家国情怀核心素养立意的教学问题

关键术语

所谓家国情怀，是学习和探究历史应具有的人文追求，是对国家富强、人民幸福的一种积极情感，以及对国家的高度认同感、归属感、责任感和使命感，是历史教育育人功能得以发挥作用的重要标志。受不同时代经济、政治和文化因素的影响，家国情怀的具体内涵有所不同，当今时代家国情怀核心素养的构成要素应主要包括亲情仁爱、民族精神、爱国主义、文化认同及融通视野。在教学过程中，要注意把握家国情怀的核心维度，通过落实对家国情怀核心素养的有效教学，使学生在学习和探究历史中获得社会责任感、人文追求以及价值关怀。

结构图解

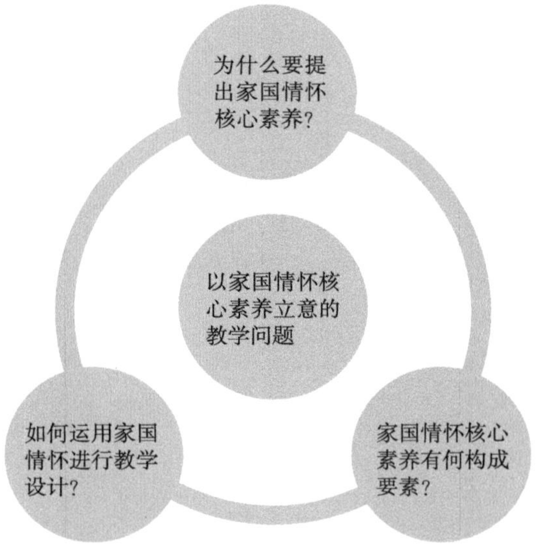

学习要点

看完本章，应该能够了解以下几点。

第一，历史教学中落实家国情怀核心素养的课前准备有哪些？

第二，历史教学中落实家国情怀核心素养的课堂实操有哪些？

第三，历史教学中落实家国情怀核心素养的课后延伸有哪些？

教师困惑

当前，高中历史教师对于家国情怀核心素养在历史教学课堂中如何落实尚存疑问。在阅读本章之前，请想一想，您是否了解当代意义上的家国情怀的具体含义？是否梳理过家国情怀有哪些基本构成要素？在课堂中培养家国情怀核心素养会遇到哪些困境？

问题一
为什么要提出家国情怀核心素养？

本节要点

☆　家国情怀的内涵是如何演变的？

☆　家国情怀核心素养具有怎样的地位？

一、家国情怀的内涵演变

《普通高中历史课程标准》（2017年版）指出，历史学科核心素养所包含的五个方面中，最为重要也最能体现历史学科特点的是家国情怀。新课标对于家国情怀教育做了要求，要求中学生形成对国家和民族的认同、对中国优秀传统文化以及社会主义核心价值观的认同。“国是千万家”，家国情怀古已有之，所以必须从历史上说起。家国情怀的具体内涵并非一成不变的，它在不同时代不同的经济、政治和文化条件下，显现出不同的时代特征。因此，区分不同时代家国情怀内涵的差异，是我们实施家国情怀教育之前首先要做的。

（一）传统意义上的家国情怀

在建立在农耕经济基础之上的古代中国社会里，家庭在整个社会中处于突出地位。在西周的宗法分封制下，家与国相结合的模式开始形成，国家与家族紧密地联系在一起。

周王与诸侯在政治上是君与臣，在血缘上是父与子。各诸侯、卿大夫又照此模式继续分封。秦朝以后，宗法制、分封制逐渐弱化，但宗法精神却流传下来。在皇室内部，皇帝的血亲与家庭内部的成员，在家族层面属于亲属关系，而在政治结构中又属于君臣关系。古代君王常形象地将治下的百姓称为子民，这一称呼反映了统治者将被统治的百姓纳入家国体系当中。同时，统治者为了维护其统治需要，建立了一套“家国同构”的伦理体系，这一体系中，影响最为深远的便是“君为臣纲，父为子纲”的伦理规范。孝道在传统伦理道德中的重要性不言而喻。在中国古代传统的父系社会中，家庭的绝对权威无疑是由父亲掌握的，家庭事务的最终裁决权亦归属于父亲，“父为子纲”的思想便是这一体系的基本出发点。而“君为臣纲”的意思就是在“家国一体”的政治构造中，君主在国家中的权威与地位等同于父亲在家庭中的权威与地位。在此体系中，“君为臣纲”被置于“父为子纲”之前，即“君为臣纲”的层次要高于“父为子纲”。在中国古代，孝道不仅是个人道德层面的要求，更是国家意识形态的重要组成部分，也是为官的重要选拔条件。其根本的原因就在于在家国同构的政治体系中，对家长之“孝”是对国之“忠”的起点，二者有着密不可分的关系。

可以说，自古以来形成的家国同构思想，是维护传统王朝政治统治的伦理基础，对后世影响深远，也渗透进中国社会的肌理之中。这一思想的内涵就是让“孝”与“忠”相结合，二者虽然是不同层面上的伦理规范，在内涵与表现形式上也有所不同，但却共同体现了家国一体、家国同构的思想。“修身齐家治国平天下”是中国传统士人的人生理想，这一理想追求生动而具体地体现了家国一体的思想在古人生活中的重要性。人生理想与抱负，始于“修齐”，但终极目标则是“治平”。从中可以看出，在古代，个人的人生理想与国家乃至天下是紧密相连的，人生的终极意义就是“治国平天下”。这种家国同构的政治体系，造就了中国传统的士人理想，也在精神层面上孕育了家国情怀这一优秀的传统。

（二）近代意义上的家国情怀

进入近代以后，中国饱经沧桑与血泪，无数仁人志士奋起反抗，救亡图存，掀起了中国近代史上波澜壮阔的抗争与奋斗。在这一时期，家国情怀也有了新的内涵和时代特征。面对西方潮流的强势冲击，一代又一代的先驱者始终把国家与民族的危亡放在心中、担在肩上，在伟大的爱国精神的激励下，始终奋发图强、前仆后继、不断抗争。在国家民族生死存亡的危急关头，家国情怀更为鲜明地彰显为人们期盼国家独立与民族富强的心声。西方列强的侵略和冲击，无疑给中华民族带来了深重的灾难，但也激励着人们奋发图强，塑造了人们的精神追求，更为重要的是凝聚起了以“救亡图存”为时代特征的家国情怀。

在中国近代历史上，为改变中华民族的命运，无数人抛头颅洒热血，开展各种运动，追求中华民族的独立，其中有为反对民族压迫和阶级剥削而揭竿而起的太平天国运动，有为寻求思想解放、促进社会进步而掀起的百日维新，有抵抗八国联军侵华、挽救国家危亡的义和团运动等。以上的农民运动和维新运动虽都以失败而告终，但中国人民并未停止追求独立的脚步。孙中山先生认为若想要民族独立，需要发扬我们固有的文化，这种文化指吸收了世界文化之林精华的优秀文化，并不是故步自封的糟粕文化。孙中山先生认为，一个完整独立的国家中各民族应一律平等，都对祖国具有强烈的归属感。至于对外，家国情怀则指有保持国家独立的观念，有不受外敌入侵的警惕意识。从五四运动到抗日战争胜利，是中华民族走向独立的关键时期，面对内忧外患，中华民族在曲折前行中展现了家国情怀，各民族团结统一，一致对外，共赴国难，不惜奉献自己的生命来捍卫祖国的尊严。由此可见，整个近代的家国情怀主题，以救亡图存和团结统一为基调，致力于反对民族侵略和民族压迫，争取民族独立。

（三）当代意义上的家国情怀

毛泽东在《爱国主义和国际主义》中说：“爱国主义的具体内容，看在什么样的历史条件之下来决定。”由此可见，家国情怀的主题也要紧跟时代潮流，贴近当下生活。

家国情怀一直贯穿于中华民族的发展史中，新时期的家国情怀与古代的家国情怀有密不可分的联系。1956年，毛泽东曾在《论十大关系》中指出“必须兼顾国家、集体和个人三个方面，也就是我们过去常说的军民兼顾、公私兼顾”。

新时期家国情怀所倡导的品质，和古代、近代家国情怀倡导的品质一脉相承，像“苟利国家生死以，岂因祸福避趋之”，在当下就是指对国家要忠诚，要有历史责任感和使命感；像“先天下之忧而忧，后天下之乐而乐”，在新时期就是指敢为人先、心忧天下的奉献精神；像“举头望明月，低头思故乡”，在当代就是指重视家庭、热爱故乡的情感。

相对于古代具有封建内核的家国情怀，在新时期，家国情怀更多体现了我们的社会性质，是去除封建内核的家国情怀。如邓小平在中国共产党第十二次全国代表大会开幕词中对于“家国”的论述，就是从爱国与爱社会主义的角度入手，更多注重爱国主义、社会主义和国际主义的统一，认为“中国人民有自己的民族自尊心和自豪感，以热爱祖国、贡献全部力量建设社会主义祖国为最大光荣，以损害社会主义祖国利益、尊严和荣誉为最大耻辱”。在新时期的中国，家国情怀凸显了社会主义核心价值观，体现了以实现中国梦为主题的内核。

习近平总书记在2015年春节团拜会上说：“家庭是社会的基本细胞，是人生的第一所学校。不论时代发生多大变化，不论生活格局发生多大变化，我们都要重视家庭建设，注重家庭、注重家教、注重家风。”从习近平总书记的讲话中可以看出，新时期的家国情怀是在全社会积极建设社会主义核心价值体系的前提下，倡导爱家庭、养家风、爱祖国，并倡导全国人民齐心协力为实现中国梦而不懈奋斗。这一时期的家国情怀具有先进性。与古代、近代的家国情怀不同的是，它更关注人，更能体现人本思想，国家富强、民族振兴、人民幸福这三点贯穿于其时代内涵中，处处体现人民对未来的理想追求。其精神实质则是每一位炎黄子孙对祖国表现出来的深情大爱，与中国梦的理想追求完全吻合。2012年11月29日，习近平总书记在国家博物馆参观《复兴之路》展览时，深情阐释中国梦，认为实现中华民族伟大复兴，就是中华民族近代以来最伟大的梦想。这个梦想凝聚了几代中国人的夙愿，体现了中华民族和中国人民的整体利益，是中华儿女的共同期盼。圆中国梦，需要精神食粮，这种精神来自家国情怀，是能够凝聚中华民族的精神力量，是推动中国不断向前发展的不竭动力。

纵览古代到近代、当代的家国情怀，我们可以看到，家国情怀随着时代的变化，其精神内涵也不断演变。透过这些变化，我们依然可以看到家国情怀超越时空的精神内核，家国情怀是中国优秀传统文化的基本内涵之一。所谓的家国情怀，是个人对于共同体的一种归依和认同，以及促使其发展的思想理念，是一种对国家高度的认同感、归属感、使命感和责任感。由此观之，从古至今，家国情怀一直是中华民族的精神源泉，也是促进我们实现中华民族伟大复兴的一股永不衰竭的精神涌流。

二、家国情怀核心素养的地位

爱因斯坦说："教育无非是将一切已经学过的东西都遗忘后所剩下来的东西。"已经学习过的具体知识会随着时间的流逝而被逐渐遗忘，然而在具体知识之外，一门学科所陶铸的精神品格和所培养的能力，则是学生取之不尽、终身受益的宝贵财富。这也契合近些年国际上对学生素养发展的关注点。对于学生而言，教育终身化理念是培养核心素养的根本要求，它的关注点在于学生学习能力的培养和品格素养的塑造，并不仅仅在于学生的阶段性学习成绩。随着工业化时代的到来，在人力资源方面，社会要提供能够熟练操作机器与运用技术的工匠式人才，但以人为本是培养核心素养的基本着眼点，因此，只是培养技术型人才的教育，不能称为完整意义上的教育。随着时代的发展与进步，国家间的交往与互动日渐频繁，人们已经走出了封闭的生活环境。国与国之间需要交流，人与人之间也需要沟通。新时代下高效发展的关键在于交流与合作，而核心素养所关注和欲培养的就是人们适应现代社会生活所必须具备的品格和能力，具体而言即帮助受教育者更好地适应现代社会生活并且充分实现自我价值。人文关怀是核心素养的另一项重要内容，也是历史学科特有的学科品质，更是历史学科教育的使命任务。家国情怀是历史学科核心素养中最为根本的内容，因而具有极其重要的意义。它是学生学习和探究历史所应具有的社会责任与人文追求，是学生学习和探究历史所应具有的价值关怀。从学生的角度来看，这种核心素养要求人能充满人文情怀并关注现实社会中的具体问题，以自己所学的知识服务民族，造福国家，并且对人类社会进步做贡献。家国情怀是终身学习这一理念的重要内容，是历史教育育人功能的基本体现。从历史教学的价值来看，家国情怀是核心素养里的"核心"，历史学科作为一种非工具性的学科，教学中应该结合学科特点及育人价值，将学生培养成具有"基于时空与实证，立足理解与解释，具有正确历史价值观"的适应现代社会生活的人。卢梭在《爱弥儿》中曾说，"教育的艺术是使学生喜欢你所教的东西”，而“喜欢”二字无疑涉及情感，“情怀”是一种更高层次的感情，是一种精神，学生能够在学习中培养一种精神是非常可贵的。家国情怀教育属于情感教育，我们不妨在情感教育中汲取营养。家国情怀教育不仅是一种教育的目的，同时也是一种教学的方法，能达到激发学生的学习兴趣、完善教学目标、提升教学质量的综合成效。

问题二
家国情怀核心素养有何构成要素？

本节要点

☆ 家国情怀核心素养有何构成要素？

一、家国情怀核心素养的内涵

历史教学旨在通过对当代中国学生的历史学科核心素养的培育，达到立德树人的教育目标。所以，家国情怀核心素养的培养在历史课程体系中居于重要地位。随着历史的发展与社会的演变，家国情怀在不同历史时期呈现出不同的内涵，但其内涵也有一以贯之的内容，那就是个人对于国家、民族的责任担当和使命意识。家国情怀核心素养需要在不脱离中国传统文化的基础上，植入新的要素，以满足当今时代的需要。在当代中国历史课程中，家国情怀核心素养的构成要素应包括以下五大基本内容，即亲情仁爱、民族精神、爱国主义、文化认同、融通视野。

二、家国情怀核心素养的构成要素

（一）亲情仁爱

把“亲情”纳入家国情怀核心素养的当代意义，可以从习近平总书记在2019年春节团拜会上的发言中初步体会到。爱家庭、爱家乡、爱国家，三者是螺旋上升关系。

爱家的情怀来自亲情。亲情是每个人家国情怀实践之路的起点。对于任何一个人来说，家都是具体的。家庭是每个人一生中不能脱离的地方。任何一个人都要通过得到亲人的爱，逐渐萌生对亲人的爱。因此，家庭人际关系中这种亲情之爱在历史上是最早被重视起来的。俗语云“虎毒不食子”“乌鸦反哺”“羊羔跪乳”，重视亲情，把人与人之间的距离拉近，而后才有了所谓的家、国。构成家庭的要素一般包括家人、家族、家屋（家院）、家业、家产、家常、家风、家规、家谱、家学、家教、家书等。这些构成要素以不同的表现形式广泛作用于人心，逐渐地形成根植于每个人内心的情怀，即“家之情怀”。在历史的教学中，从亲情开始，引起学生情感的共鸣，有助于教学目标的落实。

在“家之情怀”形成的过程中，同时也形成了一种衍生于亲情的思想情感，即“仁爱”。“仁爱”是关心和帮助他人。儒家思想认为“仁者爱人”，即应把从亲人那里得到的爱进一步发展，推己及人，形成处世有仁心、为人有仁德的行为规范，即处理社会人际关系的基本原则，进而构建起人与人之间相亲相爱的和谐人际关系。“尊老爱幼”“雪中送炭”“济困扶弱”“成人之美”等道德行为，深刻地肯定了人的价值和道德尊严，重视着人与人、人与社会的密切关系，最终凝结成人的价值观和道德规范。

“亲情仁爱”可以进一步衍生出乡土之爱，使一个人通过发展家庭、亲友、邻里、种群之爱，形成尊重他人与自家乡土、各地域族群互相尊重、凝聚中华民族优秀传统文化、拓宽视野的思想，有利于学生培养乡土情怀，增强中华民族的凝聚力。因此，在历史教学中，“亲情仁爱”是我们传承和弘扬中华民族优良传统的重要表现，是家国情怀核心素养不可或缺的要素之一。

然而，需要我们特别注意的是，在古代社会，对于家庭，除了提倡家庭和睦之外，还注重利用父权管制下的等级秩序来构建“和谐”。它往往表现为对于父权的无条件顺从，衍生到国家政治层面上表现为君权至上。古代传统的家国情怀观念带着浓重的封建意识，在此基础上所提倡的家和万事兴与国家兴盛，通常是为了稳固封建政权。在这一点上，现代社会与古代社会在本质上是不同的。在现代社会中，家是最小国，国是千万家。有家才有国，有国才有家，只有秉持这种思想观念才能实现国泰民安、国富民强。

现代社会所提倡的亲情仁爱需从优秀传统文化中提炼，我们要将其与时代精神有机融合，做到眼里有亲人、脚下有故乡、身边有他人。

（二）民族精神

民族精神就是在长期的历史进程中积淀而成的民族意识、民族文化、民族习俗、民族性格、民族信仰、民族宗教、民族价值观念和价值追求等共同特质，是民族传统文化中维系、协调、指导、推动民族生存和发展的思想精华，是一个民族生命力、创造力和凝聚力的集中体现，是一个民族赖以生存、共同生活、共同发展的核心和灵魂。

中华民族在形成过程中是以汉族为主体多元一体发展的。汉族与其他民族碰撞融合，最终形成中华民族。中华民族多元一体的发展趋势决定了其民族精神具有极大的包容性。习近平总书记在第十三届全国人大一次会议闭幕会上把民族精神归纳概括为创造、奋斗、团结、梦想，既继承了毛泽东等老一辈无产阶级革命家关于中华民族伟大民族精神的思想，与其“理论同源、价值同向”，又突出了新时代特色，揭示了中华民族伟大民族精神的主要内容，形成了一个具有科学性与权威性的民族精神理论体系。

其一，创造精神。历史可以证明，中国人民在五千年历史长河中不断创造着物质文明和精神文明。古代有世界公认的四大发明，有长城、大运河等伟大的建筑工程；1949年后有如三峡水利枢纽工程、“西气东输”工程、“南水北调”工程、高速铁路网等世界级的大工程，还有如高铁、北斗导航系统等具有世界前沿科技水平的系统，它们都体现着中华民族伟大的创造力。精神文明成果更是数不胜数，无论是春秋战国时期的诸子百家，还是宋明时期的理学大家；无论是魏源、康有为、梁启超、谭嗣同，还是陈独秀、李大钊等，这些闻名于世的思想家都为中华民族思想的发展贡献了智慧。正是中华民族伟大的创造力推动了中国不断前进。

其二，奋斗精神。自古以来，中华民族就明白一个道理，要生存就要奋斗，要幸福就要奋斗。在严酷的自然环境下，我们征服自然、改造自然，找到了与自然和谐相处的方法。在社会动荡的情况下，我们通过无数次社会变革与革命，推动历史前进。中华民族所拥有的一切，是中国人奋斗的结果。

其三，团结精神。对于一个民族或国家来说，团结则国家兴旺、人民幸福，分裂则国家衰败、人民遭殃。因此，团结是最重要的，团结才有力量，团结才有未来，一个四分五裂的民族与国家不可能发展进步。

其四，梦想精神。盘古开天、女娲补天、夸父逐日等中国古代神话故事深刻反映了中华民族勇于追求和实现梦想的精神。在今天的中国，每一个中国人都在为实现中华民族伟大复兴的中国梦而奋斗着，可以说，当代的中国人比历史上任何时候都更有信心和能力去实现梦想。

在中国特色社会主义新时代，弘扬创造、奋斗、团结与梦想的民族精神能够推动中华民族伟大复兴。

这里所提的民族精神，要区别于狭隘的民族主义。狭隘的民族主义是民族国家内的统治者利用其成员忠诚于本民族权益的感情，去高度戒备其他民族，甚至为了本民族的利益损害其他民族的利益的一种倾向，具有明显的封闭性、排他性。狭隘的民族主义最大的弊端在于它容易掺杂过多负面的内容，长期来看会走上霸权主义的道路，有悖民族发展的初衷。

现代社会的家国情怀由民族精神而萌发，又是对狭隘的民族主义的超越。

（三）爱国主义

现代意义上的爱国主义是建立在文化认同和源于悠久传统、历史文化的身份认同的基础上的理性认识系统。要准确地理解爱国主义需要先区分爱国和爱国主义这两个词。爱国即热爱祖国，是热爱国土、人民和国家的情感心理和思想行为，往往具有感性的、具体的特性。而爱国主义是爱国情感心理和思想行为的理性升华，在民族危难时表现为强烈的忧患意识和救国救民的实际行动。在和平年代有强烈的兴国、强国意识和奉献、建设国家的实际行动，极其强调具有热爱和保卫祖国的基本政治责任和义务。

爱国主义在历史的不同阶段、不同时期表现是有差别的。在氏族部落时，爱国主义表现为人们对土地的眷恋、对部落的归属、对部落成员的依靠，以及保卫部落的意识。比如，春秋战国时期，诸子著书立说，游说诸侯，为自己的国家出谋划策。在封建社会时，爱国主义表现为民族大义为先、以家国天下为重的价值追求和思想主题。每个历史时期都有诸多为了国家利益而牺牲的英雄人物。近代以后，中国共产党领导的革命、建设和改革的过程体现了党对国家民族的历史使命和责任担当。在现阶段，人民当家做主，全国各族人民的根本利益与建设中国特色社会主义伟大事业是一致的。因此，爱国主义和爱社会主义有机地统一于建设中国特色社会主义的伟大实践，爱国、爱中华民族、爱社会主义、爱中国共产党达到高度统一。当代的爱国主义最基本的表现就在于不遗余力地巩固最广泛的爱国统一战线，为维护祖国统一，加强民族团结，构建和谐社会，实现中华民族伟大复兴做出自己的贡献。

当今世界科技发展，经济全球化趋势明显，世界各国联系愈加紧密，爱国主义还有一个更具时代特色的内容，即在追求本国利益时兼顾他国合理诉求，在谋求本国发展中促进各国共同发展，倡导构建“人类命运共同体”，在相互依存的国际权力观、共同利益观、可持续发展观和全球治理观的基础上去实现中华民族伟大复兴。

（四）文化认同

文化是一个国家和民族长期发展的动力，文化发展是动态且有自身发展规律的漫长过程，只有在中国特色社会主义伟大实践中坚持中国文化发展的正确方向，在文化自觉基础上不断增进文化认同，才能形成文化自信、构建文化强国。其中文化认同是关键一环。文化认同，即了解并认同中华优秀传统文化、革命文化、社会主义先进文化，认识中华文明的历史价值和现实意义。中华文化在不同阶段有不同的表现形态，但都与时代发展相适应。

中华优秀传统文化是中华民族在发展进程中的智慧结晶，展现了各族人民的智慧，是有别于其他民族的独特标志。中国文化中以人为本的主体价值、天人合一的理想追求、和而不同的文化内涵、仁义礼智信的道德操守、内敛谦和的品格培养、自强不息的人生实践等文化观念清晰地显露出中国文化独特的人文价值。这种关注人和崇高人格的价值追求与社会历史的发展变化积极融合，锻造出中国不同时期不同的优秀文化内容。同时，中国优秀传统文化在多元文化的交流与沟通中，不断注入新的文化内容，具有兼容并蓄的精神特征，这决定了中国优秀传统文化不可能孤立于世界其他民族文化。

革命文化是中国共产党和中国人民在革命、建设和改革开放各个历史时期形成的精神追求、精神品格、精神力量。近代中国遭受外来侵略，沦为半殖民地半封建国家，中国人民为解决民族危机，不断进行探索，在农民阶级、资产阶级等不同阶级的领导下进行了各种尝试，都未成功。最终是中国共产党领导人民经历了长期探索奋斗，把马克思主义基本原理同中国实际相结合，走出一条中国特色社会主义道路。因此，走社会主义道路是历史和人民的选择。中国革命以其曲折的过程和明确的革命目标、炽热的革命热情，把广大人民群众凝聚起来，最终取得民族独立和解放，这是具有鲜明中国特色的革命道路，每个中国人应该发自内心地感到自信！

社会主义先进文化萃取了中华优秀传统文化和革命文化的精华，是对中华民族优秀传统文化和革命文化的深度融合，也是中华文化在当代的最新发展。它符合中国特色社会主义的建设要求，也符合人类社会发展的时代要求，它的价值指向"人类命运共同体"的理想构建，对解决人类需要共同面对的现实问题做了科学的文化指向，具有重要的价值引领作用。

习近平总书记在十九大报告中指出："中国特色社会主义文化，源自于中华民族五千多年文明历史所孕育的中华优秀传统文化，熔铸于党领导人民在革命、建设、改革中创造的革命文化和社会主义先进文化，植根于中国特色社会主义伟大实践。"要正确认识和把握当代中国文化，不能把中华优秀传统文化、革命文化、社会主义先进文化割裂开来，厚此薄彼。更为根本的是，要坚持马克思主义的立场、观点和方法，植根于中国实践，遵循文化发展规律，努力在历史传承中保持本色，在文明互鉴中汲取营养，在人民群众的伟大实践中实现中华文化的创造性转化和创新性发展，不断创造中华文化新辉煌。

（五）融通视野

家国情怀中的融通视野主要是指在了解人类文明进程和世界发展大势基础上，尊重世界文明多样性和差异性，关注人类面临的全球性挑战，理解人类命运共同体的内涵与价值等。

在中华文化的发展过程中，各阶段无不体现了吸收融通多元文化精华的开放包容的理念。以儒家为例，儒家思想就曾有过三次历史性融合，第一次是汉代本土文化的内部融合，即儒、法、道等学派的融合；第二次是唐宋时期东方文化的内部融合，即儒、释、道的融合；第三次是明代中期以来直至近现代东西方文化的融合，即中华传统文化与西方现代文化的融合。中华文化强大的包容力维护了过去五千年来中国的发展。

世界文化的发展是多元化的，每个国家和民族都有独特的文化，只有在理解世界上各个国家、各个民族的文化差异性后，才能在此认识的基础上包容与尊重各个国家、民族的文化传统，树立正确的世界文化观。这就要求在家国情怀培育路径的探索中着眼于培养学生的融通视野。

当今全球化趋势日益明显，全球化创造出了超越民族国家的新型经济和文化空间，使得世界各国之间的相互影响、相互依赖大大加强。尽管经济活动、信息交流越来越全球化，但政治决策和行动基本上仍局限在国家层面。另外，全球化也正在日益挑战民族国家的自主权，单一国家应对和规范全球化的难度日益增加，我们需感受全球化过程中先发与后发、强者与弱者的不同处境，认同和平发展的时代主题以及国际关系中平等互信、包容互鉴、合作共赢的精神，自觉维护国家利益，共同维护国际公平、公正的理念，积极参与跨文化交流。在全球化背景下，需关注人类面临的全球性挑战。

在当今这个全球化时代，如何培养适应这个时代的学生的“家国情怀”？这需要依据马克思、恩格斯的世界历史理论和习近平同志关于“人类命运共同体”的思想，在世界史教学中将“家国情怀”和“人类关怀”结合，打破封闭的思维模式，让学生放眼世界、海纳百川、开阔胸襟。只有将人类世界的共同命运与民族国家的特殊命运紧密联系，“家国情怀”才具有现代意义和未来价值。

问题三
如何运用家国情怀进行教学设计？

本节要点

☆ 历史教学中落实家国情怀核心素养的课前准备有哪些？

☆ 历史教学中落实家国情怀核心素养的课堂实操有哪些？

☆ 历史教学中落实家国情怀核心素养的课后延伸有哪些？

一、历史教学中落实家国情怀核心素养的课前准备

（一）构建家国情怀立意主题

构建指向家国情怀核心素养的教学立意，即从教学内容中提炼出指向家国情怀核心素养的核心思想，以指向家国情怀核心素养的核心思想为统摄，对教学内容进行重新组织与整合，进而确定达成家国情怀核心素养目标的教学结构，教师

再以此选择恰当的教学策略来组织教学。这种教学立意源于教学内容又高于教学内容，以当代家国情怀核心素养为引领，以既定教学内容为原型，结合学生的最近发展区和教师本人的教学经验，对教学内容进行再开发，以期达到立德树人的要求。

1. 构建指向家国情怀核心素养教学立意的原则

（1）指向性

教师在初步备课，进行教学设计时，需考虑教育目标的指向性，明确以家国情怀核心素养中的某一要素为核心来构建教学立意。从课堂教学的实践层面看，教学立意可以分为知识层面立意和价值观层面立意。构建指向家国情怀核心素养的教学立意属于价值观层面立意，以价值观为引领的课堂教学是落实新课程理念的必然要求。高起点的教学立意能够使教师的价值引导与学生的自主构建实现真正的统一。同一教学内容中，知识层面立意与价值观层面立意所能达成的价值观教育程度是不同的。以“两次鸦片战争”为例，在知识层面立意设计的课程可以对战争中的中国和西方进行对比，让学生感受先进工业文明对落后农业文明的冲击，注重历史知识的梳理和理解能力的提升，在这个过程中，随着教学的不断推进，价值观层面上或多或少会有渗透，但是定位不清楚、指向性不明显，可能会影响价值观念的传达。而从家国情怀素养进行立意则更容易达成价值观目标，如以爱国主义为核心思想，以林则徐、魏源等人的历史遭遇为切入口，让学生从历史人物的经历中，感受中国社会转型期的艰难，进一步上升到价值追求，感受先进中国人虽遭受阻碍也要寻求救国之路的勇气以及做出的巨大牺牲，感悟中国近代先进中国人的爱国精神。

（2）现实性

构建指向家国情怀核心素养的教学立意需要根据新课标要求，结合教学内容和学生的最近发展区，在历史与现实中找到契合点，通过一系列教学活动协助学生培养家国情怀核心素养。并非所有的教学内容都具备家国情怀核心素养的培养高度，且家国情怀核心素养的内涵具有多样性，教学中还需关注学生个体发展以及现今社会价值，不可生搬硬套，同时，需要考虑教学立意是否具有现实意义，能让学生从历史中有所感悟，从而影响其现实的生活。例如，讲授战国时期百家争鸣相关内容时，可以以“争鸣”为主线，以探寻争鸣的原因为切入口，引导学生得出匡正社会秩序，构建和谐社会的内容，再联系社会主义核心价值观中的“和谐”，让学生认同社会主义核心价值观和中华优秀传统文化。

（3）浸润性

在构建指向家国情怀核心素养的教学立意时，教师需注意适度引导，不能直接将自己的价值判断灌输给学生，素养的形成可能不是一堂课就可以完成的，有时需要通过一个专题或单元甚至几个专题或单元，学生才能领悟。家国情怀核心素养的形成需要一点一滴浸润，只要每堂课，教师能够在良好的师生互动交流过程中引领学生进行价值判断；学生分享心得，得到启迪，就可以最终达成目标。

（4）开放性

因家国情怀核心素养形成的特殊性，教师与学生围绕家国情怀核心素养的培养而展开的互动交流课堂，需要突破传统教学设计在空间上以“教室”为主要学习场所，在时间上以“课时”为基本教学单位的有限封闭性，向时空无限开放性转化。具体而言，从教学时间来看，教师应尽可能将教学活动时间向“课时”外延伸，有些问题需要在课外通过独立或协作式学习解决。从教学空间来看，教学应该尽可能地向无形“网络空间”与“心理空间”发展，从而实现学习空间从封闭向开放的转变。应使教学活动不仅仅停留于某一时间或空间，而是较为持续地处于学习活动过程中。

2. 构建指向家国情怀核心素养教学立意的有效途径

（1）精读新课标教学要点，指向家国情怀核心素养

教科书编写依照新课标进行。教师要深入分析新课标，从宏观上思考教学内容的类型、范围和深度，了解教学内容的重点和难点以及内部逻辑关系，思考这些教学内容可以指向家国情怀中的哪一要素，进而构建高层次立意主题。以必修课程中外历史纲要中的中国古代史为例，中国古代史可分为六个专题，覆盖中国历史上所有的王朝，包括统一王朝时期和重要的地方政权割据时期。教师可以从新课标内容要求解析中的“学习要点”出发，对比家国情怀要素，构建指向家国情怀核心素养的教学立意的主题。

具体展示如表6-1。

表6-1 中外历史纲要中的中国古代史部分立意主题建构

专题	学习要点	家国情怀素养构成要素	可选择的核心主题
早期中华文明	（1）认识中华文明起源的多元性特点	文化认同	仁爱 忠孝有序 华夏一统 民族融合 中外交往 …………
	（2）了解中国早期国家特征		
春秋战国时期的政治、社会及思想变动	（1）理解战国时期变法运动的必然性	爱国主义 文化认同 亲情仁爱	
	（2）了解老子、孔子学说和“百家争鸣”的局面及意义		
秦汉大一统国家的建立与巩固	（1）认识大一统国家的建立及巩固在中国历史上的意义	民族精神	
	（2）认识秦朝崩溃和两汉衰亡的原因		
三国两晋南北朝的民族交融与隋唐大一统的发展	认识三国两晋南北朝时期至隋唐时期民族交融、区域开发、制度创新及中外交流的历史意义，以及思想文化领域的新成就	民族精神 文化认同 融通视野	
辽宋夏金多民族政权并立与元朝的统一	（1）认识两宋政治、经济、文化与社会等方面的新变化	民族精神 文化认同	
	（2）认识辽夏金元诸北方少数民族政权在统一多民族封建国家发展中的重要作用		
明至清中叶中国版图的奠定、封建专制的发展与社会变动	（1）认识明清时期统一多民族国家版图奠定的意义	爱国主义 民族精神 融通视野	
	（2）认识明清时期中国社会的变化与面临的危机		

（2）整合教学资源，指向家国情怀核心素养

教学资源以教材为基础，教材是学生最主要的教学资源，利用好这一教学资源可以事半功倍。

首先，要从单元主线入手。教师要研读单元内容，厘清课程在单元中所处的地位和作用，理顺思路之后，找到一个可以贯穿全课并指向家国情怀核心素养的

主题来使教学立意更明确。以“诸侯纷争与变法运动”这节课为例，具体展示如表6-2。

表6-2 “诸侯纷争与变法运动”教学立意主题建构

单元名称	从中华文明起源到秦汉统一多民族封建国家的建立与巩固
单元主题	中华文明是人类最古老的文明之一。中华文明多元一体，源远流长，应展现其发展道路的独特魅力
本课地位和作用	春秋战国时期是大动荡、大变革、大发展、大交融的时期，百家争鸣是这一变动的思想反映，这是原始社会向封建社会转型的重要时期
指向家国情怀核心素养的构成要素	文化认同
选取主题	以百家争鸣为主线索，以“争鸣”为主题，构建三个子目——“为何争鸣”“跨世纪的争鸣”“争鸣的魅力”

其次，要从课文标题入手。课文标题是一节课内容最精练的介绍，一般能够较准确地概括其主旨。因此，教师可以直接通过研读课文标题，选取体现本节课内容的关键信息来确立教学立意。以“挽救民族危机的斗争”这节课为例，这节课涉及四个子目——“戊戌维新运动”“义和团运动”“八国联军侵华”“民族危机的加深”。教师应从标题和四个子目入手，选取关键信息“危机”，以“危机”为主题，重新整合教材，将其改为“危机加深”“危机应对”“危机警示”三个子目，综合晚清时代中国的变局形式，分析义和团运动和戊戌变法，领悟在新旧交替的大变局中，国人在新与旧、变与不变这个矛盾时代下的矛盾心态以及对于国家和中华民族的责任担当，落实家国情怀核心素养的培养。

（3）深入分析学情，指向家国情怀核心素养

学生是学习的主体，教师确立教学立意需要对不同的学情进行分析，需要考虑学生的最近发展区，也就是已有知识储备。在素养方面，经过初中的学习，学生基本具备历史学科的常识，并初步认识了人类历史发展的进程，初步培养了求真求实的意识、证据意识、问题意识等，在家国情怀核心素养方面只是有了初步感性认知。因此，在高中阶段，需要通过教学，进一步拓宽学生的历史视野、发展学生的理性思维能力、培养学生的历史意识、提高学生的历史学科核心素养。学生的感性认识，并不是随着年龄的增长就会上升到理性认识的，需要教师引导。

另外，要充分考虑学生的学习和生活环境，结合学生已有的学习经验来设计，将一些实际生活中学生感兴趣的“热点”和“焦点”问题，与教材内容有机结合起来。也可以开发地方史资源或通过初中已教授的知识内容，来贴近学生的生活和学习，引发学生共鸣，进而达成教学目标。比如，讲授“从局部抗战到全面抗战”这一节课，教师围绕“爱国主义”“民族精神”来构思，采用口述史的方式让学生感知日军暴行，为建立抗日民族统一战线和全民族抗战的教学做准备，加深学生的认知。

学生：我去过南京大屠杀纪念馆，那里面有一个漆黑的屋子，里面每隔十二秒钟，就有一滴水从屋顶落下，同时墙壁上也会出现一个遇难同胞的肖像，马上又会消失在黑暗中。而这样的时间设计是因为在日军攻陷南京后的六周时间内，超过三十万中国同胞遇难，相当于每十二秒就有一人惨死在日军的屠刀下。

教师：（多媒体展示“毒气战”的资料）日军惨无人道地用中国活人做实验，并且在中国境内遗留了大量的化学武器。2013年1月，在我们南通市也发现了日军在侵华期间留下的炮弹。南通也曾遭日军侵略和践踏。我给同学们讲一个真实的故事——在抗日战争期间，我老家的抗日勇士将日军的通信线路用剪刀剪断，导致日军通信局部中断，日军恼羞成怒，挨家挨户搜查。我爷爷是裁缝，家里有裁衣服用的大剪刀，因而受到日军怀疑，被抓了起来，日军用钢丝穿入我爷爷的手腕，把他吊起来严刑拷打，我爷爷咬紧牙关死不承认。我曾祖父变卖家产，四处托人求情，日军才把我爷爷放了。我爷爷侥幸捡回了一条命，但每逢刮风下雨、季节变化，他的双臂就疼痛难忍。这样的疼、这样的痛，伴随他老人家一生。那时，在日本法西斯的铁蹄之下，举国上下哀鸿遍野，我爷爷的遭遇只是一个缩影。在日本法西斯的步步紧逼下，生灵涂炭，在生死危亡关头，许多人都在思考中国的出路在哪里。中国当时的两大政党又有何反应？

学生：国共两党合作抗击日军侵略。

在上述教学片段当中，教师所使用的材料贴近学生的生活，因此，在材料阅读与理解的过程中，不仅可以提高学生的材料解读能力，还可以让学生进一步感知日军的暴行，体会日军的残忍与暴虐。在民族危机加深的前提下，教师将授课内容非常巧妙地过渡到抗日民族统一战线的建立和全民族抗战的讲述上，加深了学生对家乡与祖国之间血脉关系的认知，大大提高了家国情怀教育的有效性。

（4）立足现实，捕捉历史，确定教学的立意

历史学科具有过去性，有些知识远远超出了学生的感知范围，在教学过程中，极容易出现学生难以理解教学内容的情况，因此，教师需要立足现实，捕捉历史，找到其与现实的关联点，才能够帮助学生理解和认同。而且学习历史的最终目标也是要达到"以史为鉴"的目的。例如，讲授"英国君主立宪制"一课，考虑到新时代我国社会主义市场经济中"契约精神""诚信"等相对薄弱的问题，本课以"契约精神"作为教学的立意引领，教学环节设计为：①什么是契约精神？②英国的传统的契约精神：《大宪章》与王权受限。③工业时代英国的新契约精神及影响：从《权利法案》到《王位继承法》颁布，从责任内阁制的形成到1832年议会改革。④历史对今天的启示：反思中国"契约精神"的特点（宗法观念色彩浓厚）及其影响。教师通过史料让学生反观中国"契约精神"的特点和影响，横向对比思考问题，引导学生把世界和自己的国家、民族联系在一起，去思考国家改革开放的现实问题。纵向的大时空建构历史，有助于培养学生的大格局情怀和世界眼光，横向中西对比有助于激发学生思考、探究、反思的能力；这种立足于"他山之石"的世界眼光和思考能力，将在以后的成长道路上内化为学生对国家民族发展的责任感和使命感，这样的学生定能成为"眼里有世界，心中有国家"的栋梁之材。

（二）设计家国情怀阶梯目标

依照课程目标中对家国情怀核心素养的表述，家国情怀核心素养分为四级，水平1和水平2强调这一素养在认知层面的达成表现：对家乡、民族、国家的认同感；对社会主义核心价值观和中华优秀传统文化的理解和认同，对祖国和人民的深情大爱；对世界各国优秀文化传统的理解和尊重。水平3和水平4的学科任务复杂性更强，难度、深度和广度都有所增加，具体落实在正确的世界观、人生观、价值观和历史观的形成，以及更全面、客观地认识历史和现实社会问题上，而且要内化到为新时代中国特色社会主义建设和中华民族伟大复兴做出贡献的高度。如表6-3。

表 6–3　家国情怀核心素养的水平划分

<table>
<tr><th>水平</th><th>素养 5　家国情怀</th></tr>
<tr><td>水平 1</td><td rowspan="2">能够具有对家乡、民族、国家的认同感，理解并认同社会主义核心价值观和中华优秀传统文化，具有对祖国和人民的深情大爱；能够理解和尊重世界各国优秀文化传统</td></tr>
<tr><td>水平 2</td></tr>
<tr><td>水平 3</td><td rowspan="2">能够把握中华民族多元一体的发展趋势，以及世界历史发展的进步历程，形成正确的世界观、人生观、价值观和历史观；能够表现出对历史的反思，从历史中汲取经验教训，更全面、客观地认识历史和现实社会问题；能够将历史学习所得与家乡、民族和国家的发展繁荣结合起来，立志为新时代中国特色社会主义建设、中华民族伟大复兴作出自己的贡献</td></tr>
<tr><td>水平 4</td></tr>
</table>

基于以上认知层面的理解、认同、关爱的要求和实践层次的较高水平的内化于心、外化于行的要求，教师要在日常教学活动中落实家国情怀核心素养，应围绕课堂设计的立意主题核心词，引导学生逐步实现四个层级的阶梯目标：一是认识理解；二是认同关爱；三是内化于心；四是外化于行。

1. 第一层级目标：认识理解

世界本是多元的、丰富的，全球化背景下的世界更是整体的、相连的。在横向互动和彼此影响的多元历史进程中，我们应打开国际视野，本着尊重与对话、合作与共赢的心态关注世界各民族的文明，了解世界历史发展的多样性，尊重世界各国、各民族的文化传统，树立正确的家国天下观，将人类命运与民族国家命运紧密相连，协和万邦，和而不同。实现家国情怀第一层级认识理解目标，就是强调教师要引导学生不带个人感情色彩地了解、理解人类历史进程中各民族历史文化、各国历史进程，这一层级目标的核心指向是“了解”。高中历史教学要求学生“了解”典型的重大历史事件的发展进程，从落实家国情怀核心素养方面需要引导学生了解各民族、各国文化中的亲情仁爱、民族精神、爱国主义等因素，具体而言包括：第一，了解世界历史发展的多样性，包括了解各民族文化、政治状况、经济发展、科技创新等。第二，理解世界各文明的独特性，使学生能够了解世界史上不同地区、不同民族在求生存、求发展的漫长历程中留下的追忆、对话、思考，见贤思齐，洋为我用。

2. 第二层级目标：认同关爱

认同关爱主要指对人类历史进程中的优秀文化传统的理解和尊重，对家乡、民族、国家的认同感，尤其是对社会主义核心价值观和优秀传统文化的认同，对祖国和人民的深情大爱，这一层级目标的核心指向是“共情”。高中阶段在落实家国情怀核心素养方面需要引导学生对各民族、各国文化中的亲情仁爱、民族精神、爱国主义产生共情。具体包括以下几方面。

第一，认同中国特色社会主义道路。认同中国特色社会主义道路包括认同党的领导、科学理论、政治制度、发展道路。认同党的领导，就是要让学生认同中国共产党是中国人民革命事业的核心领导力量，体会没有共产党就没有新中国；认同中国共产党的建立是中国近代历史的选择；感受中国共产党开展武装斗争和探索革命道路的艰辛；赞赏中国共产党不屈不挠的精神和政治智慧，体会中国共产党在社会主义建设时期的探索精神和丰功伟绩。认同科学理论，就是要认识到马克思主义深刻揭示了人类社会发展的规律，坚定维护最广大人民根本利益，是指引人民推动社会进步、创造美好生活的科学理论。中国共产党在半殖民地半封建社会的中国以马克思主义为旗帜，丰富和发展了马克思主义的内涵，符合中国国情、符合中国历史传统、符合中国实践。认同中国政治制度，就是要深刻感受中国特色社会主义制度是历史和现实的统一，是充分考虑各民族、各地区的最适合中国国情的社会制度；认识我国政治制度的基本优势，看到其为人民服务的本质。认同发展道路就是要学习西方国家近代化的历程，对比认识近代史上在西方工业文明快速发展的进程中中华民族割地、赔款、主权丧失，受尽各种屈辱，以及在此过程中中华儿女不屈不挠英勇斗争的艰辛历程，明确走社会主义发展道路是实现中华民族伟大复兴的必由之路，感悟改革开放推动社会发展的伟大成就，理解个人命运与民族、国家前途紧密相连，增强道路自信。

第二，尊重世界各国各民族的文化传统和社会实践。引导学生在认可和尊重本民族文化传统的基础上，拓宽视野，放眼世界，提高世界意识；用人文关怀视角去关注世界各国、各民族的文化传统，理解民族文化是历史和现实的统一，认识到任何具有时代性、先进性的政治制度都是先进理论和社会实践结合的产物，都是本国历史传统与制度创新结合的产物；把家国天下的情感逻辑诠释为建立于人类命运共同体之上的天下伦理观。

3. 第三层级目标：内化于心

人无精神不立，国无精神不强，内化于心主要强调的是学生构建内心世界价值观的过程，教师要通过家国情怀的培养将亲情仁爱、民族大义、爱国主义、文化认同、融通视野深深根植于学生的灵魂之中。这一层级目标的核心指向是“构建”，高中历史教学中在落实家国情怀核心素养方面，需要引导学生从纷繁复杂的价值判断中批判思考，形成自己的价值判断，找准自己的人生定位。具体包括如下内容。

第一，独立的人格意识。培养家国情怀核心素养的目标是立德树人，即培养学生独立、健全的人格。《礼记·大学》中提出“修身、齐家、治国、平天下”，这正是立德树人的重要要求。“修身”，指个体主动追求自身身心的修养完善，“齐家”指对家庭亲情仁爱的重视，“治国、平天下”是指对国家、民族的热爱。四者皆以独立人格的培育养成为根基。所谓“独立人格”是指人具有独立自主的精神和独立判断的能力，主要表现为能够独立思考，善于独立实践，有较强的理性能力、能动意识和自觉意识，它是培养家国情怀的基本落脚点，唯其如此，个人才具备拥有家国情怀并将之转化为服务于家庭和国家能力的可能性。

第二，树立积极进取的人生态度，人是历史的主角，世界历史包罗人类精神品质的个性与共性。坚毅、勇敢、勤奋、创新的精神品质是人类历史发展永恒不变的力量源泉和精神追求；狡诈、无耻、懒惰、迂腐是人类历史发展的绊脚石和精神敌人。社会责任和人文情怀成为历史学习与探究的目标之一，在历史学科教学过程中要始终注意优秀传统文化、民族精神、民主法治、科学精神、世界意识、积极的人生态度和健全的人格，进行情感与价值观的渗透与培养，促使学生形成积极向上的世界观、人生观和价值观。同时还要引导学生自觉抵制历史人物的反面性格，学习其优秀品质，树立积极进取的人生态度，塑造健全的人格，树立正确的世界观、人生观和价值观。具体来说，就是要学习英雄人物的民族主义，抛弃种族主义。

第三，树立正确的家国天下观，如前面所述，世界本是多元的、丰富的，全球化背景下的世界更是整体的、相连的。在横向互动和彼此影响的多元历史进程中，我们应打开国际视野，本着尊重与对话、合作与共赢的心态关注本民族文明以外的世界文明。具体来说就是要了解世界历史发展的多样性，尊重世界各国各民族的文化传统，树立正确的家国天下观，将人类命运与民族国家命运紧密相连，协和万邦，和而不同。要将文明时空、政治想象与世界图景、道德理想积聚为一体，建设亿万地球人民和平共处的公共家园。这指的是以天下一家、互助互爱的精神，用全球史视角看待整个世界的发展进程，树立竞争意识、忧患意识、和平意识，将人类命运与民族国家命运紧密相连。同时，在学习西方文明时，要引导学生感悟同一时期的中国文明，认可中国自身孕育发展的儒家文化在特定历史时期对凝聚民族精神等起过重要的作用，与世界其他文明共同推进了人类历史进程。我们作为历史的传承者，不仅要树立文化自信，还应努力弘扬我们的传统文化。

4. 第四层级目标：外化于行

外化于行主要强调世界眼光，公民意识，这一层级的目标强调的是“行动”。具体包括以下几方面。

其一，培养公民意识，家国担当是构建人类命运共同体的前提，家国担当不应仅仅停留在情怀层面上，更应该落在公民行动上，培养学生正确的公民意识和国家意识，培养一种博大的胸怀和使命担当。作为中国公民，首先应该遵纪守法、爱岗敬业、奉献牺牲、恪守道德。推而广之，应该实干兴国、廉洁奉公、勇于担当、乐于奉献。其次，应该以国为荣、为国争光、理性爱国、维护统一、倡导和平、热爱故土。最后，应该从我做起，胸中有天下，心里有祖国，脚下有故乡，眼里有亲人，身边有他人。倡导“家国情怀”，就需要摒弃卖国求荣、自私自利、中饱私囊、欺上瞒下，更需反对分裂、反对暴政、反对践踏公权利益。有了“家国情怀”，哪里有中国人，哪里就有亲情的温暖，哪里就有国家的自豪，哪里就有民族的自强不息，哪里就有人类的持久和平与发展。作为世界公民，第一，要有开放的心态，以全局观、大局观，放眼全球、心怀天下。第二，要有包容的精神，在多元价值共存的全球背景下，应彼此尊重，相互理解，兼容并包，海纳百川。第三，要有终身学习的理念，尤其是当前科技飞速发展，信息频繁共享，知识的更新速度空前加快，只有学会如何学习、终身学习才能与时俱进、不断超越自我；尤其强调世界史教学是培养理性公民的主阵地，培养公民意识，可以引导学生对比西方来反思我们现存的社会状况，从西方历史发展中借鉴经验教训，并且把好的公民意识落实到每一天里。要培养学生在学习西方文明后，对我们的国家制度、文化建设、社会制度进行反思，认可我国的政治制度是基于国情、符合历史发展的，是人民的选择，厘清某些暂时不完善的体制的修正方向和调整空间。

其二，发出中国声音。家国情怀更体现为一种时代责任。在世界近代化历程中，15—16世纪，欧洲人开始在政治、经济、思想文化等方面发生深刻变革的同时，中国却逐渐落后于世界发展潮流，两千多年的农耕社会和看似太平盛世的帝国余晖，让我们依然沉浸在天朝上国的迷梦中。当西方的坚船利炮打开帝国的大门，中国遭遇千年未有的历史大变局时，一场民族灾难也随之降临。以史为鉴，我们可知，在人们紧密联系的人类社会中，盲目自大带来的只有落后挨打。只有将人类命运共同体与民族命运紧密结合，放眼世界，海纳百川，家国情怀才能具有现代意义和价值。当今是全球化的时代，中国正走向世界舞台中央，在历史教学中要引导学生把握全球化大趋势，强化国际意识，勇于迎接世界经济全球化、政治多极化和文化多元化，积极融入社会生活，展示中国高举和平、发展、合作、共赢旗帜的负责任大国形象，顺应时代变革，始终保持与时俱进、开拓创新的精神状态，在世界舞台中央发出中国声音，具体而言，我们要致力于为世界和平与发展尽义务、多做贡献，发挥中国智慧，理性地寻找各国利益契合点，推进全球治理；在此基础上更要强化共赢意识，展示中国对外更加开放、更加具有亲和力、具有更美好前景的中国特色社会主义大国形象，讲好“中国未来向何处去”的问题，创造中国机遇，让其他国家和地区的人民搭乘中国发展的快车，为人类共同发展做更大贡献。新一代中国青年要肩负时代责任，牢记使命，厚积薄发，砥砺奋进，在爱国奉献中实现个人价值，将中国未来的道路越走越宽。

（三）精选素材

家国情怀教育是一项长期而多层次的工作，仅依靠课堂上的讲授，学生难以获得真情实感，教学难以获得十分理想的效果。人类历史发展中积累下了大量的素材，充分利用这些素材，精心选取、合理利用，给学生以听觉、视觉、感觉多层次的呼唤，有助于更好地落实家国情怀核心素养。以下内容针对实现家国情怀的四层阶梯目标，分别谈谈如何精选相应的素材。

1. 完成第一层级目标可以选取的教学素材

要完成第一层级认识和理解的目标，可以选用一些在宏观上反映历史的图片史料、纪录片类的音频史料和简单的文献史料，尤其是地图。所选取的这些史料应具有直观性强、整体表征程度强的特点，这样可以帮助学生从整体上把握历史事件，进而对历史事件产生初级的认识和初步的理解。比如在讲解五四运动时，教师出示五四运动时学生游行路线，配以简单讲解，学生就能快速理解五四运动的大概情况。

2. 完成第二层级目标可以选取的教学素材

要完成第二层级认同和关爱的目标，可以给学生展示一些反映历史细节的史料，比如图片、故事传说、音频、视频等。图像素材直观、生动，可以从视觉上给学生形成冲击，留下深刻印象，尤其是近年很多资料被制作成视频，这些视频具有生动形象的特点，加之目前一些城市学校的电子设备更新较快，也能够通过多种途径对视频资料进行展示，利用这一优势，教师可以搜集整理一些视频资料，在历史课堂上有针对性地给学生播放，如此可以让学生更形象直观地回望当时的历史场景，更能感同身受。故事传说通俗简单、情节性强，容易激发学生兴趣，讲述相关的历史故事，可以让学生接近历史的真实，进而引起学生的共情，激发学生的爱国情感。总之，所选取的素材应强调历史细节的呈现，通过细致地描述去引起学生的情感共鸣。比如讲解文艺复兴时，对比中世纪和拉斐尔的圣母画像，学生可以很明确地感知两种圣母画像之间差了一种自然温情，而对这种自然温情的表述就是人文主义的呐喊。再如“抗日战争”这一课中，在课上讲述抗日战争亲历者老兵许植、姚明等的故事，课下让学生寻找周边的老兵故事，了解抗日战争中每一个中国人的努力，进而感受抗日战争胜利的不易，可以拉近学生与历史的距离，激发他们的爱国热情，并增强他们的民族认同感与自豪感。只有这样，高中生才能在耳濡目染中将伟人们的优秀品质传承下去，才能树立报效祖国、服务人民的志向，最终显著提升自身的家国情怀。

3. 完成第三层级目标可以选取的教学素材

内化于心强调学生破除思维局限，多角度、多层次地分析历史和现实问题，形成正确三观，该目标建立在前两个层级目标完成的基础上。历史资料不等于历史，不同人基于不同的立场、价值判断、利益驱使等对于同一历史事件会有不同的历史解释，在实现第三层级目标时，可以选取不同学者对同一历史事件的不同看法，引导学生认识影响历史解释的主观因素和客观因素，批判思考不同历史解释的观点及其成因，在分析解释的过程中形成客观公正的价值取向，进而形成正确的世界观、人生观、价值观和历史观。也可以选取第一手的文献史料，引导学生自主分析，甄别史料价值，探寻历史事件的客观情况，在甄别史料真伪的过程中培养学生的批判性思维，使学生逐步形成对历史的反思，从历史中汲取经验教训，更全面、客观地认识历史和现实社会问题。

比如在讲授“晚清官办企业”时，教师可以给学生展示不同人对于同一时期官办企业的评价。

材料一 唐廷枢在筹备开平煤矿时说：“夫取天地之利，济民生日用之需，寰中之宝藏已兴，海外之漏卮渐塞，诚属富强要术，远大宏猷。”

——摘编自《中国近代手工业史资料》

材料二 张謇在民国担任农商总长时，他认为原来的晚清官办企业“无导民兴业之心”，“凡隶属于本部（农商部）之官业，概行停罢，悉听民办”。

——摘编自《张謇全集》

材料三 倭仁等人指责洋务派“虚耗国帑”和“便于浮冒”，认为官办企业会导致“机器渐行，则失业者众……其害不能言矣”。他们反对洋务派开采矿藏、修筑铁路等措施，认为这些措施会“便利外国侵略”“妨碍小民生计”。甚至认为开矿修路，会“震动地脉”“破坏风水”，要求“永远禁止”。

学生通过比较、分析不同来源、不同观点的史料，看出唐廷枢认同官办企业是由于他是洋务派的代表，张謇否认官办企业是由于他是民族资产阶级的代表，倭仁对官办企业的坚决抵制态度是因为他代表封建顽固势力，三个人对同一历史事件看法不同是因为不同的立场代表不同的利益。学生在辨别史料作者意图的基础上，能够利用史料看出当时洋务运动的推进受到很大的阻力，同时在具体运行的过程中确实存在一些问题，进而能够客观地看待洋务运动。

4. 完成第四层级目标可以选取的教学素材

将文化传承、家国认同、心怀世界以及责任担当意识等家国情怀的内容，内化为学生个体的行为准则和价值观，是一个由学生被动依从到真心认同，再到主动践行的转变过程。学生只有将家国情怀“内化于心”，才能将其“外化于行”，真正将家国情怀落到实处。简而言之，外化于行强调的是行动，要实现这一目标可以运用时政素材。今天的新闻是明天的历史，历史和现实的联系是十分密切的，因此，应当引导学生全面、客观地认识现实社会问题。比如，法国巴黎圣母院失火的新闻，引起了各方各界的关注。个别学生不免想到第二次鸦片战争中英法联军火烧圆明园的罪行，于是认为巴黎圣母院被烧罪有应得。显然，这不符合家国情怀的内涵与教育意义。英法联军火烧圆明园，毁灭了无数珍宝，这一行为当时也引起了具有正义感的西方人的谴责。当今巴黎圣母院被烧毁，如果认为是罪有应得，那无疑是陷入了狭隘的民族主义中，与课堂上的教育目标背道而驰。巴黎圣母院不仅仅属于法国、属于欧洲，也是全世界人类宝贵的文化遗产。文化遗产遭到损坏，这是整个世界的遗憾。因此，在家国情怀的指导下，中学生应该以全球视野客观、全面、正确地评价历史现象和事件，言行符合人类命运共同体的发展方向。当下，新型冠状病毒肺炎疫情牵动着每一个人的心弦，我们的国家、我们的党、我们的军队和人民，包括普普通通的家庭守望相助、共克时艰，正如近代中国，一个个中国人尝试救亡图存，最终中华民族实现了民族独立。面对疫情，中学生也应该以自己的行动践行“天下兴亡，匹夫有责”的担当与责任。感染病毒，仍不忘努力学习，准备高考；家里上不了网课，去书记家借网络上课；支援不了前线武汉，便用文字化成力量，鼓励医务人员……因为我们是中国人，因为我们有共同的敌人。家国情怀并不是一句口号，而是沉甸甸的行动。就课堂实践而言，历史教师应给学生呈现关于新型冠状病毒肺炎疫情不同维度的素材，如各国的应对措施、各国人民的反应、国与国的关系等，让学生从不同的角度阐释不同社会表象背后的实质问题，进而培养学生的责任担当意识。

二、历史教学中落实家国情怀核心素养的课堂实操

（一）创设情境，营造情怀空间

问题是教学过程的连接点，是教学顺利进行的牵引线，是教学实践情境形成的奠基石。设计良好的问题可以促使学生思维碰撞，激发他们探究的欲望，从而有助于重难点的解决和历史思维能力的培养。与此同时，在学生思考并解决问题时，问题会自然而然地为学生营造历史情境，学生在想象力的建构中，以问题为导向，徜徉在历史情境中。解决问题的过程就是不断汲取养分、不断成长、不断积累智慧的过程。创设问题情境是培养核心素养的切入点，以教学活动为依托创设情境，可以调动学生的积极性，在教学过程中不断增强学生的家国情怀。问题

情境的设计应有价值，最好设计问题链，运用启发式教学带着学生去探究问题，引导学生主动建构知识，变被动学习为主动学习；回答问题的过程就是运用史料的过程，有利于学生理解知识，培养历史思维和语言表达能力。在世界史教学中设计问题情境可以引导学生由浅入深、层层递进，深刻理解历史情境，感悟历史真相，进而培养学生的家国情怀核心素养。

（二）关注细节，感知历史温度

家国情怀最终指向的是形成正确的世界观、人生观和价值观，“历史的大道蕴藏于历史故事的细节中”[①]。历史是由人物形象和历史细节组成的，教学要想生动，就必须发挥历史细节的作用，广泛地搜寻精彩真实的历史细节，抓住历史瞬间，对历史细节进行重新选取与运用、组合与安排，将学生带入历史细节中，使他们徜徉于历史情境里，从而提升课堂教学效果。有人物形象和历史细节的历史课才能生动活泼，学生才能投入，进而有所感悟，因此，关注历史细节是培养学生情感态度价值观、培养家国情怀的重要因素。

例如，在“红军长征”的教学中，教师可展示红军长征过程中吃冰激凌等故事，这些细节不仅能让学生感受长征途中的艰难险阻，而且能够使他们深刻地体会到红军战士的革命乐观主义精神。这些红军战士曾经生活优越，但是在国家有难、民族危亡时，他们不惜舍弃优越的生活，加入革命的队伍，为国家做出自己应有的贡献。在这个过程中，他们遇到了无数艰难险阻，但是并没有停下前进的步伐，仍旧积极乐观、奋勇向前。教学中通过这一历史细节，强化了国家和民族意识，增进学生对国家、民族的热爱，从而落实了家国情怀的培养。

在世界史教学中，尤其需要以历史细节培养学生的家国情怀。在世界史教学中，应以主干知识为依托，充分引入教材外的时事资料和地方史史料为教学服务，以历史人物或历史细节为切口导入，运用多重典型生动的史料，开展不同形式的教学，在史料相互印证、串联成有效证据链的过程中再现历史场景，在历史细节中让学生有所感、有所思，以史实的逻辑构建学生情感态度价值观形成的逻辑，从而使学生的家国情怀建立在感性体悟和理性分析的基础上。同时，历史细节描述应典型、符合历史事实，同时还要运用史料，引导学生通过对材料的研

---

① 李惠军：《灵魂的追问（2）：博观而约取，厚积而薄发》，《历史教学》（上半月刊）2015年第4期。

习，分析材料所述的要点，从中提取有效信息，并进行历史的推论，从而提升学生学习与探究历史的能力。

（三）探究问题，接近历史真相

设计有效的问题链，是历史教学中落实教学目标的关键，也是对学生进行家国情怀核心素养培养的有效途径。因此，在实际教学中，在历史课堂上，教师应该以史料为支撑，设计探究问题，引导学生思考，让学生在时序上认识事件的沿革发展与空间上的横向联系，认识客观历史发展进程与主观的历史认识进程，给学生在情感态度价值观方面提供更好的引导，培育学生的家国情怀。

教师应深度解读教材中的典型案例，依据教学目标、重难点知识及学生特点，恰当设计一些问题，指导与启发学生主动思考，使他们能在分析与探究中感知课例中蕴含的爱国思想与情感，从而接受家国情怀教育。例如，在学习明清中国版图的奠定与面临的挑战相关内容的时候，需要明确四海一家、万邦和谐是我国人民早在先秦时代就已经形成的精神模式。历朝历代的统治者从政治、经济、社会、地理等各个方面对未来的大一统国家模式进行了探索，所以，本单元应该以统一多民族国家的巩固为线索。中国自古以来就是多元一体的统一国家，大一统思想不断与时俱进。国家统一的时代，往往繁荣富强；国家分裂的时期，往往山河破碎。追求统一，反对分裂，是中华民族的共同心声。与此同时，在明清时期，封建社会逐渐走向衰落，在发展的同时也出现了危机。通过同时代的中西对比，可以认识到中西发展的差距，具备忧患意识，从而加强对家国情怀的理解。再如，在学习南京国民政府的统治和中国共产党开辟革命新道路相关内容的时候，教师在导入中设置问题引导学生进行思考：为什么中国共产党能够带领中国人民取得民主革命的胜利？为什么中国共产党能和国民党对峙长达十年，并能不断发展壮大？学生带着问题进入学习，教师在下面的内容中接着提问：你如何看待毛泽东等中国共产党人将革命由城市转向农村的选择？为什么中国共产党的农村革命根据地能够不断壮大？你认为中国共产党人是凭借怎样的精神取得了长征的胜利？最后让学生总结中国共产党能与国民党十年对峙的原因。通过问题形式，教师引导学生一步步深入思考，激发学生探究兴趣，在这个过程中渗透家国情怀。

（四）典型对照，丰富家国情怀

1. 典型对比

世界历史既展示了各个文明国家的独立性和独特性，为我们提供了广阔的思考视角，也展示了人类历史如何从孤立分散发展成为密切联系的整体，揭示了人类历史发展的规律和趋向。在世界史教学中应该从整体上把握世界历史发展的进程，以他国历史经验为我国社会现实服务。例如，我们在讲解罗斯福新政时，除了让学生掌握罗斯福新政的背景、内容、影响，更应该让学生了解罗斯福身残志坚，在克服自身困难的同时带领美国人民走出危机，开创国家干预经济的新模式，为西方资本主义国家所借鉴，同时要与希特勒的狭隘民族主义和屠杀恶行划清界限。又如，我们在讲解西方代议制政体时，既要看到西方资本主义发展创造的巨大生产力，也要看到西方国家暴露的各种问题，比如种族歧视、贫富差距、金钱政治等，从而坚定社会主义发展道路。

2. 时间为轴，纵向对比

人类历史的发展经历着从独立发展到不断联系再到交互发展的进程，通过中外历史发展的纵向对比，可以培养学生的国际视野和全球史观，进而使学生能够站在全人类的高度，顺应人类文明发展的大势，构建人类命运共同体，积极参与国际竞争与合作。比如，我们在讲解工业革命时，除了要让学生掌握工业革命的始末，还要让学生通过学习看到工业革命带来了生产力的巨大发展，推动了世界历史进程，也让学生意识到：19世纪，西方因发展工业文明需要市场和原料而向全球进行殖民扩张，殖民势力渗透到亚洲，中国虽地大物博，却因闭关锁国落后于世界潮流，成为西方觊觎的对象，在近代一步步沦为半殖民地半封建社会。学生由此能够树立世界意识，打开国际视野。比如，我们在讲解古希腊、古罗马时，除了要在知识层面让学生掌握古希腊、古罗马的法制，也要引导学生理解由于不同的地理、人文、政治、经济等原因，亚欧大陆的两端孕育和发展了两种不同的文明，而这两种文明没有优劣之分，共同推动了人类历史进程，为人类留下了宝贵的精神财富。

3. 全球视角

世界历史体现着世界历史发展的多样性和世界文明的多元性，中国历史是世界历史的一部分，将中国历史置于世界历史的长河中，引导学生横向学习同时期的中外历史，形成宏观的历史思维格局，能够帮助学生更理性地认识世界、了解世界。通过中外历史横向对比，学生能更加客观全面地了解世界历史，树立道路自信、文化自信。比如，在讲授明治维新时，可以与同时期中国的洋务运动对比，既要让学生看到二者同是向西方学习的自救运动，洋务运动“中体西用”的指导思想并没有触动清朝腐朽的封建制度，所以没有带领中国走向富强，也要引导学生站在特定的历史条件下看问题，认识到当时封建顽固势力的异常强大，“中体西用”为西学的传入创造了条件。洋务运动是中国军事近代化、工业近代化、教育近代化及交通近代化的起步，进而理解近代中国向西方学习的艰辛历程。

（五）宏观把握，沉思历史真义

教育的最终目标是立德树人，因此，历史教育培养学生的家国情怀核心素养时，不仅仅要求学生“对国家的高度认同感、归属感、责任感和使命感，学习和探究历史应具有价值关怀”，同时要求学生从人类社会发展的整体趋势，文明的进程上，宏观把握历史发展规律，融通视野，以现代的、文明的世界观，理性地放眼世界，家国同构，构建人类命运共同体。

人类社会的发展从最初的农耕文明到工业文明再到今天的科技文明，世界各地的联系日益紧密，在这个过程中全球化的趋势不断加强。在全球化的背景下，爱国主义不是狭隘的民族主义，而是一种多元、理性、互相尊重的观念。1500年前后，由于新航路的开辟，世界文明开始从分散走向整体，世界市场的雏形开始形成；随后的工业革命等进一步促进资本主义的发展；文艺复兴、宗教改革、启蒙运动促进了西方人文精神的发展；资产阶级代议制推动了西方民主政治的发展进程。西方在从传统走向现代的历史转型期间，政治、经济和文化上都发生了重大转折，而中国在整个世界发展的潮流面前，仍然沉溺在天朝上国的迷梦中，直到西方的坚船利炮打开了帝国的国门。“天朝上国”面临着前所未有的大变局。一些地主阶级“开眼看世界”“师夷长技以制夷”，但是中国还是一步步沦为半殖民地半封建社会。人类历史发展进程告诉我们：在一个紧密联系的世界中，狭隘的“家国情怀”注定是失败的。闭门造车，脱离世界发展潮流，注定会被历史淘汰。所以，在历史教学中，不管是中国史还是世界史，都要依据马克思、恩格斯的历史理论和习近平总书记关于人类命运共同体的倡议，将历史教育和人类关怀相结合，打破封闭的模式。例如，在讲解“西汉与东汉——大一统国家的巩固”一课中丝绸之路的内容时，可以融入一些这一时期欧亚地区不同国家、民族区域文明之间友好交往的历史事实，从当时、后世，对中国、对世界不同的角度看待“丝绸之路”的影响，进一步拓展学生思考问题的广度和深度，培养学生家国情怀核心素养。在讲解晚清时期的内忧外患与救亡图存时，应该进行中西对比，找寻中西差距。在列强的冲击下，近代中国的各个阶级觉醒，进行了一系列救亡图存的探索，而这些探索也推动了中国近代化的进程。在讲解“一战”和“二战”的内容时，战争的残酷使得无数人流离失所。尤其是“二战”中法西斯毫无人性地屠杀犹太人，给世界带来了深重的灾难。从历史的惨痛教训中我们也能认识到理性爱国的重要性。所以，在历史教学中，我们要教育学生热爱祖国，拥有民族自信心和自尊心，在全球化的背景下，要站在“人类命运共同体”的高度上，教育学生形成合作共赢的世界意识。

三、历史教学中落实家国情怀核心素养的课后延伸

（一）延伸作业，升华情感

历史课程作为人文性质的课程，只利用有限的课堂时间培养家国情怀是很难达到理想效果的，因此，还需要利用课堂之外的时间，以课后作业的形式继续帮助学生深化认知、沉淀感情。比如，课后可以围绕所学主题内容布置一些历史剧、历史板报、思维导图等课后延伸作业，还可以组织社团活动。围绕课堂内容的课后延伸作业，可以让学生对近期所学的历史事件有更深入的认识，有助于深挖课堂中蕴含的家国情怀核心素养，加深学生在情感方面的认知。比如，在讲解放战争时，可以让学生以“纪念建国功勋”为主题设计一期爱国主义教育的板报，学生在设计板报的过程中，通过确立主题、精选素材，可以深入了解建国功勋。通过这一历程，学生对解放战争这一教材上简化呈现的历史事件就有了更深入的认识，进而达到情感上的升华。组织社团活动，设计主题活动，可以给学生更多的时间、空间去深入历史，进而拓宽学生视野，拉长家国情怀核心素养培养的战线。

（二）好物推荐，拓宽认知

家国情怀的培养不是一蹴而就的，应该是润物细无声地融入日常生活的，家国情怀也不能空喊口号，要有实际的内容，教师要引导学生从书本走向广阔的社会，从历史文化中感悟历史，从感悟历史中升腾起民族自豪感，进而培养家国情怀，这是单纯的历史课堂无法做到的。历史教师可以给学生推荐一些跟课堂相关的延伸学习素材，例如，可以结合历史背景推荐好书、好的影视作品，推荐博物馆展览，推荐历史古迹以及地方史资料等。再如，利用课外实践活动可以组织学生参观秦兵马俑，学生可以从威严雄壮的军阵中感受秦国气吞山河、横扫六国的气势，从兵马俑栩栩如生的造型中体会祖先伟大的智慧和创造力，从旅途中感受祖国的广阔和壮美，这就是很好的爱国主义教育。又如，在讲授长征精神时，可以给学生推荐历史题材的电视剧《伟大的转折》，这部剧以红军长征为背景，真实再现了长征过程中遵义会议、苟坝会议、突破乌江、四渡赤水等场面，学生看的时候能够重温长征的峥嵘岁月、缅怀革命先烈，这样有助于点燃学生心中的爱国主义火种。

（三）实践探索，彰显情怀

家国情怀的内化培养中，除了进行具有价值引导意义的教育活动外，更重要的是将家国情怀素养转化为学生内在的行为准则，让学生形成相应的价值观，在实践探究中彰显家国情怀的价值。将文化传承、家国认同、心怀世界以及责任担当意识等家国情怀的内容内化为学生个体的行为准则和价值观，这是一个由学生被动依从到真心认同，再到主动践行的转变过程。学生只有将家国情怀“内化于心”，才能将其“外化于行”，真正将家国情怀落到实处。

2002年，全球暴发非典型肺炎疫情，直至2003年中期疫情才逐渐被消灭。疫情暴发引起了国际关注，国际上采取了一系列的援助，如国家间互相捐赠、国际间开展科研合作、国际组织拨款等，最终取得了抗疫的胜利，这是世界人民的家国情怀。2020年，新型冠状病毒牵动世界神经，全球国家众志成城、一致抗疫，中国冲在最前面，这样的抗疫模式就是构建人类命运共同体的实际行动，这是中华民族的家国情怀。疫情暴发后，火神山、雷神山快速建设完成；各地医务工作者奔赴武汉，抢救患者，84岁的钟南山面对疫情，毅然决然奔赴前线，这是普通人的家国情怀。从世界到国家再到个人，许多人以实际行动践行家国情怀的内涵：爱国主义、民族精神、文化认同以及融通视野。所以，历史教学可以适当与社会现实相结合，如针对当下热点问题，开展一节有关疫病的活动课，从全球化的方向、从国家层面、从个人实践等角度分析疫病的传播、防治等内容，介绍古今中外疫病的相关历史，让学生理解人类文明进程的多样性和曲折性。

家国情怀的培养，一方面需要在课堂上根据具体教学目标来实现，另一方面需要注重学生的实践行为，引导学生走出课堂，以自己的行为践行家国情怀，真正落实家国情怀。

案例体验

教学案例一　以“资本主义世界殖民体系的形成”教学片段为例

（北京市通州区永乐店中学，杨滨）

【案例说明】

通过层层追问，促进学生思维碰撞，激发学生探究的欲望，从而帮助学生更好地理解殖民主义的危害，通过探究英国战胜其他国家以及进行殖民扩张的原因，感悟强国的要素以及殖民扩张的本质，树立自觉维护国家利益和共同维护国际公平、公正的理念。通过课后对中非关系的研究和了解，学生能够将历史知识与国家的繁荣结合起来，能够在对历史的反思中，汲取经验教训，更全面、客观地认识历史和现实社会问题。家国情怀就这样滋生在学生们的心间。

【案例内容】

【环节一】英国殖民历程

通过视频，了解英国殖民过程，分组探讨问题：英国先后战胜实力强大的西班牙、荷兰、法国的原因。（出示材料辅助分析）

材料一　葡萄牙、西班牙通过海外殖民掠夺大发横财，但是由于本国工业不发达，封建势力强大，这些财富被封建主浪费殆尽，并未转化为资本，而是转手都流入工业发达的英国、荷兰等国，在那里加速了原始资本积累的过程，促进了资本主义的发展。

材料二　荷兰是靠经营海上转运贸易发家的商业国，没有本国发达的工业作为贸易的基础，所以在自由竞争中终于敌不过工业资本发达的英国。

——摘编自《海权发展的历史动力及其对大国兴衰的影响》

材料三　1688年光荣革命，使英国成为建立君主立宪制的资本主义国家，此后英国国内局势没有发生过重大的冲突，这为英国集中精力拓展海权提供了良好的政治基础。英国人是通过议会立法，而不是海上征战达到了这个目的。而法国则到1789年以前一直处在君主专制的体制之下，政治的现代化进程比英国晚一个世纪。在君主专制体制下，君主的偏好对法国军队的发展起到了积极作用，法国国王把更多的精力放在欧洲大陆的扩张上，海军建设因而得不到支持，发展缓慢。

——摘编自《浅析英法之争中英国战胜法国的原因》

各小组分别发现英国在工业、制度、技术、战术方面有优势。

分组探究问题：从英国获胜的优势中，能看出成为强国的因素有什么？

设计意图：本环节主要通过介绍英国殖民过程，让学生在小组同学的不断博弈中，得出社会制度有活力、经济和产业领先、军事实力强是成为强国的要素，综合起来说就是综合国力强。

【环节二】探因

教师出示：

材料一　近代早期的欧洲历史，是一部民族国家之间相互冲突，争夺欧洲霸权和世界霸权的历史。西班牙和葡萄牙在罗马教皇支持下，瓜分欧洲以外的世界领土，建立起庞大的海外殖民地，限制其他民族国家对世界贸易与殖民利益的分享权，甚至用武力入侵相威胁，试图扼杀英格兰、尼德兰、法兰西等新生民族国家的平等发展权，因此以英国为代表的新兴民族国家的抗争是在所难免的。从这个意义上来讲，都铎王朝的殖民扩张活动就是英吉利民族意识和民族精神增强的具体表现。

教师：从上述材料中可以看出，英国最初走上殖民扩张之路的原因是什么？

学生：是为了获得平等发展权。

教师：英国为了追求平等的发展权而开始殖民扩张，不断提升本国实力，战胜了曾经的殖民强国，成为18世纪最大的殖民帝国，那么它在获取平等发展权之后，是否给予了他国平等权呢？

教师出示：

材料二　据史学家估计：1757年至1815年，英国人从印度掠走的财富达10亿英镑。源源不断的金银流水般涌进英国，转动了英国蒸汽机的轮子，拉响了一个又一个工厂的汽笛。然而，留给印度的却是饿殍遍地、民生凋敝。

材料三　有学者估计，每运到美洲1个黑人，至少有另外5人惨死在捕捉和贩运途中，加上阿拉伯人贩卖奴隶的数字，非洲至少损失了1亿人口，有的学者估计约为2.1亿人。人口的大量损失，特别是大量青壮年劳动力的消失，使非洲生产力的发展受到了严重破坏。

学生：英国是通过牺牲殖民地人民的利益来获取本国利益的。

教师：那么，我再出示一则材料。请阐释：该材料的观点什么？你是否认同他的观点？

教师出示：

材料四　马克思提出了关于殖民主义“双重使命”的理论，肯定它在完成“破坏性使命”的同时，还将完成“建设性使命”，将殖民主义看作人类完成自己使命过程中的一种“历史的不自觉的工具”。

分组探讨，得出自己的结论。

【环节三】课堂总结

教师：“殖民地居民丧失了对家园的主权，这才是最重要的殖民后果！”这是东方一位著名学者——哈佛大学博士萨义德说过的一句话，我想应该能够很好地表达各位同学的观点：“殖民带给殖民者最大的痛苦是失去自主权。”

设计意图：这一环节是建构在第一环节基础上的，从英国自身发展来讲，英国的崛起之路是有利于英国自身的；但从殖民的角度出发，这些受人文主义思想影响的国家以牺牲他国利益来增强自身国力，这种做法是值得深度思考的。在此探究过程中，应当深刻认识理性爱国的意义。

【环节四】课后作业

结合所学，查找相关资料，探讨中非关系的性质。

设计意图：将问题进一步延伸到课后，给学生更多深入思考的空间。

【案例点评】

融通视野具体包括具有全球意识和开放心态；了解人类文明进程和世界发展趋势；尊重世界文明的多样性和差异性；关注人类面临的全球性挑战；理解人类命运共同体的内涵与价值。教师在教学过程中，通过史料展示与讨论，培养学生独立思考的能力；通过灵活进行有针对性的国情教育，使学生形成正确的利益观；通过对世界发展趋势理性分析，使学生辩证认识国家利益和国际理解的关系。由此，学生在学习历史的过程中，逐渐形成融通视野，成为符合现代社会需要的优秀人才。

“资本主义世界殖民体系的形成”这一节课可以从两个角度进行教学设计，其中一个角度比较普遍，即文化创伤教育的角度，因为世界殖民体系的形成过程会对被侵略国家或民族造成巨大的文化创伤。而另一个角度则是理性爱国角度，如上面的课例，从殖民者的角度出发，通过“英国的殖民优势是什么？”“英国殖民扩张的原因是什么？”“英国是否给予了他国平等权？”等问题，层层追问，师生合作探究，从相对比较熟悉的内容下手，层层递进，不断加深对问题的思考，在此基础上让学生深刻认识到理性爱国的重要性。

教学案例二　以“西欧的思想解放运动”教学片段为例

（北京市通州区永乐店中学，温静）

【案例说明】

本课属于世界史范畴。具体内容涉及欧洲近代以来的思想解放潮流，包括文艺复兴、宗教改革、近代科学的兴起以及启蒙运动。就家国情怀方面的教学目标而言，本课希望通过教学引导学生感受近代西欧积极、进步的时代特征，理解人文主义的精神内涵，认同人文主义对于全人类的历史价值。

本案例节选文艺复兴这一部分，通过再现文艺复兴时期作品的具体细节，引导学生通过探究文艺复兴代表人物作品的内涵，结合作品背景，感悟、思考文艺复兴时期人的觉醒，认识文艺复兴的伟大之处在于人类的精神的觉醒，它使欧洲人从以神为中心过渡到以人为中心，在思想上为新时代的到来开辟了道路。

【案例内容】

【环节一】探源文艺复兴

教师播放视频《文艺复兴前的欧洲》。

文艺复兴前的欧洲社会处于中世纪基督教神学统治之下，那时人们的生活是完全以神为中心的。各个阶层的人，无论是国王还是普通百姓，只能在宗教的框架内麻木地思考与生活，绝对不能逾越。

圣奥古斯丁是中世纪之初著名的神学家。他教导人们：由于人类的先祖亚当与夏娃偷吃了禁果，这桩原罪遗传给他们所有的后代，由于人生来就是有罪的，所以人的一生就是要受苦的，不可以有任何的欲望与情绪。

这是中世纪的一群苦行僧，为了救赎自身的罪孽，他们不断地鞭打自己，以期找到通往天国的道路。

相比这些人，另外一类人的下场更加悲惨，那就是对宗教持怀疑态度的人。他们在那个时代被称为“异端”。他们会被专门审判异端的机构——宗教裁判所羁押，受到鞭打，甚至是处以火刑，著名的科学家布鲁诺、伽利略都是受害者。

黑死病……

教师：文艺复兴前的欧洲被史学界称为“中世纪”，从5世纪一直延续到15世纪中期，刚才视频里描述的就是这一时期的状况，我们可以用一些什么词来形容中世纪人们的生活状态呢？

学生：麻木、禁欲、神权至上……这些词语大致可以勾勒出中世纪时期，人

拉奥孔

们在宗教神学的束缚下麻木、窒息的思想状况。

教师出示图片：希腊雕塑《拉奥孔》

教师：这一时期意大利人挖掘并修复了古希腊、古罗马时期的雕塑，《拉奥孔》是其中之一，面对这种雕塑，你若是当时的意大利人，会是什么感受？

学生：震惊、不可思议……

教师：在这种情况下，当人们看到从地底下挖出的古希腊、古罗马时代的雕塑作品，看到这些作品体现出的自然的人性，就唤醒了渴望复苏人性、尊重人性的精神要求。由于当时资产阶级的力量弱小，还缺乏成熟的思想体系，所以，他们借助复兴古希腊、古罗马文化的手段来表达自己的精神诉求，掀起了文艺复兴运动。

【环节二】感受文艺复兴

1. 拉斐尔：从压抑人性到人性回归

教师：出示拉斐尔的《圣母与圣子》和中世纪的《圣母与圣子》，两幅圣母与圣子的画像表情有什么不同？背景有什么不同？情感状态有什么不同？产生不同的原因是什么？

学生：中世纪的《圣母与圣子》表情严肃，没有母子间的那种温情。而拉斐尔展现出自然的美、母子间的亲情。这是因为中世纪对人性是压抑的。

教师：拉斐尔八岁丧母，十一岁丧父。正是画家这样一种特殊的经历，使你们看到了这么具有感染力的《圣母与圣子》，他笔下的圣母洋溢着浓浓的母爱，他笔下的圣子充满了对母爱的依恋。这种人间的母子情感，正是拉斐尔特殊经历造就的内心情感的真实流露。

2. 达·芬奇：从盲从迷信到追求真理

教师：出示《蒙娜丽莎》。同学们，从《蒙娜丽莎》的微笑和蒙娜丽莎的形象中，你能感受到什么？

学生：我们能够从中感受到一个自然、清纯、恬静、幸福、神秘的贵妇形象，她来源于人世，又超脱于人世。

教师：对《蒙娜丽莎》的微笑，专家还有这样的解读："对象的表情和含义，完全跟了你的情绪而转移。你悲哀吗？这微笑就变成感伤的，和你一起悲哀了。你快乐吗？她的口角似乎在牵动，笑容在扩大，她面前的世界好像与你的同样光明同样快乐。"（傅雷《世界美术名作二十讲》）

达·芬奇的神奇、睿智并不仅限于绘画领域，让人称奇的是，他对自然科学的许多探索和建树，催生和促进了近代自然科学的发展。

教师出示达·芬奇在自然科学方面的成就和探索：达·芬奇的《蒙娜丽莎》之所以摄人心魄，除了达·芬奇是艺术天才，还得益于他对自然规律的探索。正是由于达·芬奇注重对自然规律的探索，在这幅画中体现自然规律，才使他的画作自然逼真、栩栩如生。达·芬奇不仅是艺术家，还是工程师、科学家。从他的成就中，我们可以看到文艺复兴时期从盲从迷信到追求真理的发展历程。

3. 莎士比亚：从神权至上到人性至美

教师介绍莎士比亚与《哈姆雷特》。戏剧天才莎士比亚创作了许多脍炙人口的悲剧、喜剧作品，《哈姆雷特》是莎士比亚最杰出的悲剧作品。哈姆雷特是古丹麦王国王子，他在求学回国后，发现父亲已被叔父害死，叔父篡夺了王位，还强娶了他的母亲。哈姆雷特决心复仇，杀死奸王，最终与敌人同归于尽。在这部作品中，莎士比亚借哈姆雷特之口表达了对人的赞美和对人性的反思。现在，我们来体会一段哈姆雷特的经典独白。

教师出示：哈姆雷特的经典独白

人是一件多么了不起的杰作！多么高贵的理想！多么伟大的力量！多么优美的仪表！多么文雅的举动！在行为上多么像一个天使！在智慧上多么像一个天神！宇宙的精华！万物的灵长！

学生朗诵。

教师：从哈姆雷特的话中，你能感受到什么？

学生：赞美人，肯定人，肯定人性。

教师：从神权至上到人性至上。

【环节三】回味文艺复兴

教师：上面我们通过文艺复兴时期的作品感受到了文艺复兴和人文主义的思想内核。现在我们来归纳一下：与中世纪相比文艺复兴中的人文主义指什么?

学生1：核心是注重人性，要求把人从宗教束缚中解放出来。否定神的绝对权威，肯定人的价值，颂扬人的力量。

学生2：反对神学的禁欲主义和来世观，肯定人追求现世财富、幸福、享乐的权利。

学生3：反对宗教束缚下的麻木顺从，要求自由平等和个性解放；反对蒙昧与迷信，追求知识，探索自然，研究科学。

设计意图：引导学生对比中世纪，思考文艺复兴时期人文主义的内涵，认识文艺复兴的伟大之处在于人的精神觉醒。

【环节四】课堂总结

人文主义精神，就是指将人类关注的重点由神转向人，重视人的地位、尊严、价值，使欧洲人重新以人的眼光定位自己、探索世界。在这一过程中，涌现出了发现新大陆的哥伦布、提出“日心说”的哥白尼、掀起科学革命的牛顿。于是，近代自然科学体系建立，人类文明迈入了工业文明时代。文艺复兴的重大历史意义在于它促使欧洲人从以神为中心过渡到以人为中心，在于人的精神觉醒，在于人们把重点从来世转移到现世。它唤醒了人们的积极进取精神、创造精神以及科学实验精神，从而在精神方面为新时代的到来开辟了道路。正是文艺复兴运动解放了人的心灵，宣扬了人的理性，人类才步入了今天这个思想解放、行动自由的现代社会。

【案例点评】

本节课的教学特色在于运用历史细节落实世界史中家国情怀核心素养的培养。

首先，教师创设历史情境调动学生情绪，探源部分用视频解说中阴沉、晦暗的中世纪与希腊雕塑中再现的自由、文明、艺术形成对比，创设了一个要求摆脱中世纪阴郁氛围的情感空间，为人文主义定下了肯定的基调，充分调动了学生的情绪，使整堂课在同一情绪下进行，有助于学生在下一阶段的学习中自然而然地产生对人文主义的同情与共鸣。

其次，教师运用历史细节彰显文化价值，教师利用三个典型人物，从三个方面彰显文艺复兴中人文主义的积极价值，强化学生对人文主义的认同感，将学生的情绪推向高潮，并通过课堂总结设问不断追问，从而引导学生持续思考、深入理解历史，将学生积蓄起来的情感充分地释放出来。

最后，教师讲解人文主义兴起带给欧洲以及人类社会的深远影响，延伸人文主义内涵，结束本课，再次回到主题。

教学案例三　以“挽救民族危亡的斗争”教学片段为例

（北京市通州区永乐店中学，张红杰）

【案例说明】

本课为高一新授课，具体内容是戊戌变法、义和团运动、八国联军侵华及《辛丑条约》的签订。甲午战败，西方列强掀起瓜分中国的狂潮，在严重的民族危机下，资产阶级维新派发出变法图强的改革之声；农民阶级喊出扶清灭洋的口号，梦想着赶走西方列强，然而两者都失败了。义和团也成为八国联军侵华的导火索，随着八国联军的入侵，日益腐败的清王朝再一次战败，签订了《辛丑条约》，从此中国完全沦为半殖民地半封建社会。甲午战败后的民族危机诱发了戊戌变法，严峻的民教冲突激起了义和团运动，而二者的失败以及八国联军侵华反而进一步加重了民族危机。因此，本课以变局、乱局、残局为线索，环环相扣，依次递进，展示中国革命道路的曲折性。随着民族危机的不断加深，中国社会各阶级进行了一系列的探索与抗争，这些探索、抗争推动着近代中国在屈辱沉沦中艰难发展。就教学目标而言，教学中首先通过学案，以时间的顺序梳理基础知识，介绍历史事件的来龙去脉；其次，以变局、乱局、残局为线索，探究历史事件的细节，阅读材料，掌握重点问题；最后总结升华。旧式的反抗和斗争已经难以改变中国的命运，但是中国人的探索并没有结束，仍然继续进行。爱国主义永远是一种打动人心的力量，在这种力量下，无产阶级终于领导中国人民取得了民主革命的胜利。

【案例内容】

【环节一】宏观知历程

教师以时间轴的形式梳理戊戌变法、义和团、八国联军侵华和《辛丑条约》签订的史实。

小组讨论：通过上述史实，可以归纳出哪些线索？

小组同学分别可以从近代化运动、反帝爱国的农民运动、侵华战争、两大阶级等角度概括。

设计意图：本环节主要通过时间轴让学生了解戊戌变法、义和团、八国联军和《辛丑条约》签订的时间，以及这些史实之间的内在联系，培养学生的时空观念。

【环节二】微观知细节

1. 危机下的变局——戊戌变法

教师出示：

1861年，俄国农奴制改革；1861年起，美国南北战争；1866年起，第二次工业革命；1868年，日本明治维新；1871年，德国完成统一；1875年，法国确立共和制度。

教师：从上述材料中可以看出同时代世界发展的趋势是什么？

学生：发展资本主义。

教师：回看中国，甲午战败，列强掀起瓜分狂潮，民族危机加深，资产阶级维新派是如何做的？

教师出示：

梁启超："法者，天下之公器也；变者，天下之公理也……变亦变，不变亦变。"
严复："物竞天择，适者生存……世道必进，后胜于今。"

学生：康梁强烈要求实行全面的维新，变法图强。

教师：维新派的变法维新活动，引起封建守旧派和反对改变封建政治制度的洋务派的反对，他们利用自己的地位和权力，对维新思想发动攻击。于是，维新派与守旧派之间展开了一场激烈论战。论战主要围绕以下三个问题展开：一是要不要变法；二是要不要兴民权、设议院，实行君主立宪；三是要不要废八股、改科举和兴西学。维新派和守旧派的论战，实质上是资产阶级思想与封建主义思想在中国的第一次正面交锋。这场论战，进一步开阔了知识分子的眼界，解放了思想，也开始改变社会风气，为维新变法运动做了思想舆论的准备。

教师出示：

朕惟国是不定，则号令不行，极其流弊，必至门户纷争，互相水火，徒蹈宋明积习，于时政毫无裨益……嗣后中外大小诸臣，自王公以及士庶，各宜努力向上，发愤为雄，以圣贤义理之学，植其根本，又须博采西学之切于时务者，实力讲求，以救空疏迂谬之弊。

——摘编自1898年6月11日《明定国是诏》

教师：1898年《明定国是诏》成为百日维新的改革纲领，戊戌变法主要进行了哪些方面的改革？

学生：政治上改革政府机构，裁撤冗官，任用维新人士；经济上鼓励私人兴办工矿企业；文教方面开办新式学堂培养人才，翻译西方书籍，传播新思想；创办报刊，开放言论；军事上训练新式军队。

教师：光绪皇帝先后发布了上百道变法诏令，除旧布新，反映了时代要求。但是最终慈禧太后发动政变，戊戌六君子喋血菜市口，百日维新匆匆落幕。思考戊戌变法失败的原因。

教师引导学生从变法理论、改革方式等方面分析。

学生：变法理论的自身有缺陷，挑战传统，重塑孔子，托古改制；改革方式急于求成；光绪无权，民族资本主义先天不足，在夹缝中生存，力量弱小。

教师：以上原因注定了戊戌变法的失败，但是戊戌变法顺应世界发展的潮流，冲破了藩篱，救亡与启蒙相结合，爱国与变革相结合。面临民族危机时，他们没有妥协，而是迎面而上，尽管失败了，这种变法精神却鼓舞了中国人。在戊戌变法影响下，1901年，慈禧默许实行新政，下诏变法；1906年，清政府“预备立宪”；1908年，清廷颁布《钦定宪法大纲》；1911年，资产阶级革命派领导了辛亥革命，最终推翻了清政府的统治。

2. 冲突下的乱局——义和团运动

教师：戊戌变法尽管失败了，但是并没有使中国人停止救亡图存。在民族危机刺激下出现的灭洋意识、民教矛盾，以及列强不断的经济掠夺，导致农民阶级掀起了“扶清灭洋”的义和团运动。

教师出示：

义和团仇视一切与洋人有关的东西，有用洋物者“必杀无赦”，如纸烟、小眼镜、洋伞、洋袜，必杀无赦。曾有六位学士路遇义和团，因身边带有铅笔一支、洋纸一张，便被乱刀拿下。还有一家因有一根火柴被搜出，结果一家八口全部被杀。

——摘编自柯文《历史三调：作为事件、经历和神话的义和团》

教师：如何认识“扶清灭洋”的口号？

学生：“扶清”反映了义和团对清政府抱有幻想，这样有利于争取官兵，但是容易放松对清政府的警惕；“灭洋”鲜明地表达出中国人民反对帝国主义的斗争意识，但是同时带有盲目排外的落后性，从中可以反映出农民阶级的局限性。正是这种局限性，注定了义和团运动的失败。

教师：义和团运动是19世纪末一次自发的、有组织的、反帝反封建的爱国主义运动，它粉碎了帝国主义列强瓜分中国的狂妄计划，在一定程度上阻止和延缓了中国殖民化的进程。但义和团运动在打击外国侵略者时表现出偏狭的排斥和仇恨，同时带有强烈的迷信落后色彩，另一方面，义和团运动对清政府的本质认识不清，致使自身在战斗中被欺骗、被利用、被出卖。

教师出示：

义和团是爱国者。他们爱他们自己的国家胜过爱别的民族的国家，我祝愿他们成功。义和团主张要把我们赶出他们的国家。我也是义和团。因为我也主张把他们赶出我们的国家。

——摘编自马克·吐温《我也是义和团》

我们不能因为它是爱国行动就不指出那些消极落后甚至愚昧荒唐的东西，正如不能因为它存在那些消极落后的方面便不敢肯定它是一场反帝爱国运动一样。

——摘编自金冲及《二十世纪中国史纲》

教师：农民阶级尽管有时代的局限性，但是，他们在面临民族危机时不屈不挠的反抗精神和追求民族独立的爱国主义精神是不容忽视的。正是中国人这种不屈不挠的抗争精神与爱国精神，使得列强灭亡中国的企图没有得逞。义和团运动也成为八国联军侵华的导火索。最终1901年，清政府被迫与11国签署丧权辱国的《辛丑条约》。大清命运如何？

3. 制裁下的残局——八国联军侵华

学生：八国联军侵华后，清政府签订了《辛丑条约》。《辛丑条约》的主要内容如下：①中国向各国赔偿白银4.5亿两，分39年还清，本息9.8亿两。②拆毁北京至大沽的炮台，准许各国派兵驻守北京至山海关铁路沿线要地。③划定北京东交民巷为"使馆界"，界内不许中国人居住，由各国派兵保护。④惩办义和团运动中参加反帝斗争的官吏，永远禁止中国人民成立反帝性质的组织，对反帝运动镇压不力的官吏，"即行革职，记不叙用"。⑤总理衙门改为外务部，位居六部之首。

教师：《辛丑条约》的签订进一步加强了帝国主义对中国的全面控制和掠夺，标志着中国已完全沦为半殖民地半封建社会。正如李鸿章在签约后感叹："劳劳车马未离鞍，临事方知一死难。三百年来伤国步，八千里外吊民残。秋风宝剑孤臣泪，落日旌旗大将坛。海外尘氛犹未息，诸君莫作等闲看。"

【环节三】升华

教师：《辛丑条约》后，清政府成为"洋人的朝廷"，在世界大潮流下已经风雨飘摇；资产阶级维新派、农民阶级相继失败，晚清残局该何去何从，中国人放弃探索与抗争了吗？结合中国近代史的内容，谈谈你们的看法。

小组同学分别从清政府、资产阶级革命派、无产阶级等角度总结中国人的探索与抗争。

设计意图：通过学生讨论思考，感受中国革命道路的曲折性，以及中国人不屈不挠的爱国主义精神，感受近代中国在屈辱沉沦中艰难发展的历程。

【环节四】课堂总结

19世纪末20世纪初，中华民族危亡之际，维新派发出变法自强的呼声，然而悲情谢幕；义和团打出“扶清灭洋”的旗号，却遭到联合镇压。面对西方列强严厉制裁下的晚清残局，清政府自身和资产阶级革命派都做了救亡尝试，最终无产阶级领导中国革命取得胜利。中国人在民族危机不断加深的背景下，抛头颅，洒热血，倾尽所有，救亡图存，以满腔的家国情怀收拾残局，最终赶走了侵略者，赢得了民族独立。

【案例点评】

本课以变局、乱局、残局为线索，层层深入，让学生感受不同阶级的爱国情怀，在历史解释中渗透“家国情怀”。中国近代史是一部屈辱史，也是一部抗争史。正是由于中国人英勇抗敌，中国没有沦为殖民地；正是由于中国人探索与抗争，中国革命最终取得了胜利。“革命文化”是中国共产党和中国人民在革命、建设和改革开放各个历史时期形成的精神追求、精神品格、精神力量。近代中国遭受外来侵略，沦为半殖民地半封建国家，中国人民为解决民族危机，不断进行探索，在农民阶级、资产阶级等不同阶级的领导下进行了各种尝试，都未成功。尽管农民阶级、地主阶级和民族资产阶级有时代的局限性，但是，在这一革命的进程中所展示的爱国精神、民族精神是不可否认的。正是这种精神推动了中国近代社会在艰难曲折中前进。

本章小结

古语有云：“下之本在国，国之本在家，家之本在身。”不论时代发生多大变化，不论生活格局发生多大变化，家国情怀都是一种熔铸在民族灵魂里的个体对国家和民族的深情大爱，它彰显着高尚的道德理想和人生情怀，有着悠远的历史感和民族性，更是与当下的政治、文化、民生热点紧密相连，包含着新时代社会主义核心价值观的内容。

就涵养家国情怀而言，历史学科拥有独特的学科优势，体现着历史学科特点的思维品质和关键能力，是中学生学习和探究历史应具有的社会责任和人文追求，也是历史学科的核心素养之一。具体而言，家国情怀核心素养的构成要素包括亲情仁爱、民族精神、爱国主义、理念认同、公民认同、公民意识以及融通视野等。在高中历史教学中进行家国情怀的培养，既顺应了当前我们国家的教育方向和历史发展趋势，也符合历史课程所要求实现的立德树人的教育目标。

在历史教学中进行家国情怀的培养，首先需要从教师出发，提升教师理论素养，让教师理解家国情怀；其次需要从教材出发整合教学内容，内化家国情怀核心素养；最后需要从课堂出发，创设情境展开教学，对话、牵手历史名人，找寻历史和现实的契合点，涵养家国情怀。总之，一线教师需要转变教学理念，采取有效的手段，切实加强对学生家国情怀的培养，激发学生的爱国意识，提升学生的民族意识，树立学生的民族自豪感，让历史学科真正成为培养中学生家国情怀的沃土。

拓展读物

1. 何成刚. 史学阅读与微课设计：史料教学的理论与实践［M］. 北京：北京师范大学出版社，2015.

随着基础教育改革的不断发展、中学历史教学改革的深入推进，以及对历史教学专业性与学术性要求的不断提高，历史教师的史学素养越来越关键。本书基于充分、广泛、深度的史学阅读，系统、详细介绍了与新课标和教科书核心内容相关的史学研究成果。同时，本书围绕历史教学核心内容，从不同视角进行了基于史料教学的微课设计，重视将历史研究的思想方法融入历史教学核心内容中，以培养学生的历史思维能力。

2. 暨爱民. 国家认同建构：基于民族视角的考察［M］. 北京：社会科学文献出版社，2016.

本著作介绍了“认同”及其力量。其中包括民族认同——概念、发生与作用；国家认同——概念与建构要素；国家认同的作用；从民族认同到国家认同的建构；从公民身份到国家认同的建构；国家认同危机与解决路径；中国国家认同——建构历程与现实问题。国家认同是指人们对自己国家归属的认知及情感取向，对国家安全与社会稳定有着重要影响。事实证明，现代国家认同之形成乃民族国家合法性逐步确立之过程，人民的国家认同为国家提供合理性、正当性。当下，国家认同危机已成为一种全球现象，尽管不同国家之国家认同危机有不同表现，但最终都落实到政治层面上。故国家认同危机根本上即为对国家政治系统认同之危机，加强各族人民对国家政治系统之认同，乃克服国家认同危机之根本。

参考文献

1. 〔德〕康德. 纯粹理性批判［M］. 蓝公武，译. 北京：商务印书馆，1960.
2. 中共中央马克思、恩格斯、列宁、斯大林著作编译局. 马克思恩格斯全集：第47卷［M］. 北京：人民出版社，1979.
3. 〔英〕E. H. 卡尔. 历史是什么？［M］. 陈恒，译. 北京：商务印书馆，2008.
4. 白寿彝. 史学概论［M］. 银川：宁夏人民出版社，1983.
5. 陈寅恪. 金明馆丛稿二编［M］. 上海：上海古籍出版社，1980.
6. 葛懋春，等. 历史科学概论［M］. 济南：山东教育出版社，1983.
7. 荣孟源. 史料和历史科学［M］. 北京：人民出版社，1987.
8. 夏铸九. 空间的文化形式与社会理论读本［M］. 台北：明文书局，1988.
9. 毛泽东选集：卷4［M］. 北京：人民出版社，1991.
10. 孙美兰. 李可染研究［M］. 南京：江苏美术出版社，1991.
11. 〔法〕马克·布洛克. 历史学家的技艺（第二版）［M］. 黄艳红，译. 北京：中国人民大学出版社，2011.
12. 中共中央马克思、恩格斯、列宁、斯大林著作编译局. 马克思恩格斯选集：第2卷［M］. 北京：人民出版社，1995.
13. 中共中央马克思、恩格斯、列宁、斯大林著作编译局. 列宁选集：第1卷［M］. 北京：人民出版社，1995.
14. 李淮春. 马克思主义哲学全书［M］. 北京：中国人民大学出版社，1996.
15. 岳玉玺. 傅斯年选集［M］. 天津：天津人民出版社，1996.
16. 〔法〕克洛德·列维–斯特劳斯. 野性的思维［M］. 李幼蒸，译. 北京：商务印书馆，1997.
17. 〔英〕柯林武德. 历史的观念［M］. 何兆武，张文杰，译. 北京：商务印书馆，1997.
18. 〔英〕卡尔·波普尔. 开放社会及其敌人［M］. 陆衡，等，译. 北京：中国社会科学出版社，1999.

19. 何兆武. 历史理论与史学理论——近现代西方史学著作选［M］. 北京：商务印书馆，1999.
20. 郭沫若. 中国古代社会研究（外二种）［M］. 石家庄：河北教育出版社，2000.
21. 余伟民. 历史教育展望［M］. 上海：华东师范大学出版社，2002.
22. 〔英〕沃尔什. 历史哲学导论［M］. 何兆武，张文杰，译. 南宁：广西师范大学出版社，2001.
23. 包亚明. 现代性与空间的生产［M］. 上海：上海教育出版社，2003.
24. 〔美〕海登·怀特. 后现代历史叙事学［M］. 陈永国，张万娟，译. 北京：中国社会科学出版社，2003.
25. 马克垚. 世界文明史［M］. 北京：北京大学出版社，2004.
26. 赵亚夫. 国外历史课程标准评价［M］. 北京：人民教育出版社，2005.
27. 张申府. 张申府文集：卷1［M］. 石家庄：河北人民出版社，2005.
28. 陈新. 西方历史叙述学［M］. 北京：社会科学文献出版社，2005.
29. 易兰. 兰克史学研究［M］. 上海：复旦大学出版社，2006.
30. 李剑鸣. 历史学家的修养和技艺［M］. 上海：上海三联书店，2007.
31. 徐浩，侯建新. 当代西方史学流派［M］. 北京：中国人民大学出版社，2009.
32. 〔瑞士〕雅各布·布克哈特. 世界历史沉思录［M］. 金寿福，译. 北京：北京大学出版社，2007.
33. 〔法〕费尔南·布罗代尔. 论历史［M］. 刘北成，周立纪，译. 北京：北京大学出版社，2008.
34. 〔英〕彼得·伯克. 图像证史［M］. 杨豫，译. 北京：北京大学出版社，2008.
35. 王学典. 史学引论［M］. 北京：北京大学出版社，2008.
36. 胡适. 胡适选集［M］. 长春：吉林人民出版社，2008.
37. 张岂之，于沛，等. 史学概论文献与资料选编［M］. 北京：高等教育出版社，2009.
38. 于友西. 中学历史教学法［M］. 北京：高等教育出版社，2009.
39. 梁启超. 中国历史研究法［M］. 北京：中华书局，2009.
40. 〔德〕卡西尔. 人论［M］. 李化梅，译. 北京：西苑出版社，2009.
41. 李守常. 史学要论［M］. 北京：商务印书馆，2010.

42. 何卫平. 通向解释学的辩证法之途［M］. 上海：上海三联书店，2001.
43. 〔英〕阿诺德·汤因比. 历史研究［M］. 刘北成，郭小凌，译. 上海：上海人民出版社，2010.
44. 林伦伦. 饶宗颐研究［M］. 广州：暨南大学出版社，2011.
45. 施议对. 文学与神明：饶宗颐访谈录［M］. 北京：生活·读书·新知三联书店，2011.
46. 中共中央马克思、恩格斯、列宁、斯大林著作编译局. 马克思恩格斯选集：第3卷［M］. 北京：人民出版社，2012.
47. 〔法〕安托万·普罗斯特. 历史学十二讲［M］. 王春华，译. 北京：北京大学出版社，2012.
48. 李稚勇，周仕德，等. 中外历史教育比较研究［M］. 长春：长春出版社，2012.
49. 〔德〕黑格尔. 哲学史讲演录［M］. 贺麟，王太庆，等，译. 上海：上海人民出版社，2013.
50. 郑林. 中学历史教材分析［M］. 北京：光明日报出版社，2013.
51. 鲁西奇. 中国历史的空间结构［M］. 桂林：广西师范大学出版社，2014.
52. 钱乘旦. 西方那一块土：钱乘旦讲西方文化通论［M］. 北京：北京大学出版社，2015.
53. 张帆. 中国古代简史［M］. 北京：北京大学出版社，2015.
54. 傅斯年. 史学方法导论［M］. 北京：中华书局，2016.
55. 陈辉. 中学历史教学论新探［M］. 北京：高等教育出版社，2014.
56. 徐蓝，朱汉国，等. 普通高中历史课程标准（2017年版）解读［M］. 北京：高等教育出版社，2018.
57. 凤光宇，邵清. 中学历史学科核心素养教学实践研究［M］. 上海：上海教育出版社，2019.
58. 周靖，罗明. 核心素养：中学历史学科育人机制研究［M］. 上海：复旦大学出版社，2018.